KB206712

기후·날씨의 조선경제사

기후·날씨의 조선경제사

초판 1쇄 발행 2024년 10월 31일
　　2쇄 발행 2025년 1월 31일

저　자 ｜ 김덕진
발행인 ｜ 윤관백
발행처 ｜ 선인
등　록 ｜ 제5 - 77호(1998. 11. 4)
주　소 ｜ 서울시 양천구 남부순환로 48길 1
전　화 ｜ 02)718 - 6252 / 6257
팩　스 ｜ 02)718 - 6253
E-mail ｜ suninbook@naver.com

정 가　29,000원
ISBN　979-11-6068-917-4 93900

· 잘못된 책은 바꿔 드립니다.

기후·날씨의 조선경제사

김덕진

서
문

이 책은 기후와 날씨가 우리 역사에 어떤 영향을 미쳤는지를 조선시대를 중심으로 연구한 것으로, 크게 2부로 구성되어 있다.

제1부는 17세기의 날씨가 기후변화 결과 이상저온이었다는 점을 밝힌 것이다. 이를 입증하기 위해 문헌자료 속의 우박, 서리, 찬비, 찬바람, 눈, 추위 등을 통해 짧고 시원한 여름과 길고 매서운 겨울을 확인하여 그 실상을 소개하였다. 그 결과 국민경제와 민족문화에 큰 변화가 일어났던 점, 특히 연거푸 든 대기근을 극복하면서 사회 안정망이 갖추어져갔고 임산·수산 공물 분쟁이 일어나 공납제 개혁이 착수되었던 점을 알게 되었다. 또한 한강과 동해를 여러 번 결빙시켜 교통운송을 어렵게 하고 정치갈등을 격화시켰던 점도 알게 되었다.

제2부는 가뭄, 홍수, 태풍, 냉해, 충해 등으로 기근이 자주 들었고, 그때마다 인간군상의 다양한 실상이 드러나고 정부의 갖가지 대책이 나왔던 점을 연구한 것이다. 이를 위해 기근의 빈도와 그로 인한 참혹한 민생 실태 및 정부의 처방, 기득권층의 다면적 표상과 살아남기 위한 민중의 몸부림을 알아보았다. 그리고 소외 지역인 도서에 대한 수령의 진휼, 기

근의 아픔을 읊은 가사, 정약용이 강진 유배지에서 목격한 기근 실상, 기근이 강타한 개항 직전 향촌사회의 모습, 대한제국기 방곡령 반포와 안남미 수입 등도 구체적으로 알아보았다.

　이렇게 정리하고 보니, 기후·날씨가 우리 역사에 미친 영향에 대한 개략적인 윤곽은 드러난 것 같다. 아쉬운 점도 많다. 의복, 농업, 의료, 국방, 국책사업 등 생활문화, 민생경제, 국민건강, 안보, 국가정책 등에 대해 선언적 언급에 그치거나 아예 다루지 못해서 그렇다. 아쉬운 점은 후학의 천착을 기대할 따름이다.

2024년 10월

목
차

제1부

17세기
기후변화의 경제사

1장

17세기 이상저온과
그 현상

    서양학자들은 인류역사에서 가장 추웠던 '소빙하기'란 시기가 있었다고 한다. 그들은 그 기간을 넓게는 1500~1850년으로 보고 있는 편이다. 그런데 한 연구자는 가장 추운 날씨로 1609년 미국 버지니아주, 1665년 헝가리, 1684년 영국 템즈강 사례를 들었다.[1] 또 다른 연구자는 소빙기의 최초 전성기는 1640년경이고, 북유럽에서 가장 강력했던 두 번째 소빙기는 1680~1700년 무렵이라고 하였다.[2] 중국학자도 중국 역사상 가장 한랭하였던 시기를 1644~1720년이라고 하였다.[3] 종합하면 지구상의 17세기는 소빙기이고, 가장 전성기는 그 후반이라는 것이다. 소빙기란 이상저온 현상이 나타난 시기를 말한다.

    현재 국내학계도 대체로 소빙기 이론을 수용해 조선의 17세기 기후

---

1 랜디 체르베니 지음, 김정은 옮김, 『날씨와 역사』, 반디, 2011, 202~203쪽.
2 헤르만 플론 지음, 김종규 옮김, 『과거와 미래의 기후변화문제』, 한울, 2000, 152쪽.
3 유소민 지음, 박기수·차경애 옮김, 『기후의 반역』, 성균관대학교 출판부, 2005, 189쪽.

도 이상저온이었다고 한다.[4] 조선시대 기상관측 자료는 현존하지 않지만 『증보문헌비고』, 『조선왕조실록』, 『승정원일기』, 그리고 개인 일기 등 문헌자료의 분석을 통해 얻은 결과이다. 과연 그랬는가, 실증적 검증은 있었는가, 원인은 무엇인가, 꼭 그때에만 그랬는가 등 논란이 없는 것은 아니지만 전지구사적 차원뿐만 아니라 한반도 차원에서도 소빙기 기후를 인정하고 있는 분위기인 것만은 분명해 보인다.

필자도 조선의 17세기 기후를 이상저온이었다고 판단한다. 이상저온 기후는 갖가지 자연재해를 발생시켰다. 우리는 지금까지 그 결과를 기근이라는 측면에서만 바라보았다. 조선시대 최악의 대기근으로 평가되고 있는 경신 대기근[5]이나 을병 대기근[6]도 이상저온으로 야기되었다고 한다. 그러한 나머지 기근과 구휼 및 변란에 대한 연구는 많이 축적되었다. 농업 중심 사회에서 기근이 가져온 파장이 심대하였다는 점을 감안하면 그동안의 연구성과는 자못 의의가 높다고 볼 수 있다.

그러면 어떻게 17세기 이상저온 현상을 설명해 낼까가 관건이다. 실증적인 온도 측정 결과치가 있다면 쉽게 해결되겠지만 당시에는 그런 자료가 작성되지 않았다. 그리고 올해는 유독 더 덥다거나 춥다는 기록 속의 습관적 표현도 사실을 파악하는 데에 적지 않은 걸림돌이 된다. 따라서 당시 이상저온 현상을 계기적으로 설명해내는 작업은 별도로 이루어져야 할 정도로 중요하면서도 방대하고 힘든 작업이다. 그렇다고 불가능한 일은 아니다. 이 장에서는 우선 기후변화의 결과로 나타난 눈, 서리, 우

---

4 소빙기 이론을 소개하고 그것을 검증·적용한 논저는 상당히 많다. 그것을 전부 인용하면 번거로울 수밖에 없다. 그래서 그러한 논저를 비교적 잘 정리하여 최근에 소개한 다음의 책을 참고한다. 김덕진, 『대기근, 조선을 뒤덮다』, 푸른역사, 2008, 22~29쪽.

5 경신 대기근은 경술년(1670, 현종 11)~신해년(1671, 현종 12)에 있었던 대기근이다.

6 을병 대기근은 을해년(1695, 숙종 21)~병자년(1696, 숙종 22)에 있었던 대기근이다. 김성우, 「17세기의 위기와 숙종대 사회상」, 『역사와 현실』 25, 한국역사연구회, 1997.

박, 찬비, 찬바람, 추위, 결빙 등에 주목하여 이상저온 현상을 지적하고자 한다.

우리가 사서나 개인 기록을 통해 포착할 수 있는 이상저온의 지표로는 무엇이 있을까? 봄철의 늦은 해빙·눈·찬비·우박을, 여름철의 이른 서리·파리·모기를 날지 못하게 한 서늘한 바람·우박을, 가을철의 된서리·이른 눈·우박을, 겨울철의 이른 결빙·폭설(대설)·혹한 등을 들 수 있다. 이 가운데 짧고 시원한 여름을 가져온 시도 때도 없는 우박, 잦은 찬비·찬바람, 일찍 내리는 서리, 그리고 길고 매서운 겨울을 가져온 일찍 내리면서 늦게까지 내린 눈, 바다·강을 일찍 결빙시켰다가 늦게 해빙시킨 혹한이 주목된다. 이러한 기후변화가 당시 사람들의 생활문화와 경제구조에 어떤 영향을 미쳤는가도 함께 알아볼 것이다.

1. 짧고 시원한 여름

17세기 여름은 짧고 시원한 편이었다. 그것은 시도 때도 없는 우박, 잦은 찬비·찬바람, 일찍 내리는 서리 때문이었다. 이 현상을 선조 대 후반~인조 대 초반, 현종 대, 숙종 대 초반을 중심으로 소개하면서 그 결과도 정리해보겠다.

1) 시도 때도 없는 우박

강수 중에 가장 단단한 고체로 되어 있는 얼음 덩어리를 우박이라고 하는데, 대부분은 직경이 1센티미터 정도 된다.[7] 따라서 콩알만 하거나 새

---

7 이광호, 『인간과 기후환경』, 시그마프레스, 2004, 97쪽.

알만 한 것은 평균치에 해당되지만, 주먹만 하거나 계란만 한 것은 매우 크다. 우박이 봄철에 내리면 서리처럼 작물에 큰 영향을 미친다. 여름철 4·5·6월에 내리면 온도를 급락시킬 뿐만 아니라 성장 중인 작물을 고사시킨다. 가을철 우박도 마찬가지이다. 그런데 17세기에 크기가 큰 우박이 연중 내렸다. 그것도 눈·서리·찬비·찬바람과 함께 또는 번갈아가며 내려 피해를 가중시켰다. 기온하강의 결과임에 분명하다.

선조 대 말기 우박이 내린 날이 잦았다. 1600년(선조 33) 4월 전라·충청도에 서리·우박이, 5월 경상도에 서리가 내렸다. 5월 서리를 두고 사신(史臣)은 전례 없다는 뜻의 '진고소무(振古所無)'라고 평하였다. 6월 전라·경상도에 운무·우박이, 8월 황해도에 우박이, 9월 충청도에 우박이 내렸다. 이 6~9월 우박으로 큰 나무가 전복되고, 수목이 꺾이고, 날던 새가 떨어져 죽었다. 각종 작물도 손상을 입었다. 우박이 자연 생태계를 교란시켰던 것이다.

1601년(선조 34) 2월 서울에서 도랑 개구리가 떼로 동사하고, 4월 서울에 서리가 내려 왕릉 잔디가 동상하였다. 7월 경상도에 광풍·우박이, 9월 함경도에 오리알만 한 우박이 반자 가까이 내렸다. 서울의 늦봄~초여름 날씨가 이상저온이었고, 그 연장선에서 가을날 곳곳에 우박이 내렸던 것이다.

1602년(선조 35) 4~6월 서울·평안·강원도 등지에 우박이 내렸다. 특히 강원도의 경우 서리, 비, 찬바람과 함께여서 피해를 확산시켰다. 여기에 그치지 않았다. 경상도 함양 정경운의 『고대일록』을 보면, 10월 19일 밤에 큰 눈이 내렸고, 11월 1일에도 대설이 내렸는데 한 자(尺) 남짓이었다. 이때 신흠이 살고 있는 곳에도 대설이 내리자, 그는 "문밖 감싼 쌓인 눈에 뻗은 길이 희미하고, 안개 섞인 찬 구름은 산들을 덮고 있다."라는 시를 남겼다.[8] 그리고 제주도에도 대설이 내려 깊이가 두 자를 넘었다. 두 자는 60센티미

---

8 신흠, 『상촌집』 13, 시, 칠언율시, 「壬寅冬病告 值大雪偶吟」.

터이다. 날씨가 추워 겨울이 지나도록 녹지 않았고 정월이 되어도 꽁꽁 얼어붙어 있었다. 과일 나무의 가지와 잎은 말라버렸고 과수원의 청귤(靑橘)은 모두 동상을 입어, 2월에 진상하는 청귤을 간신히 봉진하였다. 제주목사는 귤 맛이 좋지 않아 진상에 합당치 못하니 지극히 황송하다고 아뢰었다.[9] 많은 눈을 동반한 매우 추운 겨울 날씨가 가져다 준 제주도 경제대란이었던 것이다.

이듬해 1603년(선조 36) 4월 경기도 삭녕·마전·광주에 개암만 한 우박이 내리고, 연천에 새알만 한 우박이 눈처럼 내리고, 이천에 우박이 싸라기눈과 같이 내리고, 양주에 계란만 한 큰 우박이 한 시간 정도 쏟아졌다.[10] 어떤 곳은 산이나 들에 눈처럼 쌓였고, 큰 우박이 눈과 함께 내려 피해를 가중시켰다. 채소(菜蔬), 마(麻), 목화(木花), 입묘(立苗), 전곡(田穀), 양맥(兩麥) 등이 모두 손상되고 말라 죽었다. 삼은 춘삼월에 씨 뿌리고 칠월에 거두어 베를 짜고, 목화 역시 봄에 씨 뿌리고 가을에 거두어 솜을 만드는데, 모두 망가졌으니 문제가 아닐 수 없다. 사신은 '장양지월(長養之月)' 초여름의 경기도 우박 피해는 국가 근본을 손상시킨다고 하였다. 우박이 눈과 함께 쌓이도록 내린 것은 전형적인 이상저온의 결과였다.

1604년(선조 37) 4월 중순 충청도에 비가 내리다가 갑자기 우박이 마구 쏟아졌다. 수확 철 밀·보리, 갓 이앙한 올벼, 막 씨 뿌린 서속이 거의 손상되었다. 5월 초순 황해도에 비와 개암만 한 우박이 교대로 내려 모내기가 중단되고 말았다. 월말에 철원부사는 "날씨가 서늘하므로 파리·벌·나비가 날아다니지 못하고, 18일 밤에는 제비 새끼가 모두 얼어 죽었다."[11]라

9 『선조실록』162, 선조 36년 5월 30일(을유).

10 『선조실록』162, 선조 36년 5월 18일(계유).

11 『선조실록』174, 선조 37년 5월 28일(무인). 鐵原府使趙仁徵馳報內 日氣凄寒 飛蠅蜂蝶 不能運飛 十八日夜 燕雛盡爲凍死云云.

고 급히 보고하였다. 벌이 사라지면 나무와 꽃들이 수정을 못하여 과일과 채소가 열매를 맺지 못하는 현상이 벌어질 가능성이 제기된다.[12] 이변에 가까운 서늘한 여름이 갖가지 피해를 내고 있음을 알 수 있다.

1605년(선조 38)에도 연중 곳곳에 우박이 비와 섞이거나 교대로 내려 보리, 밀, 목화, 삼(生麻), 올기장(早稷)을 비롯해서 옮겨 심어 놓은 여러 가지 곡식들이 대거 손상을 입었다. 내린 우박이 들판에 쌓여 오래도록 녹지 않아 채소마저 모두 문드러진 곳이 있었다.[13] 8월 전국에서 각종 변이가 보고되었다. 암탉이 수탉으로 변해 날개를 치며 수탉 울음소리를 냈다거나, 세 길 깊이의 우물이 하루에 두세 번씩 끓어올라 넘쳤는데 부글거리는 소리가 마치 물이 끓는 것과 같았다거나, 집안의 물건과 세 살 여자아이가 비바람에 날아갔는데 끝내 찾지 못하였다고 하였다. 빈번한 기상이변이 유언비어의 횡행을 가져온 것이다.

1606년(선조 39) 8월 평안도 우박은 상상을 초월할 지경이었다. 희천군에서는 두 시간 가까이 내린 거위알·달걀만 한 우박으로 많은 새와 짐승이 맞아 죽었다. 곽산군에서는 광풍이 사납게 일고 우레가 진동하면서 우박이 섞여 내려 곳곳에서 개·닭이 맞아 죽었다. 이때 인근의 양덕현·덕천군·강계부 등지에는 서리가 눈처럼 내렸다. 이로 인해 곡식이 익기 전에 죄다 손상되고 말았다.[14]

평안도 일원에는 이듬해 1607년(선조 40) 4월에도 눈과 계란만 한 우박이 교대로 온 산에 하얗게 내리어 사흘 동안이나 녹지 않았다. 이를 평안감사는 보고하면서 "여름철에 이변이 생겼으니 보통 일이 아닙니다."라고

---

12 공우석, 『키워드로 보는 기후변화와 생태계』, 지오북, 2012, 139쪽.
13 『선조실록』 190, 선조 38년 8월 26일(무진).
14 『선조실록』 203, 선조 39년 9월 23일(기축).

하였다. 5월 함경도에 눈·서리 이후 지척을 분별하기 어려울 정도의 많은 우박이 내렸고, 삼남 지역에도 우박이 내렸는데 크기가 달걀만 해서 날짐 승들이 죽고 초목이 죽었다. 이수광은 『지봉유설』에 6월 날씨가 춥고 모질기가 겨울 같았고, 사람의 쓸개를 빼낸다는 유언비어가 도성 안에 퍼져서 두어 달이나 사람 통행이 끊기었다고 적었다.[15] 서늘함을 넘어 추운 날씨여서, 이 해 여름은 실종된 셈이었던 것이다.

광해군 대 기록은 영성하기 짝이 없지만, 우박 피해가 적지 않게 발견되었고 추운 날씨의 연속이었다. 이안눌이 경상도 동래부사로 있던 1608년 3월 11일 큰비가 내리다가 밤에 그치더니, 다음날 12일 아침 날씨가 추워지면서 샘물이 약간 얼고 말았다. 그 놀라움을 "初怪仲春天大雪, 却驚三月水微氷"이라고 읊었다.[16] 그는 전라도 금산군수로 옮겨와서도 방한복인 초구(貂裘)를 헤지도록 입고 있었다. 날씨가 추워 왕실은 영칙례를 중단하거나 회맹제를 내년 봄으로 연기한 적도 있었다. 추운 양계의 살찐 꿩이 수를 셀 수 없을 정도로 남쪽 서울에 날아들었다. 1616년(광해군 8) 8월 12일 기온이 내려간 밤사이에 이른 서리가 눈처럼 하얗게 내렸다. 장유는 흉작을 짐작하고서 기근과 세금을 걱정하였다.[17] 10월은 혹한기가 아님에도 날씨가 일찍 추워져 얼음이 얼고 눈이 내리기 시작하여 존호를 올리는 국가의례를 연기할 수밖에 없었다.[18]

이로 인해 광해군 대는 기근의 연속이었다. 1609년(광해군 1) 이정귀는 "지금은 바로 가을 수확철인데 백성들은 모두 풀뿌리를 캐어 먹고 집안은

---

15 이수광, 『지봉유설』 1, 재이부, 재생. 先王丁未六月 湖西及嶺南 雨雹大如鴨卵 壓碎禽鳥 隕殺草木. 咸鏡南道 雨雹霜雪. 日候寒凜如冬. 又有訛言取人膽之說盛行 白晝城中 人不單行 傳及外方 八道皆然 人心恟懼 道路阻絶 數月後方定.

16 이안눌, 『동악집』 8, 「萊山錄」.

17 장유, 『계곡집』 26, 칠언고시, 「早霜」.

18 『광해군일기』 108, 광해군 8년 10월 3일(경자). 今年非但災異疊現 日候早寒 氷雪凝集.

텅텅 비었으며, 백주에 사람을 죽이는 도적이 곳곳에서 나오고 있다."라고 말한 적 있다.[19] 1615년(광해군 7) 호남 열세 고을의 백성들이 모두 유랑하여 사방으로 흩어져 배를 타고 남해를 따라 경상도로 들어갔다고 한다(『속잡록』). 5~6월에 끝내야 할 조운을 한강 결빙을 코앞에 둔 10~11월까지 다그친 해가 한두 해가 아니었다. 그러는 사이에 독촉하는 부세와 토목공사 부역을 이기지 못하는 백성들의 원성이 하늘 찌르고 있었고, 서울 도성 안에 고의 방화로 불이 나서 가옥 수백(또는 수천) 채가 불타 없어졌다. 백마적(白馬賊)이란 도적단이 활보하고, 매관매직을 풍자한 노래가 유행하였다.

광해군 대는 이상저온으로 인한 재해, 기근, 재정위기, 세금독촉, 유언비어, 저항의 연속이었다. 폐모살제로 인한 정치적 대립도 극을 향해서 치닫고 있었다. 반정으로 인조가 즉위하였다. 우박은 인조 대에 집중적으로 포착되고 있는데, 장황할 것 같으니 초반 상황만 소개하겠다.

1624년(인조 2) 내내 전국에 우박만 내리거나 비와 우박이 교대로 내렸다. 큰 것은 사발만 하고, 작은 것은 달걀만 해서 소와 말이 이를 맞고 많이 죽었다. 이 무렵 우박의 크기를 새알만 하다거나 작은 콩만 하다는 표현도 차고 넘친다. 10월에 참찬관 김덕함은 금년 박재(雹災)는 전에 없는 일이라고 하였다. 화가(禾稼)뿐만 아니라 조수(鳥獸)·초목(草木)에 이르기까지 모두 피해를 입었다.[20]

1625년(인조 3)은 1월부터 우박이 내렸다. 그때 황해도에 큰 우박이 사람 정강이가 묻힐 정도로 내렸다. 쏟아지는 우박에 참새 떼마저 모두 죽고 초목이 부러졌다. 옛적에도 듣지 못한 참혹한 재해라고 하였다. 주민들이 열 명, 백 명씩 떼를 지어 황해감사의 지나가는 길을 막고 참혹함을 호

19 이정귀, 『월사집』 27, 계사, 受由復命日啓辭(己酉十月).
20 『인조실록』 7, 인조 2년 10월 13일(갑오). 參贊官金德諴 (중략) 且今年雹災 前古所無 非但
害及於禾稼 至於鳥獸草木 皆爲爛碎.

소하였다. 권첩 감사는 보기에 애달프다고 보고하였다.[21] 전라·충청도에서는 5월에 광풍이 크게 일더니 비와 우박이 교대로 내려 양맥과 서속(黍粟, 조) 및 목화가 모두 손상을 입었다. 바로 이어 함경·경상·평안도 박재도 보고되었다. 지평 민응형이 시폐를 진술하면서 봄에 내린 장맛비의 변괴, 양호에 있었던 우박의 재해, 북로에서 일어난 한재의 혹심함을 들었다.[22] 기상이변이 반정 초기 정국의 뇌관이 되고 있었다. 이 기상이변은 이상저온 때문에 나온 것이다. 이상저온은 이안눌의 강원도 홍천 유배 생활에서 확인된다. 9월 21일 비가 내렸다. 22일에도 종일 비가 내렸다. 냉우였다. 차가운 비는 유배객의 시심을 자극하여 여러 편의 시를 남기게 하였다. 24일 저녁부터 내린 비는 25일 늦게야 갰다. 바람이 매서운데 비까지 차가웠다. 지친 까치가 어울려 날아가고, 놀란 기러기는 쉬지 않고 울었다. 이안눌은 이 이상한 날은 일찍이 겪어보지 못한 날이라고 했다. 11월 24일에는 흐리며 눈이 오더니 다음날 개였다. 12월 2일에는 대설이 오더니 4일에야 개였다. 3일간 온 눈도 부족하였는지 14일에 또 대설이 내려 다음날 15일 아침에 그쳤다.[23] 이 추위의 여파는 한강을 일찍 얼게 하였다. 한강이 이미 얼어붙어서 11월 17일 강화도에 이른 아산창 3운 조운선 3척이 더 이상 올라갈 수 없다고 하였다. 하는 수 없이 해빙을 기다릴 수밖에 없었다.[24]

시도 때도 없는 우박은 이듬해 1626년(인조 4)에도 이어졌다. 5월 강원도에 새알만 하거나 개암만 한 큰 우박이, 6월 경상도에 탄환만 한 우박이, 평안도에 계란만 하고 사람 주먹만 한 우박이, 황해도에 큰 것은 주먹만 한하고 작은 것은 밤만 한 우박이 내렸다. 이로 인해 금수가 다치거나

---

21 『인조실록』 8, 인조 3년 1월 5일(갑인).
22 『인조실록』 9, 인조 3년 6월 17일(계사).
23 이안눌, 『동악집』 16, 「東遷錄」 상.
24 『승정원일기』 10, 인조 3년 11월 17일(임술).

죽고, 면화·서속·양맥이 손상을 입었다. 인조는 금일의 대환은 "氷雹連年水旱相仍"이라고 하였다.[25] 매년 반복되는 여름철 우박 피해가 당시 국가의 큰 우환 가운데 하나였던 것이다.

이러한 양상은 1627년(인조 5)에도 비슷하게 이어졌다. 1628년(인조 6)도 마찬가지였지만, 4월 평안도 평양·강서 등지에 큰 우박이 3척 정도 내린 점, 5월 충청도 보은에 거위알만 한 우박이 내린 점은 특이하다고 말할 수 있다. 8월부터는 이른 서리가 곡식을 말라 죽게 하였다. 인조는 교서에서 전례 없는 한박(旱雹) 피해를 입었다고 하였고, 황해·평안도에서는 도랑에 굶어 죽은 시체가 서로 포개져 있고, 삼남 지방에서도 죽은 자가 많았다. 모속국(募粟局)을 설치하고 공명첩(空名帖)을 만들어 진휼 종사관을 삼남 지방에 파견하여 쌀과 베를 거두었다. 오랑캐 차사 용골대(龍骨大)·박기내(朴其乃)가 기병 50여 명을 거느리고 갑자기 나와서 식량을 달라고 하였다. 그쪽 식량 사정이 안 좋을 정도로 그곳 날씨도 이상이었던 것 같다. 이 때 서울 안에서 괴변이 난무하였다. 이를테면 지방에서 산노루를 진상하여 왔는데 도살하려 하자 뛰어 달아나는데 그 배에서 소나무 가지가 낱낱이 흩어져 떨어지고, 또 피가 우물 속에서 솟아나고, 올빼미가 공신의 집 대들보에서 울고, 귀신이 원로의 방안에서 울고, 호랑이가 대궐 동산에 들어오고, 범종에서 물방울이 흐른다고 하였다. 기후변화에 따른 심리적 동요였던 것 같다.[26]

1629년(인조 7)에도 2월 26일 서울에 콩만 한 우박이 내렸다. 이 무렵 함경도에 사흘간 넉 자 가까운 눈이 내려 인가가 가라앉고 사람이 죽는 사고가 일어났다. 3월 중순에도 석 자의 대설이 내렸다.[27] 4월 초까지 종

25 『인조실록』13, 인조 4년 윤6월 1일(신축).
26 조경남, 『속잡록』 2, 정묘년 12월 20일.
27 『인조실록』20, 인조 7년 3월 16일(임신).

일 어두컴컴하면서 마치 먼지가 내리는 것 같았으니, 함경도는 두 달 가까이 햇빛을 보기 어려웠다. 4월 평안도 전역에 여러 날 서리가 내리고 일기가 매우 추워 곡식이 고사하였다.[28] 초여름 '일기심한(日氣甚寒)'이란 표현은 예사로운 날씨가 아님을 반증한다. 급기야 가뭄으로 타들어가는 윤4월, 경상도 진주 등지와 충청도 보은 등지에 많은 우박이 내렸다. 5월에는 평안·강원도에 새알만 한 큰 우박이 내렸다. 북쪽 지역의 우박 피해 보고가 연말까지 올라오면서 내년 진휼 자원 대책이 강구되었다.

우박 피해는 이듬해 1630년(인조 8)에도 계속 되었다. 5~6월 함경·전라도에 우박이 내렸다. 기후변화의 직격탄이 9월 평안도에 떨어졌다. 선천군에는 대우박과 대설이, 박천군에는 대풍과 우박이, 벽동군에는 대풍과 넉(四)자 대설이, 안주·정주에는 대우박이 각각 내렸다.[29] 늦가을 '설심사척(雪深四尺)' 대설은 이변 가운데 대이변이었는데 우박과 함께였으니 이상저온의 결과였고 체감지수와 대민피해를 가중시킬 수밖에 없었다. 4년 전 12월 함경도 안변에 넉 자 눈이 내려 사람 통행이 불가하고, 작년 2월 말 함경도 이성에 넉 자 눈과 3월 중순 단천·명천에 석 자 눈이 내렸으니, 이때 눈은 한두 자의 대설 급이 아니라 서너 자의 기록적인 폭설이었다.

이처럼, 선조 대 후반에서 인조 대 초반까지 29년 동안, 우박이 내리지 않는 해가 없었다. 크기가 새알만 하거나 콩만 하였고 심지어 계란만 하거나 사람 주먹만 하였고, 그것을 맞은 새·짐승이 죽고 나뭇가지가 부러지고 온갖 작물이 말라버렸다. 특히 여름철 4~6월에 잦았고, 그때마다 눈·서리·비·찬바람이 함께 하여 체감과 피해를 심화시켰다. 이는 파리·벌이 날아다니지 못할 정도의, 곡식이 고사할 정도의, 겨울 같이 춥다고 할 정

---

28 『인조실록』20, 인조 7년 4월 24일(기유). 平安道泰川縣 連日霜降 日氣甚寒 無穀枯死 又
　有蟲災.

29 『인조실록』23, 인조 8년 9월 10일(병술).15일(신묘).

도의 시원한 여름 날씨 때문이었다. 시원하다 못해 추웠기 때문에 겨울 가죽옷을 여름 들어서도 계속 입고 있을 수밖에 없었다.

2) 잦은 찬비·찬바람

17세기에는 비가 서리나 우박 및 눈과 섞여 내리는 날이 많았다. 이때 내리는 비는 차가울 수밖에 없었고, 그 비는 땅속 깊숙이 스며들면서 온 천지를 저온화시켰다. 차가운 비는 냉우(冷雨), 한우(寒雨), 우설(雨雪) 등으로 표현되었다. 특히 1·2·3월 봄철 찬비는 초여름까지 내리며 어린 새싹을 말라 죽여 작물에 치명적이었고, 그때마다 찬바람이 함께 불어 피해를 가중시켰다. 찬바람은 서풍(凄風), 한풍(寒風), 북풍(北風) 등으로 표현되었다.

이 현상은 다른 것에 비해 노출 빈도가 높지 않지만, 현종 대 집중적으로 포착된다. 1660년(현종 1) 3월 비온 끝에 바람이 불면서 서울 날씨가 매우 추웠다. 이 비는 찬비였을 것 같다. 월말 삼각산이 모두 흰색으로 뒤덮일 정도로 눈이 내렸던 점으로 보아 그렇다. 이 눈은 입하(立夏) 후 내린 것이어서 이변이자 천재라고 하였다.[30] 4월 초 경상도 칠곡 땅에 눈이 내려 초목들이 얼어 죽었고, 진주 지리산에는 쌓인 눈이 들에 가득하였다. 서리까지 내리자, 김수항은 만물이 자라나는 계절에 변괴라고 하였다.

1661년(현종 2) 이경석은 4월 번상(繁霜)은 큰 이변이고, 5월 우설은 참극이라고 차자로 말하였다. 우설로 보아 찬비가 내렸던 것이다. 그런데 8월 장수·임실 운상(隕霜), 삼척·광주 우설, 강원도 하설이 보고되었다. 찬비에 의한 여름·가을의 실종이었지만, 여기에 그치지 않았다. 겨울이 빨리 와서 10월인데도 매우 추웠고 그 여파로 바다가 얼어서 어선이 바다로 나갈

---

30 『현종개수실록』 2, 현종 1년 3월 25일(경진).

수 없게 되어버렸다.[31]

1662(현종 3)~1663년(현종 4)은 여름철 잦은 서리·우박으로 콩·삼·채소가 말라비틀어지고 말았다. 근기에서 송도·충주에 이르기까지 수박도 크지 않아 공물주인이 사방을 다녀 구해도 빈손으로 돌아온 지가 이미 여러 해라고 하였다.[32] 서늘한 여름의 지속이었음을 알 수 있다. 일찍 찾아온 혹한과 예년에 볼 수 없던 견고한 강빙(江氷)도 보고되었다.

이상저온 현상은 계속 이어져 1664년(현종 5) 4월 하설과 8월 상강하설을, 1665년(현종 6) 10월 천한수냉(天寒水冷)을 자아냈다. 1666년(현종 7) 임금은 7년 사이에 비와 햇볕이 시절에 맞지 않고 바람과 서리의 피해가 뒤를 이어 닥쳐온다고 하였다.

1667년(현종 8) 2~윤4월 한강 이북 지역은 폭설로 몸살을 앓았는데, 관동 일대에 겨울처럼 눈이 내렸다. 이남 지역은 서리로 몸살을 앓았는데, 담양 일대에 된서리가 눈처럼 내렸다. 전국에 음산한 구름이 꽉 끼어 여러 달이나 걷히지 않았다. 이때 날씨를 바야흐로 봄이 되었는데도 한겨울과 다름없이 춥고,[33] 지금 절기가 초여름에 이르렀는데 서리가 눈오듯 내린다고 평하였다.[34] 연일 추위가 심하여 사람들이 모두 솜옷을 껴입었다.[35] 초여름이 닥쳤는데도 날씨가 몹시 차가워 깊은 가을철과 다를 바가 없다고 하였다.[36]

---

31 『승정원일기』 170, 현종 2년 10월 27일(계유).

32 『승정원일기』 175, 현종 3년 8월 27일(정묘). 近來風勢 峭硬太早 露氣凝寒已久 間或淸霜 連 夜 各邑蔬菜 無不枯損 西果益加萎絶. 不但郊畿 至於松都忠原之境 種植爲業之地 與皆 一樣 貢物下人 四求空還. 臣忝叨提調之任 已多年矣.

33 『현종개수실록』 16, 현종 8년 2월 29일(갑술).

34 『현종실록』 13, 현종 8년 4월 8일(임자).

35 『현종실록』 13, 현종 8년 4월 17일(신유).

36 『현종개수실록』 17, 현종 8년 윤4월 1일(을해).

1668년(현종 9)은 벽두부터 기근과 진휼로 분주하였다. 기상이변은 보고할 여력이 없어 거의 보이지 않는다. 대신 경성과 외방 곳곳에서 불이 나 집들이 탔다는 보고만 없는 날이 거의 없을 정도로 들어왔는데, 실화보다는 불만과 절도에 의한 방화일 가능성이 높아 보인다. 천연두와 홍역 등으로 많은 사람이 죽었다. 궁중에도 두역이 돌아 공주들이 죽고 감염되었고, 그러는 사이에 궁중에 귀신 소동도 잦았다. 기형아와 기형적인 동물이 태어났다. 우역과 마역으로 많은 우마가 죽었다. 그동안 하지 않았던 행위들이 일거에 촉발되자, 형조는 8개 조항의 금제조를 제정하고, 한성부는 6개 조항의 금제조를 제정하였다.[37]

1669년(현종 10) 봄철 하설은 가히 기록적이었다. 3월 중순 충청도 제천·목천·전의와 전라도 순창에 눈이 내렸다. 정강이가 묻힐 만큼 눈이 쌓였고, 찬바람이 연일 불고 비·눈이 교대로 내리어 추위가 엄동(嚴冬)과 같았다. 강원도 전역에도 대설이 내렸다. 함께 닥친 눈, 찬비, 찬바람은 늦봄 전국을 동토로 만들기에 충분하였다.

1670년(현종 11)의 경우 3월 25일부터 4월 6일 사이에 연거푸 평안도 여러 고을에 서리·눈·우박이 내려 곡묘·생마·목화가 모두 손상되었다. 이런 현상은 경상·전라도 일대에서도 나타났다. 그 결과 7월 사포서는 참외를 대전에 봉진하지 못한다고 하였다. 부실하다고 여러 번 점퇴를 받았어도 끝내 합당한 것을 얻지 못해서였다. 8월에는 금년 수박 진상마저 하나도 못하였다고 하였다. 진공이 중단된 지 이미 오래되었으니 담당 관리를 문책해야 한다고 하였다.[38] 이상저온으로 참외·수박의 작황이 부진한 것

37 『현종실록』 15, 현종 9년 8월 7일(계유).
　　형조 금제: 牛馬屠殺, 酒禁, 亂廛, 常漢城內騎馬, 神祀高重, 漕船, 淫女, 城中僧人.
　　한성부 금제: 各廛高重, 牛馬肉禁, 四山松禁, 亂廛, 大小升斗, 東西活人署巫女摘奸.
38 『승정원일기』 220, 현종 11년 7월 30일(갑신). 8월 3일(정해).

이 원인이었는데, 애꿎은 담당자만 곤욕을 치르고 있었다. 피해는 과실류로만 그치지 않고 곡류와 목화로 확산되었다. 8월에 전라도에 서리가 일찍 내렸고 찬비가 폭우처럼 내렸다. 이로 인해 벼가 모두 쓰러졌다가 햇볕을 보자 곧 말라 버렸다. 사람들도 흩어지고 기아자가 길에 넘쳐나기 시작하였다.[39] 9월에 경상도에도 재차 냉우가 내려 풍해를 입고 남은 목화송이가 모두 떨어져 하나도 결실을 맺지 못하였다. 경상감사는 그런 목화밭에 대해 호조로 하여금 급재를 내려주라고 요청하였다.[40] 이때 제주도에 서리와 눈이 내려 귤·유자·소나무·대나무 등이 마르지 않은 것이 없었다. 각종 나무 열매는 거의 다 떨어지고 서속·콩 등은 줄기와 잎이 모두 말라 버렸다. 제주도 땅위에서 자라는 초목이라는 것은 모두 조금의 생기도 없었다. 강원도 금강산에는 적설량이 한 자 가까이를 기록하였다. 단풍이 드는 9월인데 말이다.

이러한 냉우와 그로 인한 피해는 계속 이어졌다. 이듬해 1671년(현종 12) 1월 전라도에서 동사자가 속출하였다. 2·3월에는 전국에서 연일 한우·우설이 내리고 혹심한 상강과 하설로 몸살을 앓고 있었다. 대설이 내린 곳이 있었고, 여러 산이 모두 백색인 곳도 있었다. 날씨가 추워서 밭이 얼어붙어 쟁기질을 할 수가 없었다. 찬바람이 날마다 불어서 한창 자라고 있는 보리·밀이 모두 피해를 입었고, 새로 심어야 할 봄보리의 파종 시기를 넘기고 말았다.[41] 이 두 해 기상이변으로 이른바 '경신 대기근'이 조선을 급

---

39 『현종실록』 18, 현종 11년 8월 10일(갑오). 全羅道 龍潭等邑大風大雨且早霜. 嶺下諸邑 冷雨如注 東風拔屋 禾穀盡偃 見日便枯. 人民流散 餓莩載路 以至群聚刼掠. 稍有向熟之穀 輒縛田主 公然刈取 原野放牧之牛馬 白晝宰殺 而莫敢誰何. 道臣以聞.

40 『승정원일기』 221, 현종 11년 9월 13일(정묘).

41 『현종실록』 19, 현종 12년 3월 10일(신유). 3월 11일(임술). 咸鏡道飢民二萬一千五百七十餘人 二月念七以後 雨雪連下 日氣寒凜 田疇氷結 耒耜不入. 京畿楊州等四邑小雨 山頂下雪 雪深二三寸. 水原等二十邑 嚴霜連降 凄風日吹 向茂牟麥皆損.

습하였던 것이다.

1672년(현종 13) 찬비 사례는 찾아지지 않는다. 하지만 한강 물이 절반이나 얼어서 날마다 올리는 생선을 잡을 수 없으니 잡어로 대신하겠다는 요청이 10월 25일 사옹원으로부터 올라왔다.[42] 12월 13일 신하들이 날씨가 매우 추운데 건강은 어떠한지를 묻자, 현종이 "今年寒事, 前古所無"라고 답한 바 있다. 겨울 추위가 일찍 찾아왔고 그 강도가 매우 강하였음에 분명하다.

이 겨울 추위는 꺾일 줄 모르고 계속 이어졌다. 이듬해 1673년(현종 14) 1월 16일, 수일 동안 혹독한 추위가 이어지자 그 날씨를 겨울철과 다름 없다고 하였다. 3월에 서풍이 날마다 불고 북풍이 크게 불었다. 북풍은 북극에서 불어오는 찬바람이다. 그 결과 평안·황해도의 야군은 서리가 눈처럼 두껍게 내렸고, 산군은 눈이 한 자 가까이 내렸다. 봄볕이 화창한 계절에 추운 기운이 극에 달하였다. 이로 인해 모맥(牟麥) 수확이 가망 없을 뿐만 아니라 조생종 서속도 모두 동상을 입어 백성들 생계가 염려스럽다고 하였다.[43] 7월에도 북풍이 날마다 불어 일기가 매우 추웠다. 8월에 평안감사는 근래 한우가 여러 번 내려 농사에 하등의 도움이 되지 않는다고 하였다. 이 무렵 충청·전라도 일원에 엄상(嚴霜)이 연일 내렸다. 7월에 분 북풍은 차가운 바람을 몰고 왔고, 그 결과로 평안도 일원에 한우가 빈번하게 내리고 삼남지역에 서리가 연일 내렸던 것이다. 이 시기 때 아닌 잦은 찬바람은 이상저온 기후의 징표 가운데 하나였다. 이를 목격한 이원휴는 「사직단에서 상감이 친히 가뭄을 걱정해서 기도하시다」라는 시에서 "우리 상감 간밤에 농단(農壇)에서 예 올렸으니, 7월 달 서풍 불어 가뭄 걱정

---

42 『승정원일기』 230, 현종 13년 10월 25일(병인).

43 『승정원일기』 233, 현종 14년 3월 22일(임진). 黃海監司書目 近日以來 旱氣甚酷 北風長吹 連夜雪降 纔已立苗之春牟 吐芽之黍粟 過半枯損 前頭民事渴憫事.

때문이네."[44]라고 하였다. 남풍이 불어야 할 7월에 분 서풍은 춥고 건조한 바람이어서 가뭄을 들게 하고 작물을 고사시켰던 것이다.

1674년(현종 15) 4월 27일 전라도 동부 6읍에 서리가 내렸다. 전라감사는 일이 이상하다고 하였다. 현종이 8월에 죽고, 숙종이 즉위하였다. 8월 10일부터 강원도 일원에 서리가 내렸다. 9월이 되자 전국 도처에서 상재(霜災) 보고가 올라왔다. 허적은 서리가 내린 이후 아침저녁 날씨가 매우 추워 감기 환자가 속출한다고 하였다. 급기야 경상도에 폭풍이 불고 찬비가 내렸으며, 전라도에 내린 이른 서리가 곡식을 손상시켰다.[45]

숙종 즉위 이후 날씨도 4월에 우설이 교대로 내리는 날이 잦았다. 비온 뒤에 눈이 내리거나 엄한 서리가 내리는 때도 있었다. 이상저온의 연속이었다.

이처럼, 현종 대 15년 동안, 늦봄~초여름에 찬비가 오는 때가 잦았다. 그때 찬바람의 북풍도 불고, 눈·서리가 같이 내리고, 여러 달 동안 구름이 꽉 끼어 걷히지 않았다. 봄이 한겨울처럼 춥고 초여름이 늦가을 같았다. 그때까지 사람들은 겨울 솜옷을 입고 있었음에도 불구하고 감기 환자가 늘어났다. 밭이 얼어붙어 쟁기질을 못한 때도 있었다. 이로 인해 초목이 얼어 죽어 기근이 들고, 여러 해 동안 수박·참외 작황이 좋지 않고 귤·유자나무도 말라 죽어 공물 분쟁이 일어났다. 불만을 가진 사람들에 의한 방화와 도적질도 끊이지 않았다.

3) 일찍 내리는 서리

봄·여름 서리는 이제 막 싹을 띄운 식물에 악영향을 미치지만, 가을

---

44 이원휴, 『금화유고』 1, 시, 「社壇親禱閔무」.
45 『숙종실록』 1, 숙종 즉위년 9월 19일(경진).

철 7·8·9월 서리는 기온 급락의 요인일 뿐만 아니라 다 자란 작물을 고
사시키는 요인이다. 특히 추수를 마무리 짓는 9월 말 상강(霜降) 절기 이전
의 서리는 치명적이다. 더군다나 남쪽 지방의 이른서리와 된서리는 대·차
나무 등 남방식물 생육에 큰 영향을 미친다. 그런데 그런 해가 17세기에
는 하루가 멀다고 나타났을 뿐만 아니라 서리가 눈처럼 내린 때도 잦았다.
『승정원일기』의 첫서리 날을 분석한 연구에서도 17세기가 가장 빠른 것으
로 나타났다.[46]

　잦고 이른 서리의 실태는 숙종 대 초반 사례로 소개하고자 한다. 1675년(숙
종 1) 늦봄~초여름은 우설·눈·서리로 가득 찬 날씨였다. 3월 29일 황해도
송화 등지에 우설이 교대로 내려 산야가 온통 흰색이었다. 이 무렵 평안도
자산 등지에도 눈이 내렸다. 강원도 철원·낭천·금화에 우설이 내렸는데
가뭄 중이어서 보리가 심하게 손상을 입었고, 영동 지역은 된서리가 연일
내리어 양맥이 모두 마르고 논이 쩍쩍 갈라졌다. 이 해 4월 서리는 가히
기록적이었다. 중순 서울에 여러 차례 서리가 내렸다. 강원도 회양에 누
런 안개가 끼고 진한 흙비(土雨)가 내려 지척을 분간할 수 없었다. 이때 전
라도와 경상도는 전역이 눈과 서리로 몸살을 앓고 있었다. 무주 덕유·대
덕 양산에 13일 눈이 내려 4·5치 쌓였고, 그 다음날에는 서리가 내려 산야
가 흰색으로 뒤덮였다. 전주 등 11읍에 13~15일 사흘간 밤마다 된서리가
내렸다.[47] 의성 등 8읍에 13·14일 밤 연이어 서리가 내렸고, 성주 등 5읍에
12일 눈이 내리더니 13·14일에 서리가 내렸다. 이로 인해 양남 두 지역의

46　김일권, 「『승정원일기』(1623~1910)의 조선후기 서리(霜) 기상기록 연구」, 『朝鮮時代史學
報』87, 조선시대사학회, 2018.

47　『승정원일기』 246, 숙종 원년 4월 28일(병진). 全羅監司書目 茂朱地德裕大德兩山 今四月
十三日下雪 積厚四五寸 十四日霜降 山野遍白. 全州等十一邑 十三日四日五日 連夜嚴霜 非
但變異非常 發穗牟麥 立苗黍粟木花 多被損傷 前頭民事 誠極悶慮事. 又書目 龍潭呈 以惡
虎橫行 噉殺人命二名 極爲驚慘事.

이삭이 패는 보리·밀, 새싹이 나는 서속·목화 모두 손상을 입었다. 초목과 뽕나무 잎도 말라 죽었다. 그러는 사이에 호랑이가 민가에 출몰하여 사람 목숨 2명을 물어 죽였다.[48] 17일 의학교수 유득량은 상소문에서 봄철 날씨로 된서리가 자주 내리고, 찬바람이 연일 불고, 기온이 매우 차가운 점 세 가지를 지적하였다. 이런 날씨로 인해 사람들이 동의(冬衣)를 벗지 않고 있다는 사실도 소개하였다. 월말이 다가가는데도 눈과 서리는 그치지 않았다. 충청도 황간에 눈이 내려 산꼭대기가 모두 하얀 색이었다. 전라도 무주·전주 등지에 눈이 내리고 서리가 내리고, 강원도 삼척에 눈이 내리고, 함경도 함흥·정평에 서리가 눈처럼 내렸다. 또 다시 경상도 풍기·밀양 등지에 눈과 된서리가 내리어 고인 물을 얼게 하고 뽕나무 잎을 모두 죽게 하는 일이 벌어졌다. 평안도 역시 예외가 아니었다. 이 늦봄~초여름에 강원도 회양에 누런 안개가 끼고, 평안도 순안 등지에 흙비가 내렸고, 강원도 춘천·낭천 등지는 낮이 어두워 해 색이 핏빛이었고 사방이 어두컴컴하여 수십리 사람·만물을 분간할 수 없었다. 초여름 내내 전국 곳곳에 서리가 내리는 현상은 정상이 아니어서 모두들 '변이(變異)'라고 입을 모았다. 특히 서리로 목화와 뽕나무가 대거 말라 죽었으니, 면농과 잠농이 피해를 입을 수밖에 없었다. 면업과 잠업의 주무대 전라·경상도 경제가 초토화되고 있었다. 이 모든 것은 기후변화에 의한 이상저온의 결과였다.

1676년(숙종 2) 1월 19일 지사 오시수는 지난번 대설 이후 사람을 보내어 사산송목(四山松木)을 조사하니 송목 작벌(斫伐)이 매우 심하다고 하였다. 4산이란 서울의 북악산·인왕산·목멱산(남산)·안산으로, 경관·기맥·산림을 보호하기 위해 벌채·경작·입주를 제한한 곳이다. 그런데 이 시기 서울 4

---

48 『승정원일기』 246, 숙종 원년 4월 26일(갑인). 慶尙監司書目, 義城等八官 十三四日 連夜霜降. 星州等五官 十二日下雪 十三四日霜降 牟麥及立畓田穀 木花草木桑葉 皆被枯損 事係變異 農桑失望 民事渴悶事.

산 남벌 사례는 여러 차례 목격된다. 혹한의 겨울이었기에 난방을 위해 몰래 소나무를 베어갔음을 알 수 있다. 장유는 대설이 내리자 관솔불 태우면서 화로만 껴안고 있었으니,[49] 추위 강도와 화목 수요는 비례하였던 것이다. 4월 초순 함경·평안·강원·전라도에 눈이 내렸다. 그때 서리도 내렸다. 어황도 좋지 않았다. 경기도 인천 사는 한 선비의 상소에 의하면, 근래 어물 산출이 전무하여 쳐놓은 어살을 가서 보면 빈손으로 돌아오는 날이 많다고 하였다.[50] 세금을 경감시켜 주라는 제스처로 보이지만, 해수의 이상 저온으로 어황이 부진한 상황을 반증해준다. 5월에 이르면 하설(夏雪)과 엄상의 이변을 보고하는 각 도의 계문이 끊어지지 않고 계속 이어졌다. 7·8월 냉우(冷雨)와 조상(早霜)에 의한 곡물 피해가 전국에서 계속 보고되었다. 11월 16일 사옹원은 강물이 이미 얼어붙어서 일선 생선을 잡을 수 없으니 궐공이 걱정되니 대봉(代封)을 요청하였다. 생선전 주인 어부들이 강수 빙합으로 적합한 생선을 조달할 길이 없다고 사옹원에 호소하자 이렇게 된 것이다.[51] 한강의 조기 결빙으로 어로뿐만 아니라 통행 또한 불가능하였음을 알 수 있다. 아무튼 된서리와 이른서리는 농사에 큰 걸림돌이었다. 평안감사 민종도가 올린 「농사형지계본(農事形止啓本)」을 보면, 평안도 전역이 상재를 입지 않은 곳이 없고 각 도 산골 또한 이른서리 피해를 입어서, 강변·산군은 서리가 평지보다 먼저 오기 때문에 그들 지역은 모두 조생곡을 심어 피해를 최소화하려고 하였다.[52] 이른서리 대비책으로 조생종이 보급되고 있었던 것이다.

---

49 장유, 『계곡집』 30, 칠언율, 「大雪」.

50 『승정원일기』 253, 숙종 2년 4월 19일(신미).

51 『승정원일기』 257, 숙종 2년 11월 16일(갑오).

52 『승정원일기』 256, 숙종 2년 9월 10일(기축). 近來續接平安監司閔宗道農事形止啓本 則寧遠順川孟山碧潼熙川江界理山雲山等邑 不無霜災 其他各道峽中 亦有早霜之災 而江邊與山郡之霜信 例先於平地 故皆種早穀 似無被傷全棄之慮.

이른 서리는 이듬해 1677년(숙종 3)에도 지속된다. 2~4월 전국에 큰 눈이 내렸다. 3~4자 온 곳도 있었다. 최대 1미터 이상의 사상 초유의 적설량을 기록한 것이다. 이 눈은 봄날을 매우 춥게 하였다. 이 대설과 추위는 임영이 박현강에게 보낸 늦봄 추위가 심하여 바닷가에 연이어 큰 눈이 내렸다는 편지를 통해서 확인된다.[53] 그는 이 상황을 시로도 남겼다. 2월 그믐 눈이 높은 산에 한 길이나 쌓였고, 낮은 밭에도 무릎을 넘겼다. 음산한 추위가 한겨울과 비슷하였다. 길손들은 쓰러져 죽는 이 많고, 들짐승 역시 얼어 죽고 말았다. 노인들은 처음 보는 일이라며 놀라고, 지사들은 근심이 더욱 깊어졌다. 그런데 살구꽃 떨어져 다 지려 하고, 오얏꽃 피어 막 흐드러지는 3월 그믐에 다시 대설이 내렸다. 임영은 이런 일은 일찍이 본 적이 없다고 하였다.[54] 8월에는 전국에 이른서리가 내렸다. 서리 피해는 7~8월에 집중 나타난다. 7월 26~28일 함경도 진동보에, 8월 23~24일 갑산에, 8월 23일 전라도 장수에 각각 서리가 내렸다. 이로 인해 만생종 목맥(木麥, 매밀)이 곳곳에서 말라 죽었다.[55] 이런 점 때문에 당시 농민들은 조생종을 선호할 수밖에 없었다. 9월 27일 조정 대신들은 된서리가 이미 내리고 일기가 한랭하다고 걱정하였다. 겨울이 오지도 않았는데도 추위에 고생하고 있었다. 수년간 계속되는 불순한 날씨를 우의정 허목은 "몇 년 동안 수재와 한재로 기근과 역병이 유행하고, 해와 달이 박식(薄蝕)하였으며, 여름에 눈이 오고, 겨울에 천둥치며, 겨울철에 춥지 않아 복숭아나무와 오얏나무에 꽃이 피며" 등으로 정리하였다.[56]

---

53 임영, 『창계집』 7, 서, 「上玄江」.
54 임영, 『창계집』 1, 시, 「二月晦大雪盈丈 丁巳」. 「三月晦又大雪」.
55 『승정원일기』 261, 숙종 3년 9월 9일(계미). 全羅監司書目 長水呈 以八月二十三日霜降 晚種木麥 處處枯損事.
56 『숙종실록』 6, 숙종 3년 11월 21일(갑오).

1678년(숙종 4)의 서리는 크게 포착되지 않지만, 3월 하설이 집중적으로 나타났다. 가평·연천 대설이 보고된 이후, 여러 도에서 눈이 내린 상황을 계속 알렸다. 이러한 경향은 여름에도 지속되었다. 4월 경기·관동·관서에 우박이 내리고, 안주에서는 얼음덩이가 섞여 내려 날아가던 참새가 맞아 죽었으며, 성천·희천에는 눈이 내렸다. 영남 여러 읍에는 우박이 매우 심하여 지붕의 기와가 쪼개져 부서지고 나뭇잎이 다 떨어졌으며 화곡(禾穀)이 문드러져서 농민의 곡성이 들판을 진동하였다.[57] 5월 10일 내린 하교에서 숙종은 우박·눈·얼음덩이의 변고가 여름철까지 계속 나왔으니 이것은 전고에 드물게 있었던 일이라면서, 자신은 감선을 하겠으니 온 국민은 가무·술을 금하게 하였다. 9월에 전국에 우박이 내려 큰 피해를 낳았다. 9월에 비처럼 내린 큰 우박은 늦봄에 내린 눈과 같은 재앙을 남겼다. 이를 남학명은 '단풍나무에 단풍이 들지 않고 나뭇잎이 모두 떨어져버리고, 날씨 추워 깊은 겨울 같고 사계절이 한 가을에 무너졌다'고 읊었다.[58]

1679년(숙종 5)에 이르면, 봄~여름철 서리는 눈과 함께 정치 쟁점화의 불쏘시개가 되어가고 있었다. 판부사 허목이 영의정 허적의 죄를 논하는 차자에서, "눈이나 서리가 여름에 내리고 별자리가 궤도를 어기는 것도 모두 대신의 허물입니다."라고 하였다. 이를 신호탄으로 눈·서리가 여름에 내렸던 이상 날씨는 인견 때나 강론 때 그리고 계문이나 상소문에 연속적으로 등장하였다. 이상기후를 쟁점으로 한 이 갈등의 끝은 어디일까? 결국 정국은 이듬 해 경신환국으로 치닫고 있었다. 예년보다 추운 날씨는 평년보다 일찍 한강에 빙시(氷澌)를 가득 차게 하여 어선의 왕래를 가로 막았다.

이 날씨는 이듬해 1680년(숙종 6)으로 이어졌다. 3월 한반도 남단의 남

---

57 『숙종실록』7, 숙종 4년 4월 21일(경인).

58 남학명, 『회은집』1, 시, 「九月雨雹」. 九月雨大雹, 災同暮春雪. 靑楓不成酣, 林葉已皆脫. 慘慄大冬象, 四時一秋缺.

해·고성 지역에 우설이 내렸다. 4월 평창·평강 등지에 눈이 내렸고, 윤8
월 서울에 찬서리가 밤사이 매우 진하게 내렸다는 기사 외에는 특별한 이
상 현상은 발견되지 않는다. 그런데 겨울날씨는 매우 추었고, 그 후유증이
이듬해 심하게 나타났다.

1681년(숙종 7) 1월 23일 우의정 이상진은 작년 겨울 추위가 배나 심하
여 여러 도에서 추모(秋牟)가 모두 동사했다면서, 진휼청 재고곡 점검을 촉
구하였다. 4월 5일 수찬 박태손은 전년 겨울 혹한으로 모맥이 얼어 죽어
남은 것이 얼마 안 된다면서, 지금 소만(小滿)이 이미 지나고 망종(芒種)이
멀지 않았는데 흙비가 여러 날 내리고 찬바람이 연일 불고 비올 가망이
없으니 파종을 연기할 수밖에 없다고 하였다. 특히 이 해 전반기는 눈·서
리도 문제였지만, 토매(土霾)·토우(土雨) 등 흙비가 더 큰 문제였다. 강계에
1월 말 눈과 흙비가 교대로 내리어 산야가 황색으로 완전히 뒤덮고 말았
다. 강원도에 3월 말 연 삼 일 흙비가 내리어 옷은 황색으로 변하고 물은
혼탁한 황톳물로 보이고 밤낮으로 안개가 끼어 어두웠다. 평안도 구성·강
서 등지에도 흙비가 내려 초목을 적시니 모두 황색이었다.[59] 이런 점 때문
에 박태손이 망종을 앞두고 있는 때 흙비가 내린다고 하였다. 잦은 흙비
와 황사는 햇빛을 가리어 기온을 저하시킬 수밖에 없었다. 엎친데 덮친격
으로 하반기는 눈과 서리로 국토가 몸살을 앓았다. 8월 전국에 서리와 눈
이 내렸다. 보은에 연일 서리가 내렸고, 그 두께가 산골짜기에는 눈과 같
았다. 영변에 눈이 내렸고, 무주에 눈이 한 치쯤 내려 쌓였다. 가을철의 이
른 서리도 전체적인 기온을 하강시켰다. 그 결과 한강의 물고기가 자취를
감추어 그물을 쳐도 소득이 없었고, 겨우 잡은 물고기의 크기가 작고 색이

---

59 『숙종실록』 11, 숙종 7년 4월 7일(경인). 江原道自三月晦間 連三日土雨 着衣成黃. 視之則
  乃渾濁黃土水 晝夜昏霧. 平安道三月十九日雨雪 龜城江西等地土雨 着草木皆黃.

변해 있었다. 11월 8~11일에 이르면 한강의 절반이 얼어붙거나 얼음덩어리가 강에 가득차 그물질을 할 수 없는 상황이었다.

1682년(숙종 8)에도 서리 피해는 계속되었다. 8월 숙종은 하교에서 "6·7년 동안 왕위를 욕되게 하여 홍수·가뭄·바람·서리의 재앙이 달마다 생겼지마는, 어찌 오늘날처럼 몹시 참혹한 것이 거듭된 적이 있었는가?"라며 구언하였다. 이때 여러 도에서 서리·눈·우박 재앙의 장계를 계속 올렸다. 특히 8월 22일 전국 각처에 이른 서리가 내려 밭작물을 모두 못 먹게 하였다. 만곡(晩穀, 늦곡식) 또한 흉년을 면할 수 없었다. 이를 접한 영의정 김수항은 9월 금년 농사는 풍해·수해를 혹하게 당하고 서리가 일찍 내리어 5곡이 모두 익지를 않았다고 정리하였다.[60] 결국 이 해 농사 작황은 된서리가 일찍 내리어 백곡이 익지 않았다고 평가되었고, 근래 이런 변고는 수를 셀 수 없다고 정리되었다.

이처럼, 숙종 대 초반 8년 동안, 매년 늦봄~초여름에 된서리가 눈과 함께 내렸고, 상강 이전 이른서리도 잦았다. 내린 서리가 눈처럼 쌓이거나 찬비·흙비와 함께 서리가 내린 적도 있었다. 이상저온의 결과였다. 이로 인해 사람들은 늦봄인데도 겨울옷을 벗지 않았고, 난방을 위한 소나무 남벌이 극심하였다. 식용작물은 물론이고 목화·삼·뽕나무 등 직물작물도 말라 죽으니 늦곡식보다 조생종이 선호되었다. 먹이 감을 잃은 맹수의 민간 출몰이 잦았고, 어황도 좋지 않았다. 이 모두는 정쟁의 불씨가 되고 있었으니, 숙종 대 잦은 환국의 환경적 기원은 기후변화에서 찾을 수 있다.

---

60 『승정원일기』 293, 숙종 8년 9월 4일(무신). 壽恒曰 今年農事 酷被風水之災 霜降且早 五穀俱不成熟 姑未見外方狀啓 故意謂南方 則霜降必晚於他道矣. 連見狀啓 則去二十二日霜降 內外通同云 田穀旣皆失稔 而晚穀又如是不實 連歲凶歉 公私赤立 前頭之憂 何可盡達.

2. 길고 매서운 겨울

1) 일찍 내리는 눈

눈은 온도를 급락시키는 주요인이다. 그중에서 겨울철 눈은 농사와 강수량 확보에 도움을 주지만, 잦은 눈과 많은 눈은 기온을 급락시켜 땅속에 뿌리를 내리고 있는 식물에 치명적이다. 더군다나 봄철 2·3월과 여름철 4·5월 눈은 기온급락과 작물고사 및 착과부실의 결정적 요인이 된다. 그런데 17세기에 겨울 날씨를 앞당기어 눈을 일찍 내리게 하고, 혹한을 몰고 와서 겨울 내내 눈을 자주·많이 내리게 한 때가 잦았다. 겨울철 폭설에 이어 봄철 대설도 잦았고, 여름철과 가을철 눈도 적지 않았다. 이상저온 기후의 결과였다.

이 가운데 우선 겨울로 들어가기 전 일찍 내린 눈과 겨울철 폭설 상황을 인조 대 중반을 사례로 하여 소개하고자 한다.

이경전이 휴가를 받아 1631년(인조 9) 11월 천방사 절을 방문하였다. 사흘간 대설이 내리더니 또 다시 나흘간 눈이 그치지 않았다. 일어나서 창을 열어보니, 십여 일 간 내린 눈이 산처럼 쌓여 있었다.[61] 이 해 겨울은 햇빛이 피와 같고 종일 어두웠던 것으로 기록되었다. 여러 날 눈이 내렸고, 우중충한 겨울 날씨였던 것이다.

1632년(인조 10) 정월 중에 연일 눈이 내렸다. 3월에 정승들은 근래 변이로 나타난 '일월지변(日月之變)', '성신지변(星辰之變)', '우박지변(雨雹之變)', '지진지변(地震之變)', '물정지변(物情之變)', '인륜지변(人倫之變)', '가해가악지변(可駭可惡之變)' 등을 나열하였다. 온갖 자연재해와 이상현상이 나타나고

---

61 이경전, 『석루유고』 1, 기, 「大雪訪千方寺記」.

있다는 말이다. 이때 정승 교체론도 나왔다. 이 모든 것이 이상저온 날씨의 결과였다. 연말 12월에 십여 일 동안이나 계속하여 눈이 내렸다. 도로가 불통되고 길 가던 사람들이 많이 얼어 죽었다. 붉은 눈도 내렸다.[62] 이 무렵 눈이 한 번 왔다하면 십여 일 연속으로 내리는 것이 보통이었다. 그리고 눈이 왔다 하면 30센티미터 이상 되는 대설이었다. 전라도 일원에 대설이 내려서 김제 사람 유즙이 지팡이를 찔러 측정해보니 그 깊이가 한 자 가까이 되었던 사례가 있다.[63] 이러한 폭설 현상을 사람들은 전에 없는 변괴라고 입을 모았다.

1633년(인조 11)~1636년(인조 14)은 온갖 괴변이 난무한 해였다. 평안도 대동강 건너편 수십 리에 물오리가 떼를 지어 연일 교전하였다. 황해도 연안 경내의 해변에는 전에 없었던 새가 많이 날아왔다가 얼마 안 되어 곧바로 스스로 죽었는데, 몸집은 새끼꿩만 하고 발은 쥐발과 비슷하였다. 한성부 연못의 물이 갑자기 적색이 되었고, 다시 홍색으로 변하더니 못 물고기가 다 죽어 떠올랐다. 경상도 대구에 사는 백성 고영남의 집에서 소가 새끼를 낳으려다가 저절로 죽었는데, 배를 갈라 보니 그 송아지는 머리는 하나에 눈은 셋이고, 코 둘에 구멍이 여덟에다가 입이 둘, 혀가 둘이었다. 전라도 남원 들녘에서 김매는 자들이 기를 세우고 북을 두들기며 떼를 지어 가무하는 것이 마치 병신·정유의 해와 같았다. 조선팔도 온갖 괴담을 남원 사람 조경남이 수집하여 자신의 일기장에 적어 놓았다. 비슷한 이야기는 『서운관지』3, 고사 조항은 물론이고 『승정원일기』·『왕조실록』에도 기록되어 있다. 일부만 소개한 것이다.

추운 날씨로 인한 생태계의 교란현상과 사람들의 심리적 불안감이었

---

62 『증보문헌비고』 9, 상위고 9, 물이 1, 설이.
63 유집, 『백석유고』 2, 기, 「雪記」. 乙亥十一月二十九日 大雪 余植杖而測之 其深盖尺餘矣.

다. 민심이 동요하기 시작하였고, 미수금이 적지 않은 상황에서 금년 세금도 또 못 거둘 형편이고 도망가는 사람도 속출하였다. 타개책을 모색할 수밖에 없었다. 호조판서 건의에 의해 상평청(常平廳)을 설치하여 처음으로 돈을 쓰게 하고 그곳으로 하여금 주조하게 하였다. 이는 동전 유통의 신호탄이자 상평통보로 넘어가는 징검다리였다. 그리고 예조 청에 의해 기상이변이 일어난 지역을 위무하기 위해 웅진·계룡산·죽령·양진 등지에 향축(香祝)을 보내어 제사지내게 하였다. 이 무렵 겨울 날씨가 매우 추웠다. 그때마다 인조는 겨울옷을 만들어 군사들에게 나누어주라고 명하였다. 숙직하는 군사에게는 빈 섬인 공석(空石)을 나누어 주었다. 그래도 얼어 죽은 군졸이 나왔다.

1637년(인조 15) 추위와 폭설 피해는 가히 기록적이었다. 병자호란 뒤끝이라 그 체감은 더욱 높았다. 1월 말 서울에 대설이 내려 동사자가 속출하였다. 3월 5일 경상도에 대설이 내렸고, 닷새 동안 왔을 뿐만 아니라, 눈조각이 큰 것은 술잔만 하였고, 추위로 대나무 가지가 부러졌다.[64] 예안 사람 김령이 남긴 기록이다. 윤4월 강원도 흡곡·고성·인제 등지에 연일 눈이 내렸다. 6월 삼남 지방에 우역(牛疫)이 크게 퍼져서 거의 씨도 남지 않을 정도로 소가 죽었다. 이 병이 61년 만에 다시 일어났으니, 괴상한 일이라고 조경남은 말하였다. 혹한의 후유증이었던 것이다. 이러한 상황에서 하설과 혹한이 너무 이른 초가을부터 찾아왔다. 7월에 전라도 서쪽 바닷가 무장에 눈이 내렸다. 8월에는 흰 나비가 눈 내리듯 땅에 떨어져 쌓였으니, 날이 추워서 동사한 것 같다. 믿기지 않는 이변이라고 하였다. 10월 6일 경덕궁 숭정전에서 과거 시험을 보는데, 날씨가 매우 추워 붓과 벼루가

---

64 김령, 『계암집』 2, 시, 오언율, 「三月初五日 大雪 丁丑」. 重三逾二日, 雪片大如杯. 春暮何曾觀, 時危轉作猜. 壓枝寒折竹, 堆渚潤通荄. 向晚皆消盡, 斜暉映小梅.

모두 얼어붙고 말았다.[65] 그 다음 날 김제 사람 유즙은 대설을 접하였다. '대설'이란 단순히 많이 내린 눈을 말하지만, 계량적으로 평지에서 한 자가 되는 것을 말한다.[66] 범상치 않은 일이어서 기근이 들지 않기를 기원하였다.[67] 곧바로 한강이 얼어버려서 진행 중인 남한산성으로의 곡물 운송을 중단할 수밖에 없어 해빙 이후에야 나머지를 마쳤다.[68]

1638년(인조 16)도 내내 추웠고, 한파도 일찍 왔다. 날씨가 너무 추워서 야외에서 거행하는 망궐례를 정지하자는 요청을 10월 24일 승정원에서 할 정도였다. 이상저온으로 인한 생태계 변화가 속속 보고되었다. 가뭄에 이은 이른 서리로 논벼와 밭콩이 모두 흉작이어서 고로들 모두 전에 없는 기세(飢歲)라고 하였다. 서울이나 지방 가릴 것 없이 민심도 이반되어 유언비어가 유행하였다. 그와 더불어 사람들의 자포자기식 자학적 행위와 이상한 행동도 횡행하였다. 귀신 출몰 소동도 끊이지 않았다. 정부와 부유층을 향한 저항도 거세어졌다. 전라우도에서는 3백여 명이 소와 말을 몰고 전주 부자 이도길의 집에 가서 말하기를, "저렇게 죽으나 이렇게 죽으나 죽기는 같으니, 그대로 앉아서 죽을 수는 없으므로 감히 이렇게 하는 것이다." 하고, 창고 문을 열어 쌀과 곡식을 퍼내서 싣고 가면서 말하기를, "풍년이 오기를 기다려 갚겠다." 하니, 주인 이도길이 금하지 못하였다. 김육은 긴요하지 않은 공물을 일정 기한 동안 경감하는 방안을 제안하였고,[69]

65 『승정원일기』 61, 인조 15년 10월 6일(경자).
66 김육 지음, 허성도·김창환·강성위 옮김, 『유원총보역주』 1, 서울대학교출판문화원, 2009, 88쪽.
67 유집, 『백석유고』 1, 오언율시, 「丁丑十月初七日 大雪」. 雪是豊年瑞, 斯言豈我欺. 從前已驗得, 向後可推知. 大亂初經日, 殘民欲散時. 區區志此喜, 非爲老夫飢.
68 『승정원일기』 61, 인조 15년 10월 13일(정미).
69 김육, 『잠곡유고』 8, 서장, 「書狀不緊貢物 限年蠲減狀」(戊寅忠淸監司時).

이를 계기로 호서대동법은 다시 논의되기 시작하였다.[70]

윤선도가 경상도 영덕에서 유배 생활을 하고 있던 1639년(인조 17), 신춘 1월에 눈이 내렸다. 23일 또 큰 눈이 내렸다. "대지에는 찬 기운만 잔뜩 엉겨 붙어 있네."라고 읊었다. 그런데 2월 5일 또 대설이 내렸다. 봄비가 와야 할 남쪽 땅에 눈보라가 휘몰아치다니 웬 말이냐고 묻지 않을 수 없었다.[71]

> 「이해 2월 5일에 또 폭설이 내렸기에」
>
> 봄날이면 비와 이슬이 적셔 주어야 할 텐데 　　春天端合雨露潤
>
> 남쪽 땅에 눈보라가 휘몰아치다니 웬 말인가 　　南土如何風雪迅
>
> (중략)
>
> 지난 가을 기근 이어 올봄도 얼어붙어 　　今春凍繼去秋饉
>
> 얼음 밑의 사람이 교관에 들어 있는 듯 　　氷底人若喬棺殣

이 여세는 이듬해 1640년(인조 18) 더 거세어졌다. 3월 평안도 하설에 이어 4~6월 전국에 우박이 내렸다. 그리고 8월 평안·황해·경기도 등지에 이른 서리가 눈처럼 내려 작물을 고사시켰다. 급기야 충청도의 전의·정산·회덕·은진·온양·연기·니산 등지에 눈이 내렸고, 직산의 냇물이 모두 얼고 말았다. 평안도 덕천에도 눈이 내렸다. 8월 얼음과 눈은 지금까지 없는 일이라고 하였다.[72] 임금의 의약을 맡은 관료들이 가을 날씨가 매우 춥다면서 임금의 건강을 확인하였고, 대신들은 병자호란 이후 연속 흉작인데 또 다시 기근 대책을 세워야 한다고 하였다.

---

70 최주희, 「17세기 전반 호서대동법의 성립배경 - 權盼(1564~1631)의 활동을 중심으로 -」, 『한국실학연구』 37, 한국실학학회, 2019, 129쪽.

71 윤선도, 『고산유고』 1, 시, 「是歲仲春五日又大雪 復用前韻求和」.

72 『인조실록』 41, 인조 18년 8월 18일(정묘).

전년 겨울 추위는 1641년(인조 19) 봄철까지 이어졌다. 3월 30일 전라감사는 전라도 날씨가 매우 추워 보리·밀이 동사하였다고 보고하였다.[73] 흔치 않은 일이 늦봄에 벌어진 것이다. 8월 양서 지역에 서리가 눈처럼 내리더니, 평안도에는 비와 눈이 교대로 내려 만생곡을 모두 고사시켰다.[74] 가을 한복판의 눈과 추위는 예사로운 일일 수밖에 없었다. 이 이상기후의 여파로 전라도에서 황새가 남쪽과 북쪽 두 부대로 나뉘어 한참 동안 서로 싸우는 진기한 일이 벌어졌다.[75]

이 무렵 이민구는 7년간 함경도 영흥 철옹에 유배되어 있었다. 그러던 1639년(인조 17) 겨울이 다가왔다. 금년 기후는 어긋나 동지 뒤에야 비로소 추워졌는데, 혹한으로 오래된 대나무·잣나무가 쓰러지고 우물 두레박줄이 끊어졌을 뿐만 아니라 석자나 내린 대설로 산짐승이 죽고 기러기가 떨어지고 말았다. 이듬해 1640년(인조 18) 설날에 많은 눈이 내리고 대한에도 눈이 내렸다. 1641년(인조 19)에는 춘사(春社), 즉 3월 중순에 대설이 내려 일찍 온 제비가 추위를 겪었다. 8월 중순에 눈이 내리고 서리가 내려 들녘 가을빛 사라지게 하고 한 해 농사 끝장나게 하였다. 세모에 대설이 내려 지붕만큼 쌓였고 땅인지 내인지를 구분 안 되게 하였고, 기둥 약한 오두막이 무너져 노부부가 압사하는 사고가 일어났다. 유배객의 시집 속의 글이라 현상을 문학적으로 표현하였을 것 같지만, 대설이 자주 내리고 8월 하설이 있었던 점만은 알 수 있다.[76]

이처럼, 인조대 관찬기록을 보면, 일기가 심한(甚寒)하다는 기사가 자

73 『인조실록』 42, 인조 19년 3월 30일(을사). 全羅道寒 兩麥凍死.
74 『승정원일기』 79, 인조 19년 9월 11일(갑신). 平安監司書目 渭原呈 以八月二十四日 雨雪交下 晚穀盡枯事.
75 『인조실록』 42, 인조 19년 11월 22일(갑오).
76 이민구, 『동주집』 시집 3~5, 「鐵城錄」 3~5.

주 눈에 띈다. 그리고 눈도 일찍 오고, 왔다 하면 10일 동안 30센티미터 이상 퍼부었다. 시기, 기간, 양 측면에서 압도적이었다. 1914~1933년 첫눈 내리는 날의 평균은 평양 양력 11월 14일(1914년 9월 27일), 서울 11월 18일(10월 1일), 전주 11월 23일(10월 6일) 순이다.[77] 그런데 인조 대의 경우 거의 매년 7·8·9월 눈이 내렸으니, 눈이 일찍 와서 겨울이 빨리 시작되었다고 볼 수 있다. 특히 1631년(인조 9)부터 1638년(인조 16)까지 8년간 매년 추운 겨울 날씨가 지속되었던 것으로 확인된다. 그 결과는 삶 자체를 참혹하게 하여 광기어린 행동이나 자학적인 행위로 표출되었다.

2) 늦게까지 내리는 눈

길고도 매서운 추위는 겨울 날씨를 늘어지게 하여 늦봄부터 초여름까지 눈을 내리게 하였다. 사실 이상하거나 변덕스런 날씨는 언제든지 나타날 수 있다. 20세기 초반 대구의 마지막 눈은 평균치로 양력 3월 19일이고, 서울은 양력 3월 27일이다. 1914년의 경우 양력 3월 19일은 음력 2월 23일이고, 양력 3월 27일은 음력 3월 1일이다. 서울 기준 3월부터는 거의 눈이 오지 않는다.

이보다 뒤늦은 1547년(명종 2) 3월 7일에 경기도 가평, 경상도 안동·예천 등지에 눈이 한 자나 내렸다.[78] 3월이라면 여름 문턱의 늦봄이다. 이때 무려 30센티미터나 되는 폭설이 내렸다. 2024년 음력 4월 8일(양력 5월 15일) 강원도 고지대에 15센티미터 이상의 폭설이 내렸다. 비록 고산지대이지만 기록적이라고 하였고, 이로 인해 대관령 등지의 고랭지 농작물이 피

---

77 헤르만 라우텐자흐 지음, 김종규 옮김, 『코레아: 답사와 문헌에 기초한 1930년대의 한국 지리지형 I 』, 1998, 159쪽.
78 『명종실록』 5, 명종 2년 3월 7일(무오).

해를 입었다. 이 두 사례는 때 아닌 폭설로 이상한 날씨임에 분명하다. 그런데 이런 기상 현상이 한반도에서 장기간 하루가 멀다고 반복되면 기후 변화로 인한 이상저온으로 평가될 수밖에 없다. 바로 이런 현상, 즉 겨울 지나서 눈이 내리는 일이 17세기에 거의 매년 반복되었으니, 소개하면 다음과 같다.

1643년(인조 21) 3월 초 황해도, 서울, 영남좌도 등지에 대설이 내렸다. 사방 들녘이 모두 백색이었다.[79] 1일에 온 곳, 27일에 온 곳이 있었다. 비와 눈이 섞여 내린 곳도 있었다. 아직 거론하기 이른 시기인 7월인데도, 비변사는 압록강 변 복무 군병들에게 솜으로 만든 방한용 옷인 유의를 보내야 한다고 말하였다. 추위가 일찍 찾아왔음을 알 수 있다. 그런데 목화 작황이 흉작이어서 솜을 확보할 수 있을지를 다들 걱정하였다. 경상도는 왜관에 공무역 자금으로 보낼 공무목(公貿木)을 폐기해야 할 형편이라고 하였다.

1644년(인조 22)에도 3월 말에 함경도와 강원도 철원에 대설이 내렸다.[80] 5월에 함경도 길주와 평안도 이산 등지에 눈이 내렸고, 전라도 금산·운봉에 서리가 눈처럼 내렸다. 이상하지 않을 수 없었다. 임금 보좌 책임자인 도승지 윤순지는 한창 더운 여름에 찬바람이 날마다 분다고 하였다.

여름철 서늘한 날씨는 매년 이어졌다. 1645년(인조 23) 4월 많은 서리가 내리고 날씨가 차갑다고 하였다.

1646년(인조 24) 7월 "가을철로 들어선 뒤로 가뭄이 참혹하여 싸늘한 바람이 날마다 불어 와서 밭에는 콩·팥이 거의 말라 버렸고 논에는 이삭이 나온 벼가 태반이나 말랐다."[81]라고 하였다.

---

79 『인조실록』 44, 인조 21년 3월 3일(병신).
80 『인조실록』 45, 인조 22년 4월 24일(신사). 三月二十七日 江原道旱 鐵原地大雪 平海郡大雨雹 大風折木拔屋 監司以聞.
81 『비변사등록』 인조 24년 7월 16일.

1647년(인조 25) 4월 재변이 심하자 삼정승이 차자를 올렸다. 가뭄이 너무도 심한데다 날마다 서늘한 바람이 불어 밀·보리는 말라 비틀어졌고 파종도 하지 못한다고 하였다.[82] 5월 약방 도제조·부제조·제조들은 인조에게 "낮에는 덥고 밤에는 쌀쌀하여 날씨가 고르지 않은 것이 요즘 들어 더심합니다."라고 하였다.[83] 여름인데 일교차가 심하다는 말이었다. 여름철의 찬바람(凄風)이 수년째 농작물 작황과 사람 건강을 망가뜨리고 있었던 것이다.

곧 바로 1648년(인조 26) 3월 22일 경상도 인동·경산 등지에 사흘간 눈이 내렸고, 다음 달 윤3월 1일에도 강원도 통천·평창 등지에 큰 눈이 내렸다. 이를 접한 대사간 심지원은 서리와 눈이 늦은 봄에 내리고 우박이 초여름에 내렸다고 하였다. 8월 평안도 강계·맹산 등지에 눈이 내렸다. 9월 눈이 내려 태백산·소백산 등지에 한 자나 되게 쌓였다. 계속되는 이상저온으로 여러 농산물 수확과 임산물 채취가 망가지고 말았다. 금년에는 수박의 씨알과 줄기가 서리가 내리기도 전에 먼저 위축되어 잘 익은 것이 많지 않았다. 왕실에 수박을 진상품으로 바치는 사포서는 9월에 적합한 것이 없어 걱정이라고 하였다.[84] 10월 임금이 "날씨가 매우 차가우니 위사(衛士)와 각처의 수직하는 군사에게 해조로 하여금 공석(空石)을 나누어 주게 하라."라고 하였고, 12월 약방 도제조·부제조가 근래 일기가 매우 춥다고 하였다. 한마디로 강추위의 연속이었다. 이 무렵 기근이 꼬리를 물고 있을 때, 일부 계층의 사치가 극에 이르렀다. 이 풍조를 홍문관은 "근래 여염의 혼례가 극도로 사치스러워 복식 물품은 반드시 주금으로 하고 시가에 공향하는 의식이 대부분 예제를 무시하고 있어 물과 불의 재해보다도 심하다는

82 『인조실록』 48, 인조 25년 4월 6일(정축).
83 『승정원일기』 97, 인조 25년 5월 3일(계묘).
84 『승정원일기』 102, 인조 26년 9월 22일(계미).

말이 불행하게도 근사한 실정입니다."[85]라고 질타하였다. 기후변화로 인한 심리적 인계선의 붕괴나 정신적 공황이지 아닐까?

이처럼, 인조 대 후반 6년 간 가운데 3월 대설이 3회였고, 나머지 해는 그 무렵 찬바람이 불었다. 지속적으로 추운 늦봄, 서늘한 초여름이었던 것이다. 따라서 이 시기 3~4월에 눈을 맞고서 기이함에 놀라 그 감정을 시로 남긴 이가 많다. 김상용이 원주에 있던 1618년(광해군 10) 3월, 눈이 내려온 산에 가득 쌓였다. 하늘로 올라온 꽃나무·버드나무 가지가 부러지고, 삼월 삼짇날 답청(踏靑)놀이를 위해 무거운 가죽옷을 꺼내어 입었다.[86] 김육이 1644년(인조 22) 이후 어느 해에 접하였던 일이다. 입하가 가까운 4월 어느 날, 황해도 서흥에서 눈을 만났다. 그 눈을 맞고서 지는 꽃잎이 날리는 줄로 착각하였다고 읊었다.

「서흥(瑞興)에서 눈을 만나다」

입하날이 바야흐로 다가오는데	立夏時將近
어찌하여 분분하게 눈이 내리나	如何雨雪霏
나이 늙어 눈이 이미 어두운 탓에	衰年眼已暗
지는 꽃잎 날리는 줄 착각하였네	錯認落花飛[87]

1649년도 하설은 보이지 않지만, 전반적으로 추운 날씨였다. 2월 23일 약방에서 인조의 건강을 물으면서, 봄 기운이 매우 차갑고, 그로 인해 상한(傷寒, 감기) 환자가 민가에 두루 가득하다고 하였다. 3월에는 겨울~봄 사이의 지리한 음우(淫雨)로 양맥이 동사하고 근묘(根苗)가 찾기 힘들다고 하

85 『인조실록』 49, 인조 26년 9월 15일(병자).
86 김상용, 『선원유고』 상. 칠언절구, 「三月三日雨雪記異」.
87 김육, 『잠곡유고』 2, 시, 오언절구, 「瑞興遇雪」.

였다. 5월 인조가 죽고 효종이 즉위하였다. 8월 이경석이 북도의 삼농사가 안 되어 백성이 궁핍하니 목화 7천 근을 보내자고 하였으니,[88] 이상저온으로 북쪽 지방이 큰 고통을 받고 있음을 알 수 있다.

1650년(효종 1) 3월 30일 평안도 순안 등지에 우설이 내렸고, 4월 3일 경상도 안동·의성·밀양 등에 진눈깨비가 내리고 평안도 상원군에 대설이 내렸고, 서울에는 연일 서리가 내리고 날씨가 매우 추웠다. 다음 날 4일 경기도 적성에 대설이 내렸다. 3월 말~4월 초 중부·북부 지역의 추위·대설로 농사가 흉작이었고, 과실 또한 모두 떨어지고 말아 연말에 값이 폭등하였다.[89]

전년 폭설의 뒤끝으로 1651년(효종 2)은 연초부터 날이 음산했다. 5월 1일 경상도에서 얼음이 얼고 우박이 내렸다. 다음 날 2일 안동·예안 등지에 눈이 내려 흰눈이 온 산을 덮었다. 사간 김응조가 3월의 눈을 『한서(漢書)』에서는 두려운 마음으로 썼는데, 더구나 5월의 눈은 어찌하겠습니까 하였다.[90]

1652년(효종 3) 늦봄~초여름 대설은 보이지 않지만, 9월 초순 영동 하설이 보인다. 1653년(효종 4) 3월 평안도 맹산현에 눈이 내렸다.

혹한의 기세는 이제부터 본격화되었다. 1654년(효종 5) 5월 함경도 정평·삼수에 연일 대설이 내렸다는 보고가 들어오자, 효종은 "3월에 내리는 눈도 이변이라고 할 것인데 더구나 4월이겠는가. 근일 북방 변경에 걱정스러운 조짐이 벌써 나타났는데, 재이가 이와 같으니 매우 우려스럽다."[91]고 하였다. 8월 경주 해수 적조로 많은 바다 고기가 죽었으니, 생태계의 교란이 상당한 수준이었다. 이 해 겨울 동해안의 폭설과 혹한은 초유의 재

88 『효종실록』1, 효종 즉위년 8월 26일(계축).
89 『승정원일기』116, 효종 원년 11월 9일(기미).
90 『효종실록』6, 효종 2년 5월 2일(무인).
91 『효종실록』12, 효종 5년 5월 11일(경자).

난이었다. 함경도에 큰 눈이 내려 얼어 죽은 백성이 생겼고, 사람이 통행할 수 없었으며, 경성에 해수가 얼어 넘치는 일이 발생하였다.

이 기세는 이듬해 1655년(효종 6)으로 이어져, 3월 서울에 눈이 내렸고, 그때 강원도 강릉·양양·삼척에서 바닷물이 사흘 동안 얼고 말았다. 5월 제주에서 크게 눈이 내려 국마 9백여 필이 얼어 죽는 일도 벌어졌고, 날씨도 매우 추워 늦가을 같았다. 이에 그때까지 사람들은 오의(襖衣)를 벗지 않고 있었다. 오의란 늘게 늘어트린 도포를 말하는데, 오자(襖子)라고도 한다. 7월 경상도 청도에 우박과 눈이 교대로 내렸다고 하자, 효종은 '영남은 비록 한겨울에도 눈이 쌓이지 않는데, 한여름에 이 무슨 변괴냐'고 하였다.[92] 이 결과는 공물 분쟁으로 나타났다. 경상도에서 올라온 각전의 물선 중 색깔이 변한 유자(柚子)가 있었다. 당시 외방에서 봉진하는 물종의 껍질 색깔이 조금씩 변해 있었다. 이는 근래 일기가 따뜻함과 차가움의 순서를 잃은 데서 기인한다고 하였다.[93]

1656년(효종 7) 3월 5일과 21일 서울에 눈이 내렸다. 눈 온 뒤 봄추위가 더욱 심하다고 하였다. 26일에는 평안도 선천·용천 등에도 눈이 내렸다. 4월 1일 전라도 전역에 눈이 내렸는데, 광주는 대설로 보고되었다. 12일 화순에도 눈이 내렸는데, 두텁기가 신발이 잠길 정도였다. 모두들 예사롭지 않은 변이라고 파악하였다.[94] 8월 한우가 장마처럼 내렸으니, 저온 날씨가 내내 이어지고 있었던 것이다.

당연히 전국에 기근이 들었다. 1657년(효종 8) 늦봄~초여름 하설 기록은 보이지 않지만, 우박·서리는 여전하였다. 2년 전 '해수지빙(海水之氷)'의

---

92 『승정원일기』 136, 효종 6년 8월 8일(기미). 之源曰 頃見嶺伯之狀 七月二十七日淸道郡 雹雪交下 七月乃炎節 淸道卽南方 豈有如許之變乎. 上曰 嶺南雖盛冬 無積雪 此變極可驚也.

93 『승정원일기』 137, 효종 6년 10월 29일(기묘).

94 『승정원일기』 139, 효종 7년 5월 3일(신사). 全南監司書目 和順呈 以四月十二日下雪 厚至沒鞋 變異非常事.

놀라움은 여전하여 정치 쟁점에서 떠나지 않고 있었다. 어업 불황도 여전하여 생선전 어부들은 날씨가 추워 어선이 바다로 나갔다가 빈 손으로 돌아오고 외방의 냉동 어물도 들어오지 않고 있으니, 잡어로 대납하게 해주라고 청하였다.[95]

이듬해 1658년(효종 9) 어김없이 늦봄에 눈이 내렸다. 3월 8일 서울에 눈을 뿌렸다. 민정중이 영남 암행어사로 내려가 있던 3월 7~8일 대설이 내려 1자 가까이 쌓였다. 본인은 경이롭다고 하였고, 현지 고로들은 3월 눈은 전에도 있었지만 지금처럼 많은 적은 없다고 하였다.[96] 이조참의 송시열이 23일 '지금 천기가 완전히 겨울 추위와 같다'고 한 것으로 보아, 경상도 대설은 이상저온의 결과였다. 마침내 4월 8일 강원도 평해에 눈이 내렸다.

1659년(효종 10) 늦봄~초여름 대설은 가히 기록적이었다. 2월 그믐부터 3월 초까지 서울·경기도·강원도 일원에 우설이 교대로 내리며 날씨를 급강하시켰다. 3월 5일 함경도에 대설이, 8~9일 경상도에 눈이, 26일 서울에 한 자 남짓의 대설이 내렸다. 이를 접한 효종은 "3월에 눈 오는 현상이요 몇 년 동안 계속 있었지만 일찍이 어제처럼 심한 적은 없다."[97]라고 하였다. 이 눈을 공조참의로 있던 윤선도도 목격하고서 「눈송이가 주먹만하여 초목이 얼어 터지고 화류가 부러졌기에」란 제목으로 시를 읊었다.

삼월 이십육일에 함박눈이 쏟아져서	三月二旬六日雪
일천 산이 옥이요 들판이 은빛일세	千山如玉野如銀

95 『승정원일기』 147, 효종 8년 11월 1일(기해).
96 민정중, 『노봉집』 11, 부록 상, 「嶺南暗行御史別書啓 戊戌二月二十八日受命 五月初六日復命」.
97 『효종실록』 21, 효종 10년 3월 27일(무오).

누가 용성을 처벌하라 청할 수 있으리오	誰能請按容成罪
겨울을 늦은 봄으로 만든 것은 아닐는지	無乃將冬作暮春[98]

　27일 개성부와 황해도에도 대설이, 29일 경기도 광주 등의 고을에 대설이 내렸다. 김수항이 구언한 바에 의하면, 이때 눈이 한 자 정도 내렸다.[99] 윤3월 2일 충청·전라·강원도 등지에 눈이 내리더니, 급기야 11일 강원도 삼척 바닷물이 얼고 말았다.

　이상에서 효종 대 날씨를 하설을 중심으로 살펴보았다. 우리나라의 전통적인 봄 날씨는, 특히 늦봄 3월은 포근하고 따뜻하다는 점이 특징이다. 그런데 효종 대 3월은 거의 매년 눈이 내렸고 그때 동해가 두 번이나 얼었다. 초여름 4월 신발이 잠길 정도의 눈이 내렸고, 심지어 5월에 말이 얼어 죽을 정도의 대설이 그것도 제주도에 내린 적도 있었다. 이는 이상저온의 결과였고 이로 인해 곡물 작물이 말라 죽어 기근이 들었다. 과실류와 어류의 작황도 좋지 않아 물가폭등과 공납분쟁이 야기되어 경제난이 가중되었다. 하지만 혹한의 직격탄을 최전방에서 맞은 평안·함경도에 남쪽의 목화를 보내어 경제기반을 확장하였던 점은 또 다른 수확이었다.

3. 이상저온 기후의 결과

　앞에서 살펴본 것처럼, 17세기 날씨는 기후변화 결과 이상저온이었다. 그래서 봄철인데도 아직까지 겨울날씨 같다는 지적이 잦았다. 또한 여름철인데도 서늘한 바람만 분 해도 적지 않았다. 특히 초여름 날씨가 늦가을 같

98　윤선도, 『고산유고』 1, 시, 「雪花如手草木凍皴花柳凌挫 己亥」.
99　김수항, 『문곡집』 25, 전지, 「求言傳旨」.

다는 표현은 쉽지 않게 발견된다. 그리고 가을인데도 추위가 일찍 찾아왔다는 기록이 자주 보인다. 또 올해는 전례에 없을 정도로 겨울 날씨가 매우 춥다는 기록도 자주 보이는데, 장유가 동지 이전에 세 번이나 대설이 내려 금년 추위는 일찍 찾아 온데다 음기마저 극성이라고 읊은 적이 있다.[100]

이러한 현상은 당시 사람들에게 무엇을 남겼을까? 정치, 경제, 사회, 문화 등 다방면에 영향을 미쳤을 것이다. 여기에서는 경제적인 면과 문화적인 면 두 가지만 알아보겠다.

1) 생태계 교란, 공물 갈등

선조 대 후반은 기후변화로 인한 이상저온과 그 결과의 갖가지 현상이 지속적으로 나타났던 시기이다. 그 현상을 신료들은 재이나 변이라고 평하면서, 상투적이고 교과서적이지만 선조에게 수성(修省)과 체면(遞免)을 재촉하였다. 그런데 상황은 그렇게 안이하게 대처할 수준은 아니었다. 쌀·보리·채소의 흉작은 말할 필요가 없다. 우박으로 수목이 꺾이고, 초목이 말라 죽고, 날던 새가 떨어져 죽고, 달리던 짐승과 집안의 개·닭이 맞아 죽었다. 눈으로 제주도 귤나무가 동상을 입었다. 여름인데 서늘하여 파리·벌·나비가 날지 못하고, 제비 새끼가 얼어 죽고, 겨울같이 추운 때도 있었다. 그리고 수탉이 암탉으로 변했다는 등의 온갖 유언비어가 난무하고, 민심 이반의 기미도 곳곳에서 엿보였다.

그러므로 일부 신료들은 재변으로 민심이 이반되었거나 생태계가 변화되었으니, 민심을 위무하고 변화된 생태계를 반영하여 공납제를 개혁해야 한다고 주장할 수밖에 없었다. 예를 들면 1602년(선조 35) 봄~가을 우박·서

---

100 장유, 『계곡집』 26, 시, 「大雪次舍弟韻」.

리·서풍·황무(黃霧)·가뭄, 그리고 천둥과 번개가 전국을 강타하였다. 이 기
상이변으로 민생이 어려워졌다면서, 홍문관은 다섯 가지 폐단을 혁파할 것
을 건의하였다. 그 가운데 진공(進供)을 줄이고 변통해야 한다는 점이 들어
있다. 이를 말하면서 양호 지역에 역적이 일어나지 않는 해가 없어 주륙을
가해도 잇달아 일어났다는 점을 민심 이반 사례로 소개까지 하였다.[101]

이러한 분위기 속에서 공안(貢案) 개정논의가 본격화되었다. 국가 수입
원 가운데 농산물, 임산물, 해산물로 주로 조달되는 공물이 생태계 변화의
타격을 가장 먼저 받기 때문이었다.[102] 그리하여 1600년(선조 33) 비변사에
서 인구 안집책, 시장, 군정, 복색, 공안, 양전, 상평곡, 둔전 등 국정 전반
에 관한 시무책을 아뢰었다. 8도가 고르지 않아 전란 뒤 착수에 들어간 공
안 개정 작업을 서둘러 마칠 것을 촉구하였다.[103] 그러면서 비변사는 토산
의 유무가 달라졌으니 각도와 상의하여 사목(事目)을 마련·계하하고 각도
의 업무를 나누어 맡을 비변사 낭청을 3명에서 11명으로 증원하자고 하였
다.[104] 이에 따라 공안청(貢案廳)이 설립되어 공안 개정작업에 들어갔지만,
초점은 방물·공물 부담을 줄여야 하거나 중간 방해세력을 차단해야 하
고,[105] 방납을 근절해야 한다는 쪽으로 집중되고 있었다.[106] 이러한 지엽적
인 공방전만 펼치는 사이에, 매년 기상이변이 반복되어도 공안 개정은 지
연되고 있었다. 이에 사간원은 공안청으로 하여금 빨리 공안을 개정하여

---

101 『선조실록』 155, 선조 35년 10월 3일(신묘).
102 전세도 타격 받기는 매 한가지이고 수량 측면에서 압도적으로 많지만, 납부자 범위와 수
　납 갈등 측면에서 공납에 비할 수 없다. 그렇기 때문에 전세 개혁은 대동법에 이어 1635
　년(인조 13) 영정법(永定法)으로 단행되었던 것이다. 생태계 변화 대응책의 제1번 대상이
　공납제였던 것이다.
103 『선조실록』 129, 선조 33년 9월 26일(병인).
104 『선조실록』 130, 선조 33년 10월 4일(갑술).
105 『선조실록』 142, 선조 34년 10월 30일(갑오).
106 『선조실록』 149, 선조 35년 4월 21일(임자).

백성들에게 실질적인 혜택이 돌아가게 할 것을 청하였다.[107] 근본적인 개정까지 촉구한 것으로 해석된다. 중간에 어느 정도 일단락이 되었던 것 같다. 그런데 1606년(선조 39) 12월 사헌부 보고를 보면, 다시 마련하게 하였고 그 마저도 완결되지 못하였으니 해당 낭청을 추고하고 즉시 수정하게 해야 한다고 하였다.[108] 이 일을 끝내지 못하고 선조는 죽고 말았다. 하지만 이러한 선행작업이 있었기에, 광해군은 즉위와 함께 전격적으로 경기대동법(大同法)을 실시하였다. 대동법은 국가재정과 공납제 운영을 획기적으로 변화시킨 개혁입법이다. 이 변화 흐름에 한 가닥 물줄기 역할을 하였던 것이 바로 기후변화였던 것이다. 위정자의 결단과 함께 다루어져야 할 분야가 바로 기후변화이다.

기후변화가 이어지면서, 생태계 변화는 더 심화되고 있었다. 광해군·효종·현종·숙종 대 동안 사계절 내내 큰 우박이나 된서리 및 찬비나 찬바람, 그리고 폭설이나 혹한이 끊이지 않았다. 이로 인해 사람의 생활을 불편하게 하거나 사람까지 다치게 한 때가 잦았다. 동물과 식물도 모두 온전할 수가 없었고 그 피해는 심대하였다. 특히 맹수의 잦은 민가 출현은 주목되는 현상인데, 왜 그러하였는지는 다음의 사례를 통해 확인 가능하다. 가을철 황해·경기도 지역에 얼음 조각만 한 우박이 쏟아져 온갖 곡식이 땅에 떨어졌고, 논밭·들에 풍뎅이·하늘소·딱정벌레 등의 갑충(甲蟲)이 가득하였다. 그때 사나운 호랑이가 대낮에도 제멋대로 쏘다니며 사람을 고기 씹듯 하고 물린 자가 낭자하였다. 이 소식을 전한 이는 호랑이와 표범이 산에 있지 않고 들에 있는 것은 무슨 징조이냐고 반문하면서, 을해·병

107 『선조실록』 176, 선조 37년 7월 9일(무오).
108 『선조실록』 206, 선조 39년 12월 18일(임자). 今者貢案詳定 初不適中 以致改磨鍊 亦不及時完結 極爲未便 當該郎廳 請命推考 俾卽修正 以便奉行.

자년 대기근 때도 호환(虎患)이 매우 심하였다고 전하였다.[109] 자연재해 강도와 맹수 출현이 비례함을 알 수 있다.

강이나 바다가 갑자기 일찍 얼거나 늦게 녹는 일은 가히 충격적이었다. 강물은 겨울철 일정한 날짜에 이르면 얼기 시작하기 때문에 사람들은 그에 맞춰서 생업을 영위한다. 만약 강물이 얼지 않아도 문제가 되지만, 뜻하지 않게 혹한으로 일찍 얼거나 평상일보다 늦게 녹거나 또는 춘3월에 얼어도 문제가 된다. 그런데 한강의 경우 일찍 결빙되거나 늦게 해빙되는 때가 17세기 적지 않았다. 바닷물이 어는 것도 한반도 인근에서 나타나지 않는 것이 원칙이다. 그런데 17세기에 동해 바다가 어는 때가 여러 차례 보고되었다. 강빙과 해빙(海氷)은 어로와 운송 및 국방 등의 면에서 큰 곤란을 겪게 하였고 정치적 갈등도 키웠지만, 어족자원의 이동이나 어업의 불황은 민간생업과 국가 공납경제에 심대한 악영향을 미쳤다. 자세한 점은 4장과 5장에서 알아보겠다.

이해의 편의를 위해, 극단적으로 보이면서도 흔히 일어났던 사례 두 가지를 소개하고자 한다. 1686년(숙종 12) 8월 충청도에 연일 한풍이 크게 불고 냉우가 심하게 내렸다. 이로 인해 전답의 갖가지 곡식이 손상을 입었고, 제비·참새·학·병아리가 곳곳에서 동사하였고, 심지어 찬비를 맞은 사람이 길에서 얼어 죽기도 하였다.[110] 1701년(숙종 27) 3월 지평 권수는 상소에서 근년 이래 해와 달이 빛을 잃고, 검은 기운이 하늘을 가리고, 추위와 더위가 어그러지고, 4계절이 순서를 잃으니 소나무가 마르고 대나무가 죽고 산림이 황폐해진다고 했다.[111]

---

109 『영조실록』 36, 영조 9년 12월 12일(기미).
110 『숙종실록』 17, 숙종 12년 8월 16일(무진).
111 『승정원일기』 396, 숙종 27년 3월 23일(경술).

이러한 상황이 이때 처음 나타난 것이 아니라, 17세기 내내 반복되고 있었다. 정치적 공세를 위해 다소 과장한 면도 없지 않지만, 그동안 쌓아 온 삶의 토대와 경험이 이상기후로 인하여 무너져 가고 있었던 것만은 분명해 보인다. 이 결과는, 거의 매년 기근이 끊이지 않았고 한 번에 백만 명 가까이가 죽는 대기근이 두 번이나 있었으니, 참혹하고 잔인하였다. 절박함을 느낀 정부는 갖가지 기원 행사를 개최하였는데, 1683년(숙종 9) 처음으로 사직기곡제를 거행하여 사직단에서 풍년을 기원하였다.[112] 장기간 지속된 재해에 따른 고통과 장래에 대한 불안에 시달린 민중들 역시 기원에 의지할 수밖에 없어, 장승을 세우고 불상·불화를 만들어 안녕을 빌었다. 이때 잿밥에 눈이 어두운 가짜 승려·거사들에 속아 가산을 날린 이도 있었다.

견디다 못한 민심의 이반도 심각한 수준이었다. 모반·변란을 일으키거나 이상세계를 꿈꾸는 자들이 대거 양산되었다. 그들은 생태계 변화로 인한 동식물의 이상한 현상에 빗대어 각종 유언비어나 비기·흉서를 생성·유포시켰고, 세태를 비난하거나 풍자하는 대자보나 노래를 만들어 널리 유행시켰다.

이 대목에서 유럽에서 수백 명을 감옥에 넣고 대부분을 사형에 처한 마녀사냥의 광기가 폭발한 때는 1620년대 심각한 흉작 시기였던 점을 상기할 필요가 있다.[113] 조선의 흉작도 내부의 긴장과 갈등을 격화시켜 불만을 가진 정파에 정쟁의 불씨를 제공하고 상대 당에 대한 가혹한 보복을 가하기에 충분하여, 새로운 개혁입법(대동, 군역)을 발목잡고 개별 처벌이 가능한데도 집단 위해를 가하는 사화(예송, 환국)를 일으켜 탕평책이 나올

---

112 이욱, 『조선시대 재난과 국가의례』, 창비, 2009, 296쪽.
113 주경철, 『마녀』, 생각의 힘, 2016, 264쪽.

수밖에 없는 토양을 제공하였다.

또한 강력하고 장기적인 이변과 기근, 특히 누릿하고 매캐한 냄새와 흙비를 동반한 겨울철~봄철의 잦은 안개·황사는 사람들로 하여금 자학적인 행동을 하게 하거나, 분열병이나 우울증을 일으키게 하였다고 생각한다. 소빙기 때 유럽에서 우울증은 시대적인 유행병이어서 절망에 처하거나 자살하는 건수가 높은 수치를 기록했다고 한다.[114] 일반적으로 분열병의 기저에는 불안 또는 안전보장 상실감이 자리 잡고 있다고 하고,[115] 안개는 어둠·막연함·불확실함의 공포와 연결되어 사람들을 곧장 죽음으로 내몬다고 한다.[116] 이리하여 17세기 동안 조선에서 저주와 무고가 횡행하였다. 이 시기 궁궐에서 일어난 저주 사건은 몇 건 소개된 바 있다.[117] 첩이 저주하는 일을 행했다고 본처가 고발하여 죽은 자가 6인이나 되었던 사건을 전한 조익은, 민간에서 저주하는 변고가 근년 들어 극도로 많아지는 상황이라고 하였다.[118] 그리고 17세기 동안 자살자도 속출하였다. 평안도 안주 사람이 혹심한 흉년에 "먹을 곡식이 없으니 사는 것이 죽는 것만 못하다."라고 하고서, 드디어 스스로 목매어 죽었다. 이 말을 들은 숙종은 "팔로가 흉년이 들어 대명(大命)이 멈추려 하고, 백성이 기한(飢寒)을 괴로워하며 스스로 목매어 죽기까지"[119] 한다고 하였다. 이러한 기후변화에 따른 광기, 자학, 보복, 신앙, 저주, 자살 등 정신적 측면은 누군가의 이론적 접근과 사실 천착이 필요해 보인다.

114 볼프강 베링어 지음, 안병옥·이은선 옮김, 『기후의 문화사』, 공감, 2010, 215~217쪽.

115 나카이 히사오 지음, 한승동 옮김, 『분열병과 인류』, 마음산책, 2015, 19쪽.

116 알랭 코르뱅 외 지음, 길혜연 옮김, 『날씨의 맛』, 책세상, 2016, 176쪽.

117 유승훈, 『조선 궁궐 저주 사건』, 글항아리, 2016.

118 조익, 『포저집』 13, 차, 「論獄情箚」.

119 『숙종실록』 1, 숙종 즉위년 10월 12일(임인).

무엇보다 동식물의 정상 이탈은 민간경제의 근본을 뒤흔들게 하기에 충분하였다. 벼·보리 등 곡물작물의 흉작으로 기근이 잦았고, 삼·목화·뽕 나무의 동사로 의료자원의 부족사태가 벌어졌다. 그리고 공물 자원인 인삼 의 싹이 말라 죽고, 수박·참외 등 과실류가 익지 않거나, 귤·차·대 등 난방 수목이 얼어 죽고 어족이 이동한 때도 잦아 공납분쟁이 격렬해질 수밖에 없었다. 특히 벌·나비가 날지 못한 때도 잦았으니 착과(着果)나 봉밀(蜂蜜)에 해가 되지 않을 수 없었고, 인삼·과일·식량의 고사는 품귀사태를 내어 가 격을 폭등하게 하고 중간농간을 잦아지게 하였다.

그러면 정부는 무엇을 해야만 하였을까? 당연 국가 재정체계와 공납 제를 개편할 수밖에 없었다. 이에 대한 자세한 점은 2장과 3장에서 알아 보겠다.

2) 3한4온 실종, 변하는 삶

우리나라 겨울 날씨의 특징이 삼한사온(三寒四溫, 이하 3한4온)이라는 점은 여러 자료에서 확인되고 있다. 1726년(영조 2)은 시원한 여름 날씨였다. 5월 지평 이광운은 서월(暑月)인데도 오의를 가까이 하고 있었다. 11월 21일 신 하들이 요사이 날씨가 몹시 추우니 임금의 건강이 염려된다고 하자, 영조 가 "세속에 3한4온이라는 말이 있는데, 요사이 몹시 춥지만 엊그제에 비 하면 조금 날씨가 풀렸다. 앞으로는 그다지 춥지는 않을 듯하니, 염려하지 말라."[120]라고 말하였다. 세상 사람들은 우리의 겨울 날씨를 3한4온으로 말하고 있는데, 요즘은 그렇지 않다는 말이다.

18~19세기 사람 김조순이나 조수삼이 남긴 시에 의하면 3한 뒤에 4온

---

120 『승정원일기』 627, 영조 2년 11월 21일(기유).

이 돌아오고,[121] 나이드신 농민들도 전부터 그렇게 말해왔다고 하였다.[122] 미국 행정학자 얼레인 아일런드(Alleyne Ireland)가 1900년대 초 일본의 통치 뒤 한국의 변화를 수치로 분석한 책에 의하면, "겨울의 추위는 변화가 심하고 가끔 온화한 날씨가 짧게 지속되기도 하여 사람들은 겨울 기후를 '3한4온'이라고 말한다."[123]라고 하였다. 이상을 통해 우리의 전통적인 겨울 날씨는 3일간 따뜻한 후 4일간 추었던 것이다.

그런데 17세기 기후변화의 특징적 현상 가운데 하나로 3한4온이 실종된 때가 잦았던 점을 들 수 있다. 1651년(효종 2) 김상헌이 영해부사를 역임한 바 있는 정광성에게 답장 편지를 보냈는데, 요즘 겨울 날씨가 너무 추워서 3한4온이라는 속설을 믿을 수 없다고 하였다.

> 지난해가 장차 저물어 갈 무렵에 홀연 중정(仲靜, 청음의 동생 金尙宓)을 통하여 보내 준 서신을 받아 보고서 날씨가 몹시 추운 가운데에서도 잘 지내고 있다는 소식을 갖추어 알았는바, 기쁘고 위로되는 마음이 마치 마주 대해 말을 나누는 것만 같았네. 지난해에는 날씨가 몹시 추워 삼한사온의 설 역시 믿을 수가 없었네. 그러니 어느 누가 추위를 참으면서 어렵고 고통스럽게 지내지 않았겠는가.[124]

3한4온의 붕괴는 겨울철에 추운 날이 많고 따뜻한 날이 적다는 말이다. 이 말은 1656년(효종 7) 영돈녕부사 김육이 재해에 대처하여 시행할 일

---

121 김조순, 『풍고집』 4, 시, 「梅下共元李二生次山谷韻」. 窓外三寒還四暄 室中一榻復雙樽.
122 조수삼, 『추재집』 6, 시, 「使君行」. 三寒遞四溫 昔聞老農言.
123 얼레인 아일런드 지음, 김윤정 옮김, 『일본의 한국통치에 관한 세밀한 보고서』, 살림, 2008, 40쪽.
124 김상헌, 『청음집』 40, 서독, 「答鄭寧海廣成 辛卯」.

에 대해 올린 차자에도 나와 있다.[125] 즉, 겨울 내내 '다한소온(多寒少溫)' 하다고 하였다. 기후변화의 결과였다.

이러한 추운 날씨는 당시 사람들에게 무엇을 가져다주었고, 그것을 극복하기 위해 어떤 대안을 강구하였을까? 여러 가지가 있겠다.

첫째, 감기 등 호흡기 질환자를 늘어나게 할 수 있다. 혹독하게 추운 날씨에는 기상 변화에 민감한 호흡기 질병으로 폐렴, 기관지염, 유해성 독감, 특정 호흡기 질환 바이러스 감염 등이 유행한다. 그리고 뇌출혈, 심근경색 빈도도 높아진다. 일반적으로 기상이변이 일어날 때 정상 때보다 사망자가 50% 정도 증가한다고 한다.

이와 관련하여 1649년(인조 27) 추운 봄날에 "傷寒之症 遍滿閭閻"이란 기록이 보인다. 1674년(숙종 즉위년) 허적은 상강 이후 아침저녁으로 일기가 심히 추워지자 감모(感冒) 증상이 있다고 하였다.[126] 1733년(영조 9) 영조가 "근래에 날씨가 3한4온의 절도가 없어 지금 안팎의 사람들이 한 사람도 기침을 하지 않는 자가 없다. 그런데 나만 이를 면하였으니 이는 육군자탕의 효험인 듯하다."[127]라고 하였던 점도 참고 된다. 추운 날씨로 기침을 하는 사람이 늘어났으니, 감기 걸린 사람이 많아진 것이다.

종합하면 추운 날씨로 감기 환자가 격증한 때가 17세기에 잦았다. 그렇다면 당시 의원들은 상한이나 감모 등 감기에 대한 이론이나 처방을 많이 내놓았을 것 같다. 홍역도 17세기 후반 이후 잦아지면서, 당대 의사들은 이를 극복하기 위해 치료 이론과 기술을 발전시켜나갔다.[128] 이때 학질·마마·염병 등으로 표현되는 전염병의 유행이나 우마·개닭에 대한 발

---

125 『효종실록』 17, 효종 7년 9월 15일(경신).
126 『승정원일기』 241, 숙종 즉위년 9월 15일(병자).
127 『승정원일기』 768, 영조 9년 11월 22일(기해).
128 박훈평, 『조선, 홍역을 앓다-조선후기 홍역치료의 역사』, 민속원, 2018, 16쪽.

병도 잦았으니, 이에 대한 당시 지식인들의 관심도 높아졌을 것이다.

둘째, 겨울옷의 착용기간이 늘어날 수 있다. 박지원이 1799년 무렵에 쓴 『과농소초』에 다음과 같은 말이 있다. '전가월령'에서 말하기를 2월에 동의, 즉 겨울옷을 빨래한다고 하였다.[129] 겨울옷과 봄옷의 교체 시기가 2월이다는 말이다. 그런데 1655년(효종 6) 5월 19일 영의정 이시백이 "近來日氣甚寒 閭閻下賤 尙未脫襖衣"라고 하였고, 효종은 "風氣凄冷 有同秋後"라고 하였다. 날씨가 매우 추워서 사람들이 아직까지 도포를 벗지 않고 있었다. 바람이 싸늘하고 춥기가 가을 뒤와 같을 정도였다.[130] 이 해는 3월 5일 강원도 강릉·양양·삼척에서 바닷물이 사흘 동안 얼었고, 5월 3일 제주에 대설이 내려 국마 9백여 필이 얼어 죽었다. 여름철인데도 날씨가 추워 두터운 겨울옷을 아직까지 벗지 않고 입고 있었던 것이다.

이런 해는 잦았다. 1667년(현종 8) 4월 17일 현종이 온천 행궁에 있었다. 그때 연일 추위가 심하여 사람들이 모두 솜옷을 껴입었다. 1675년(숙종 1) 의학교수 유득량의 4월 17일자 상소에 의하면, 새봄 3월이 넘었는데도 진한 서리가 연거푸 내리고 서늘한 바람이 연이어 불고, 그로 인해 날씨가 겨울과 같자 사람들은 동의를 벗지 않고 있었다.[131] 3~4월은 우박, 우설, 눈, 황사, 서리로 전국이 몸살을 앓고 있었다. 이로 인해 날씨가 추워지자 사람들은 겨울옷을 봄이 다가도록 입고 있었던 것이다.

셋째, 방한의류의 수요가 늘어날 수 있다. 이와 관련하여 다른 섬유에 비해 보온력이 높은 솜이나 면포에 대한 수요가 높아지고, 그동안 한반도 중남부 중심이던 목화의 재배지가 북부 평안·함경도까지 확대되었던 점

---

129 박지원, 『연암집』 16, 과농소초, 수시.

130 『승정원일기』 135, 효종 6년 5월 19일(임인).

131 『승정원일기』 246, 숙종 1년 4월 17일(을사). 三春之時 嚴霜累降 凄風連吹 日寒如此 而人不脫冬衣者 豈非冤氣與殺氣 橫亘於天壤之間 感傷和氣而然也.

을 지적할 수 있다. 인조~효종~현종 대에 목화나 면포 및 목화씨를 북쪽에 보내야 한다거나 보냈다는 기사, 또는 평안도에서 목화를 재배하고 있다는 기사가 매우 많이 보인다. 예를 들면, 앞에서 말한 1655년(효종 6), 평안도 평원에 있던 신혼은 12월에 겨울 추위를 읊은 시에서 늦은 봄 동해의 결빙은 지금까지 없던 재해이고 금년 추위는 사람들이 이길 수 없다고 했다. 그러면서 평안도 사람들이 목면을 다량 재배하여 노인과 어린애를 보존할 수 있다고 했으니,[132] 북쪽 지방 사람들도 혹한에 대비하기 위해 악조건을 무릅 쓰고 목면 재배에 노력하였음을 알 수 있다.

1664년(현종 5) 함경감사 민정중이 "본도는 몹시 추운데 군민이 의복 거리가 없어서 죽음을 무릅쓰고 인삼을 캐고 있으니 그 정상이 애처롭습니다. 백여 동의 목면을 얻어 시사(試射)를 점검할 때 상품으로 쓰고 군졸 중 더욱 심하게 헐벗은 자에게는 간간이 별도로 지급하여 조정의 진휼하는 뜻을 보이게 하소서."라고 요청하자, 비변사는 "연례로 보내는 목화 6천 근 외에 목면 50동과, 사복시의 목화 3천 근을 씨있는 채로 수송하여 형편에 맞게 골고루 분배하도록 하고 겸하여 씨를 취하게" 하자는 안을 제시하여 통과시켰다.[133]

면포와 함께 가죽옷에 대한 수요도 높아졌다. 인조는 계절이 겨울로 들어가자 서쪽 변방의 장관들에게 옷감을, 그리고 군졸들에게 유의(襦衣)·구피의(狗皮衣)·지의(紙衣)를 지급하였다. 이듬해 1626년(인조 4)에도 또 보낼지를 논의하는 자리에서, 서쪽 변방으로 구피의를 보내는 일은 근래 전례가 없다고 하였다.[134]

132 신혼, 『초암집』 6, 서관록(하), 「苦寒行」.
133 『현종실록』 9, 현종 5년 8월 8일(정묘).
134 『승정원일기』 15, 인조 4년 8월 25일(갑자).

추운 날씨는 가죽으로 만든 방한복의 인기를 끌게 할 수밖에 없었다. 가장 눈에 띄는 것이 구(裘)란 가죽옷이다. 김상용이 원주에 있던 어느 해 3월 3일 눈이 산에 가득하고 날도 매우 춥자, 추위를 피하기 위해 무거운 가죽옷을 꺼내어 입었다. 이 무렵 장유는 그의 「고한행」이란 시를 보면, 동지 이전에 밀려온 혹한 때 호구(狐裘)를 입고 있었다. 유명천이 장희재와 공모하여 인현왕후를 모해하려 했다고 하여 전라도 나주의 지도로 유배 갔다. 1701년(숙종 27) 2월 추위가 매우 심해 가을보다 더했다. 동의를 벗지 않고 백양구(白羊裘)를 계속 입고 있었다.[135] 이 무렵 최창대는 함경도 사람들이 추위 때문에 적초관(赤貂冠)과 황구구(黃狗裘)를 입고 있다고 전하였다.[136] 그런데 조정의 사치 폐단을 말하면서 병조참지 송시철이 털갖옷(毛裘)을 입었다고 거론되었던 점을 상기하면,[137] 당시 모피 수요 증가가 또 다른 사회적 논란을 일으키고 있었던 것이다.

넷째, 난방재에 대한 수요가 늘어날 수 있다. 우선 생각할 수 있는 것이 난방용 소나무 수요가 늘어나고, 그로 인한 산림훼손이 논란이었다. 송전을 차지하기 위한 쟁탈전도 도처에서 벌어졌다. 1667년(현종 8) 훈련도감에서 시장(柴場)을 낭천에다 설치하려고 본국의 낭관을 보내어 살피고 있는데, 근방에 사는 자 10여 명이 밤을 틈타 포를 쏘면서 위협하여 몰아냈고 다른 곳으로 가자 다시 또 마찬가지였다.[138] 그리고 앞에서 말했듯이, 도성 안에서도 남벌하는 일이 벌어져 금하는 조치가 내려진 바 있다. 따라서 정부는 소나무 정책을 강화하지 않으면 아니되었고, 민간에서도 손

---

135 유명천, 『퇴당집』 5, 남천록, 「雜咏」. 仲春風氣冷於秋, 紙閣蘆簾輒下鉤. 野菜已看靑苜蓿, 冬衣未脫白羊裘. 暄窓隱几聊知適, 煖酒添盃剩解愁. 怊恨主人今遠放, 寒梅誰護曲欄頭.

136 최창대, 『곤륜집』 3, 시, 「苦寒行」.

137 『현종실록』 15, 현종 9년 11월 11일(병오).

138 『현종개수실록』 18, 현종 8년 11월 1일(신축).

에 들어온 송전(松田)을 지키고 가꾸기 위해 송계(松契)를 결성할 수밖에 없었다. 획일적으로 소나무만을 보호 대상으로 했던 금산을 다양한 목재 수요에 부응할 수 있도록 봉산으로 변경하였던 때가 1675년(숙종 1)이고,[139] 송금정책의 구체적 조치로 「송금사목」이 제정된 때가 1684년(숙종 10)이니,[140] 이 모두가 송목 수요 증가와 무관하지 않음을 알 수 있다.

벌목한 소나무는 장유의 시에 나와 있듯이 화로 연료로 사용되었다. 이 무렵 대설 내릴 때 화롯불을 가까이 하고 있다는 시가 여러 사람에게서 나왔다. 그리고 소나무는 온돌(溫堗)에 사용되어 온돌 보급이 확산되었다. 민진원이 궁인(宮人)은 감히 온돌에서 거처하지 못하고 마룻방에 돗자리를 깔고 겨울을 났었는데, 지금은 대궐 안에 땔감이 넉넉해서 처음에는 궁인의 족속이 쓴다고 하였다. 1756년(영조 32) 군병 숙박처는 본래 온돌이 없었는데, 지금은 구덩이를 파고 온돌을 만든다는 기사도 보인다.[141] 17세기에 궁궐이나 군문에서 온돌을 이전과는 달리 널리 사용하였음을 알 수 있다. 이 추세는 한반도 전역과 거주공간 전역으로 확산되어 일반화 되기에 이르렀다고 한다.[142]

다섯째, 조생종에 대한 선호도가 높아질 수 있다. 빨리 내린 서리와 일찍 찾아온 추위를 이겨내기 위해서는 일찍 파종하는 농법이나 일찍 씨 뿌리고 결실을 거두는 조생종이 선호될 수밖에 없었다.

이른 파종과 관련하여 다음의 일화가 있다. 고상안(高尙顔, 1553~1623)이 장운거라는 사람으로부터 금년에 괴화(槐花)가 꽃을 피면 다음해에는 보리 농사가 풍년이고, 반대로 꽃을 피지 않으면 흉년이 든다는 말을 들었다.

139 김정규, 『역사로 보는 환경』, 고려대 출판부, 2009, 252쪽.
140 오성, 『조선후기 상인연구』, 일조각, 1989, 93쪽.
141 『승정원일기』 1127, 영조 32년 1월 25일(계사).
142 권석영, 『온돌의 근대사』, 일조각, 2010, 59쪽.

실제 그러한가를 확인해 보았더니, 1609년(광해군 1) 괴화가 혹은 피기도 하고 혹은 안 피기도 했는데, 이듬해 1610년(광해군 2)에는 보리가 혹은 여물기도 하고 혹은 안 여물기도 했다. 그렇다고 하더라도 보리농사의 풍흉은 일찍 파종하느냐 늦게 파종하느냐에 달려 있다고 하면서, 추경과 춘경을 일찍 한 사람은 흉년에 이르지 않는다고 했다.[143] 가을보리와 봄보리를 일찍 파종하면 모두 풍년이 든다고 했으니, 당시 일찍 찾아오고 늦게까지 가는 추위를 이기기 위해 조기 파종이 권장되고 있었음을 알 수 있다.

조생종과 관련하여서는 경상도 함양 사람 정경운의 사례가 참고 된다. 그의 일기를 보면, 1594년부터 1605년까지 한결 같이 올기장(早黍), 올벼, 조생종 벼를 파종하였다. 이후 사람들도 일찍 내리는 서리에 대비하여 조생종을 심을 수밖에 없었다. 1653년(효종 4) 영중추부사 이경여가 말하였듯이, 초가을 가뭄에 이어 사나운 바람이 불고 서리까지 일찍 내려 늦곡식이 성숙하지 않았기 때문이다.[144] 당연히 만곡보다는 조곡(早穀)이 선호되었던 것이다. 1660년(현종 1) 계속되는 가뭄과 연일 부는 찬바람으로 망종이 멀지 않았는데 아직도 도처에서 만도(晚稻)를 파종하지 못하고 있었다.[145] 조도(早稻)를 우선시할 수밖에 없는 조건이었다.

추운 날씨와 그로 인한 문제를 극복하기 위해, 당시 사람들은 건강이나 의복 및 난방이나 농업 등의 면에서 이전과는 다른 길을 걷기 시작하였다. 따라서 이러한 점들에 대한 해당 분야에서의 관련 연구가 후속으로 나오면 좋을 성 싶다.

---

143 고상안, 『태촌집』 4, 효빈잡기(상), 총화, 「槐花不開則麰麥不實」.
144 『효종실록』 11, 효종 4년 8월 25일(정해).
145 『승정원일기』 161, 현종 원년 4월 8일(임진).

2장

17세기 이상저온과 임산공물
- 대나무를 중심으로 -

17세기 조선의 이상저온은 갖가지 자연재해를 발생시켰다. 우리는 지금까지 그 결과를 기근이라는 측면에서만 바라보았다. 그러한 나머지 기근과 구휼에 대한 연구는 많이 축적되었다. 농업중심 사회에서 기근이 가져온 파장이 심대하였다는 점을 감안하면 그동안의 연구성과는 자못 의의가 높다고 볼 수 있다. 이와는 달리 필자는 냉해(冷害)에 주목하고자 한다. 이상저온은 필연적으로 냉해를 가져왔기 때문이다. 냉해는 농지의 농산물이나 산림의 임산물은 물론이고 해상의 수산물 생산을 위축시켜 국가경제에 심대한 타격을 가했다. 그럼에도 불구하고 지금까지 냉해와 그것이 미친 영향을 다룬 연구는 없다. 이러한 측면에서 17세기 소빙기 기후가 미친 경제적 영향에 대한 연구는 의미가 있다.

여기에서는 당시 국가의 주요 수입원이면서 백성들의 큰 부담이었던 공물(貢物)에 기후가 미친 영향에 대해서 주목했다. 당대 초미의 관심사였던 공납제는 17세기 내내 뜨거운 논쟁을 거치며 대동법으로 일단락되었

다. 그에 대한 연구는 공납제 운영과정상의 문제나 전란으로 인한 국가재
정상의 문제 그리고 그 문제에 대한 계층·정파간의 관점에 초점이 두어졌
다.[1] 하지만 그렇게 치열한 논쟁이 전개될 수 있었던 데에는 이상저온으
로 인한 생산량의 파동도 크게 작용하였으리라고 생각된다. 종전의 연구
에서 공납제의 핵심요소인 공물 자체가 배제되었다는 말이다. 이런 생각
때문에 기후와 공물의 관계를 주목한 것이다. 공물은 농산물, 임산물, 수
산물, 축산물, 수공업품으로 형성되었다. 이 가운데 기후변화의 영향을 가
장 민감하게 받는 것이 농산물과 임산물 및 수산물이다. 여기에서는 임산
물에 대해서만 살펴보겠다. 임산물 가운데 중남부 지방의 특산물인 대나
무를 분석의 중심에 두었다. 이와 관련해서 대나무의 생육환경과 용도, 냉
해와 관리감독, 분쟁과 대책 등을 알아보겠다.

1. 대나무 공물

공물은 조선건국 이래 국가의 주요 수입원이면서 백성들의 큰 부담이
었다. 현물의 직접 납부를 원칙으로 하는 공납제 하에서 각종 물종이 공물
로 배정되었다. 17세기에 실시된 대동법 하에서도 비록 대동 유치미로 값
이 지급되어 급가무납 되었지만, 여러 종류의 공물이 현물로 적지 않게 민
간에 배정되었다. 대부분의 공물은 자연산이기 때문에 기후변화의 영향을
민감하게 받았다. 그렇기 때문에 기후변화가 나타나면 공물분쟁이 발생
할 수밖에 없었고 그에 따른 대책도 수반되었다. 이런 일련의 과정을 여기
에서는 임산물을 중심으로 살피겠다. 그중에서 대나무를 중심으로 논지를

1 이정철, 『대동법』, 역사비평사, 2010.

전개하고 그 과정에서 함께 기후변화의 영향을 받은 임산물(인삼, 버섯, 차, 약재)은 물론이고 과수류(복숭아, 배, 밤, 포도, 유자, 귤)나 과채류(수박, 참외) 등도 곁들이겠다.

대나무는 그 자체가 공물이었다. 근래의 한반도 분포 대나무류는 5속 19종이라고 하지만,[2] 조선시대에 공물로 배정된 대나무 주종은 청대죽(靑大竹)과 전죽(箭竹)이었다. 청대죽은 약재로 사용되는 죽력(竹瀝)을 만드는데, 전죽은 무기로 사용되는 화살을 만드는 데 이용되었다. 청대죽과 전죽은 인조 때에 후금·청에게 주는 외교예물로도 사용되었다. 그리고 죽순과 죽제품도 공물이었다. 죽순은 궁중요리나 국가제사에 사용되었고, 죽제품으로는 죽소(竹梳)·죽석(竹席)·죽상(竹箱)·절선(節扇)·연죽(煙竹) 등이 있었다. 이 가운데 채죽상·채죽석·부채·연죽과 같은 죽제품은 외교예물로 중국이나 일본에 제공되었다. 기타 천막용이나 깃대용의 장대죽도 지방에 배정되었다. 이렇게 보면 대나무는 약재나 군수품 및 외교선물이나 생활도구로 사용되는 긴요한 원자재였다.

그러면 어떤 대나무를 어느 곳에, 어느 정도로 배정했을까? 구체적 내역을 담고 있을 것으로 추정되는 공안(貢案)이 현존하지 않고 그 외에 그에 대한 종합적인 자료 또한 보이지 않지만, 단편적인 자료를 토대로 재구성하면 다음과 같다. 대표적인 물종인 청대죽, 전죽, 죽순을 중심으로 살펴보겠다.

먼저, 청대죽은 내의원에서 죽력을 만드는 데에 사용되는데 양남(전라, 경상)에서 월령(月令)이라고 하여 매달 몇 개씩 상납했다. 대동법 이후에도 여전히 청대죽은 전죽·죽순과 함께 진공물이었다. 1658년(효종 9)에 김

---

2 공우석, 「대나무의 시·공간적 분포역의 변화」, 『대한지리학회지』 36-4, 대한지리학회, 2001.

육이 올린 호남 대동법 규례에 의하면, 전라도는 청대죽을 일 년 열두 달에 매달 30개씩 상납했다.[3] 1735년(영조 11) 기사에 의하면, 청대죽을 전에는 양남에서 각각 월령마다 30개씩 봉진했다고 한다.[4] 이전에도 그랬겠지만, 17세기에 양남은 매달 30개씩 상납했음을 알 수 있다. 그런데 17세기 후반에 5개씩 감축되었다. 그러면 양도에서 1년간 봉진하는 총수가 각각 360개 또는 300개가 된다. 이를 양도에서는 도내 죽산읍에 다시 몇 개씩 배정했다. 그렇게 하여 전라도의 경우 18세기에 23개 죽산읍에서 월별로 돌아가며 25개씩 상납했다.[5]

이어서 전죽은 화살을 가장 많이 필요로 하는 평안도와 함경도에는 거의 생산되지 않는다. 그래서 이곳에 보내는 전죽과 함께 수도 방위군이 사용하는 전죽을 모두 중남부 지방에서 부담했다. 가령 1433년(세종 15)의 경우 전죽을 함길도에 강원도에서 1만 개와 경상도에서 2만 개를, 평안도에 충청도에서 1만 개와 전라도에서 2만 개를 매년 수송하도록 했다.[6] 그러니까 지리적 위치상 함경도는 강원·경상도에서, 평안도는 충청·전라도에서 보냈다. 이러한 패턴은 이후에도 계속되어 1512년(중종 7)에 평안도에 전라·충청 양도에서 전죽 6천 부를 재단하여 역로를 통해 보냈고,[7] 1516년(중종 11)에는 함경도에 강원·경상 양도에서 전죽을 매년 들여보냈다.[8] 군기시 소요 전죽도 역시 남방에서 상납했는데, 1618년(광해군 10)의 경우 매월 전죽 3천9백70개를 각도의 감병수영에서 부담했다.[9] 감병수영에 배정된

3 김육, 『잠곡유고』 6, 소차, 「進湖南大同規例箚」.
4 『승정원일기』 798, 영조 11년 4월 20일(경신).
5 김옥근, 『조선왕조재정사연구』 3, 일조각, 1988, 184쪽.
6 『세종실록』 60, 세종 15년 6월 17일(무술).
7 『중종실록』 15, 중종 7년 1월 17일(계해).
8 『중종실록』 26, 중종 11년 10월 8일(병진).
9 『광해군일기』 134, 광해군 10년 11월 12일(정유).

것은 당연히 예하 읍진에 재배정되었다.

　마지막으로 죽순은 천신(薦新) 제수용으로 예조에 절기에 맞춰 봉진하거나, 왕실 조리용으로 사옹원에 삭선(朔膳)이라고 하여 월령에 맞춰 진상했다. 이는 청대죽 죽순이어서 이 역시 양남에서 부담했다. 가령 1648년(인조 26)의 경우 경상도의 6월삭선 진상 생죽순이 120본이고, 세자궁 진상 생죽순이 80본이었다.[10] 그리고 전라도의 경우 1662년(현종 3)에 5월삭선 진상 죽순이 대왕대비전에 100본, 왕대비전에 100본, 대전에 50본, 중궁전에 60본이었다.[11] 영조 대에 작성된『호남공선정례』에 의하면, 천신(조경묘, 종묘) 용도로 생죽순 350본을 4월에, 삭선(대전, 자전, 중전, 자궁, 동궁) 용도로 생죽순 110·77·55·66·55본을 각각 5월에 그리고 침죽순(沈竹筍, 鹽竹筍) 2두2승·1두6승·1두1승·1두1승·1두1승을 각각 6월에 상납했다.

　이런 진공물을 양질의 것으로 그리고 제때에 확보하기 위해 정부는 국초부터 대나무를 배양하고 관리하기 위한 여러 정책을 폈다.

　우선, 죽전을 배양하도록 했다. 정부는 법으로 각 고을로 하여금 옻나무, 뽕나무, 과일나무의 그루수와 저전(楮田), 완전(莞田), 전죽산처(箭竹產處)에 대해서 대장을 작성해 공조, 본도, 본읍에 보관하는 동시에 그것들을 심고 가꾸게 했다.[12] 지방관청에서는 관전(官田)의 형태로 죽전을 두어야 했다. 그래서 관죽전의 것으로 공물로 배정된 대나무, 즉 공죽(貢竹)을 바치는 것이 원칙이었다. 또한 정부는 민간에서도 죽전을 두어 생업에 보탬이 되도록 권장했다. 민간의 저전(苧田)·저전·완전·과원(果園)·칠림(漆林)·죽림(竹林) 등을 이익이 있는 곳으로 여기어 다른 토지와 동일하게 측량하도

<hr>

10 『승정원일기』101, 인조 26년 5월 13일(정축).
11 『승정원일기』173, 현종 3년 4월 21일(갑자).
12 『경국대전』6, 공전, 재식.

록 양전사목으로 정했는데,[13] 이는 공물을 부과하기 위한 원천자료를 확보하기 위한 조치였다. 그래서 관찰사에게 도내에서 대나무가 생산되는 곳을 낱낱이 찾아서 각읍으로 하여금 그 배양의 근면과 태만함을 장부에 기록하게 했다.

그리고, 전죽을 국방요지에 심도록 했다. 전죽은 화살대로 사용되는 것이어서 중요한 군수물자이다. 그래서 북방지역은 기후상 불가능하지만, 남방 각 포구의 선박 정박처에는 전죽을 심고 배양하도록 했다.[14] 포구는 수군이 주둔하는 곳이면서 왜구가 진입하는 곳이기 때문에 군수물자 확보 차원에서 그렇게 하도록 한 것이다. 왜구 침입이 예상되는 바닷가 주민들로 하여금 민가 전후에 대나무를 심도록 했다.[15] 유사시 민가 방어막이 되기도 하지만 무장할 수 있는 자원이 되기 때문에 이런 조치를 취했던 것이다. 조선전기 지리지에 대부분의 중남부 해안지역이 전죽 산지로 기록된 것은 단순 자생의 차원을 넘어 정부의 권장 결과일 것 같다.

또한, 죽산지(竹山地)를 북방으로 확대했다. 황해도에서는 본시 대나무가 생산되지 않았다. 세종은 도내 남북의 풍토가 같지 않아서 대나무가 살기에 적당한지 않은지를 참으로 알기 어렵다고 하면서, 황해감사로 하여금 선박과 군인을 적당히 징발해 충청도에서 대를 채취해서 재배하도록 했다.[16] 그동안 실적이 미진했던지 성종은 황해감사에게 하서하여 "도내 여러 고을에서 전죽을 심어서 배양하는 숫자가 함경도에 비해 절대로 미치지 못하는데, 이것은 여러 고을의 수령과 전직 감사가 마음을 쓰지 아니한 까닭이니 경은 엄하게 고찰을 더하여 혹시라도 소홀하게 하지 말

13 『세종실록』 102, 세종 25년 11월 14일(을축).
14 『문종실록』 4, 문종 즉위년 10월 10일(경진).
15 『성종실록』 33, 성종 4년 8월 4일(계해).
16 『세종실록』 81, 세종 20년 4월 6일(기미).

라.”라고 하며 도내 여러 섬에서 종자를 심기에 마땅한 곳을 모두 조사하여 보고하라고 지시했다.[17] 또한 세조는 함경도처럼 전죽이 자생하지 않은 곳에 『종죽방(種竹方)』(대나무 재배서)과 종자를 보내서 대나무를 재배하도록 했다.[18] 함경감사는 강원도 죽근(竹根)을 가져다가 북청 이남에 심어 대나무를 제법 무성하게 키웠다. 『신증동국여지승람』에 함경도 7읍이 전죽 산지로 기록된 것은 이 결과일 것이다. 효험을 본 그는 “평안도와 황해도에도 전죽이 역시 생산되지 아니하니, 함길도의 예에 의거해 먼저 풍토가 대나무에 적당한 한두 고을에 심어서 시험하게 하소서.”라고 건의하여 임금의 허락을 받았다.[19] 평안도의 경우 실행에 들어가지 못한 것 같다. 이후에 함경도의 성공 사례를 들어 정부 관료 입에서 “평안도 연해변 각 고을에도 위의 (함경도) 전례에 의하여, 충청·전라도의 대 종자를 배로 옮겨다 심어 혹 무성하게 된다면 실로 영구한 이득이 될 것입니다.”[20]라고 건의한 것을 통해서 알 수 있다. 이러한 죽산지 확대 정책은 국방요지에 전죽이 자라지 않으면 먼 곳에서 운반하는 폐단과 사용 시기를 놓치는 문제를 막기 위한 의도에서 취해졌다. 그렇지만 선왕조 때에 전죽을 북도에 옮겨 심은 것처럼 지금 경기와 황해도 등지에도 옮겨 심는 것이 좋다는 선조의 말을 통해,[21] 북방으로 죽산지를 확대하는 정책은 풍토의 한계에 막혀 별다른 성과를 거두지 못했음을 알 수 있다.

---

17 『성종실록』 9, 성종 2년 2월 4일(정미).
18 『세조실록』 23, 세조 7년 2월 16일(정해).
19 『세조실록』 25, 세조 7년 9월 20일(정사).
20 『연산군일기』 37, 연산군 6년 5월 10일(계해).
21 『선조실록』 126, 선조 33년 6월 15일(병술).

2. 죽림냉해와 공죽분쟁

1) 죽림냉해

이상기후로 인한 공물용 초목이 냉해를 입는 일은 언제든지 나타날 수 있다. 가령, 1528년(중종 23) 겨울 추위가 너무 심해 경기도내 각 고을의 과수원에 있는 과일나무가 모두 동상에 걸렸다. 그중에서도 복숭아나무가 매우 심한 동상을 입어서 열매가 열릴 수 없는 정도였다. 그래서 이듬해에는 복숭아 봉진을 할 수 없는 형편에 이르고 말았다.[22] 또 한 사례를 보자. 공납 토산물을 구매하는 폐단을 거론한 1799년(정조 23) 경상감사의 장계에 의하면, 3년 전에 큰 바람이 분 뒤 거제·고성·남해 등 3개 고을의 유자나무가 모두 얼어 죽었고, 진주 경내의 창선도·적량진에만 10여 그루가 살아 있었다. 그래서 유자를 봉진해야 하는 위 세 고을은 모두 진주에서 사 가기 때문에 비용도 많이 들 뿐만 아니라 왕래하는 데에 큰 불편을 겪고 있었다.[23]

공물용 복숭아나무와 유자나무가 동상을 입어 열매를 맺지 못하거나 혹한으로 얼어 죽었다는 말이다. 이러한 냉해가 하루가 멀다고 발생하면 사태가 심각해진다. 그런데 17세기에는 이런 일이 거의 매년 반복되었다. 냉해도 문제였지만 잦은 기근으로 백성들이 유망하여 공물채취 자체가 난관에 봉착하기도 했다.

대나무도 그러했다. 대나무는 난대성 식물로 일부 전죽을 제외하고는 주로 남부지방에서 자생한다. 그렇기 때문에 추위에 약할 수밖에 없다. 어디에 분포하든 기후변화는 기본적으로 성장의 장애요소가 된다. 당시에 추위로 뿌리가 죽어 죽림이 사라진 곳도 적지 않았고, 발육이 부진하여 대나

---

22 『중종실록』 65, 중종 24년 7월 14일(정미).
23 『정조실록』 51, 정조 23년 4월 19일(정미).

무 작황이 좋지 않은 해가 꼬리에 꼬리를 물었다. 『신증동국여지승람』(1531) 과 『동국여지지』(1660년 무렵)의 죽산지가 102곳에서 93곳으로 감소한 것은 이 결과일 것 같다. 냉해를 입으면 정상 복구되는 데에 짧게는 1~2년, 길게 는 4~5년 걸린다. 그런데 진상 청대죽은 튼튼하고 길게 자라야 하는데 그 러려면 대개 5년이 경과해야 했다.[24] 깃발용 장죽의 경우 3년 성장하여 견 고한 것을 상납하도록 했다.[25] 전죽의 경우 2년이 지난 것을 베어야만 화 살 용도에 알맞았다.[26] 그러므로 한번 냉해를 입으면 정품 대나무를 확보 하는 데에 여러 해를 기다릴 수밖에 없었다.

대나무가 냉해를 입은 사례를 품종별로 살펴보자. 검토에 앞서 1963년 전 라남도 광주지역의 대나무 동해 조사결과를 참고할 필요가 있다. 당시 광 주지역 1월(양력) 평균기온이 평년보다 3.9℃나 낮았고 최저기온은 -16.8℃ 까지 내려갔다. 이로 인해 광범위한 대나무 동해 피해가 발생했다. 그런 데 피해정도가 왕대(청대죽)는 39%에 이르렀는데 솜대(전죽류)는 미미한 수 준이었다. 이는 생존가능 한계온도가 왕대는 -15~16℃인데 반하여 솜대는 -17~18℃인 결과였다.[27] 대나무는 이러한 최저기온 외에 지속적인 저온의 영향도 받는데, 1월 일최저평균기온이 -8℃면 청대죽·전죽이 생존하지 못 하고, 최고기온이 0℃ 이하인 일수가 10일 이상이면 청대죽이 15일 이상이 면 전죽이 각각 생존하지 못하고, 평균기온이 -12℃를 넘으면 대나무류가 생존하지 못한다고 한다.[28]

24 『승정원일기』 396, 숙종 27년 3월 20일(정미).

25 『승정원일기』 345, 숙종 17년 4월 23일(무인).

26 『세조실록』 16, 세조 5년 5월 23일(갑진).

27 정동오, 「대나무의 동해에 관한 연구(I)」, 『농업과학기술연구』 1, 전남대학교 농어촌개발 연구소, 1963.

28 공우석, 「한반도의 대나무류 분포와 그 환경요인에 대한 식물지리학적 연구」, 『Journal of Ecology and Environment』 8-2, 한국생태학회, 1985.

대나무 성장조건이 조선시대에도 이와 비슷했을 것이다. 17세기의 기온측정 결과는 없다. 하지만 극한이 자주 있었고 이상저온이 오래 지속되었다. 이로 인해 각종 대나무가 1963년 때처럼 극심한 냉해를 입었다. 청대죽, 전죽, 정죽(庭竹)으로 나누어 하나씩 살펴보겠다.

먼저, 청대죽은 대나무 가운데 추위에 가장 약한 것이다. 1655년(효종 6) 4월에 경상도에서 4월령으로 봉진한 청대죽이 매우 가늘어 죽력을 내기에 부적합했다. 내의원은 어용 약재를 이처럼 부실하게 다룬 행위는 심히 부당하다고 하며 청대죽을 퇴짜 놓고 봉진관리를 본도로 하여금 추고하게 하자고 건의하여 임금의 허락을 받았다.[29] 그러자 6월에 이조판서 이후원은 작년의 전례 없는 추위로 남방의 대나무가 모두 동사하여 다만 작은 대나무만 있어 근래 진상죽(進上竹)이 매우 가늘기 때문에 점퇴할 수 없다고 말했다.[30] 청대죽이 1654년 겨울 혹한으로 대거 얼어 죽었다는 말인데, 이 해 날씨는 1장에서 잠깐 소개한 것처럼 최악이었다. 1654년 추위는 1월 22일에 강원도 흡곡 등 고을에 붉은 눈이 내리면서 시작했다. 아마 봄철 진한 황사가 기온 급강하로 눈에 섞여 내린 것 같다. 이 소식을 접한 부교리 남용익은 2월 29일 상소를 통해 적설(赤雪)은 전에 없는 일이라고 말했다. 실록 5월 8일자에 함경도에 대설이 내렸다고 기록되어 있는데, 이 대설은 효종이 3일 뒤에 '3월 눈도 이변인데 하물며 4월 눈이냐'고 한 것으로 보아 4월에 내린 것 같다. 이를 접한 좌의정 김육은 전해에 있었던 영남의 천적(川赤, 냇물이 붉게 변함)과 관서의 우박과 함께 북로의 눈을 매우 놀랄 일로 지목했다.[31] 봄의 끝자락과 여름의 문턱에서 눈이 왔으니 아니 놀랄 수 없었다. 이상기후는 여기에 그치지 않았다. 『효종실록』8월 2일자

---

29 『승정원일기』135, 효종 6년 4월 7일(신유).
30 『승정원일기』135, 효종 6년 6월 3일(병진).
31 『효종실록』12, 효종 5년 6월 3일(신유).

에 경상도 경주의 해수 적조로 바다 고기가 많이 죽었다고 기록되어 있다. 이 날자『승정원일기』에는 7월 13일부터 시작했다고 기록되어 있으니 그 증상이 제법 오래 지속되었음을 알 수 있다. 이 무렵 황해·평안도에 큰바람이 불고 우박이 내렸다.[32] 10월 13일에는 앞서 언급한 남해적조·서로박재와 함께 북쪽지방의 비린내 나는 안개가 변이로 언급되었고, 그 다음날에는 적설(赤雪)과 해적(海赤)의 변이는 이전에 듣지 못한 변이로 알려지며 정국을 긴장시켰다. 급기야 예년보다 일찍 11월 6일에 큰 추위가 찾아왔다. 그 여파로 함경도에 12월 2일에 대설이 와서 동사한 사람이 있었고 22일에는 대설로 압사한 사람이 있었고 28일에는 대설로 사람 통행이 불가능한 가운데 경성에서는 해수가 넘쳤다. 해수가 넘쳤다는 말은 기온 급강하로 바닷물이 얼기 직전의 포말 상태로 변했던 것 같다. 그래서 이 해 겨울 날씨를 "겨울 석 달 내내 추운 날은 많고 따뜻한 날은 적었다."라고 평했다. 길고 독한 겨울 추위였음을 알 수 있고, 바로 이 추위로 이조판서 이후원이 말한 것처럼 대나무가 대거 동사했던 것이다.

그런데 이 해 추위는 다음해 1655년까지 이어져 3월에 눈이 내리고 강원도 강릉·양양·삼척에서 바닷물이 사흘 동안 어는 한반도 역사상 초유의 사태가 발생했다.[33] 5월에는 제주도에 대설이 내려 국마 9백여 필이 죽었고,[34] 전국에 우박과 서리가 내렸다. 추운 날씨가 계속 이어지자 사람들은 두터운 겨울옷을 여름인데도 벗지 않고 있었다. 이 점과 관련하여 영의정 이시백은 5월 19일에 근래 일기가 매우 추워 민간의 하층민들이 아직도 오의를 벗지 않고 있다고 했다.[35] 오의란 도포옷으로 겨울에 입는 옷이

32 『효종실록』 13, 효종 5년 8월 10일(정묘).
33 『효종실록』 14, 효종 6년 3월 3일(무자).
34 『효종실록』 14, 효종 6년 5월 3일(병술).
35 『승정원일기』 135, 효종 6년 5월 19일(임인).

다. 따라서 연이은 혹한으로 한 번 냉해를 입은 죽림이 원상회복되는 데에는 상당한 시일이 걸릴 수밖에 없었다.

또 한 사례를 보자. 1698년(숙종 24)에 최창대가 전라좌도 암행어사로 나갔다가 돌아와 서계를 올렸다. 그에 의하면 내의원에서 걷는 청대죽을 호남 각읍에 분정하는데 수년 동안 겨울 추위가 매우 심해 고사한 황죽(篁竹, 청대죽)이 10가운데 5·6이나 되었다. 특히 내륙지역은 피해가 커서 대부분 해안지역에서 사다가 상납하기 때문에 그로 인해 많은 구매가와 장죽 운반으로 큰 피해를 입고 있었다.[36] 1690년대 후반의 연이은 겨울 혹한으로 호남의 청대죽 50% 가량이 고사했다는 말이다. 최창대가 말한 1690년대 후반은 1695·1696년의 이른바 '을병 대기근'이 발생한 시기이다. '을병 대기근'은 가뭄과 서리·우박·눈으로 인한 이상저온으로 발생했다.[37] 이 거친 기후에 전라도 청대죽 절반가량이 고사하고 말았다. 청대죽만이 아니라 거의 모든 식생(植生)이 피해를 입었다. 8도에서 포악한 호랑이가 사람을 잡아먹어 평원과 광야는 물론이고 마을이 있는 곳에서도 감히 다니지 못했던 점을 통해,[38] 재해로 인한 생태계 교란이 심각했음을 알 수 있다.

이처럼 냉해로 청대죽이 죽기도 하지만 발육부진에 이르는 사태가 장기간 지속되었다. 그래서 전에는 청대죽 1개를 2인이 들었는데 지금은 1인이 2개를 들 정도로 작은 것을 상납할 수밖에 없는 상황이 거의 매년 반복되었다. 그런 청대죽을 상납하면 문제가 아닐 수 없었다. 전에는 청대죽 큰 것 1개에서 죽력 1되가 나왔는데 근래에는 점점 작아져 1개에서 5홉

36 최창대, 『곤륜집』 10, 서계, 「廉問時書啓 戊寅 全羅左道御史時」.
37 김성우, 「17세기 위기와 숙종 사회상」, 『역사와 현실』 25, 한국역사연구회, 1997.
38 『숙종실록』 31, 숙종 23년 4월 30일(기묘).

도 못 나오기 때문이었다.[39]

이어, 전죽에 대해 알아보자. 충청도 비인에서는 비변사에 납부하는 전죽 7천9백 개와 군기시에 납부하는 전죽 8천7백 개를 관내 작은 섬의 산죽처에서 책임지고 있었다. 그런데 1727년(영조 3) 비인현감 정사대의 말에 의하면, 수십 년 전에 대나무가 말라 죽고 다시는 자라지 않아 부득이 백성들로부터 돈을 거두어 사다가 바친다고 했다.[40] 말라 죽는 현상은 혹한이나 폭설 또는 우박이나 서리로 나타났을 것인데, 이로 인해 전죽이 부실하게 자랄 뿐만 아니라 다시 자라지 않을 정도로 피해가 컸음을 알 수 있다.

마지막으로, 정죽에 대해 알아보자. 당시에 대나무를 분재용이나 정원용으로 옮겨 심는 사람들이 많았다. 경상도 예천의 관아 정원에도 대나무가 매우 무성하게 자라고 있었다. 그런데 임상원이 1681년(숙종 7)으로 추정되는 시기에 지은 시에 의하면, 지난해의 혹한과 대설로 정원 대나무가 모두 동사하고 말았다. 봄이 왔는데도 하늘의 뜻을 거스르고 음기가 하늘에 충만되어 있었다. 그는 이를 애석하게 여기어 이런 시를 지었던 것이다.[41] 우의정 이상진이 작년 겨울 추위는 배나 심해 추모가 모두 동사했다고 했고,[42] 수찬 박태손이 지난 겨울 혹한으로 모맥이 동손(凍損)했다고 했으니,[43] 1680년 겨울 혹한이 극심했음을 알 수 있다. 바로 이 혹한이 정죽을 죽게 했던 것이다.

---

39 『승정원일기』 740, 영조 8년 3월 7일(갑자).
40 『비변사등록』 81, 영조 3년 2월 21일.
41 임상원, 『염헌집』 9, 시, 「醴泉庭竹甚茂 去歲盡凍死 惜而賦之」.
42 『승정원일기』 281, 숙종 7년 1월 23일(정축).
43 『승정원일기』 282, 숙종 7년 4월 5일(무자).

2) 공죽분쟁

대나무가 냉해를 입으면 작황이 부진할 수밖에 없었다. 그러면 예정된 물량과 정해진 품질이 제 때에 들어오지 않아 정부의 물량 수급은 어려움에 처하고, 할당량을 납기일에 맞춰 채워야 할 백성들의 부담은 더욱 무겁게 되었다. 이런 일이 잊을 만하면 한 번씩 발생하면 별다른 문제가 아니지만, 하루가 멀다고 반복되면 큰 문제가 아닐 수 없다. 이른바 대나무 공물 분쟁이 중앙과 지방 및 관과 민 사이에 발생하게 되었다. 그런데 인조 때에 새로이 북경과 심양에 청대죽을 보내야 했고 군영증설 문제로 더 많은 전죽이 필요했을 뿐만 아니라, 장창이라는 신무기 개발로 장죽이 새로이 필요로 하여 대나무 공물 수요는 크게 늘어났다. 이런 상황에서 공죽을 둘러싼 분쟁이 격화되었다. 그 분쟁을 한두 건만 제시하면 언제든지 일어날 수 있는 일로 비춰져 일상의 역사를 특별한 역사로 확대 해석한 오해를 받을 우려가 있다. 그래서 설득력의 담보를 위해 다소 번잡하더라도 사례를 연대기적으로 제시하겠다.

공죽분쟁은 선조 후반과 광해군 때의 자료에는 잘 보이지 않는다. 그 이유는 사실의 부재가 아니라 사료상의 한계에 있다. 선조 때에는 분쟁이 아직 수면 위로 부상하지 않아 기록으로 남은 것이 적고, 『광해군일기』는 그 자체가 부실하기 때문이다. 그런데 인조 때에 들어서면 공죽분쟁이 빈번하게 포착된다. 1624년(인조 2)에 12월삭 전라도 진상 청대죽 궐봉 사건이 발생했다.[44] 비슷한 사건이 1627년(인조 5)에도 재발했다. 1628년(인조 6)에는 전라도 6월삭 각전 진상 생죽순 태반이 썩어버렸다. 1629년(인조 7)에는 경상도 8월령 청대죽이 매우 작고 짧았다. 급기야 1635년(인조 13) 1월 3일에

---

44 『승정원일기』 6, 인조 3년 5월 22일(기사).

내의원은 근래 양남에서 공진하는 청죽이 해가 갈수록 마르고 작다고 했다. 그러면서 전라도 담양부에서 봉진한 1월령 청죽이 너무 작으니 당해 수령을 종중추고하고 색리를 본도로 하여금 수금형추하자고 건의하여 임금의 허락을 받았다.[45] 4월 2일에는 내의원 계사에 의해 마르고 작은 청죽을 봉진하면 양남의 감사를 추고하고 수령을 파직하겠다는 방침이 세워졌다. 그런데 6월에 경상도에서 바친 청죽이 사용할 수 없을 정도로 작고 누렇게 말라 있자 내의원이 즉각 감사추고와 수령파직에 들어갔다.[46] 그리하여 경상감사 이기조가 즉각 해임되고 내의원 청대죽이 가늘고 작으며 누렇게 말랐다는 이유로 곤장 60에 고신 1등을 추탈하는 것으로 조율하였는데, 공으로 1등을 감하라는 판결을 받았다.[47] 연이어 터지는 부실 공죽 사태에 대해 정부가 지방관 문책으로 대응했던 것이다.

이는 1626년(인조 4) 인조가 말한 것처럼 "5월에 서리가 내렸다니 옛날에도 없었던 일이고, 팔로에 번진 황재(蝗災)는 오늘날의 큰 근심이 되었으며, 우박은 해마다 내리고 수한(水旱)이 잇달고 있다."의 결과였다.[48] 1633년(인조 11) 부제학 이식의 "근래 천심이 순편치 못하여 경계가 잦아 비상한 재해가 역사에 끊임없이 쓰입니다."[49]라는 차자를 보아도 마찬가지 생각을 하게 한다. 당시 기후 특징은 겨울철의 혹한, 봄철까지 이어지는 폭설과 잦은 눈, 봄·여름·가을을 가리지 않고 시도때도 없이 내리는 서리와 우박, 강해의 잦은 결빙, 수일 동안 해를 가린 운무로 인한 계속되는 이상저온이었다. 이는 죽근을 동사하게 하고 죽순 발육을 부진하게 하여

45 『승정원일기』 46, 인조 13년 1월 3일(갑인).
46 『승정원일기』 48, 인조 13년 6월 29일(정미).
47 『승정원일기』 49, 인조 13년 9월 5일(임자).
48 『인조실록』 13, 인조 4년 윤6월 1일(신축).
49 『인조실록』 28, 인조 11년 5월 29일(경신).

대나무 작황을 안 좋게 한 결과 납공자로 하여금 작거나 썩은 것을 상납하게 하고 아예 상납을 못하게 했던 것이다.

이 무렵 초목의 열매가 제대로 익지 않아 전반적인 과수 작황이 매우 부진했다. 그래서 남방의 연해 백성들이 유자 진공을 지정된 숫자대로 봉진하지 못하고 처벌이 두려워 어쩔줄 모르고 있었다. 최악의 상황을 미연에 방지하기 위해 사간원은 진상을 조사해서 궁한 백성들의 폐해를 조금이나마 덜어주자고 건의했다.[50] 당시 후금은 조선에서 과일을 대거 매입했는데, 금사(金使)가 홍시(紅柿) 3만 개와 생리(生梨) 2만 개를 구매에 나섰던 때에 결실이 좋지 않아 공급하지 못한 경우가 있었다.[51] 또한 인삼도 채취가 어렵다거나 크기가 작거나 진액이 나오지 않아 약재로 부적합하다는 지적이 잦아졌다. 가령, 내의원은 강원도에서 춘등(春等)에 봉진한 인삼이 작은 데다 진액마저 없기 때문에 추등(秋等)마저 그러한다면 감사는 책임을 면할 수 없을 것이라고 엄포를 놓았다. 그러면서 도에서는 각읍에서 낸 인삼을 한 포대에 담지 말고 읍별로 이름을 붙여 포장하여 출산지를 밝히라고 지시했다.[52] 그리고 이때에 함경도에서 기한을 넘겨 약재를 봉진한 일도 있었고, 경상도 8월령 약재 11종 가운데 6종은 건조가 잘 되지 않았다는 이유로 다시 봉진하게 했다.[53] 근무태만이나 고의성이 없었던 것은 아니지만, 이런 일들도 모두 이상저온으로 인한 작황부진에서 비롯되었다.

공죽분쟁은 인조 대 후반에도 계속 이어졌다. 1637년(인조 15)에는 전라도 봉진 8월령 청죽이 모두 누렇게 말라서 죽력을 낼 수가 없어 봉진관을

---

50 『인조실록』 3, 인조 1년 9월 27일(갑인).
51 『승정원일기』 45, 인조 12년 12월 29일(신해).
52 『승정원일기』 45, 인조 12년 11월 19일(신미).
53 『승정원일기』 50, 인조 13년 9월 19일(병인).

추고했다.[54] 그 다음해 1638년(인조 16)에도 전라도의 6월령 봉진 청대죽이 말라 색이 노랗고 크기가 작아 죽력을 낼 수가 없을 지경이었다. 어약의 원료를 이런 지경에 이르게 했으니 당해 봉진관을 감사로 하여금 추고하도록 했다.[55] 1643년(인조 21)에 양남에서 봉진한 전죽이 쓸만 한 것이 거의 없었다. 이에 인조는 이는 일을 태만히 한 소치이니 그 봉진관과 감사·병사·수사를 아울러 추고하여 후인의 경계로 삼으라고 지시했다.[56] 1647년(인조 25)에는 경상도에서 봉진한 4월령 청대죽이 마르고 황색이어서 죽력을 낼 수 없자 수령을 먼저 파직한 후에 추고하고 향소와 색리를 수감한 후에 형추하게 했다.[57] 이제 행정라인에 있는 감사-수령-향임-향리-운송자가 하품 대나무 봉진 때문에 연일 문책을 받았다. 문제는 여기서 그치지 않았다. 죽력이 적게 나온다는 이유로 내의원이 정해진 수량보다 여벌로 더 상납하게 하거나, 간품 과정에서 1백 냥에 이르는 인정을 요구했다. 이런 추가 부담을 모면하기 위해 아예 돈을 가지고 서울에 올라와 방납을 하는 곳도 있었다.[58]

이 무렵 기후는 최악으로 치닫고 있었다. 1644년(인조 22)의 경우 3월에 함경·강원도에 대설이 내리고 우박이 내리고 대풍이 불었다. 4월에 황해도에 서리가 내렸다. 5월에 황해·충청·전라도에 서리가 눈처럼 내리고 경상·평안·충청도에 우박이 내리고 평안도 일부 고을에는 눈이 내리자, 도승지 윤순지는 한 여름 서리와 우박으로 기상이 참혹하다고 평했다.[59] 6월

54 『승정원일기』 60, 인조 15년 8월 3일(무술).
55 『승정원일기』 65, 인조 16년 5월 27일(기축).
56 『승정원일기』 84, 인조 21년 2월 3일(정묘).
57 『승정원일기』 97, 인조 25년 4월 9일(경진).
58 『승정원일기』 406, 숙종 28년 8월 10일(기축).
59 『인조실록』 45, 인조 22년 5월 5일(임진).

에 충청도에 우박이, 7월에 함경도에 우박이, 9월에 평안도·서울에 우박이, 10월에 황해도·서울에 우박이 내렸다. 시도때도 없이 눈·서리·우박이 왔는데, 이런 날씨는 이듬해 1645년(인조 23)에도 계속되었다. 1646년(인조 24)도 마찬가지로 이상저온이었다. 1647년(인조 25)에 3정승은 재변에 대한 차자를 올려 "안주에서는 개구리들이 싸웠고 호서에서는 황새들이 싸웠으며, 울산에서는 노랑나비가 나타났고, 순천의 조수는 하루에 세 차례나 밀려왔으며, 동해의 물은 역류한 지가 이미 오래 되었습니다."[60] 하고 한탄했다. 개구리와 황새들의 싸움은 혹한으로 먹이사슬이 무너진 결과였던 것 같다. 동해 바닷물의 역류는 해빙의 전단계 현상으로 보인다. 인조 행장에 매번 수한과 풍상(風霜)을 겪었다고 했으니, 전체적으로 인조 때 기후는 불순했음을 알 수 있다.

이런 상태에서 대나무뿐만 아니라 과일과 약재도 제대로 자라지 않아 공납분쟁이 일어나게 되었다. 청나라에 보내야 할 홍시가 10월인데도 아직까지 작고 푸른색이어 담당자의 발을 동동구르게 했다.[61] 홍시의 작황 부진은 이듬해까지 이어졌다. 출하 시기인데도 감이 땡감인 채 홍시가 되지 않은 것은 이상저온의 결과였다. 내의원은 근래 진상한 약재가 조잡해 어용(御用)에 부적합하니 극히 한심스럽다고 하면서, 각도 감사로 하여금 심약(審藥)을 추고해 나옥(拿獄)해야 한다고 주장했다. 전라도의 경우 18종 약재 가운데 당귀(當歸)는 진액이 나오지 않고, 통초(通草)는 말랐고, 녹용(鹿茸)은 누렇게 말라서 사용할 수 없고, 천문동(天門冬)은 색이 누렇고 육질이 없고, 적복령(赤茯苓)은 적색이 아니라 백색이어서 6종만 받아들이고 12종은 퇴송했다. 수령도 막중한 어약을 이 지경에 이르게 했으니 마땅히 추

---

60 『인조실록』 48, 인조 25년 4월 6일(정축).
61 『비변사등록』 5, 인조 16년 10월 13일.

고해야 한다고 내의원은 주장했다.[62] 진액이 나오지 않고, 말랐고, 누렇고, 육질이 없는 것은 단순 부주의가 아니라 작황 부진에서 기인했다. 다른 지역도 자유로울 수가 없었다. 강원도는 14종 가운데 6종을 퇴송(退送) 맞았고, 함경도는 15종 가운데 7종을 퇴송 맞았다. 황해도는 13종 가운데 7종만 받아들이고 나머지는 퇴송 당했다.[63]

　품질 저열과 할당량 미확보 및 납기 지연 등으로 인한 문책이나 퇴짜 등 공죽분쟁은 효종 때에도 계속되었다. 1651년(효종 2)에 경상도 7월 봉진 청대죽과 전라도 8월 봉진 청대죽이 모두 삐쩍 가늘고 누렇게 말라 있었다.[64] 1653년(효종 4) 1월에 불량한 전죽을 상납했다고 전라병사가 추고당한 일이 발생했다.[65] 1655년(효종 6)에는 경상도에서 4월령 봉진 청대죽이 가늘어 봉진관이 문책당할 위기에 몰리기도 했다. 1658년(효종 9)에는 경상도 봉진 2월령 청대죽의 절반 이상이 마르고 가늘어 감사를 종중추고해야 한다고 했다.[66] 불량 대나무 상납에 대한 정부의 대응은 지방관의 문책으로 일관되었다.

　효종 때의 기후는 이전보다 더 악화되고 있었다. 앞에서 1654년(효종 5)과 1655년(효종 6)의 기후를 살펴보았지만, 그 이전이나 이후의 경우도 별반 차이가 없었다. 1656년(효종 7)에 사서 민유중이 근래의 계속되는 재이를 평가한 '국조 300년간 듣지 못했던 바'[67]라는 말이 그 실정을 단적으로 보여준다. 이러한 이상저온 속에서 1650년(효종 1)에는 상재와 풍재로

---

62 『승정원일기』 96, 인조 25년 3월 10일(신해).
63 『승정원일기』 100, 인조 26년 1월 12일(무신).
64 『승정원일기』 120, 효종 2년 6월 29일(갑술). 7월 27일(임인).
65 『승정원일기』 126, 효종 4년 1월 22일(기축).
66 『승정원일기』 148, 효종 9년 1월 23일(경신).
67 『효종실록』 17, 효종 7년 9월 19일(갑자).

농작물과 과실이 큰 손실을 입었다. 1652년(효종 3)에는 황해도 은율현감이 송이를 궐봉했고, 전라도 9월령 석류가 퇴봉(退封)당했고, 강원도 9월령 종묘천신 산포도가 개봉(改封)당했다. 그리고 1653년(효종 4)에는 제주도의 감귤 진공이 하나도 들어오지 않았다. 급기야 1658년(효종 9)에는 각종 공물 확보에 비상이 걸렸다. 경상도의 경우 전년에 퇴송당한 약재 10여 가지를 아직도 보내지 않았고, 영서지방은 서리 피해를 입어 밤을 구하는 사람들이 산에 들어갔다가 빈손으로 돌아왔다. 또한 경상도는 작설차(雀舌茶) 진상도 어려움에 처했는데, 그 점에 대해서는 민정중이 2월 28일에 영남암행어사의 명을 받고 시찰한 후 5월 6일 돌아와 복명한 서계에 잘 나타나 있다. 그에 의하면 영남지방에 3월 7·8일 양일에 대설이 1치(寸)나 내렸다. 3월 눈은 이전에도 있었지만 이번처럼 심한 때가 없다는 지역 어른들 말도 전했다. 4월에는 큰 것은 계란만 한 우박이 내려 새로 자라는 목화의 싹을 참혹하게 손상시켰다. 바로 이때 이 지역 작설차도 냉해를 입어 작황이 부진했다. 그래서 작설차를 상납하는 거창 등의 읍에서는 이를 구하느라 주민들이 감당할 수 없을 정도의 부담을 지고 있었다.[68]

대나무 냉해와 그로 인한 공물분쟁은 현종 때에도 계속되었다. 그 가운데서도 1662년(현종 3)의 피해는 막심했다. 전라도의 5월삭 죽순 진상에서 대왕대비전 봉진 100본과 왕대비전 봉진 100본 가운데 초고색변(焦枯色變)한 것이 각각 30본과 10본이고 부후취악(腐朽臭惡)한 것이 각각 19본과 12본이었고, 대전 봉진 50본과 중궁전 봉진 60본 가운데 초고색 변한 것이 각각 10본과 17본이었다. 이 점 때문에 사옹원은 전라감사의 추고와 운반인의 징치를 청했다.[69] 전라도 진상 죽순은 6월삭에서도 문제가 발생

---

68 민정중, 『노봉집』 11, 부록 상, 「嶺南暗行御史別單書啓」.
69 『승정원일기』 173, 현종 3년 4월 21일(갑자).

하여 생죽순은 퇴짜 놓고 침죽순만 받아들였다.[70] 감사 이태연은 이 일로 부임 1년 4개월만인 11월에 파직되고 말았다. 또한 황해감사가 송이를 궐봉한 은율현감을 파출할 것을 청하자, 현종은 감영에 나치하여 곤장을 치고 파출하지 않는 것이 옳을 것이라고 답했다.[71] 송이를 진상하지 못하고 다른 것으로 대봉하겠다고 강원·충청감사가 말한 것으로 보아 당시 송이 작황이 전국적으로 부진했음을 알 수 있다. 또한 과채류 작황도 매우 안 좋았다. 유두일 천신으로 공상하는 수박(西瓜)과 참외(眞瓜) 등이 궐봉한 일이 발생했는데, 이는 계절이 어긋나 그것들이 익지 않은 결과였다. 그런데 정부관료들은 진상할 사람들이 일에 최선을 다하지 않은 한심스러운 소치로 보았다.[72] 현존하는 사료는 대체로 이런 식의 것만 남아 있어 사실관계를 가리기가 쉽지 않지만 결국 진실은 이상저온에 있었다. 이 점은 근래의 지루한 가뭄과 기나긴 추위 및 밤마다 내리는 서리로 각읍 채소가 마르고 손상되지 않은 것이 없고, 수박은 시들고 절종되어 공물하인(貢物下人)들이 사방으로 나가도 빈손으로 돌아온다는 보고를 통해 확인된다.[73] 수박의 경우 6월에서 9월까지 진배하는 사삭어공(四朔御供)인데, 이때에 서리와 우박이 내리면 망치고 기온이 하강하면 익지 않아 제 때에 진상할 수 없었다.

1666년(현종 7)에는 전라도 6월삭 죽순 진상에서 결손이 많아 운반인에게 벌을 주어야 한다고 했는데,[74] 단순히 운반인의 농간이 아니었던 것 같다. 이 점은 이 일 10일 뒤에 전라도 6월령 봉진 청대죽 태반이 가늘고 누렇게 말라 죽력을 취할 수 없어 무용지물이라는 지적을 통해 알 수 있다.

70 『승정원일기』 174, 현종 3년 5월 22일(갑오).
71 『승정원일기』 124, 효종 3년 8월 23일(계해).
72 『승정원일기』 174, 현종 3년 6월 16일(정사).
73 『승정원일기』 175, 현종 3년 8월 27일(정묘).
74 『승정원일기』 195, 현종 7년 5월 19일(기해).

7월에는 전라감사 홍처후가 8월령 청대죽을 진상할 수 없으니 죄를 기다리겠다고 미리 말하기도 했다.[75] 1667년(현종 8)에도 전라도 6월삭 진상 죽순이 썩어 문제가 되었다. 이 무렵 다른 공물도 문제였다. 가령, 장원서에서 종묘 월령천신으로 생리와 청포도를 7월 안에 봉진하는데, 1669년(현종 10)에는 절후가 매우 늦어 익지 않아 적합한 봉진품을 얻지 못해 끝내 책임을 다하지 못하고 말았다.[76] 이상저온으로 작황 부진과 출하 지연이 연이어 대나무를 포함한 여러 물종을 제 때에 정품으로 납품하지 못하는 사태가 계속되고 있었음을 알 수 있다.

1670년(현종 11)은 이른바 '경신 대기근'이라고 하여 사상 유례 없는 기상불순과 이상저온을 겪었다. 이때 대나무 분쟁이 사료에는 보이지 않지만 없었을 리가 만무하다. 그렇지만 다른 경우는 여러 사례가 발견된다. 사포서에서 참외를 각전에 봉진하는데 합격품을 얻지 못해 누차 점퇴당했다. 그 이유는 가뭄과 홍수 끝에 찾아온 이상저온으로 절기가 늦어져 참외가 익지 않았던 데에 있었다.[77] 또한 수박도 그러했다. 그리고 유자도 그러했는데, 이듬해에 경상도의 10월령 대비전 봉진 유자가 궐봉되었던 사실을 통해 알 수 있다.[78] 또 그리고 인삼도 문제였다. 이른서리로 인삼 줄기나 잎이 떨어져 버리면 인삼을 찾을 수 없어 채취가 불가능했다. 8월 25일자 기록에 의하면, 서리가 함경도에 이미 내려 잎이 떨어져 삼묘(蔘苗)를 찾을 수 없다고 했다.[79] 이때 함경북도 지방에는 6·7·8월에 비둘기 알만 하거나 주먹만 한 우박이, 눈같은 서리, 심지어 눈이 내려 도토리마저 주

75 『승정원일기』196, 현종 7년 7월 28일(정미).
76 『승정원일기』216, 현종 10년 7월 27일(무오).
77 『승정원일기』220, 현종 11년 7월 30일(갑신).
78 『승정원일기』225, 현종 12년 9월 25일(계유).
79 『승정원일기』220, 현종 11년 8월 25일(기유).

을 수 없고 참새들마저 먹을 것이 없어 죽어 갔다. 폭설은 인삼의 싹마저 늦게 나오게 했다. 인삼은 세 시기에 채취했다. 3·4월에 채취하는 삼을 묘삼(苗蔘), 6·7월에 채취하는 삼을 단삼(丹蔘), 8·9월에 채취하는 삼을 황삼(黃蔘)이라고 한다.[80] 첫 인삼은 3월에 나오는 셈인데, 이때 날씨가 추우면 싹이 나오지 않아 인삼을 찾을 수가 없었다. 1686년(숙종 12)에는 함경도에 적설이 녹지 않고 해동이 늦어 3월 안에는 삼을 캐러 들어갈 수 없기 때문에 4월부터 들어가게 했다.[81] 그래서 최대 인삼 산지인 강계 지방에 서리와 눈이 일찍 내려 삼황(蔘荒)이 심해지자 인삼을 확보하기가 어려운 지경에 이르고 인삼값이 천정부지로 오르는 일이 발생했다.[82] 17세기 후반의 금삼절목(禁蔘節目) 제정은 잠상에 의한 수요증가[83]와 함께 이상저온으로 인한 공급부족이 그 원인이었다.

대나무 공물분쟁은 숙종 때에도 계속되었다. 1676년(숙종 2)에 중추부 첨지 이집이 "팔도 가운데서 전죽이 생산되는 곳은 오직 양남뿐인데 근래 대나무 생산지에서 착실하게 보살피지 않아 점차 절핍되게 되어 좋은 화살을 얻을 수가 없다고 합니다."[84] 하고 아뢰었다. 전죽이 이런 상태였으니 청대죽은 이보다 더 악화되었을 것 같다. 실제 공죽분쟁은 끊이지 않았다. 가령, 1675년(숙종 1) 경상도 11월령 청대죽, 1678년(숙종 4) 전라도 3월령 청대죽과 경상도 4월령 청대죽, 1682년(숙종 8) 전라좌수영 봉진 전죽과 전라도 8월령 청대죽, 1684년(숙종 10) 전라좌수영 봉진 전죽, 1688년(숙종 14) 양남 2월령 청대죽과 경상도 4월령 생죽준, 1690년(숙종 16) 전라도 5월령 생

---

80 『비변사등록』 40, 숙종 12년 5월 4일.
81 『비변사등록』 40, 숙종 12년 3월 19일.
82 『비변사등록』 156, 영조 50년 11월 25일.
83 오성, 『조선후기 상인연구』, 일조각, 1989, 51쪽.
84 『비변사등록』 32, 숙종 2년 2월 11일.

죽순, 1692년(숙종 18) 전라도 감병수영 봉진 전죽 등에서 함량미달 사례가 발견된다.

이는 심혹한 이상저온의 결과였음에 분명하다. 가령, 1675년(숙종 1) 4월 17일 이조참의 윤휴가 체직을 청하는 상소를 올리자, 숙종이 비답을 내리면서 근래 오랫동안 비가 오지 않고 해와 달이 빛을 잃고 사방이 모두 어두침침하다고 하였다. 바로 이어 들어온 의학교수 유득량의 상소에 의하면, 새봄 3월이 넘었는데도 진한 서리가 연거푸 내리고, 서늘한 바람이 연이어 불고, 그로 인해 날씨가 겨울과 같자 사람들은 동의를 벗지 않고 있었다.[85] 그만큼 날씨가 추웠음을 알 수 있다. 이듬해 1676년(숙종 2)에는 한강이 예년보다 1개월가량 앞서 11월에 결빙되고 말았다. 사옹원은 11월 16일에 강물이 이미 얼어 생선을 구하기가 쉽지 않다고 하면서 대봉을 요청했다.[86] 이처럼 여름 문턱까지 겨울옷을 입고, 한강이 1개월 가량 앞서 결빙될 정도로 숙종 때의 기후도 이상저온이었다. 이러한 상황에서 식물이나 동물모두 온전할 수가 없었다. 그래서 '을병 대기근' 같은 사상 최대의 기근이 발생했고, 임상원과 최창대가 목격한 대로 대나무가 동사하고 말았다. 1701년(숙종 27) 지평 권수의 상소에 의하면, 근년 이래 해와 달이 빛을 잃고, 검은 기운이 하늘을 가리고, 추위와 더위가 어그러지고, 4계절이 순서를 잃으니 소나무가 마르고, 대나무가 죽고, 산림이 황폐해진다고 했다.[87] 정치적 공세를 위해 다소 과장한 면도 없지 않지만 이상기후가 심각한 수준이었음이 분명하다.

---

85 『승정원일기』 246, 숙종 1년 4월 17일(을사).
86 『승정원일기』 257, 숙종 2년 11월 16일(갑오).
87 『승정원일기』 396, 숙종 27년 3월 23일(경술).

3. 공죽정책과 죽전감독

1) 공죽정책

이상저온의 날이 잦아지자 공물 전반에 걸친 분쟁이 빈번해지게 되었다. 이는 공납제에 대한 대수술을 가하게 했다. 그로 인해 대동법이 실시되고 확대되었다. 별도의 논고가 필요하지만, 기후변화가 입법의 촉매제 역할을 한 셈이었다고 지적하는 정도로 그치겠다.

비록 대동법이 실시되었지만, 대나무는 이전처럼 진공물로 남았고 이상기후는 계속되었다. 우리가 앞에서 살핀 것처럼 공죽분쟁은 계속되었다. 분쟁이란 꼭 기후변화로만 발생하는 것은 아니다. 수납기관의 부정이나 납세자의 저항 또는 상인층의 농간 등 복합적인 요인이 작용하는 것이 사실이다. 원인이 어디에 있건 간에 이제 또 다른 대책이 수반될 수밖에 없었다.

정부는 이에 대한 대책으로 공죽을 경감하는 정책을 폈다. 자연재해를 입으면 일시적으로 공물을 경감하거나 면제하는 일은 이전부터 있어온 일상적인 통치수단이었다. 하지만 제도적으로 경감하는 일은 그리 쉬운 일이 아니었다. 1658년(효종 9)에 내의원은 근래 각도에서 봉진하는 약재가 점점 품질이 낮아져 약을 지을 때에 두세 번 가려서 그중 제일 좋은 것만을 선택하지만 그것도 예전만 못하다고 그간 겪은 고충을 털어놓았다. 그러면서 경상도 2월령 청대죽을 살피니 마르고 가는 것이 절반을 넘는다고 했다.[88] 이 말을 들은 연신(筵臣)들이 민폐가 되는 양남 진상 청죽의 수량을 감하자고 청했다. 그런데 이는 "비단 어약에 쓰게 될 뿐만 아니라

---

88 『승정원일기』 148, 효종 9년 1월 23일(경신).

사대부들 집에서도 만일에 내국(內局)의 죽력이 아니라면 어떻게 다급한 병을 구료(救療)하게 되겠는가"라는 효종의 제지로 무산되고 말았다. 그러던 1683년(숙종 9)에 호조판서 윤계는 약간 양을 감축해도 잇대어 쓸 수 있다는 내의원 도제조의 말을 전하며 적당하게 감하자고 건의했다. 행부호군 이숙도 납공자 측의 부담을 고려해 동의했다. 숙종은 양남에서 각각 5개를 감하도록 지시했다.[89] 이 정책은 계속 이어졌다. 양남에서 각각 30개씩 봉진하던 내의원 청대죽을 각각 5개씩을 감했다는 1735년(영조 11) 기록을 통해 알 수 있다. 이때 용도는 그대로인데 대가 작아서 죽력이 작게 나오니 원래대로 복구하자는 의견이 제기되었지만 무산되었다.

또한 정부는 길이가 작고 몸통이 가는 청대죽만 자꾸 올라오기 때문에 그것을 방지하기 위해 샘플을 준수하라는 조치를 취했다. 약방 제조 김재노가 들은 바에 의하면, 전에는 감영에서 청대죽을 봉진했는데 그 원위(圓圍)와 척수(尺數)를 규정한 견양(見樣)이 있었다(구체적 수치는 언급된 적 없다). 그런데 중간에 감영의 점퇴 폐단이 있다고 해 봉진관(수령)으로 하여금 직접 봉진하도록 했으나 지금도 견양이 감영에 있다고 했다.[90] 김재노의 말은 진상용 청대죽 견양이 일찍부터 있는데도 불구하고 그것을 준수하지 않고 자꾸 작고 가는 것만 올린다는 것이다. 그런데 죽전이 황폐해진 상황에서 몸통이 크고 길이가 긴 것만을 고집할 수 없었다. 그래서 1702년(숙종 28)에는 현실을 인정하여 견양을 축소하고 대신 상납수를 늘려 필요한 죽력을 확보하자는 방안이 제시되었다. 후일에 원래 견양으로 늘어난 수만큼 거둔다면 또 다른 폐해가 발행할 것이라는 반대론이 제기되어 이 제안은 채택되지 않았다.[91] 그래서 1738년(영조 14)에 양남에서 진상한 청대죽이

89 『비변사등록』 37, 숙종 9년 1월 3일.
90 『비변사등록』 91, 영조 8년 3월 10일.
91 『승정원일기』 406, 숙종 28년 8월 10일(기축).

차양죽(遮陽竹)에 미치지 못할 정도로 가늘고 작자 감사와 수령을 문책하고 견양을 준수하도록 했다.[92] 그런데도 전라감사는 8월령 청대죽을 견양에 맞는 것을 봉진하지 못하고 문책을 기다리겠다고 7월에 보고했다.[93] 실제 이수항 감사는 부임 8개월만인 8월에 파직되고 말았다. 멀쩡한 감사가 공죽을 비롯한 여러 가지 문제에 연루되어 옷을 벗고 말았다. 그의 파직 후 구죽은 근래 모두 말랐고 신죽 또한 작아서 이런 일이 발생했으니 내의원으로 하여금 봉진죽 견양을 축소해 민폐를 줄여주자는 의견이 재차 제기되었으나, 영조의 반대에 부딪히고 말았다.[94] 그 후 이 문제는 다시 거론되지 않은 것으로 보인다.

이 외에 납부 방법을 변경하는 방법도 시도되었다. 그 방법이란 지방에서 상납하던 것을 중앙기관에서 직접 매입하거나 공인으로 하여금 무납하도록 하는 것이었다. 경기도에서 운반해 가서 배설하는 능행시 차죽(遮竹)을 흉년으로 인해 한성부에서 거마를 내어 담당하도록 했다. 그런데 1699년(숙종 25)에는 그것을 한성부에서 공물주인으로 하여금 대신하도록 해 논란을 일으켰다.[95] 비록 천막용 대나무에 한정되었지만, 공죽의 일부가 외방 진공에서 공인 무납으로 넘어간 것이다. 그래서 궁궐 행사 때에 사용되는 죽주(竹柱)는 선공감의 죽계공인이 담당하게 되었다.

이에 힘입어 1742년(영조 18)에 선공감 공인 이후춘이 양남 진상 청대죽을 자신들의 공물로 만들어 줄 것을 요청했다. 이때 김태만은 영남 방물 진상 채화석·황화석을 작공(作貢)해주라고 청했다. 모두들 요행을 바라는

---

92 『승정원일기』 872, 영조 14년 5월 29일(경진).

93 『승정원일기』 875, 영조 14년 7월 23일(계유).

94 『승정원일기』 879, 영조 14년 10월 15일(갑오).

95 『비변사등록』 50, 숙종 25년 윤7월 29일.

모리배로 몰리어 처벌을 받았다.[96] 1747년(영조 23)에도 서울의 유수배들이 혹은 신창계전(新創契廛)하거나 혹은 신설공물(新設貢物)하여 외방의 월령 약재·청죽·석자 등을 작공하고자 했다. 이에 호조판서 김약노나 행대사성 홍상한 등은 모리배들이 이익을 노리고자 이런 일을 자꾸 꾸민다고 하면서 엄히 금해야 한다고 했다. 영조도 적극 동의했다.[97]

작공이란 상납해야 할 고을에서 현물 대신 값을 내면 상인이 구매해 납품하는 것인데, 중앙에서 행하는 경작공(京作貢)과 감영에서 행하는 영작공(營作貢)이 있다. 위에서 언급된 경우는 경작공이다. 이 시기에 경작공은 서울 유통시장의 성장으로 인해 전반적으로 늘어나고 있는 추세였다.[98] 그러한 분위기 속에서 청대죽도 작공 대상으로 지목되었다.

영조 때의 반대론에도 불구하고 정조 때에도 작공 논의는 계속되었다. 1798년(정조 22) 능주목사 이종섭이 진상 죽순·청대죽과 연례복정 선죽으로 인한 읍폐를 상소했다. "연전에 서울 공인들로 하여금 바치게 하자는 의논이 있었는데 그렇게 되면 하속들이 이익을 잃기 때문에 결국에는 조가(朝家)의 덕의(德意)가 막혀서 통하지 못하게끔 만들고 말았으므로 남쪽 백성들이 시간이 흐를수록 더욱 한스럽게 여기고 있습니다."라며 청대죽 작공을 둘러싼 그간의 경위를 말하며, 이 문제를 묘당에 자문하시어 처리해주면 좋겠다고 했다. 비변사는 서울 공인이 바치는 것은 온당하지 못하다는 의견을 밝혔다. 그렇지만 정조는 어떻게 하면 좋은지를 전라감사를 역임한 바 있고 우승지로 비변사의 호남구관당상을 맡고 있는 이서구에게 물었다. 그는 외견상 편한 것처럼 보이지만 자세히 들여다보면 그렇지

---

96 『승정원일기』 949, 영조 18년 9월 18일(갑술).

97 『비변사등록』 118, 영조 23년 10월 20일.

98 오미일, 「18·19세기 새로운 공인권·전계 창설운동과 난전활동」, 『규장각』 10, 서울대학교 규장각한국학연구원, 1987.

않다며 사유를 조목조목 들며 반대했다. 그의 요지는 첫째, 대나무를 생산하는 고을의 입장에서 볼 때 다른 곳에서 번거롭게 구매할 필요 없이 그냥 상납만 하면 되는데, 그 지역에서 나는 것을 놔둔 채 값을 쳐서 내라고 요구한다면 그 역시 거꾸로 폐단이 생겨난다는 것이다. 둘째, 공인들이 요구하는 값이 점점 높아지고 쓸데없이 들어가는 비용이 불어날 텐데, 그럴 경우 필경 백성에게서 거두어들이는 폐단이 지금보다 더 심해진다는 것이다. 셋째, 죽계공인(竹契貢人)들이 내려가서 대나무를 벨 때에 밭 전체를 베어버린다는 것이다.[99] 결국 정책으로 채택되지 않고 이후 청대죽은 예전처럼 외방에서 상납되었다.

2) 죽전감독

잦은 이상저온으로 대나무가 냉해를 입어 귀해지자 정부는 죽전 배양을 강화하는 정책을 폈다. 공죽을 관전에서 조달하도록 한 것이 국가의 기본적인 방침이었다. 그런데 당시 관죽전 상태는 좋지 않았다. 1676년(숙종 2)에 중추부첨지 이집이 관죽전 부실을 지적하면서 관죽전 관리의 필요성을 역설했다. 숙종이 양도에 분부하여 그렇게 하라고 지시했다. 이듬해에 좌의정 권대운은 진상 청대죽이 근래 매우 야위고 가는 것은 양남 수령이 관죽전에서 대를 배양하지 않고 민간 배양죽을 가져다 쓴 데에 있다고 분석했다. 그러면서 각읍은 관죽전을 지금부터 각별히 관리하도록 하고, 수령이 조정 명령을 준수하지 않으면 감사가 그것으로 전최(殿最)하고 어사 또한 염찰하여 출척(黜陟)의 근거로 삼아야 한다고 주장했다.[100] 관죽전 배양 정책은 바로 이때부터 강화된 것으로 보인다. 1688년(숙종 14)에 참찬관

99 『정조실록』 49, 정조 22년 9월 14(갑술).15일(을해).
100 『승정원일기』 258, 숙종 3년 1월 12일(기축).

이사영이 근래 남방 청대죽이 거의 절종(絶種)되어 장래가 걱정된다고 말하자, 숙종이 그 이유는 무엇이냐고 물었다. 그러자 이사영은 10년 전에 정부에서 단속령을 내렸는데도 각읍 관아에서는 한 번 심은 후 착실히 배양하지 않아 전과 다름없이 황폐해졌다고 답변했다.[101]

그런데 관죽전 배양 정책은 여전히 잘 이행되지 않고 있었다. 1685년(숙종 11)에는 근래 전죽이 무르고 나빠서 군인들이 가지고 있는 화살은 상품 대는 하나도 없다는 지적이 제기되었다. 이런 까닭은 죽전을 수호하는 일이 전만 못하고 1년 걸러 베거나 혹은 매년 베기 때문이라면서 이런 일이 재발되지 않도록 수신(帥臣)에게 각별히 지시하라는 조치가 내려졌다.[102] 죽전 소재 수령으로 하여금 배양에 전념하고 감영·병영·수영에서는 매년 적간하도록 하는 지시가 연일 하달되었다.[103] 그렇지만 계속되는 기후변화로 관죽전 배양이 쉽지만은 않았다.

문제는 악순환이었다. 냉해로 대나무 작황이 좋지 않아 수령을 문책하면 그 불통이 주민들에게 돌아갔다. 관죽전 상태가 좋지 않은 고을의 수령은 사죽전에서 매입해 상납했다. 그런데 응당 주어야 할 값을 아예 주지 않는 경우가 있었는가 하면 주는 값이 매우 저렴해 강탈이나 다름없는 경우도 있었다. 당시 대나무의 민간 수요는 느는 추세였기 때문에, 시장에 내다 팔면 더 높은 수입을 올릴 수 있었다. 부채의 대형화·대중화와 담뱃대의 사용은 대나무 수요를 증가시키는 요인이었다. 1688년(숙종 14)에 참찬관 이사영은 이런 모순을 견디지 못한 민죽전 주인들이 대나무 뿌리에 겨로 불을 놓아 태워서 죽인다고 했다. 부제학 최석정은 열매가 맺히면 관에서 숫자를 세어 거두어 받기 때문에 유자와 석류도 그렇게 한다고 부언

---

101 『승정원일기』 327, 숙종 14년 2월 7일(경술).
102 『비변사등록』 39, 숙종 11년 5월 20일.
103 『비변사등록』 40, 숙종 12년 윤4월 15일.

했다.

이런 반발에도 불구하고 여전히 관죽전 상태는 부실했다. 보다 강도 높은 관리감독 방안이 필요했다. 1691년(숙종 17) 우의정 민암의 언급에 의하면, 양남 각 고을에는 각각 관죽전이 있으나 전혀 배양되지 않은 상태였다. 대신 관아는 민간 죽전에서 베어 사용하며 그때 관인(官人)의 접대와 진상 청대죽의 운반을 죽인(竹人)들에게 떠넘겼다. 그러므로 죽인들이 대나무를 모두 베어버리고 다시 심지 않으며, 또 도끼를 가지고 들어가 먼저 대죽(大竹)을 베므로 그 나머지 소죽(小竹)은 자연 고사하는데 이르렀다. 이런 상태에서 양남 죽림은 조만간 절종의 우려가 있으니, "관죽전을 각별히 심고 배양하도록 하되, 감사가 순시할 때에 그 근태를 살피고 1년에 한 차례 사람을 시켜 적간하여 실적을 고과할 것이며, 어사도 그 배양한 정상을 탐문하도록 하면 양남 수령들이 반드시 마음을 써서 거행하는 실효가 있을 것입니다."라고 민암이 제안했다.[104] 비슷한 이야기를 이듬해 1692년(숙종 18)에 영의정 권대운도 했다. 양남 각읍에서 배식(培植)을 하지 않고 오직 작벌만 하니 관죽전에 대나무가 없고, 민간에서 가져다 쓰면서 염가억매(廉價抑買)하니 백성들은 지탱하지 못하고 사죽전 또한 모두 폐기되어 장차 사용할 대나무가 없을 지경에 이를 것이고 이로 인해 청대죽이 점점 가늘어지고 있다고 말했다. 그러면서 관죽전 배양여부를 어사로 하여금 광문순찰(廣問詢察)하도록 하고 양도감사로 하여금 각읍을 엄하게 단속하도록 해야 한다고 주장했다.[105] 이전에 제시된 방안이지만, 감사와 암행어사로 하여금 관리감독 강도를 높여야 한다는 말이었다.

단속으로만 그칠 일이 아니었다. 그래서 권대운이 말할 때 우의정 민

104 『비변사등록』 45, 숙종 17년 4월 24일.
105 『승정원일기』 348, 숙종 18년 5월 17일(병인).

암은 구체적인 방안을 제시했다. 그의 제안은 양도감사에게 분부하여 각읍으로 하여금 관죽전을 착실히 배양하도록 절목(節目)을 작성하여 감사가 수시로 군관(軍官)을 보내 적간하도록 하자는 것이었다. 그리고 1703년(숙종 29)에 전라감사 민진원은 각읍으로 하여금 죽직(竹直) 2명을 차출하여 관죽전을 수호하도록 하고 대신 그에게 잡역을 면제하고 저치미를 삭료로 지급하자는 대안을 제시했다.[106] 이 제안에 의해서인지는 몰라도 뒤에 각읍은 관죽전을 지키는 사람으로 감고(監考)를 두었다. 그래서 정부는 관죽전 배양·보호를 태만히 한 감고를 특별히 형추하여 징계하도록 법제화했다.[107] 다양한 방안에도 불구하고 관죽전은 좀체 회복될 기미가 보이지 않았다.

그러면 관죽전이나 사죽전 모두 냉해를 입는 것은 마찬가지인데, 왜 관죽전은 폐기되고 사죽전은 무성한지가 궁금하다. 여기에는 몇 가지가 작용했다. 첫째, 공납제를 토대로 한 관영경제가 퇴조하고 유통경제를 바탕으로 한 민영경제가 흥기하고 있었던 점이 작용했다. 그런 점에서 똑같이 피해를 입고도 관죽전보다 사죽전의 복구능력이 우월했다. 둘째, 관죽전은 수령이 자주 바뀌어 힘을 다해 관리하지 않았지만 사죽전은 주인이 온 힘을 쏟아 보호하고 배양했던 점이 작용했다. 그런 점에서 관죽전은 황폐해졌지만 사죽전은 건재했다. 셋째, 구매를 하려면 자금을 거둬야 하고 그 돈으로 매입에 나서야 하는데 그 과정에서 수령이나 향리들이 이익을 볼 수 있었던 점이 작용했다. 잡역의 잡역세로의 전환이라는 조선후기 재정체계의 변화 속에서 무납(貿納)과 고립(雇立)이 확산 일로에 처했는데,[108] 그 연장선상에서 사죽전을 통한 대나무의 무납도 가능했던 것이다.

106 『승정원일기』 411, 숙종 29년 4월 4일(기묘).
107 『신보수교집록』, 호전, 제전.
108 김덕진, 『조선후기 지방재정과 잡역세』, 국학자료원, 1999.

관죽전의 방치 속에서 사죽전마저 고의로 파기되어 양남의 대나무가 조만간 고갈될 지경이라는 우려가 수없이 제기되었다. 하지만 사죽전 파기 운운은 엄살에 불과했고, 실제는 높은 경제력 때문에 사죽전이 곳곳에 잘 배양되어 죽림이 도처에 무성하게 조성되어 있었다. 이제 관죽전에 의지하는 고을은 소수였고 대부분은 사죽전의 것으로 상납했다. 실제 1702년(숙종 28) 호남어사의 별단서계(別單書啓)에 의하면 본관 봉진하는 곳은 수읍에 불과하고 나머지는 높은 가격으로 먼 곳에서 구매했다.[109] 1703년(숙종 29)에 전라감사 민진원은 호남 산죽읍(産竹邑)의 경우 많은 진상 청대죽과 절선죽을 관죽전을 수호하지 않고 황폐하도록 방치한 채 상태가 좋은 사죽전에서 매입해 사용한다고 했다.

이제 관죽전과 사죽전 모두를 통제하는 방향으로 정부 정책이 전환되었다. 영조 때에는 진상 청죽전, 관죽전, 저전을 경차관·도사로 하여금 답험하도록 했다.[110] 여기서 진상 청죽전이란 민간의 것을 지칭하기 때문에 공사죽전이 모두 정부의 관리대상이 된 것이다. 이는 더 강화되어 정조 때에는 예전에 민암이 제안했던 절목이 등장하게 되었는데, 그것이 『저죽전사실』에 수록되어 있다. 여기에는 정부에서 파악한 삼남 공사죽전 곳수가 각각 제시되어 있다. 그 가운데 전라도의 경우 공죽전은 75곳인데 반하여 사죽전은 무려 1천3백6곳이나 되었다. 이러한 사죽전의 번성 속에서 진상 청대죽의 경작공이 시도되었다. 그리고 전라도 마을마다 죽전이 있는데 1경 종죽이 1백 경 농사와 맞먹는다는 우하영의 『천일록』 기록은 그 결과였다.

109 『승정원일기』 406, 숙종 28년 8월 10일(기축).
110 『속대전』 2, 호전, 제전.

◇

　남방 산물인 대나무는 공물로 청대죽, 전죽, 죽순 등의 형태로 삼남지방에 배정되었다. 정부는 이를 안정적으로 확보하기 위해 각읍으로 하여금 관죽전을 두고 대나무를 잘 가꾸도록 했고, 죽산지를 확대하는 정책을 펴기도 했다. 그런데 17세기에는 이상저온 현상이 지속되어 대나무 작황이 좋지 않았을 뿐만 아니라 동사하는 경우도 많았다. 이로 인해 대나무의 상납 시기를 못 맞추거나 아예 상납을 못하고, 숫자를 채우지 못하거나 저질을 상납하는 일이 잦아졌다. 정부는 이런 일이 발생하면 행정라인에 있는 감사·수령·향임·향리·운송자를 처벌했다. 이들은 처벌을 모면하기 위해 헐값에 사죽전에서 매입하여 상납해 죽인(竹人)들의 반발을 불러일으켰다. 청대죽의 경우 5년생을 상납해야 하는데 죽전이 한번 냉해를 입으면 2·3년이 지나야 복구되는 상황에서 연이은 냉해는 공죽분쟁을 잦아지게 했다. 이때 인삼, 유자, 귤, 차, 약재, 버섯, 과일 등도 작황 부진과 출하 지연으로 분쟁을 겪었다. 이는 겨울의 혹한과 폭설, 봄까지 내린 눈, 시시때때로 솟아지는 서리와 우박, 잦은 운무로 인한 이상저온의 결과였다. 기후변화는 공물 전체에 큰 악영향을 미쳤다.

　이에 정부에서는 대동법을 실시해 공물을 현물 대신 대동미로 납부하도록 했다. 그러나 대동법에도 불구하고 대나무는 이전처럼 현물납 공물로 배정되어 분쟁은 계속되었다. 분쟁 해소를 위해 정부는 공죽을 경감하는 정책을 폈고, 샘플을 준수하라는 조치와 그 규격을 줄여주자는 논의가 있었다. 그리고 관죽전을 엄하게 관리하여 대나무를 잘 배양하도록 하는 정책을 강화하면서, 관리상태를 감사나 암행어사로 하여금 수시로 점검하도록 했고 관리인을 별도로 두도록 했다. 그러나 복구능력이 뒤진 관죽전은 대부분 황폐 상태로 남았고, 대신 배양에 힘을 쏟은 사죽전은 도처에 무성하게 조성되어 있었다. 이는 쇠퇴하는 관영경제가 흥기하는 민영경제를 따라잡을 수 없는 시대적 흐름의 결과였고, 본색잡역을 잡역세로 전환하여 무납·고립하는 재정체계 변화의 산물이었다. 그래서 사죽전에서 대나무를 매입하여 상납하는 고을이 생겼고, 중간에서 이익을 보려는 수령·향리들에 의해 그러한 고을은 증가했다. 이러한 추세에서 서울 상인들에 의해 아예 청대죽 외공(外貢)을 경작공하려는 방안이 시도되었고, 정부는 공사죽전 모두를 파악하게 되었다.

3장
17세기 해수저온과
수산공물

17세기의 지속적인 이상저온은 소비문화와 생활패턴은 물론이고 정신세계에도 적지 않은 영향을 미쳤을 것이다. 뿐만 아니라 갖가지 자연재해를 가져와 국가경제에 심대한 타격을 가하기도 했다. 자연재해는 농업불황을 가져와 경신 대기근이나 을병 대기근 같은 엄청난 재앙을 낳았고, 농업불황에 그치지 않고 산업전반으로 이어졌는데 이 점이 본장 연구의 출발점이다.

필자는 17세기 이상저온 기후가 조선경제 전반에 미친 영향에 대해 관심을 갖고 있다. 경제 영역은 크게 민간경제와 공공경제로 나뉜다. 그런데 민간경제보다는 공공경제와 관련된 자료가 더 많이 남아 있다. 그래서 편의상 공공경제를 중심으로 기후가 경제에 미친 영향을 살피는 방식을 취했다. 공공경제는 정부부문의 경제활동으로 곧 국가재정을 말한다. 당시 국가재정은 조세, 공납, 역으로 충당되었다. 이 중에서 기후변화에 가장 민감한 분야가 현물로 납부되는 공물(각사공물, 왕실진상)이다. 공물은 대동법의 시행에도 불구하고 적지 않게 남아 국가나 국민 모두에게 여전히 관심사였다. 공물은 농산물, 임산물, 수산물, 축산물, 수공업품 등으로 구성되었다. 이 중에서 이상저온이 임산공물에 미친 영향에 대해서는 검토된 바 있다.[1] 여기에서는 수산공물에 대해서만 살펴보겠다. 이 역시 기후변화의 영향을 민감하게 받아 국가재정이나 민생경제에 큰 타격을 가했기 때문에 주목했다.

이상저온은 해수저온을 수반했고, 심지어 강의 조기결빙이나 해빙지연 및 바다의 결빙을 잦아지게 하기도 했다. 지속적인 해수저온과 빈번한 강해결빙은 어업을 불황에 빠트려 어부들의 생업과 정부의 수산물 확보를 어렵게 했다. 일반적으로 조선후기에는 어물수요의 증가, 어로기술의 향상, 유통경제의 발달로 어업이 크게 발달했다[2]고 하지만, 적어도 17세기에는 장기적인 어업불황의 상태였다. 어업불황은 점퇴와 궐봉 및 처벌과 저항 등 갖가지 양태로 공물분쟁을 야기했다. 공어분쟁이 전적으로 기후변화에만 있었다고 단정할 수는 없지만, 해수저온과 강해결빙은 예전에 보기 힘든 특별한 현상이었다. 분쟁을 해결하기 위한 국가차원의 대책이나 민간차원의 요구가 뒤따를 수밖에 없었다. 그것은 공어체계 전반에 걸친 재점검을 필요하게 했다. 바로 이런 점을 여기서 하나씩 살펴보겠다.

1 김덕진, 「17세기 이상저온과 임산공물」, 『인문학연구』 42, 조선대학교 인문학연구소, 2011: 본서 제2장.
2 박구병, 「어·염업의 발달」, 『한국사』 33, 국사편찬위원회, 1997. 이영학, 「조선후기 어업에 대한 연구」, 『역사와 현실』 35, 한국역사연구회, 2000. 이영학, 「조선후기 어물의 유통」, 『한국문화』 27, 서울대학교 규장각한국학연구원, 2001.

1. 수산공물과 해수저온

1) 수산공물

공물로 배정된 수산물로는 어떤 것들이 있었을까? 여기에서는 해수어류를 중심으로 하겠다. 『세종실록지리지』각도 궐공(厥貢) 조항에는 각도에서 상납해야 할 공물이 수록되어 있다. 그중에서 해어(海魚)를 정리하면 다음과 같다.

> 평안도: 水魚, 民魚, 沙魚, 石首魚, 加火魚, 準魚, 廣魚, 烏賊魚
> 황해도: 民魚, 沙魚, 水魚
> 경기도: 水魚, 民魚
> 충청도: 紅魚, 乾水魚, 魚沙魚
> 전라도: 沙魚, 乾水魚, 烏賊魚
> 함경도: 大口魚, 年魚, 古道魚
> 경상도: 大口魚, 文魚, 沙魚, 乾水魚
> 강원도: 文魚, 大口魚, 沙魚, 水魚, 年魚

대략 가화어(加火魚), 고도어(古道魚), 광어(廣魚), 대구어(大口魚), 문어(文魚), 민어(民魚), 사어(沙魚), 석수어(石首魚), 수어(水魚), 연어(年魚), 오적어(烏賊魚), 준어(準魚), 홍어(紅魚) 등 13종에 해당되는 어종을 8도에서 공물로 상납했다. 이는 우리가 여기서 살피는 17세기와 부합되지 않기 때문에, 전체적인 상황 파악 차원에서 제시만 하고 논의는 생략하겠다.

17세기 무렵의 공물 어종을 파악할 수 있는 자료로 18세기 중반에 작성된 정례류가 있다. 정례류는 그동안 진행되어 온 중앙재정의 불필요한 지출을 막기 위해 간행되었다.[3] 그 가운데에 『공선정례』(규 1850)에는 각도에서 상납해야 할 공물이 수록되어 있는데, 그중에서 해수어류를 정리하면 다음과 같다.

황해도: 石首魚, 靑魚, 銀口魚, 凍秀魚

경기도: 石首魚, 黃石首魚, 烏賊魚, 銀口魚, 錦鱗魚, 白魚, 生鮮

충청도: 黃石首魚

전라도: 石首魚, 乾秀魚, 烏賊魚, 乾烏賊魚, 銀口魚, 鹽銀口魚

함경도: 黃魚, 乾黃魚, 乾鰈魚, 瓜魚, 乾瓜魚, 大口魚, 乾大口魚, 乾廣魚, 文魚, 乾文魚, 乾鰱魚, 靑魚

강원도: 大口魚, 乾大口魚, 文魚, 乾文魚, 乾廣魚, 松魚, 鹽松魚, 鰱魚, 乾鰱魚, 鹽鰱魚, 乾餘項魚, 銀魚, 乾銀魚

경상도: 大口魚, 乾大口魚, 靑魚, 貫目靑魚, 乾廣魚, 乾加兀魚, 乾文魚, 銀口魚, 乾錢魚

평안도를 제외한 7도에서 가올어(加兀魚), 과어(瓜魚), 광어, 금린어(錦鱗魚), 대구어, 문어, 백어(白魚), 생선(生鮮), 석수어, 송어(松魚), 수어(秀魚), 여항어(餘項魚), 연어(鰱魚),[4] 오적어, 은구어(銀口魚), 전어(錢魚), 접어(鰈魚), 청어(靑魚), 황어(黃魚) 등 19종을 각종 명목의 공물로 봉진했다. 국초에 비해 지역으로는 평안도가 제외되었지만, 어종으로는 6종이 늘었다.

17세기 사람 이응희는 어물을 동해어류, 서해어류, 강어류, 천어류로 분

3 최주희, 「18세기 중반 『탁지정례』류 간행의 재정적 특성과 정치적 의도」, 『역사와 현실』 81, 한국역사연구회, 2011.
4 회귀성 어류인 연어는 年魚와 鰱魚로 기록되었는데, 전자는 15세기에 집중 나타났고 후자는 전시대적으로 나타나 오늘에 이른다.

류했다.[5] 그리고 허균의 「도문대작」[6]과 서유구의 「전어지」[7]에도 각종 어류가 소개되어 있다. 이를 토대로 『공선정례』상의 공어(貢魚)를 해역별로 재분류하면 다음과 같다. 황해·경기·충청·전라 등 서해 4도의 공어는 금린어(쏘가리), 백어, 석수어(조기), 수어(숭어), 오적어(오징어), 은구어, 청어 등 7종과 각종 생선(눌어, 소어, 위어 등)이다. 이 중에서 석수어·오적어 등 2종은 서해어류이고, 백어·수어 등 2종은 강어류이고, 금린어·은구어 등 2종은 천어류이고, 청어 1종은 동해어류이다. 이렇게 보면 서해 4도는 서해어류와 강어류를 위주로 하면서 동해어류인 청어를 봉진했던 점이 눈여겨 볼만 하다.

또한 함경·강원·경상 등 동해 3도의 공어는 가올어(가오리), 과어, 광어, 대구어, 연어, 문어, 송어, 여항어, 은구어, 전어, 접어(가자미), 청어, 황어 등 13종이다. 이 중에서 가올어·과어·광어·대구어·연어·문어·접어·청어·황어 등 9종은 동해어류이고, 송어·여항어·은구어 등 3종은 천어류이다. 전어는 서남해어류이다. 이렇게 보면 동해 3도는 동해어류를 주로 봉진했음을 알 수 있다.

공어로 지정된 어종을 모두 검토할 필요가 있는데, 그것들을 전부 취급하기가 힘들기 때문에 여기서는 동해의 대표적 어종인 청어와 대구어, 서해의 대표적 어종인 석어와 수어를 대상으로 삼겠다. 부교리 김응조는 1647년(인조 25) 상소에서 동해의 벽어(碧魚, 청어)와 서해의 석어(石魚, 석수어)가 어가(漁家)의 1년 수입원이라고 했다.[8] 그리고 대구어와 수어도 가장 대중적이면서 대표적인 공물어종이다. 이런 취지에서 이들 4종 어류를 주 분석대상으로 삼았다.

---

5 이응희, 『옥담사집』, 만물편, 어물류.
6 허균, 『성소부부고』 26, 설부 5, 도문대작.
7 서유구, 『임원경제지』 37, 전어지 3, 어조.
8 김응조, 『학사집』 3, 소, 「請遇災修省疏」.

2) 해수저온

17세기 기후는 지속적인 이상저온이었다. 그 결과 기온이 하강하여 작물이 고사하거나 동사하여 흉작이 연이어 발생했고, 수온이 저하되어 강물이 얼고 심지어 바닷물이 어는 일이 발생했다. 해수저온 자체에 대한 관측기록은 존재하지 않지만, 어로부진과 관련되어 여러 차례 산견된다.

먼저, 서해안의 해수저온에 대해 알아보자. 1630년(인조 8) 3월에 황해감사는 해수가 아직도 차갑다는 이유로 월령천신 석수어를 봉진하지 못하고 죄를 기다린다고 보고했다. 이에 예조는 감사를 추고하여 근무태만을 응징해야 한다고 건의했다.[9] 난류성 어종인 석수어가 냉수에 막혀 석어절(石魚節, 성어기)에 황해도 연안까지 북상하지 않았다. 또한 1665년(현종 6) 10월에 사옹원 도제조 이만영이 경기도에서 매일 봉진하는 생해(生蟹)·생선을 감독해 보니, 모두 크기가 작아 어공에 합당하지 않았다. 여러 차례 퇴짜를 놓고 어부들에게 태장을 쳤어도 끝내 큰 것을 얻지 못했다. 그래서 이만영은 이를 날씨가 춥고 물이 차가워 좋은 품질의 생선을 잡기 어려운 데서 기인한 불가피한 일이라고 진단했다.[10] 봄부터 가을까지 눈·서리·우박으로 이상저온인 상태에서 일찍 찾아온 추위와 냉수로 어류들이 이미 심해로 들어갔거나 다른 곳으로 이동한 결과였다. 반대로 1689년(숙종 15)의 경우 2월인데도 한강이 완전히 해빙되지 않아 신어(新魚)가 나오지 않으니 일공(日供) 생선을 구할 길이 없다고 했다.[11] 해빙 지연은 수온을 저하시켜 어류로 하여금 계속 심해에 머무르게 했다.

그러면 동해안의 수온은 어떠했을까? 동해의 상황은 서해보다 더 악

---

9 『승정원일기』 29, 인조 8년 3월 22일(임인).
10 『승정원일기』 191, 현종 6년 10월 23일(을해).
11 『승정원일기』 222, 숙종 15년 2월 2일(경자).

화되어 있었다. 17세기 무렵에 무려 6회의 해빙이 동해에서 발생했다. 해빙의 하한선이 연해주 부근이기 때문에, 동해 해빙은 좀체 나타나기 어려운 현상이다. 그리고 해빙의 빙점이 0℃ 이하이기 때문에, 동해 해빙은 수온을 크게 저하시켰다. 이런 상태에서 물고기가 살지 못하고 대량 동사했다. 그리고 최적지를 찾아 다른 곳으로 대거 이동했는데, 이 점과 관련해서 1702년(숙종 28)에 부제학 김진규는 동해의 수세(水勢)가 바뀌어서 어족(魚族)이 옮겨간다고 했다.[12] 이는 수온이 저하되어 한류가 서해까지 진출했고, 그 한류를 따라 동해 어족이 남해나 서해로 이동했다는 말이다.

이처럼, 동해, 서해, 한강이 17세기에 전반적으로 저수온 상태였다. 일반적으로 해수저온이 지속되면 새로운 어장이 형성되는 긍정적인 요소도 발생하는데, 18세기에 동해에서 명태(明太) 어업 및 거래가 활기를 띠기 시작한 것이 그 한 예가 될 것이다.[13] 그러나 부정적인 요소가 더 많이 발생한다. 해수저온으로 어족의 성장이 지연되기 때문이다. 그리고 어족이 다른 곳으로 이동하기도 하는데, 연해에서 심해로 이동하고, 동해에서 서해로 이동하거나 역으로 서해에서 동해로도 이동한다. 또한 이동 속도가 불규칙해 나타나는 시기가 늦거나 빠르기도 한다. 그리하여 어업불황이 야기된다. 경험에 맞춰 살아온 어부들에게 조건 변화는 곧 불황이었다. 그리하여 때를 기다려 그물을 쳐도 물속에 고기가 적어 많은 어획량을 올릴수 없었다. 잡아도 큰 것은 별로 없고 자잘한 것뿐이었다. 철따라 와야 할고기가 아예 나타나지 않아 어로작업에 손을 놓는 날도 있었다. 그래서 어부들은 바다에 고기가 없다고 하소연했다.

어업불황은 기본적으로 기후변화로 야기되었다. 이는 1709년(숙종 35)

---

12 『숙종실록』 37, 숙종 28년 7월 1일(경술).

13 심민정, 「조선시대 명태 어장과 어로기술」, 『조선시대 해양환경과 명태』, 국학자료원, 2009, 44쪽.

에 좌의정 이이명이 사직을 청하는 상소에서 "요사이 수해와 한해가 해마다 잇달고, 추위와 더위가 철이 틀리고, 별과 무지개의 괴변이 생기고, 때 아닌 뇌성과 우박이 내리고, 산의 나무에는 황충이 많고, 바다에 고기가 없습니다."[14]라고 한 바에 잘 나타나 있다. 한마디로 바다에 물고기가 없는 것은 추위와 더위의 뒤틀림이 빚은 결과였다. 추위와 더위가 뒤틀렸다는 말은 기온이 저하되었다는 뜻이다. 기온이 저하되면 해수에 영향을 미쳐 덩달아 수온을 저하시킨다. 해수저온은 고기를 못살게 굴어 어업불황을 초래했던 것이다.

어업불황은 한반도 전체 해역에서 발생했다. 1676년(숙종 2)에 경기도 인천 선비가 말한 그곳의 어전(漁箭) 어황이다. 어전을 설치하면 각종 어족이 조류의 썰물을 따라 매일 어전에 가득 차 그것으로 한편으로는 관아에 바치고 다른 한편으로는 처자를 부양했다. 그런데 근래 어산(魚産)이 불황이어서 매일 바다에 들어가도 빈손으로 나오는 날이 많다고 했다. 자연히 관공(官供)을 어떻게 할 것이며, 가족부양을 어떻게 할 것인가가 문제라고 지적했다.[15] 근래 들어 인천 바다에 고기가 없다는 말이다. 이런 현상은 한강 입구에서도 마찬가지였다. 1710년(숙종 36) 윤7월에 생선전 어부주인(漁夫主人)들이 사옹원에 와서 정소를 했다. 근래 어족이 희귀해 봉진을 계속 잇대기가 어렵고 지금 큰 비가 연일 퍼부어 어선이 바다에 들어가 어망을 칠 수 없기 때문에 일공 생선을 봉진할 길이 없다고 했다.[16] 한강 입구 바다에 고기가 거의 없다는 말이다. 이렇게 보면 서해 바다에 고기가 없어 어황이 절대적으로 안 좋아 어획량이 적다는 점을 알 수 있다. 어족부족

---

14 『숙종실록』 47, 숙종 35년 1월 26일(무술). 이이명, 『소재집』 6, 소차, 「辭左議政疏」.
15 『승정원일기』 253, 숙종 2년 4월 19일(신미).
16 『승정원일기』 455, 숙종 36년 윤7월 13일(병오).

현상은 동해안이나 남해안에서도 나타났다. 1696년(숙종 22)에 경상감영·수영과 통영의 11월삭 진상청어가 12월이 다 되어가도 한 마리도 들어오지 않았다(삭선은 그 달 초에 상납한다). 그 이유에 대해 사옹원은 산출이 희소한 데에 있다고 했다.[17] 청어의 산출이 적으니 진상이 불가능해졌다. 또한 1664년(현종 5)에 장시관으로 함경도를 다녀온 김수항은 대구어가 함경도의 토산이나 근래 산출이 전만 못해 공물에 합당한 것을 구하기가 어렵다고 했다.[18] 대구어의 산출량이나 크기가 이전만 못하다는 뜻으로 받아들일 수 있다. 북유럽에서도 17세기에 대구어 어업이 극도로 불황이었는데, 해수저온으로 인한 개체수 급락이 요인이었다.[19] 북반구 전체가 기후변화로 야기된 어업불황에 시달리고 있었다.

2. 어업불황과 경제영향

1) 어업불황

어업불황은 왜 나타나게 되었을까? 어족이 적조로 죽어버렸기 때문에 나타났다. 1654년(효종 5) 8월에 경상도 경주부 해수가 붉게 변해 해어가 대거 죽었다.[20] 또한 어업불황은 어족의 동사로도 나타났다. 1577년(선조 10) 12월에 충청도 비인에서는 전달에 몰아닥친 대풍과 대설로 어족이 대거 동사했다. 생어와 생합 등 해물이 대양에서 조수를 따라 떠내려 와

17 『승정원일기』 368, 숙종 22년 12월 28일(경술).
18 김수항, 『문곡집』 16, 계, 「北道掌試時民瘼書啓」.
19 브라이언 M. 페이건 지음, 윤성옥 옮김, 『기후는 역사를 어떻게 만들었는가』, 중심, 2002, 130~131쪽.
20 『효종실록』 13, 효종 5년 8월 2일(기미).

해안의 모래사장에 무더기로 쌓였는데 죽은 것도 있고 죽지 않은 것도 있었다. 마을사람들이 주워서 지고이고 끊임없이 행렬을 이루었는데, 그 수를 헤아릴 수 없었다.[21] 혹한으로 어족이 대거 동사했음에 분명하다. 또한 1697년(숙종 23) 3월에는 함경도 경성에서 해수합빙(海水合氷)으로 바다고기가 스스로 죽은 일도 있었다. 적조나 결빙으로 인한 폐사·동사는 어업불황을 야기한 요인이지만, 그것은 어디까지나 부차적인 문제였다. 그런 현상이 국지적이고 간헐적으로 발생했기 때문이다. 본질적인 문제는 어족자원 고갈, 회유부정, 어족이동에 있었다. 하나씩 살펴보겠다.

첫째, 저수온은 부화와 성장을 어렵게 하여 어족자원을 고갈시키는 요인이었다. 일본 근해의 경우, "이상냉수 현상은 어류의 성장과 생식소 발달을 억제해서 산란기를 늦추게 하고, 또 도피행동이 일어나 분포의 남방 집중을 가져오게 함으로써 어획시기가 늦어짐을 보였다."[22]라고 한다. 이는 어디에서나 나타나는 일반적인 현상이다. 따라서 이상냉수의 타격을 한 번 받은 어족이 회복되는 데에는 2·3년이나 3·4년이 소요될 수밖에 없었다. 그런 현상이 회복될 만하면 반복되었던 데에 문제의 심각성이 있었다. 그래서 열심히 그물을 쳐도 거의 매년 작은 것만 잡혔다.

둘째, 어족이동의 불규칙성에 대해 알아보자. 공물로 배정된 어류는 대부분 회유어종이다. 회유는 어류가 산란이나 채이 및 월동을 위해 한 서식지에서 다른 장소로 떼를 지어서 일정한 경로로 이동하는 일을 말한다. 그런데 해수저온으로 회유가 일정하지 않은 회유부정(回遊不定)이 나타났다. 그것을 한류성 어종인 청어를 통해 알아보자.

『동국여지승람』을 보면, 청어는 함경도, 경상도 동해읍, 전라도 서해

21 『선조실록』 12, 선조 11년 1월 2일(갑인).
22 스도우 히데오 지음, 고유봉 옮김, 『해양과 지구환경』, 전파과학사, 2003, 171쪽.

읍, 충청도, 황해도의 토산으로 기록되어 있다. 1437년(세종 19)에 경차관을 보내어 어족을 조사했는데, 청어는 경상·전라·충청·황해도에서 가장 많이 잡히는 어종 가운데 하나였다.[23] 정약전은 매년 정월이 되면 산란하기 위해 수억 마리의 청어떼들이 무리를 지어 해안을 따라 회유해 오는데, 실로 바다를 덮을 정도라고 했다.[24] 넓은 지역에서 대량으로 산출되기 때문에, 청어보다 천한 것이 없다는 말이 생겼다. 그런데 청어는 전라·충청도는 제외되고 함경·경상·황해도만의 공물이었다. 이곳에서 잡히는 청어가 크고 맛있어 그러했을 것이다. 어떠하든 간에 문제는 동해안 한류수역에 서식하는 어종인 청어가 서해안 난류수역까지 분포한 셈이다.

그런데 청어의 출현 시기는 때에 따라 들쑥날쑥이었다. 허균의 말에 의하면, 북도에서 나는 것은 크고 배가 희고, 경상도에서 잡히는 것은 등이 검고 배가 붉다. 호남에서 잡히는 것은 조금 작고, 해주에서는 2월에 잡히는데 매우 맛이 좋다(「도문대작」). 이익은 다음과 같이 말했다. 청어는 함경도에서 가을철에 처음으로 보이기 시작하여 강원도의 동해변을 따라 내려와서 추운 겨울인 11월에 울산·장기 사이에서 잡힌다. 봄이 되면 차츰 전라·충청도로 옮겨 가고, 봄과 여름 사이 4월에는 황해도에서 생산되는데 해주까지 와서는 더 이상 북상하지 않고 멈춘다. 그런데 남쪽으로 내려올수록 점점 작아져 천해지기 때문에 사람마다 먹지 않는 이가 없다고 한다.[25] 성해응은 청어란 추동 이후에 북해에서 잡히기 시작하여 연안을 따라 동남으로 내려와 봄에 서해에서 멈춘다고 했다. 봄에 뇌성이 치고 눈이 오면 많이 잡히는 징후라고 했다.[26] 정약전은 청어는 동지 전에 영남

---

23 『세종실록』 77, 세종 19년 5월 1일(경인).
24 정약전, 『자산어보』 1, 「靑魚」.
25 이익, 『성호사설』 8, 인사문, 「生財」. 『성호사설』 6, 만물문, 「靑魚」.
26 성해응, 『연경재전집』 9, 기, 「北海魚族記」.

의 좌도에 나타났다가 남해안을 지나서 서해로 들어가고, 서해로 들어온 청어떼들은 북상해서 3월경에 해서에 나타난다고 했다(『자산어보』). 서유구는 겨울철에 관북해양에서 산출되며, 늦겨울이나 초봄에 동해를 돌아다니다가 남쪽으로 비스듬히 내려와 영남해양에 이르러서는 가장 많이 산출되고, 또 서쪽으로 비스듬히 돌아서 해서의 해주 앞바다에 이르러서 다시더욱 살지고 기름지며 행동할 때에는 수만 마리가 떼를 지어 조수를 따라움직이는데, 필경 3월이 되면 그친다고 했다(『전어지』). 이렇게 보면, 정상수온이면 청어는 북해에서 해주 앞바다까지 이동한다. 그런데 해주에 나타나는 시기에 대해 허균은 2월, 정약전은 3월, 이익은 4월, 성해응은 봄이라고 했다. 이렇게 불규칙한 것은 기본적으로 청어가 회유성 어족으로수온변화에 민감하기 때문이다.

여기에 그치지 않고 아예 서해에 나타나지 않은 해가 있었다. 가령, 1511년(중종 6) 부안현감 김개는 부안현 서해는 전부터 청어가 많이 생산되는 곳인데 6년 전부터 나지 않는다고 했다.[27] 명확한 증거는 보이지 않지만, 아마 이상기후 결과이다. 비슷한 상황이 16세기 말에 나타났다고 유성룡이나 이수광도 말했다. 또한 허균은 「도문대작」에서 "명종 이전만 해도미 1두에 50마리였는데, 지금은 전혀 잡히지 않으니 괴이하다."라고 했다. 「도문대작」은 1611년(광해군 3)에 전라도 함열 유배지에서 지은 것이기 때문에, 청어가 잡히지 않은 곳은 서해였음에 분명하다. 이 무렵 기후는 전형적인 이상저온이었다. 반대로 이상고온이어도 회유부정이 나타날 수 있다. 1758년(영조 34)에 경상감사는 11월령 천신진상·삭선진상 청어를 기한안에 봉진하지 못했다. 그러면서 그 사유를 일기가 온난해 어족이 꼬리를

27 『중종실록』 13, 중종 6년 4월 8일(정해).

감추어서라고 말했다.[28] 이상고온으로 청어절에 청어가 모습을 나타내지 않고 종적을 감추어 진상절에 진상을 할 수 없다는 말이다.

이런 점 때문에 청어의 어획량이 때에 따라 풍어와 흉어를 오고갔는데, 이규경은 1백여 년 전에 매우 성하다가 중간에 절종되었고 정조 말기에 다시 나타났다고 했다.[29] 그래서 청어 어업은 유례를 찾아볼 수 없을 만큼 풍흉의 기복과 어장의 이동이 심한 어업이라고 했다.[30] 결국 이상기후로 수온변화가 일어나면 청어의 어기·산지·수량이 불규칙해졌다. 바로 이런 사례가 청어를 포함한 전 어종에서 17세기에 지속적이면서 충격적으로 발생했는데, 그 주요 요인은 해수저온이었다.

셋째, 어족 이동에 대해 알아보자. 먼저, 심해로 들어가는 경우가 있다. 이는 연근해나 내해 어업을 위주로 하는 당시 사람들에게 치명적이었다. 앞서 언급한 인천 선비의 상소에 의하면, 바람이 세차게 불고 수온이 차가워 고기들이 깊은 곳으로 들어가서 틀어박혀 나오지 않자 어부들이 추운 바다를 돌아다니다가 동사까지 한다고 했다. 이러듯이 겨울이 깊어지면 어족이 잠적한다. 그런데 겨울 날씨가 빨리 오면 그에 맞춰 어족 잠적이 일찍 나타난다. 유빙이 흘러 다녀도 어족이 어디론가 흩어져 버린다. 유빙이 일찍 형성되거나 늦게까지 남아 있으면 어족 이산이 앞당겨지거나 지속된다. 고기는 한 번 흩어지면 수온이 바뀌기 전까지는 쉽게 다시 나타나지 않아 어부들이 연일 그물을 쳐도 잡기가 어려워 어선이 빈손으로 돌아온다. 겨울이 깊지 않은 10월이나 겨울이 지난 2월에 잠적했다느니, 흩어졌다느니, 숨고 나오지 않는다는 등의 표현은 이상 저수온으로 어족이 조

28 『승정원일기』 1161, 영조 34년 10월 24일(정축).

29 이규경, 『오주연문장전산고』, 만물편, 충어류, 어, 「鯡魚辨證說」.

30 박구병, 「한국청어어업사」, 『부산수산대학교논문집』 17, 부산수산대학교, 1976, 2쪽.

기에 심해로 들어갔거나 늦게 심해에서 나온다는 말이다. 정상 수온이라면 경험상 어부들이 그때에 출어할 리가 없기 때문이다.

어족이 다른 지역으로 이동하는 경우도 있다. 타지로의 이동은 당시 사람들에게 충격적이었다. 난류 어종인 진어(眞魚)와 석수어 사례를 보자. 고상언(高尙顔, 1553~1623)은 진어와 석수어는 서해산으로 오직 호남과 서해 근처에서 많이 잡히고 동해에서는 예부터 나오지 않는다고 했다. 서유구는 「전어지」에서 석수어의 산출에 대해 "우리 동쪽의 동해에는 없는데, 오직 서남해에서만 산출된다."라고 했다. 정약전은 『자산어보』에서 진어는 곡우가 지난 후 우이도 부근에서 잡히기 시작해 북상하여 6월경에는 황해도에 나타난다고 했다. 이상을 보면, 진어와 석수어는 서해에서만 잡힌다. 그런데 고상안은 진어와 석수어의 갑작스런 동해 산출을 목격했다. 그래서 대구어가 서해에서 나와 왜구의 변이 있었는데, 진어와 석수어가 동해에서 나왔으니 어떤 재앙이 있을지 모르겠다고 걱정했다.[31] 진어와 석수어가 동해에서 나온 때는 적어도 임진왜란 이후였으니, 17세기였음에 분명하다. 태평양에서 올라오는 난류 어종인 진어와 석수어가 한류를 밀치고 동해안까지 진출했다는 말이다.

이와 반대의 사례가 있다. 유성룡의 『징비록』에 의하면, 해주에서 나던 청어가 10여 년 가까이 나오지 않더니 요동 근해에 옮겨가 나오자 요동 사람들이 신어라고 했다. 비슷한 말을 이수광도 『지봉유설』에 남겼다. 요동 사람들은 청어를 조선에서 왔다고 조선어(朝鮮魚)라고 했다.[32] 이렇게 보면, 동해 고기인 청어가 남해와 서해를 거쳐 멀리 요동반도까지 진출했음을 알 수 있다. 청어는 보통 황해도 장산반도까지 북상하는데, 이를 크

---

31 고상안, 『태촌집』 5, 효빈잡기(하), 「餘話」.
32 김문기, 「기후, 바다, 어업분쟁」, 『중국사연구』 63, 중국사학회, 2009, 79쪽.

게 벗어난 셈이다. 이 외에 대구어의 경우 전형적인 동해산 한류 어종이다. 그래서 『동국여지승람』에는 함경·강원·경상도 동해 연안읍과 경상도의 남해 연안읍만 토산으로 기록되어 있다. 전라도 남해 연안읍이나 각도 서해 연안읍은 비토산인 셈이다. 그런데 허균은 대구어는 동·남·서해에서 모두 나는데 북쪽에 나는 것이 가장 크고 누른색이며 두껍다고 했다. 동해에서 나는 것은 붉고 작은데 중국인들이 가장 좋아하고, 서해에서 나는 것은 가장 작다고 했다(『도문대작』). 비록 작지만 서해에서 난다는 것이 주목된다. 고상안도 대구어는 동해산이라고 하면서, 1백여 년 전에 남해에서 조금씩 나더니 5·60년 전에는 서해에서도 나는데 점점 작아져 동해만 못하다고 했다.

이상에서 서해 어족이 동해로, 동해 어족이 서해로 이동한 사례를 살폈다. 이 중에서 동해안에 서식하는 한류성 어종이 저수온으로 한류가 남하하자 함께 내려와 서해까지 간 경우가 17세기에 빈번했고, 그만큼 거론도 분분했다. 가령, 1701년(숙종 27)에 지평 권수가 근년에 영동의 어족이 서해로 옮겨서 산란한다고 상소했다. 그러면서 기상이 이와 같고서야 어찌 나라가 망하지 않겠으며, 이런 일은 대체로 병란의 징조여서 사전에 대비를 해야 한다고 하면서 정치적 문제로까지 끌고 갔다.[33] 이때 형조참의 이언기도 비슷한 논조로 말했는데, "영남 지방의 어족이 서해로 많이 옮겨가서 임진란 당시의 일과 서로 부합됩니다."라고 했다. 어족이동을 병란에 결부시키면서 황당선의 출몰에 대비하고 연해읍의 군기를 강화하고 중신을 파견하여 국경을 순시할 것 등을 제시했다.[34] 동해 어족의 서해로의 이동은 일시적인 현상이 아니었다. 이듬해 1702년(숙종 28)에 부제학 김

33 『숙종실록』 35, 숙종 27년 3월 22일(기유).
34 『숙종실록』 35, 숙종 27년 6월 19일(을해).

진규 등은 동해의 수세가 변개하여 어족이 이천하니 위기의 징조라고 했다. 또 1703년(숙종 29)에 호조참판 이광적은 동해의 어족이 서해에서 난다고 했다.[35] 응교 권상유는 해족(海族)이 이래한다고 했는데,[36] 동해 어족이 서해로 이동한다는 말임에 분명하다. 또 1704년(숙종 30)에 좌의정 이여는 "근래 재이가 극심하여 수족(水族)이 옮겨가고 있다."[37]라고 말했는데 역시 동해 어족의 서해로의 이동을 말한 것이다. 또 1705년(숙종 31)에 우의정 이유는 동해의 어산이 서해로 전부 옮겨간다고 했고,[38] 앞서 언급한 좌의정 이이명도 이를 두고 바다에 고기가 없다고 말했다. 또 1707년(숙종 33)에 응교 최창대는 재이를 거론하면서 해어가 서쪽으로 옮겨간다고 말했다.[39] 또 1710년(숙종 36)에 사간 한배주는 근래 천재시변이 겹겹이 일어나 해수가 얼어붙고 동해의 고기가 서해에서 잡히니 모두 병란의 징조여서 걱정된다고 했다.[40] 해수가 얼었다는 말은 전전년 12월 초의 강원도 고성에서 함경도 경계까지의 해빙, 전년 6월의 강원도 간성의 해빙 사례를 말한다. 그래서 이 무렵에 "근년에 동남해의 어족이 모두 서쪽 바다에서 난다."느니, "근래에 동해의 어족이 점점 서해로 옮겨 간다."라는 말이 전국에 횡횡했다. 이는 이 시기 기후변화가 수산업에 미친 영향을 상징적으로 보여주는 현상이다.

35 『승정원일기』 409, 숙종 29년 1월 18일(갑자).
36 『승정원일기』 412, 숙종 29년 6월 5일(기묘).
37 『숙종실록』 39, 숙종 30년 1월 29일(기사).
38 『숙종실록』 41, 숙종 31년 1월 15일(경술).
39 최창대,『곤륜집』 9, 소차, 「玉堂應旨陳八條箚(丁亥 應敎時)」.
40 『승정원일기』 457, 숙종 36년 10월 18일(기묘).

2) 경제영향

이상기후는 어업에 직격탄을 날렸다. 해수저온으로 어족이 폐사하거나 다른 곳으로 가버리고 불규칙한 이동을 보여, 아예 어장이 형성되지 않거나 어획량이 급감하거나 어체(魚體)가 작아졌기 때문이다. 그런데 갑자기 낯선 고기가 잡히면 좋을 것 같지만, 실상은 그렇지 않았다. 무슨 고기가 많이 잡히면, 그해에는 농사가 흉년이라거나 풍년이라는 말이 있다. 가령, 1629년(인조 7)에 황해감사 이경용이 강령 바다에서 잡은 청어를 봉진하면서, "옛날 노인들이 서해에 청어가 다시 나면 시대가 평화롭고 풍년이 든다고 하였습니다."라고 말했다. 이 말은 아첨성 발언으로 비아냥을 받았지만, 청어가 해주 인근에 나타난 해는 일기가 순탄해 풍년이 든다는 점을 암시한다. 또한 강원도 고성지방에서는 여름에 명태나 도루묵 및 양다리가 많으면 흉년이라고 했다. 이는 한류성 어족인 명태가 여름에 많이 잡히면 그해 육지가 냉해를 입어 농사를 망치게 된다는 뜻이다.[41] 이들 말 속에는 이상기후가 나타나면 농업은 물론이고 어업도 불황에 처하게 된다는 사실이 내포되어 있다.

왜 그런지 알아보자. 어류는 각기 나타나는 장소가 있다. 가령, 청어는 울산·장기 바다에, 석어는 영광이나 연평도 바다에 나타난다. 그리고 어류는 나타나는 시기가 정해져 있다. 청어가 나타나는 시기를 청어절, 석어가 나타나는 시기를 석어절이라 한다. 이익의 말에 의하면, 함경도는 가을철, 울산·장기는 11월, 해주는 4월이 청어절이었다. 서유구의 말에 의하면, 매년 곡우 전후가 석수어가 오는 시후인데 호남의 칠산, 해서의 연평, 관서의 덕도가 많이 모이는 어장이라고 했다. 곡우 전후, 즉 3·4월이 석어

---

41 전지혜, 「명태와 관련된 민속과 속담」, 『조선시대 해양환경과 명태』, 국학자료원, 2009, 184쪽.

절인 것이다. 조기 파시(波市)도 이때 형성된다. 그래서 전라도 영광에 "조기는 철을 아는 생선이다."라는 말이 전한다.[42] 어김없이 정해진 시기와 장소에 조기가 나타난다는 말이다.

그곳에서 잡은 고기가 특산품이고 그때가 성어기이다. 그래서 어떤 장소에서 어떤 시기에 잡은 고기가 가장 크고 맛있다고 정해져 있다. 그것이 최상품이다. 허균의 「도문대작」에 의하면, 백어(白魚)는 임천·한산·임피 지방에서 1~2월에 잡는데 국수처럼 희고 가늘어 맛이 매우 좋다고 했다. 위어(葦魚)는 한강의 것이 가장 좋고, 호남에는 2월이면 잡히고, 관서 지방에서는 5월에야 잡히는데 모두 맛이 좋다고 했다. 이응희는 소어(蘇魚, 밴댕이)는 "절후가 단오절에 가까우면(月近端陽節) / 어선이 바닷가에 들어차지(漁船滿海湄)"라고 말해, 단오절에 잡은 것이 최고라고 했다. 대체로 이런 식이다.

결론적으로 어업에는 특산지, 절기, 최상품이 있다는 말이다. 그리고 절기에 맞춰 특정 어종을 잡는 배가 따로 있었다. 청어선(靑魚船), 석어선(石魚船) 등이 그것이다. 이것저것을 자유롭게 잡는 전천후 어선은 드물었다. 그래서 청어가 나는 곳에 석어가 아무리 많이 나타나도 별 소용이 없었다. 청어잡이 어부들이 경험과 장비가 부족해 석어를 자유롭게 잡을 수 없기 때문이다. 청어가 나는 곳에 때에 맞춰 청어가 오고 그곳을 기반으로 살아온 청어잡이 배가 조업을 해야 비로소 어황이 성황을 이룬다. 그렇지 않으면 불황이다.

어황이 안 좋으면 의도한 어획량을 확보하지 못해 수산물 파동이 일어날 수밖에 없다. 어부들의 생업은 물론이고 어세나 공물에 비상이 걸리게

---

42 김준, 「칠산어장과 조기파시에 대한 연구」, 『도서문화』 34, 국립목포대학교 도서문화연구원, 2009, 184쪽.

된다. 어가(魚價)가 상승해 물가를 압박하기도 한다. 어업불황이 장기화되면 경제 전반에 악영향을 지속적으로 미치게 된다. 그것들을 하나씩 살펴보자.

첫째, 어업불황이 장기화되면 포구가 쇠락한다. 17세기에 수산업이 발달하기도 하지만, 일부 어종의 경우 기록적인 불황을 입어 그 어민들은 장기실업에 처하게 되었다. 그들은 불황타개를 위해 다른 지역으로 이동하거나 폐업을 하고, 각종 세금을 감면해 달라는 요청도 했다. 이런 유형의 행태는 흔히 있는 일이지만, 이 시기에 유독 심했다. 그래서 번성하던 포구 가운데 쇠락한 곳이 나왔다. 임상원이 1694년부터 1697년 사이에 지은 한 시에 의하면, 해가 흉년이니 바닷가 사람들 또한 굶주림에 흩어져 해산물이 매우 귀하다고 했다.[43] 이때라면 '을병 대기근'과 동해 해빙(1697년 3월)이 있었던 시기이다. 이상저온으로 농업과 어업이 동시에 불황이어서 어부들이 굶주리고 흩어진 결과 어촌이 퇴락하고 어물이 품절된 상황을 목격하고 지은 시임에 분명하다. 17세기 초기에 홍세태는 어느 해 겨울에 대구 어업의 불황으로 썰렁하기 그지없는 동해안 포구 모습을 다음과 같이 읊었다.

대구가 금년 겨울엔 끊어지고 오지 않아서	大口今冬絶不來
낚시터 위아래로는 다투는 물굽이도 없네	漁磯上下莫爭隈
오히려 미역이 일찍 난 것을 보겠으니	猶看藿葉生能早
상선으로 하여금 가득히 싣고 돌아가게 할 것이네	但使商船稛載廻[44]

겨울에 나타나는 대구어가 금년 겨울에는 오지 않았다. 그래서 평년

---

43 임상원,『염헌집』25, 시,「近來海錯甚稀 想漁夫飢散而然也」.
44 홍세태,『유하집』13, 시,「海村」.

같으면 어부들로 붐빌 낚시터에 사람은 없고 파도만 출렁이고 있었다. 다만 미역이라도 일찍 산출되어 상선으로 하여금 가득 싣고 돌아가게 했으면 하는 희망뿐이었다. 기후변화가 야기한 기근으로 어려운 형편인데 지속적인 수온변화로 어업까지 불황이었으니, 어부들은 엎친 데 덮친 꼴이었다.

둘째, 어업불황은 어세에 의존한 기관의 재정난을 야기했다. 본래 어세는 호조에서 수취했다. 그런데 16세기 이후 궁방·아문·권세가 등이 어장을 점유하고 어세를 징수하기 시작했다.[45] 그 가운데 전라도 부안현 위도는 국초부터 영암군 추자도, 나주목 도초도, 영광군 각리도·작도·자운평 등과 함께 성균관의 절수처였다. 성균관은 거기서 나오는 어세로 선비를 육성하는 자금으로 충당했다. 그런데 뒤에 여러 궁가에서 거의 다 빼앗아 점유했고 단지 위도만 남았다. 1655년(효종 6)에는 전라감영에서도 멋대로 위도를 빼앗고자 했으나 성균관의 반대로 저지되었다.[46] 어업이 발달한 위도는 성균관의 마지막 어세 수입원이었다. 성균관은 매년 청어세로 은 3백 냥을 거두었다. 그런데 1704년(숙종 30)에는 청어가 절종되어 세은(稅銀)을 충당하기가 어려운 지경에 이르기도 했다.[47] 그 이듬해에는 어산(漁産)이 끊어져 수세액이 적다고 했다.[48] 어세를 놓고 위도진, 전라감영, 성균관의 다툼 속에서 나온 엄살인가도 모르겠지만, 당시 청어 어황이 좋은 편이 아니었다.

셋째, 어업불황은 어가를 상승시켜 물가를 압박했다. 경상도 안동 출

---

45 이영학, 「조선후기 어세 정책의 추이」, 『외대사학』 12, 한국외국어대학교 역사문화연구소, 2000.
46 『효종실록』 15, 효종 6년 7월 24일(병오).
47 『비변사등록』 55, 숙종 30년 7월 23일.
48 『비변사등록』 56, 숙종 31년 8월 30일.

신 김령은 1627년(인조 5) 11월에 해산물이 완전히 고갈되어 장시에 나온 것은 고작 며어(旀魚, 멸치)뿐이라고 했다. 12월에는 청어가 전혀 보이지 않는다면서 모든 해산물이 금처럼 귀한데, 근래에 더욱 심해 전에 없는 일이라고 걱정했다.[49] 1648년(인조 26)에 사재감제조 조경은 제도각관 가운데 궐봉자가 매우 많은데, 근래 각관은 그 이유를 해물(海物)이 매우 귀한 데에 둔다고 했다.[50] 이렇게 어물이 귀하면 어가가 급등할 수밖에 없다. 어가가 급등하면 제사를 자주 거행하는 사대부가의 제수비용이 불어나게 되는데, 김령의 걱정은 바로 여기에 있었다. 관아의 재정부담도 늘어나지 않을 수 없었다. 1697년(숙종 23) 전라도 어황은 평년에 크게 못 미쳤다. 그 가운데 석수어가 가장 심했다. 그로 인해 석수어가가 전에 비해 배나 올랐고, 그마저도 시중에 바닥이 났다. 그래서 사재감에서는 경기도와 황해도에서 겨우 사들였는데, 그마저도 공상(供上)에 적합하지 않아 궐공을 면하기가 어려운 실정이었다.[51]

넷째, 무엇보다도 어업불황이 장기화되면 공물분쟁이 일어나게 된다. 공어도 지역별로 어종에 따라 납기일이나 수량 및 크기가 정해져 있다. 그런데 어황이 불황이면 납공자들은 그 규정대로 어물을 상납할 수 없다. 자연히 납부측과 수납측, 또는 민과 관 사이에 분쟁이 발생하게 된다. 이제 공어분쟁(貢魚紛爭)이 어떤 양태로 전개되어 어떻게 귀결되어갔는가를 뒤이어 알아보겠다.

49 김령, 『계암일록』 정묘년 11월 1일.12월 27일.
50 『승정원일기』 103, 인조 26년 10월 11일(임인).
51 『승정원일기』 370, 숙종 23년 3월 21일(임신).

3. 공어분쟁의 양상과 대책

1) 궐봉과 대봉

어업불황이 지속되면 공물상납을 이행하지 못하는 궐봉(闕封)이 발생한다. 궐봉의 원인은 여러 가지이지만, 저수온이 결정적이었다. 저수온으로 출어기가 빠르거나 늦어져 납기일에 어장이 형성되지 않는 경우가 잦았다. 가령, 11월에 진상해야 할 어종이 세후에 생산되거나 2월에 진상해야 할 어종이 세전에 생산되었다. 이런 들쑥날쑥 현상이 나타나면 궐봉이 생길 수밖에 없다.

예를 들면, 1625년(인조 3)에 호조는 근래 각읍 수령의 태만이 심해져 각종 공상물(供上物)을 상납하지 않으니 매우 한심하다고 했다. 그러면서 북청·함흥 등지에서 대구어를 불납했으니 양읍수령과 함경감사를 추고하고 색리를 형추하자고 했다.[52] 이듬해 1626년(인조 4)에도 근래 외공을 내는 자가 적어 공상물이 막히고 궁색할 우려가 있다고 했다. 그러면서 건수어(乾秀魚)와 난해(卵醢)가 특히 심하니 궐공을 하면 해당관리를 종중추고한다고 했다.[53] 기근 때문에 단행된 경감이 없었다면 1627년(인조 5)에도 궐봉이 일어났을 것이다. 기본적으로 궐봉을 하면 누군가는 처벌을 받아야 하는 문제가 뒤따르지만, 해수저온은 그것을 막지 못했다. 그래서 궐공은 계속되었다. 1630년(인조 8)에 황해감사가 해수가 아직도 차가워 어물이 예전에 미치지 않아 3월령 석수어를 봉진할 수 없다고 했다. 이때 7월령 종묘천신 생선어를 강원·함경도에서도 궐봉했다.[54] 이로 보아 당시 서해와

---

52 『승정원일기』 5, 인조 3년 3월 26일(갑술).
53 『승정원일기』 16, 인조 4년 10월 27일(병인).
54 『승정원일기』 30, 인조 8년 8월 19일(병인).

동해 양쪽이 저수온 상태에 있어 적기에 어장이 형성되지 않았음을 알 수 있다.

　궐봉은 효종 때에도 계속되었다. 오히려 더 심해졌다. 1649년(효종 즉위)에 특명으로 외방에서 봉진하는 방물·물선을 파했고, 1650년(효종 1)에는 3월령 진상을 가을까지 정지시켰다. 기근 때문에 그랬는데, 이때를 지나자 기다렸다는 듯이 궐봉이 꼬리를 물었다. 1651년(효종 2) 12월에 윤문거가 형에게 보낸 편지에 의하면, 청어 진상을 못해서 이미 계파를 입어서 송구스럽다는 말을 적었다.[55] 12월 1일에 경상감사가 12월 삭선진상을 궐봉한 동래부사 윤문거를 파출할 것을 청하는 서목을 올렸다. 그러니까 윤문거는 동래부사로 있으면서 청어를 포함한 12월 삭선을 궐봉했다. 이때 경상도 전체의 어황이 전반적으로 불황이었다. 그래서 청어와 생복(生鰒)을 궐봉하여 대죄한다는 경상감사 유심의 장계가 올라왔다.[56] 1653년(효종 4)에도 경상감사 권우는 11월삭 생청어를 봉진하지 못해 대죄한다는 장계를 올렸다.[57] 1654년(효종 5)에는 5월에 진상하는 대구어의 궐봉 때문에 강원감사는 간성군수 조흡을 파출하겠다고 보고했다.[58] 1655년(효종 6)에는 함경감사가 7월령 생연어를 봉진하지 못해 대죄한다고 했다.[59] 이처럼 연이어 계속되는 동해어종의 궐봉은 저수온 때문에 발생했는데, 이 무렵 동해의 해수저온 상태는 해빙이 증명하듯이 최악이었다.

　문제는 궐봉이 대규모적으로 일어나고 있다는 데에 있었다. 1675년(숙종 1) 8월에 호조판서 오정위는 강원도의 8읍 수령이 대구어 진상 일로 문

55 윤문거, 『석호유고』 3, 서, 「與季氏美村書 十二月」.
56 『승정원일기』 122, 효종 2년 12월 2일(을사).
57 『승정원일기』 129, 효종 4년 11월 1일(계사).
58 『승정원일기』 131, 효종 5년 5월 10일(기해).
59 『승정원일기』 136, 효종 6년 8월 7일(무오).

책을 받고 교체될 위기에 처했다고 했다. 이런 대규모 사태는 수령 영송에 따른 문제를 수반해 미온적 처벌로 그쳤지만,[60] 대구 어황이 극히 불황이어서 야기됐다. 대규모 궐봉 사태는 1696년(숙종 22)에도 발생했다. 이때 함경감사는 10월령 천신·삭선진상 문어·생대구를 궐봉한 북청판관, 이성현감, 길주목사, 명천부사, 경성판관 등 5명을 파출할 것을 청했다.[61] 그리고 경상감사는 진상 청어를 기안 안에 봉진하지 못한 창원부사, 김해부사, 웅천현감, 칠원현감, 진해현감, 고성현령, 거제현령 등 7명을 파출할 것을 청했다.[62] 또한 경상감영·수영과 통영의 11월삭 청어진상이 12월이 다 되어가도 한 군데도 들어오지 않아 감사·통제사·좌수사를 모두 종중추고해야 한다고 사옹원은 청했다. 이때 사옹원은 이는 산출이 희소한 결과이지만, 그것이 공상에 관계된 것이어서 치죄하지 않을 수 없다고 했다. 그런데 어업불황의 직격탄은 함경도로 날아갔다. 이 무렵에 함경감사는 공어를 기한 안에 봉진하지 못해 대죄한다는 보고를 거의 매년 올렸는데, 기근으로 정봉(停封)된 해를 감안하면 그 상황은 악화일로였다.

이리하여 통제사, 함경감사, 경상감사, 그리고 이들 통제를 받는 수령이나 진장 등이 월령절산(月令節産) 대구어·청어 등을 기한 내에 봉진하지 못하고 거의 매년 곤혹을 치르게 되었다. 서해안쪽 관료들도 빈도는 낮지만 마찬가지였다. 관료사회가 궐봉으로 몸살을 앓고 있었다. 이 몸살을 모면하기 위해 지방관료들은 경감이나 정봉을 요청했다. 아예 돈으로 내겠다고 요청한 적도 있었다. 그리고 봉진 연기를 빈번하게 요청하기도 했다. 철의 이름과 늦음에 따라 나는 시기가 다른데, 월령과 삭선의 봉진 시기는

---

60 『승정원일기』 248, 숙종 1년 8월 13일(무진).
61 『승정원일기』 367, 숙종 22년 10월 15일(무술).
62 『승정원일기』 368, 숙종 22년 12월 11일(계사).

모두 정해진 기한이 있고 정부는 제철에 맞추어 봉진하라고 닥달이를 하기 때문이었다.

또한 다른 것으로 대신 납부하는 대봉을 청하기도 했다. 처벌만이 능사가 아니어서 구하기가 어렵고 크기가 작으면 타어로 대신 내도록 했다. 그것은 예전부터 공상물종은 산출의 희귀(稀貴)나 절조(節阻)에 따라 시산물(時産物)로 대신 납부하도록 했기 때문에 가능했다. 그래서 대봉은 이 시기에 궐봉을 모면하기 위한 방안으로 가장 선호되었던 대안이었다. 가령, 1681년(숙종 7)에 통제사 민섬은 대구어를 청어로 대신 봉진하겠다고 청했다.[63] 1682년(숙종 8)에는 강원도에서 양대비전에 진상하는 연어가 절기가 일러 산출되지 않으므로 송어로 대봉하도록 했다.[64] 이 무렵 대구어와 연어의 어황이 안 좋았던 것 같다. 그래서 다소 어황이 좋은 청어나 송어로 대봉했다. 1697년(숙종 23)에는 서해안의 석수어 작황이 안 좋아 값이 치솟고 물건이 바닥나자 시산물로 대봉하도록 했다. 사옹원에 납부하는 일공 생선의 경우 잡어나 소어로 대봉하기도 했다. 그 사연으로 유빙이 흘러 다니고, 냉우가 연일 내리고, 날씨가 갑자기 추워지고, 강물이 이미 얼었거나 아직 녹지 않았다는 등 해수저온이 거론되었다. 이처럼 대봉을 연일 요청하자, 어떤 때는 수용하기도 하지만 어떤 때는 거부해 분쟁을 더 키우기도 했다.

2) 점퇴와 감척

어업불황이 지속되면 점퇴(點退)가 발생한다. 점퇴는 운송상의 부주의나 어물의 크기가 작아서 발생했다. 모든 공물에는 샘플에 해당되는 견양(見

---

63 『승정원일기』 286, 숙종 7년 12월 23일(임인).
64 『승정원일기』 292, 숙종 8년 8월 14일(기축).

樣)이 있듯이, 국초에 정해진 공어의 체양(體樣)과 장광(長廣)에 관한 규격이 있었다. 일반적으로 공물 생선은 그 크기가 모두 1자(尺) 이상이었다. 경기에서 물선(物膳)으로 진상하는 생선을 반드시 1척 되는 것만 봉상하게 했다. 호남에서 상납하는 건수어의 경우 머리와 꼬리를 빼고 1척이 되는 것이어야 했다. 청어의 경우 1척이나 1척 5치(寸)가 합격품이었다. 함경도에서 상납하는 대구어의 경우 1척 4촌이었다. 그런데 17세기에 1척에 못 미친 생선을 상납하는 해가 잦았다. 자연히 문책과 점퇴가 뒤따랐다.

1635년(인조 13)에 황해도의 7월삭 진상 석수어·수어·은구어에서 썩고, 작고, 부족한 문제가 발생하여 막중한 진상을 신중치 못하게 봉진한 당해 색리를 종중추고하고 배지인을 수금치죄하자고 했다.[65] 이때 강원도에서 봉진한 9월삭 진상 생대구어 7미 가운데 3미가 몸체가 매우 마르고 작다고 하여 진봉관리를 추고하자고 했다.[66] 이듬해 1636년(인조 14)에는 경기도의 일공진상 생선에서 색이 변하고 크기가 작은 문제가 발생해 감사를 추고하고 생선주인을 치죄하게 했다.[67] 서해어, 동해어, 강어 모두 문제였다. 이 문제는 관련자들의 단순 부주의에서 야기된 것이 아니었다. 해수저온으로 어족성장이 부진한 데에 있었다. 기준에 미달된 작은 생선을 봉진하여 점퇴를 당하고 관련자가 문책 받는 '기준미달 → 점퇴 → 처벌'의 악순환이 연일 끊이지 않고 반복되었다.

대책이 필요했다. 그래서 1651년(효종 2)에는 각전에 진배하는 생선은 대어가 원칙이지만 중소어로 대납한 전례를 믿고 생선전(生鮮廛) 방납인(防納人)들이 시중에 대어가 없다는 핑계로 소어(小魚)로 겨우 수를 채워 납부

65 『승정원일기』 49, 인조 13년 7월 17일(을축).
66 『승정원일기』 49, 인조 13년 9월 5일(임자).
67 『승정원일기』 51, 인조 14년 4월 25일(기해).

했다. 이를 접한 사옹원은 누차 점퇴했는데도 듣지 않자 무겁게 처벌할 것을 청했다.[68] 1656년(효종 7)에도 비슷한 일이 발생했다. 경기도 일차진상(日次進上) 생선을 중어(中魚)로 수를 채워 봉진했지만, 도리어 봉진관이 처벌만 받고 말았다.[69] 사실 대어는 잡히지 않고 중어나 소어만 잡히자 납공자들은 중소어로 숫자를 채워 대납했는데 그것이 쉽게 용납되지 않았다. 하지만 지속적인 어업불황 속에서 그들의 요구를 정부가 무작정 거부할 수만은 없었다. 왜냐하면 생선전인(生鮮廛人)이나 경영주인(京營主人)들이 척수를 줄여주라고 계속 요청하고 있었기 때문이다.

이제 고기의 크기를 줄여주는 감척(減尺)이 현안이었다. 그래서 1659년(현종 즉위)에 예조는 일차수어(日次秀魚)를 척수 대신 근수(斤數)로 정하는 문제를 보고했다. 이에 대해 대신들은 일부에 한정되지만, 무게 4근에 해당되는 것을 길이 1척의 기준으로 삼도록 했다.[70] 그렇게 해도 지속적인 어업불황으로 문제는 계속되었다. 그래서 1679년(숙종 5)의 경우 작은 물고기로 대납하게 했다. 이때 양대비전 일하생선(日下生鮮)의 척량(尺量)이 기준에 미치지 않아 세 번이나 점퇴와 개납(改納)을 당했다. 그래도 강변시장에 대어가 없어 조금 작은 것으로 대납할 수 있도록 요청할 정도였다. 문제는 추운 시기가 아닌 8월임에도 불구하고 이런 일이 벌어진 데에 있었다. 그래서 사옹원은 하는 수 없이 조금 작은 것으로 개수를 늘려서 받는 선에서 사태를 마무리지었다.[71] 이처럼 사옹원에서 왕실에 매일 납부하는 생선의 경우 기준에 맞는 대어가 턱없이 부족하자, 대어 대신 잡어나 중소어 또는 근수로 대납하도록 했다. 어족별로 좀 더 자세히 살펴보자.

---

68 『승정원일기』 122, 효종 2년 10월 24일(무진).
69 『승정원일기』 141, 효종 7년 8월 12일(정해).
70 『승정원일기』 158, 현종 즉위년 10월 18일(을사).
71 『승정원일기』 272, 숙종 5년 8월 10일(임신).

숭어(秀魚)의 경우, 전라도는 국초부터 1척 이상의 건수어를 상납했다. 수어의 어린 새끼들이 3·4월경에 엄지손가락만 한 크기로 나타나 겨울을 지나면서 1척 이상으로 성장한다. 그럼에도 불구하고 1척짜리 얻기가 하늘의 별따기 였다. 1633년(인조 11) 무안현감 신즙의 보고에 의하면, 사재감 공물주인들이 지금까지 4년 동안 1척에 이르지 않으면 가차 없이 점퇴했다. 그래서 본읍의 색리들은 대어를 고가로 무납할 수밖에 없어 한 번 직임을 맡고 나면 패가망신의 지경에 이른다고 하소연했다.[72] 대어가 귀한 것도 문제였지만, 사재감 하인들의 농간도 상황을 악화시켰다. 서울 방납인들이 크고 좋은 것이 나는 영광·영암 등지에 내려와 몽땅 매입한 바람에 각읍에서는 그것을 구할 수 없어 서울에서 무납하거나 방납인에게 청부했다. 이로 인해 1미당 면포 4필이나 8필을 부담하는 곳이 있었다. 그래서 1647년(인조 25) 전라도를 감찰한 암행어사 성이성은 척도(尺度)의 한계를 정하고, 감영에 납부하여 감사로 하여금 직납하도록 하자는 의견을 제시했다.[73] 이런 상황에서 호조는 공안(貢案)에 들어 있는 물종의 경우 옛 규례를 폐기하고 새로운 규례를 만들어 대동상정으로 한 마리당 쌀 5말씩을 지급하도록 했다.[74]

그런데 어산이 계속 귀해 미 5말(斗)의 1마리 상정가(詳定價)로는 턱없이 부족해 해읍영리(該邑領吏)는 값을 사주인(私主人)에게 주고 그로 하여금 사서 납부하게 하니 더 거두는 것이 적지 않았다. 몸체가 큰 건수어를 무납하는 데에 각읍에서 별도 비용을 사용하고 있었다.[75] 전라도의 경우 1미당 10두에 이르렀다. 1652년(효종 3) 부제학 민응형의 보고에 의하면, 어공으

72 신즙,『하음집』4, 장,「務安縣民瘼枚報狀(癸酉)」.
73 성이성,『계서일고』1, 서계,「全羅道暗行御史時書啓(丁亥)」.
74 『비변사등록』11, 인조 25년 6월 20일.
75 『승정원일기』103, 인조 26년 10월 17일(무신).

로 쓰는 건수어를 반드시 머리와 꼬리를 빼고 1척 되는 것으로 봉진하게 하였기 때문에, 호남 사람들은 한 마리의 값에 미 10두를 사용한다고 했다. 그러면서 어공이 막중하기는 하나 반드시 크기가 1척이 되어야할 필요가 없고, 비록 1척이 못 되더라도 2두의 미로 살 수 있는 신선한 고기이면 되지 않겠느냐는 견해를 피력했다.[76] 이런 점퇴와 방납의 문제는 대동법 이후에도 계속 이어졌다. 호남대동 이후인 현종 때의 오이익의 상소에 의하면, 건수어의 경우 원근을 막론하고 모두 두하미상(頭下尾上)의 길이가 포백척(布帛尺)으로 1척 이상만 봉상하는데, 조금이라도 미치지 못하면 언제나 출퇴(黜退)를 입는다고 했다. 바로 이 점 때문에 어가가 치솟아 백성들이 곤혹을 치른다고 전했다. 그러면서 그는 수어는 연구노어(年久老魚)가 아니면 한 자에 이르지 않아 그것을 구하기가 쉽지 않기 때문에, 머리에서 꼬리까지 한 자에 이른 것으로 진공하게 하면 민폐를 다소나마 덜게 할 것이라고 조언했다.[77]

그래서 분쟁 해결을 위한 대안이 제시되었다. 1649년(효종 즉위년)에 건수어 대어 1미를 중어 2미나 소어 3미로 헤아려 받으면 어떻겠느냐는 대안이 제시되었다.[78] 척수 단축에 대해서는 다른 어물과는 달리 진전이 없었다. 그러다가 1659년(현종 즉위년)에 영의정 정태화는 오늘날에 와서 건수어 구하기도 지극히 어려운 데다가 척수에 차는 것을 찾을 수 없기 때문에, 척수에 구애받지 말고 근수만 정해서 봉진토록 하면 어떻겠느냐는 대안을 제시했다.[79] 건수어 일부를 민어로 바꾸어 받자는 의견도 제시되었다. 하지만 일부 채택된 적도 있었지만, 대세는 그대로였다. 그래서 1662

76 『효종실록』 8, 효종 3년 4월 24일(을축).
77 오이익, 『석문집』 4, 소, 「時弊疏」.
78 『승정원일기』 110, 효종 즉위년 11월 18일(을해).
79 『현종개수실록』 2, 현종 즉위년 10월 15일(임인).

년(현종 3) 12월에는 전라감사 조귀석이 부임하자마자 진상물선 가운데 건수어의 크기가 작은 일로 죄를 기다리겠다고 했으나,[80] 현종의 만류로 2년 이상 동안 재임했다.

대구어의 경우, 1640년(인조 18) 3월에 함경도 길주에서 대구어 570여 마리를 상납했는데, 몸체가 작고 색이 변해 모두가 샘플에 합치되지 않았다. 전부를 점퇴시킬 수 없어 그 가운데 좋은 것 138마리만 받고 나머지 437마리는 부득이 퇴송시켰다. 그러자 영래색리(領來色吏)는 퇴송물을 받지 않고 네다섯 달 동안이나 서울에 머무르며 받아줄 것을 요청했다. 그래서 사재감제조 조창원은 미수 대구어를 본주로 하여금 빨리 다시 마련하여 납부하도록 해야 한다고 말했다.[81] 1653년(효종 4)에는 봉진한 건대구어가 매우 작아 진배관(進排官) 추고와 색리(色吏) 수금치죄가 논의되었다.[82]

1664년(현종 5) 동해안 대구 어황은 불황이었다. 함경감사 민정중의 보고에 의하면, 근래 황대구어가 점점 작아져서 척수에 맞는 것을 구하기가 어려웠다. 어부들이 큰 것을 잡으면 모두 먼저 본읍에 납부하고, 나머지 작은 것을 타읍에 판매했다. 그런데 황대구어는 경성·명천·길주 3읍에서 산출되고, 이성 이남 각읍은 산출읍에 사람을 보내 사왔다. 이로 인해 이들 이성 이남읍은 상납 때마다 점퇴를 당해 부득이 월리(月利)를 대출받아 경사주인(京司主人)에게 주어 방납하게 했다.[83] 비슷한 사정을 북도 장시관 김수항도 남겼다. 사재감에 납부하는 황대구·백대구는 함경도의 토산인데, 근래 산출이 점점 전만 못해 합당한 것을 구하기가 어려워 해사의 점퇴 폐해가 나날이 심해진다고 했다. 뇌물이 적으면 불만을 터뜨리고 요구

80 『승정원일기』 177, 현종 3년 12월 27일(병인).
81 『승정원일기』 75, 인조 18년 9월 5일(계미).
82 『승정원일기』 128, 효종 4년 8월 28일(경인).
83 민정중, 『노봉집』 11, 부록 상, 「北伯時陳弊狀啓(甲辰)」.

하는 인정작지비(人情作紙費)가 전에 비해 배나 되기 때문에 해조로 하여금 관리를 신칙하여 점퇴의 폐를 엄금해야 한다고 했다. 원인이 관리들의 부정부패에만 있었던 것이 아니라 작은 대구어의 산출이라는 근원적인 데에 있었기 때문에, 분쟁은 쉽게 해결될 기미가 보이지 않았다.

점퇴와 무납·방납의 문제는 1666년(현종 7)에 실시된 상정법(詳定法)으로 다소 완화될 수 있었다. 상정법이란, 대동법처럼 본색공물을 상납미로 대체하고 일부 공물을 존속시켜 유치미로 보상하게 한 것이다. 그런데 외공으로 잔존한 대구어에 대한 보상액이 턱없이 적어 과외징렴이 지속되었고, 여전히 대구 어업 불황으로 공물분쟁이 재현되었다. 그래서 1652년(효종 3)에는 강원도 10월삭 각전진상에서 수량을 채우기 위해 대구어란에 명태란을 섞어 물의를 일으킨 사건이 발생했다.[84] 대구 어황이 안 좋아 그랬을 것 같지만, 이런 대응은 당국의 허락 없이는 화만 키우고 말았다. 갖가지 문제가 끊이지 않았다. 1654년(효종 5)에는 척량(尺量)에 맞는 진상어를 구하기가 매우 어려우니 마땅히 변통해야 한다는 여론이 조성되었고, 효종도 동의했다. 그러다가 1659년(현종 즉위)에는 민폐를 없애기 위해 '어공생선척량변통(御供生鮮尺量變通)'을 단행했다. 대체로 선어의 척량 규정은 평시에는 1척 2촌을 기준으로 했으나, 일찍이 1623년에 1촌을 감했고 그 후에 또 1촌을 감해 현재는 1척을 기준으로 한다. 이 1척이 대어인데, 대어를 구하기가 어려우니 대어 1미를 8촌짜리 중어 2미로, 중어를 구하지 못하면 6촌짜리 소어 3미로 대체하도록 했다.[85] 이 규정은 애초에 일하생선에 적용된 것이었지만, 외공에까지 확대되었다. 1664년(현종 5)에 사재감에 공상하는 황대구어를 '생선례칭량(生鮮例稱量)'으로 받아들이도록 했던 것

---

84 『승정원일기』 125, 효종 3년 10월 8일(병오).
85 『승정원일기』 158, 현종 즉위년 10월 21일(무신).

이 그것이다.[86]

◇

17세기 기후의 특징은 이상저온 현상이다. 지속적인 이상저온 현상은 한반도 연해의 해수 온도 저하를 가져왔다. 심지어 동해와 서해의 바닷물이 어는 해빙 현상, 한강의 강물이 일찍 얼고 늦게 녹는 조빙(早氷)·만해(晚解) 현상이 잦기도 했다. 이러한 기후변화는 운수교통의 어려움을 가져왔을 뿐만 아니라, 한반도 연해의 생태계까지 변화시켜 수산업에 큰 영향을 미쳤다.

한반도 연안에서 어획되는 대표적인 어종으로 동해의 대구어와 청어, 서해의 석수어와 수어를 들 수 있다. 이들 어종은 당시 연해인들의 주요 생계수단이자 이 지역에서 중앙에 상납하는 주요 공물이었다. 그런데 계속되는 한랭기후로 해수온도가 내려가 적정수온이 유지되지 못하자 도처에서 이들 어종이 들쑥날쑥 나타나고, 심해로 일찍 들어갔다가 늦게 나오고, 다른 지역으로 이동하고, 성장이 지연되기도 했다. 이로 인해 고기의 생산이 격감하고 크기가 작을 뿐만 아니라 아예 어장이 형성되지 않은 때도 잦았고, 어민들은 고기를 찾아 바다를 떠돌아다니느라 출어비와 출어기가 늘어나 어업이 장기불황의 늪에 빠져 근해어업이 흔들리게 되었다. 그 결과는 어부들의 생업 영위나 정부의 어세와 공물 확보를 어렵게 했다. 어가가 상승해 소비자나 납품업자를 압박하기도 했다. 어업불황으로 경제 전반에 비상이 걸리게 되었다. 물론 명태와 같은 대체 어로에 나서기도 했지만, 그 효과는 한참이 지난 18세기 중반에야 빛을 보았다.

기후변화가 수산업에 미친 영향은 공어 분야에서 가장 격렬하게 나타

---

86 『승정원일기』 186, 현종 5년 11월 9일(병신).

났다. 공어는 기본적으로 어종에 따라 납기일, 수량, 크기가 정해져 있다. 장기 어업불황은 규정을 지키기 어렵게 만들어 17세기 내내 공어분쟁을 야기했다. 납기일에 고기가 잡히지 않아 궐봉이 예사였고, 1척 기준이 되는 고기를 잡지 못해 점퇴를 당하기도 일쑤였다. 그때마다 지방관이나 담당자들이 문책을 당했고, 없는 것을 구하고 큰 것을 구하는 데에 소요되는 막대한 비용을 주민들이 부담하지만, 기후변화가 가져온 결과에 속수무책이었다. 그래서 대안을 모색한 결과 다른 것으로 납부하는 대봉이나 크기를 줄여주는 감척을 단행하기도 했다. 이 외에 크기로 납부하는 척수 대신 무게로 납부하는 근수(斤數)나 마릿수로 납부하는 미수(尾數)로의 대납도 모색되었다. 특히 대구어는 함경도 해역에서, 청어는 경상도 동해안 해역에서 어획이 격감했다. 이는 해수저온으로 세력이 강해진 한류가 서해까지 진출하는 바람에 한류 어종이 최적지를 찾아 함께 서해로 흩어져버려서 발생했다. 이로 인해 배정된 수량과 규정된 크기를 상납하지 못한 함경도와 경상도의 지방관들이 대규모로 연일 문책받고 교체되는 곤경을 치렀으니, 기후변화로 관료사회가 몸살을 앓고 있었다.

4장

17세기 한강의
장기 결빙과 그 영향

17세기에 조선에서 이상저온 현상이 자주 나타났다. 이상저온은 수온을 저하시켜 강과 바다의 결빙 시기와 빈도를 앞당기고 잦아지게 했고, 이는 당시 사람들의 일상생활에 적지 않은 영향을 미쳤다. 이러한 점들을 알아보기 위해 본 장을 작성했다. 한국사 분야에서 강해결빙(江海結氷) 문제를 본격적으로 다룬 적은 없다. 17세기 중국·조선의 소빙기 기후를 검토하면서 그 가능성이 제시되었고,[1] 해수저온으로 인한 수산공물 분쟁을 검토하면서 그 전제조건의 하나로 지적되었을 뿐이다.[2] 그런 점에서 본 연구는 의의가 있다고 생각하고, 관측자료가 전무한 당시 기온을 유추하는 데에도 참고가 될 것이다.

---

[1] 김문기, 「17세기 중국과 조선의 소빙기 기후변동」, 『역사와 경계』 77, 부산경남사학회, 2010.

[2] 김덕진, 「17세기 해수저온과 수산공물」, 『이화사학연구』 43, 이화사학연구소, 2011: 본서 제3장.

강수(江水)결빙의 경우, 한강의 결빙과 그 영향 사례가 종종 보고되었다. 한강이 서울의 관문이고 삶의 터전이기 때문에 국정 운영자나 일반 백성들에게 큰 관심사여서 그러했을 것이다. 그 외에 압록·두만강 결빙 사례가 종종 보고되었으나 그것은 국방이나 사신왕래 및 잠월과 관련되었을 뿐이고, 나머지 강의 결빙 사례는 매우 희귀하다. 따라서 여기에서는 한강 사례를 중심으로 강수결빙 문제를 접근하겠다.

이를 위해 먼저 한강이 언제 얼어서 녹고, 그럴 때 서울의 기온은 어느 정도였는지를 알아보겠다. 이어 17세기 한강의 결빙 사례를 수집해서 이른 결빙과 늦은 해빙·결빙으로 나누어 제시하고, 그 때의 전국적인 기상 상황도 곁들이겠다. 마지막으로 한강의 이른 결빙과 늦은 해빙·결빙이 나타나면 국가재정이나 국민경제에 충격이 가해지지 않을 수 없는데, 그것을 운수교통 측면에서 살펴보겠다.

결국 잦은 한강의 이른 결빙과 늦은 해빙은 전체적으로 한강의 결빙 기간을 늘리는 효과를 냈다. 이는 경험에 맞춰 살아온 사람들에게 분명 부정적인 영향을 적지 않게 미쳤을 것이다. 반면에 새로운 산업과 문화의 태동 등 긍정적인 영향도 배제할 수는 없지만, 이를 여기에서는 폭넓게 다루지 못했다. 그리고 1백 년에 이르는 긴 기간을 대상으로 수집하는 과정에서 누락된 사례도 있을 것이다. 미흡한 점은 차후에 보강할 계획이다.

1. 한강 결빙과 기온

강물은 일정한 시기에 얼고 녹는다. 반면에 일정 시기보다 일찍 얼고 늦게 녹은 적도 있는데, 이는 당시 기온이 평년보다 낮은 결과이다. 따라서 일정한 시기보다 일찍 얼고 늦게 녹은 적이 잦다면, 이는 분명 이상저온으로의 기후변화 결과라고 볼 수 있다. 바로 이 점을 17세기 한강을 사례로 삼아 밝혀보려고 하는데, 이를 위해서는 몇 가지 전제조건을 알아야 한다.

첫째, 한강 첫 결빙일을 알아야 한다. 아쉽게도 조선시대의 관측 데이터는 존재하지 않는다. 관측 데이터가 없는 상황에서 그것을 파악하기란 쉽지 않다. 얼음이 두껍게 얼지 않아서 장빙(藏氷)을 못한다는 기사는 무성할 따름이지만, 이를 가지고 파악하기에는 한계가 있다. 그런데 『장빙등록』을 분석한 연구에 의하면, 장빙에 앞서 12월 3일(음력)에 한강 수신(水神)에게 사한제(司寒祭)를 지냈다고 한다.[3] 바로 이 12월 3일 무렵이 본격적으로 한강 얼음이 얼기 시작하는 날이다. 이 날로부터 겨울이 깊어질수록 얼음이 점점 두꺼워져, 두께가 4촌이나 3촌 5분이 되면 벌빙(伐氷)이 시작되었다.[4] 사정이 좋지 않으면 3촌에 이르러도 벌빙을 했다. 그리하여 벌빙일은 보통 12월 중순이나 하순이었다.

12월 3일 무렵이 한강의 첫 결빙일이었으리라는 점은 근대 1907년부터 2006년까지 1백 년간의 관측기록을 통해서 확인된다. 이 시기 한강의 결빙 관측치를 분석한 결과에 의하면, 한강의 평균 첫 결빙일은 12월 28일(양력)이었다.[5] 산업화 이후의 환경변화 때문에 첫 결빙일이 후대로 갈수록 늦어졌을 것이라는 점을 감안해서, 이 날을 음력으로 환산하면 사한제일과 대략 일치한다. 이렇게 보면, 12월 이전에 운항과 어로가 어려울 정도로 결빙되면 이른 결빙 사례로 볼 수 있다.

둘째, 한강이 언제 해빙되는가도 알아야 한다. 한강 해빙일 역시 파악

3 고동환, 『조선시대 서울도시사』, 태학사, 2007, 219쪽.

4 『중종실록』 76, 중종 28년 12월 9일(정축).

5 오수빈·변희룡, 「서울 관측소와 한강 결빙 기후의 장기 변동」, 『한국지구과학회지』 32-7, 한국지구과학회, 2011.

이 쉽지 않다. 해빙일과 관련해서 어영군의 상번규례가 참고 된다. 이를 보면, 어영군은 10월 15일에 올라와서 2월 15일에 돌아가는데 합빙(合氷) 시에 대변(待變)하기 위해서였다.[6] 이 4개월은 최전방 방어선에 해당되는 압록·두만강이 얼기 시작해서 완전히 녹는데 걸리는 기간이다. 이는 성종 이 북방은 어느 때에 얼음이 풀리냐고 묻자, 우승지 유권이 2월 보름이라 고 대답한 데서 확인된다.[7]

그러면 한강은 적어도 2월 보름 이전에 완전 해빙되었던 셈이다. 이는 근대 1백 년간의 한강 해빙일을 통해 확인 가능하다. 이 기간 동안 평균 한강 결빙일은 2개월이 못된 50일이었다. 그러니까 해빙일은 2월 16일 무 렵이었다. 이를 역시 산업화 이후 환경변화를 고려하여 음력으로 환산해 보면 2월 1일 무렵이 한강 해빙의 하한선이었다. 이렇게 보면 한강은 보통 12월 초에 결빙되어 약 2개월 가까이 지나 2월 초에 완전 해빙된다. 따라 서 2월 1일 이후에 생업에 지장을 줄 정도로 결빙된다거나 그때까지 얼음 이 남아 있으면 그것은 분명 늦은 해빙 사례로 볼 수 있다.

셋째, 어느 정도 언 것을 결빙이라고 했는가를 알아야 한다. 오늘날은 관측지점과 결빙상태를 두고 판단한다. 기상청은 한강대교 노량진 쪽 두 번째 교각에서 네 번째 교각 사이 상류 1백미터 부근을 기준으로, 얼음 때 문에 강물이 전혀 보이지 않으면 '한강에 얼음이 언 것'으로 공식 판단한 다. 그러므로 기상청이 결빙을 공식 선언하기 이전에도 부분적으로 언 적 이 있는 것이다.

이러하듯이 조선시대 역사서에 수록된 한강 결빙 사례는 그해 들어 첫 결빙을 말한 경우는 매우 적다. 제법 두껍게 얼어 생업에 지장을 줄 정도

6 『비변사등록』 15, 효종 3년 1월 13일.
7 『성종실록』 52, 성종 6년 2월 4일(계미).

가 되면 보고되어 역사서에 수록되었기 때문이다. 따라서 우리가 여기서 말하는 결빙은 일상생활에 별다른 영향을 미치지 않는 살얼음 상태를 말한 것이 아니라, 항해나 어로가 불가능할 정도로 제법 두텁게 언 상태를 말한다.

넷째, 기온이 어느 정도로 내려가야 한강이 결빙하게 되는가도 알아야 한다. 오늘날 한강이 결빙할 때의 기상조건을 보면, 세력을 확장한 북쪽 시베리아의 찬공기가 남쪽으로 내려와 한반도 상공에 오래 머물며 기온을 크게 떨어뜨려 강추위와 함께 폭설을 동반한다. 이로 인해 아침 최저기온이 -10℃ 이하로 떨어지고, 낮 기온도 영하권에서 머물면 한강이 결빙하기 시작한다. 1백 년간의 분석에 따르면, 첫 한강 결빙일의 평균 최저기온은 -12.22℃였고, 영하의 일평균 최저기온이 8.94일 지속되고 난 뒤에 한강 첫결빙이 발생했다.

따라서 한강이 조기에 결빙하면, 그때의 서울 기온은 평년기온을 크게 밑돌 수밖에 없다. 해빙이 늦게 완료되거나 해빙기에 결빙이 되어도 마찬가지이다. 그래서 혹한이 일찍 찾아오거나 지속되면 강물이 '조빙만해(早氷晚解)'한다고 했다. 어느 경우간에 한강이 결빙하고 있는 동안은 기온이 주기적으로 오르락내리락하지만 평년기온 이상으로 올라가지 못한다. 그러므로 결빙 기간이 길어지면 길어질수록 그만큼 평년기온이 실종되어 지겨운 강추위가 장기간 이어지게 된다. 전체적으로 겨울철이 길어지고, 최저기온이 -10℃ 이하로 떨어지는 극한의 날이 잦고, '다한소온'이라고 하여 따뜻한 날보다는 추운 날이 많아 평년을 밑도는 이상저온 현상이 장기간 지속된다는 말이다.

2. 한강의 장기 결빙 사례

1) 이른 결빙

12월 1일 이전에 운항과 어로가 불가능할 정도로 결빙하면 이른 결빙 사례로 볼 수 있다. 하지만 여기서는 분석의 신뢰도를 높이기 위해 11월 중순까지만 포함했고, 하순 이후는 제외했다. 사례를 하나씩 살펴보자.

① 1618년(광해군 10) 11월 16일

광해군은 경강 상류에 정박시켜 둔 배들이 얼음 때문에 움직이지 못하게 되어 혹 급한 일이 생긴다면 꺼내어 사용할 수 없다고 말했다.[8] 여진이 후금을 건국하고 명을 압박하자, 광해군은 바다로 나가 여진과 대적할 계책으로 특별히 주사도감(舟師都監)을 설치하여 삼남과 해서의 전선을 모아들여 그 가운데 일부를 한강 상류에 징박시켜 두었는데, 그것이 갑작스런 결빙으로 움직일 수 없게 되었던 것이다.

이 해 날씨가 상당히 추었던지 일찍부터 한강 결빙을 걱정했다. 양호의 조운선이 오지 않자, 9월 22일에 호조는 보름 정도가 지나면 반드시 한강에 얼음이 얼게 될 것이라며 걱정을 늘어놓았다.[9] 건물 덮개용 마른 풀이 임진강 근처에서 오지 않자, 10월 17일에 영건도감은 한강이 얼려고 하니 매우 염려된다고 했다.[10] 그래도 한강은 얼지 않아 11월 7일에 전라도 해남의 조운선이 경강에 도착했다.[11] 그런데 갑자기 날이 추어져 16일

---

8 『광해군일기』 134, 광해군 10년 11월 16일(신축).
9 『광해군일기』 132, 광해군 10년 9월 22일(정미).
10 『광해군일기』 133, 광해군 10년 10월 17일(임신).
11 『광해군일기』 134, 광해군 10년 11월 7일(임진).

에는 배가 다닐 수 없을 정도로 한강이 얼고 말았다.

② 1621년(광해군 13) 11월 17일

영건도감(營建都監)은 역군들이 먹을 쌀을 실은 배가 강에 얼음이 갑자기 얼어붙는 바람에 오다가 양강(楊江) 등지에 정박하고 있다고 하면서, 육지로 미곡을 운송하는데 소요되는 식량과 우마를 조치해주라고 청했다.[12] 궁궐을 조성하는 데에 투입된 일꾼들이 먹을 곡물을 충주 쪽에서 실고 내려오다 한강이 이미 얼어버렸다는 소식을 접하고서 양주에 정박했다는 말인데, 11월 17일 이전에 한강의 서강 부근이 결빙되었음을 알 수 있다.

광해군 시대의 관찬자료가 부실하여 자세한 기상을 알기가 어렵지만, 한강을 조기에 결빙하게 한 주범은 강추위였음에 분명하다. 당시 강추위는 이미 9월부터 시작되었다. 이는 추위로 고통을 겪고 있는 변방 군사들에게 유의를 만들어 보내라는 전교가 이미 내려졌다는 19일자 비변사 회계를 통해 확인된다.[13] 9월 19일이면 늦가을인데 벌써 방한복을 보내라는 지시가 있었던 것으로 보아, 이 해 겨울은 일찍 찾아왔음에 분명하다. 바로 이 강추위로 인해 한강이 조기에 결빙되었는데, 이 혹한은 이듬해까지 이어졌다.

③ 1622년(광해군 14) 9월

강물이 얼어서 합해졌다. 예관을 보내어 명산대천에 제사를 지냈더니 겨울이 따뜻하고 얼음이 얼지 않았다.[14] 여기서 지적한 강은 한강을 말할

---

12 『광해군일기』 171, 광해군 13년 11월 17일(갑인).
13 『광해군일기』 169, 광해군 13년 9월 19일(정사).
14 『증보문헌비고』 10, 상위고 10, 물이 2, 산수이.

것이고, 임술은 29일이다. 그렇다면 9월 그믐에 한강이 얼었다는 말인데, 이는 사상 초유의 사태였다. 그래서 깜짝 놀라 예관을 보내어 명산대천에 제사를 올리게 했다. 그런데 이 해 날씨는 연초부터 9월까지 줄곧 이상저온이었는데, 진정 겨울(10~12월)에 들어서자 반대로 날씨가 따듯하여 얼음이 얼지 않았다. 요동치는 기후, 변덕스런 날씨는 17세기 기후의 특징 가운데 하나이다.

④ 1625년(인조 3) 11월 17일

호조는 아산창 삼운전세(三運田稅) 압령차사원(押領差使員)의 치보(馳報)를 보자마자, 작미 재운선 3척이 이미 와서 강화도에 도착해 있는 상황에서 또 3운 조운선 3척이 왔는데 갑자기 한강이 얼어 올라갈 수 없다고 임금에게 보고했다. 당시 어려운 재정사정 때문에 어지간하면 올라갔을 텐데 상당히 두텁게 결빙되어 있었음에 분명하다. 그래서 호조는 강화부에서 거두어 두었다가 내년 해빙 후에 올려 보내도록 하자고 건의했다.[15] 삼남 세곡선은 강화도 연미정에 도착해서 호조 낭청의 점검을 받은 후 경창으로 들어가는 것이 원칙이다.[16] 그래서 먼저 도착한 재운선이 뒤따라오는 3운선이 도착할 때까지 기다리고 있었는데, 3운선이 도착하자마자 한강이 결빙되었다는 소식을 접하게 되었던 것이다.

이 해 날씨는 연초부터 이상저온이었다. 1·2월에 황해도와 서울에 우박이 내렸다. 5·6월에는 전국 각지에 비와 우박이 교대로 내려 조수가 죽고 작물이 손상을 입었다. 전국이 이상저온으로 몸살을 앓자 지평 민응형이 상소하여 봄에 내린 장맛비의 변괴와 양호에 있었던 우박의 재해와 북

---

15 『승정원일기』 10, 인조 3년 11월 17일(임술).

16 김덕진, 「삼남 세곡의 운송과 강화 연미정의 풍경」, 『인천학연구』 7, 인천대학교 인천학연구원, 2007, 159쪽: 김덕진, 『포구와 지역경제사』, 선인, 2022.

로에서 일어난 한재의 혹심함을 거론했다.[17] 8·9월에 접어들어서도 평안·황해·함경도 일원에서 우박과 서리가 매우 심하게 내렸다. 특히 냉우까지 내렸는데, 이안눌의 유배지 강원도 홍천에 9월 21일에 비가 내렸다. 22일에도 종일 비가 내렸고, 24일 저녁부터 또 내린 비는 25일 늦게야 갰다. 바람이 매서운데 비까지 차가웠다. 지친 까치는 어울려 날아가고, 놀란 기러기는 쉬지 않고 울었다. 이안눌은 이 이상한 날은 일찍이 겪어보지 못한 날이라고 했다.[18] 겨울에 접어들자, 추위가 성큼 다가왔다. 인조는 10월 4일에 "요즘 기온이 점점 추워지는데 변방은 반드시 갑절이나 추울 것이다."라고 했고, 11월 11일에는 "요즈음 날씨가 혹독하게 추우니 각처에 있는 수위군사(守衛軍士)들이 반드시 동사할 염려가 있다."[19]라고 하며 겨울 방한복을 지급하라고 지시했다. 이러한 혹한 때문에 한강이 조기에 결빙되었던 것이다.

⑤ 1637년(인조 15) 10월 13일

호조는 한강이 이미 얼어 있어 아직 남한산성으로 다 옮기지 못한 남은 세곡을 내년에 옮기겠다고 보고했다. 이 보고가 올라오게 된 배경은 다음과 같다. 정부는 후금 대비용 군량미를 비축하기 위해 한강 이북의 전세를 남한산성에 내도록 했다. 병자호란을 겪은 후 참선(站船)이 단지 7척만 남아 있어 임선(賃船)을 추가 투입해서 운송을 독촉했다. 그런데 10월 13일에 어느덧 한강이 얼어버려 2천8백60석만 나르고, 나머지 610석은 미처 나르지 못해 부득이 해빙한 이후에 운송하도록 했다.[20] 운송 중이었던 것으로

17 『인조실록』 9, 인조 3년 6월 17일(계사).
18 이안눌, 『동악집』 16, 「東遷錄」.
19 『인조실록』 10, 인조 3년 11월 11일(병진).
20 『승정원일기』 61, 인조 15년 10월 13일(정미).

보아 예상보다 빨리 한강이 결빙했음에 분명하다.

이 해 기상은 사상 유례없는 이상저온이었다. 병자호란이 한창이던 1월은 혹한이 계속 이어졌고 폭설이 자주 내렸다. 1월 22일에는 일기가 매우 추워 군인들의 동사가 우려된다고 했고, 2월 2일에는 산성에서 서울로 돌아오던 관리가 도로에서 동사하기도 했다. 3월에 서울에 비와 우박이 교대로 내렸고,[21] 경상도 예안에 대설이 내려 대나무 가지를 부러뜨리고 초목을 뒤덮었다.[22] 윤4월에는 강원도 흡곡·고성·인제 등지에 연일 눈이 내렸다.[23] 6·8·9월에 함경·평안·전라도에 우박이 내렸다. 이 우박은 단순한 대기불순에서가 아니라 한랭대기 때문에 발생했을 것이다. 그러자 부제학 이경석이 음양이 순서를 잃어 서리와 우박이 일찍 내린다고 말했다.[24] 10월에 서울 과거 시험장을 다녀온 김육의 말에 의하면 일기가 매우 추워 벼루가 동파해서 수험생들이 글자를 쓰지 못했고,[25] 전라도 김제에는 풍년의 징조라기보다는 기근을 걱정할 정도의 대설이 내렸다.[26] 이른 추위가 매섭게 찾아왔다는 말인데, 이로 인해 한강이 10월에 얼고 말았던 것이다.

ⓖ 1648년(인조 26) 11월 9일

군기시는 다음과 같은 보고를 했다. 연환(銃丸)을 만드는 데에 소요되는 목탄(木炭)을 한강 윗 고을에서 마련해서 납부하는데, 강물이 이미 얼어서 배로 운반할 수가 없으니 시장에서 사서 쓸 수밖에 없다고 했다.[27] 11월 9일 당

21 『인조실록』 34, 인조 15년 3월 21일(경신).
22 김령, 『계암집』 2, 시, 「三月初五日大雪(丁丑)」.
23 『인조실록』 34, 인조 15년 윤4월 23일(신유).
24 『인조실록』 35, 인조 15년 9월 24일(기축).
25 『승정원일기』 61, 인조 15년 10월 6일(경자).
26 유즙, 『백석유고』 1, 시, 「丁丑十月初七日大雪」.
27 『승정원일기』 103, 인조 26년 11월 9일(기사).

시 이미 한강이 얼어서 선박이 움직일 수 없다는 말이다.

이 해의 날씨도 연초부터 이상저온이었다. 3월에 경상도의 인동·경산 등지에 3일간 눈이 내렸다. 윤3월 초순에 강원도의 통천·평창 등지에 대설이 내리더니 하순에는 고성·철원 등지에 눈과 서리가 내렸고, 서울에도 연일 서리가 내렸다. 4월에는 서울과 경기·평안도에 우박에 내렸다. 그러자 대사간 심지원은 큰 가뭄 끝에 홍수가 잇따라서 팔도에 기근이 들어 들판에는 굶어죽은 시체가 널려 있는데, 서리와 눈이 늦은 봄에 내리고 우박이 초여름에 내려 재이의 참담함이 금년보다 더 심한 경우는 없다고 말했다.[28] 8월에는 평안도와 서울에 우박·서리가 내렸고, 9월에는 태백·소백산에 눈이 한 자나 되게 내렸다. 이런 이상저온으로 납기일이 지났는데도 서과(西瓜, 수박)가 익지 않아 시전이나 교외농장을 뒤져도 어공(御供)에 합당한 것을 찾을 수가 없었다.[29] 이때 홍문관이 연이은 기근에 또 흉년이 예상되는데 공공기관과 민간은 토목공사를 계속 벌리고 상층민과 하층민은 사치에 열을 올린다고 꼬집었다. 사치풍조와 관련해서는 혼례 때에 복식을 모두들 비단과 진주로 화려하게 장식한다는 점을 지적했다.[30] 잦은 기근으로 생활이 어려운데도 호화사치에 열을 내고 있다는 말인데, 이는 이상기온으로 인한 정신적 공황의 보상심리에서 나온 것이 아닌가 하는 추측이 든다. 10월에 접어들자 근래 날씨가 매우 춥다는 표현이 부쩍 잦아들 정도로 날씨가 급속하게 추워졌다. 그래서 인조는 날이 차가우니 위사(衛士)와 각처의 수직 군사에게 공석(空石)을 나누어 주라고 지시했다.[31] 그러더니 11월 9일에 한강이 이미 얼어 있었으니, 당시 한강 결빙은 이상

28 『인조실록』 49, 인조 26년 5월 11일(을해).
29 『승정원일기』 102, 인조 26년 9월 22일(계미).
30 『인조실록』 49, 인조 26년 9월 15일(병자).
31 『인조실록』 49, 인조 26년 10월 26일(정사).

저온의 결과였음에 분명하다.

⑦ 1661년(현종 2) 10월 27일

사옹원은 생선전 어부들이 근래에 강이 반쯤 얼어 어선이 바다로 들어
갈 수 없다고 말했다. 10월 27일 현재 이미 한강이 반빙(半氷) 상태여서 어
선 출항이 불가능하고 아울러 멀리서 들어오는 어선도 없다는 말이다.[32]
당연히 뜻하지 않은 어물 품귀 현상을 겪게 되었다.

이 해 기후도 이상저온 일변도였다. 연중 내내 전국에 우박, 서리, 눈이
내리고 운무가 끼였다. 그래서 7월에 영중추 이경석은 4월 된서리와 5월
우설을 큰 이변이라고 말했다.[33] 특히 8월에 전라도 광주 무등산과 강원도
에 눈이 내렸다. 그러다가 10월 25일에는 서울에 눈이 내린 후 추위가 심
해졌고,[34] 27일 한강 반빙은 이 결과였다. 겨울 날씨는 전국에 걸쳐 사상
유례없는 혹한이어서 청대죽, 죽순, 송이 등을 고사시켜 이듬해에 공물분
쟁을 야기했다.[35]

⑧ 1667년(현종 8) 10월 19일

사옹원은 생선전(生鮮廛) 어부들이 일기가 갑자기 추워지고 강물이 이
미 얼어서 어선이 바다로 나갈 수 없고 먼 곳에서 올라오지도 않아 일차
생선(日次生鮮)을 구하기가 어려우니 전례대로 잡어로 대납하게 해달라고
연명으로 정소했다고 보고했다.[36] 한강이 평년보다 1개월 이상 빠른 10월

32 『승정원일기』170, 현종 2년 10월 27일(계유).
33 『승정원일기』169, 현종 2년 7월 19일(병인).
34 『승정원일기』170, 현종 2년 10월 25일(신미). 藥房副提調朴世模啓曰 雪後寒緊.
35 김덕진, 「17세기 이상저온과 임산공물」, 『인문학연구』42, 조선대학교 인문학연구소,
   2011, 122~123쪽: 본서 제2장.
36 『승정원일기』205, 현종 8년 10월 19일(경인).

19일에 배가 다닐 수 없을 정도로 두텁게 얼어 있었음을 알 수 있다.

사실 이 해의 날씨는 근래에 보기 드문 이상저온이었다. 2월에 평안·황해·함경도에 눈이 왔는데, 눈에 깔려 죽은 사람이 평안도에서 17인, 황해도에서 17인, 함경도에서 26인이나 되었다. 음산한 구름이 꽉 끼어 여러 달 동안 걷히지 않고 있었다. 그래서 유학 황연은 봄이 되었는데도 한 겨울과 다름없이 추우며, 음산한 구름이 꽉 끼어 여러 달이나 걷히지 않으며, 눈에 눌려 사람이 죽는 등 옛날을 통틀어 봐도 들어보지 못한 일들이 벌어진다고 상소했다.[37] 3·4·윤4월에는 서울과 8도 전역에 눈과 서리와 우박이 내렸다. 눈이 관동에 겨울처럼 내렸고 함경북도에 1자 이상 내렸고, 서리도 전국에 걸쳐 눈오듯 내렸고, 우박이 반 자 이상 쌓인 곳도 있었다. 늦봄에서 초여름 사이의 많은 눈·서리·우박에 사람들은 놀라지 않을 수 없었다. 무엇보다 날씨가 매우 추웠다. 실록은 이때 현종은 온천 행궁에 있고, 사람들은 계속되는 추위로 모두들 솜옷을 입고 있다고 기록했다.[38] 당시 현종은 신료들로부터 국정을 소홀히 한다는 비난을 받을 정도로 온천에 자주 갔는데, 지병인 안질이나 피부병을 치료하거나 추위를 피하기 위한 온욕을 하기 위해서였다. 사람들은 초여름인데 추위를 이기기 위해 겨울에 입는 솜옷을 껴입고 있었다. 이는 교리 이유상이 "자연의 이변이 근년처럼 거듭 일어난 적이 없는데, 오늘에 이르러서는 초여름이 닥쳤는데도 날씨가 몹시 차가워 깊은 가을철과 다를 바가 없습니다. 많은 서리가 이미 내렸고 싸락눈과 눈이 교대로 내려 원근의 사람들이 보고 듣고서 놀라지 않은 이가 없습니다."[39]라고 말한 것처럼, 늦가을 같이 추운 초

---

37 『현종개수실록』16, 현종 8년 2월 29일(갑술).

38 『현종실록』13, 현종 8년 4월 17일(신유). 上在溫泉行宮 是時連日寒凜 人皆挾纊.

39 『현종개수실록』17, 현종 8년 윤4월 1일(을해).

여름 날씨 때문이었다. 이런 날씨가 지속되면서 급기야 10월에 한강이 얼고 말았던 것이다.

⑨ 1672년(현종 13) 10월 25일

사옹원은 어부들이 강수반빙(江水半氷)으로 일차생선을 잡을 수 없다고 정소(呈訴)했다고 보고했다. 10월 25일 현재 한강이 반쯤 얼어 어로작업을 할 수 없었음을 알 수 있다.[40]

이 해의 날씨도 연중 내내 이상저온이었다. 1월에 서울에 대설이 한 자가까이 내려 경산(京山)·각릉(各陵) 소나무가 죄다 부러졌다. 이때 박세당이 경기도 양주의 수락산 석천동에 머물고 있었는데, 이 대설로 산나무가 죄다 넘어지고 석천의 울창한 송림도 꺾이는 피해를 입었다.[41] 여름에는 전국에 서리·우박·눈이 내렸다. 가을·겨울에도 마찬가지였는데, 건조한 가운데 그러하였으니 그 체감 온도는 더 낮았다. 이로 인해 한강이 10월 25일에 반쯤 얼어 있었다. 12월 13일에 신하들이 날씨가 매우 추운데 건강은 어떠한지를 묻자, 현종이 "今年寒事 前古所無"[42]라고 답할 정도로 혹한의 연속이었다. 이 강추위는 다음 해까지 이어져 봄 추위가 겨울과 같았다.

⑩ 1676년(숙종 2) 11월 16일

사옹원 도제조는 생선전 어부주인들이 강물이 이미 얼어서 합당한 일차생선을 납부할 길이 없어 궐공을 면하기 어렵다며 다른 것으로의 대봉(代捧)을 청했다고 보고했다.[43] 11월 16일에 한강이 이미 결빙되어 있어 어

40 『승정원일기』 230, 현종 13년 10월 25일(병인).
41 박세당, 『서계집』 2, 시, 「石泉錄」.
42 『승정원일기』 231, 현종 13년 12월 13일(갑인).
43 『승정원일기』 257, 숙종 2년 11월 16일(갑오).

로작업을 할 수 없었음을 알 수 있다.

이 해의 날씨도 전형적인 이상저온이었다. 4월에 전국 전역에 눈·된서리·우박이 내렸고, 진한 안개가 자욱했다. 그 가운데 고성·김화 등지에는 1자 가량 눈이 내렸고, 광주·가평 등지에는 비가 온 후에 눈이 내리고 된서리가 내려 초목을 죽이고 농작물을 손상시켰고, 대구 등지에서는 대낮인 데도 캄캄하게 어두워졌다. 그래서 "夏雪盈尺 嚴霜蝗蟲 盲風勁雹"의 이변이 일어났다는 제도(諸道)의 계문(啓聞)이 끊이지 않았고,[44] 바닷물이 차가워 물고기가 깊은 곳으로 들어가 보이지 않는다고 했다. 가을과 겨울에 접어들자 이상저온 현상은 더 심해졌다. 8월에 함경도는 바람·비·서리·우박의 재해로 벼가 큰 손상을 입었고, 강원도는 냉우와 이른 서리로 각종 곡물이 손상을 입었고, 평안도는 서리와 우박의 재해가 매우 심했고, 전라도는 우역이 크게 일어났고, 충청도는 이른 서리가 곡물을 해쳤다. 특히 이른 서리는 전국에 걸쳐 심각한 피해를 가져다주었다. 9월에 평안도의 여러 고을에서 상재를 입었는데, 서리가 평지보다 먼저 내리는 강변과 산군 지역은 모두 조곡을 심어 농사 피해가 적었다.[45] 잦은 서리 피해를 막기 위해 일부 지역에서는 이미 조생종을 파종하고 있었다. 10월에 황해도 장연과 전라도 전주에 우박이 내리고, 급기야 11월 중순에 한강이 결빙되어 있었다.

⑪ 1679년(숙종 5) 11월 5일

사옹원은 다음과 같은 보고를 했다. 생선전인들이 본원에 근래 강수가 아직 얼지는 않았지만 유빙이 가득 차있어 어선 왕래가 불가능해 일하선

---

44 『승정원일기』 254, 숙종 2년 5월 11일(임진).
45 『승정원일기』 256, 숙종 2년 9월 10일(기축).

어(日下鮮魚)를 잡을 길이 없다고 정소했다는 것이다.[46] 11월 5일에 한강이 완전 결빙하지는 않았지만 어선이 통행할 수 없을 정도로 단단한 유빙이 형성되어 떠다니고 있었다.

특이한 점은 발견되지는 않지만, 이 정도면 예년보다 강추위가 일찍 찾아왔다고 볼 수 있다. 이 무렵 궐봉을 면하기가 어려울 정도로 강어의 작황이 물량이나 크기 등의 면에서 좋지 않았던 점도 당시 기상을 이상저 온으로 생각하게 한다.

⑫ 1681년(숙종 7) 11월 11일

예조는 경기감사의 장계를 접하고 다음과 같은 보고를 했다. 경기도 및 6조의 동지물선진상(冬至物膳進上)을 담당한 공물주인들이 빙시가 강에 가득 차 어망을 칠 수 없어 생어를 잡을 수 없다는 것이다.[47] 그물을 칠 수 없을 정도로 유빙이 형성되어 있다는 말이다.

이 해 날씨도 연중 내내 이상저온이었다. 전년 겨울의 혹한으로 모맥이 동해 피해를 입었는데, 그 마저도 봄추위로 익을 가망이 없다고 한 것으로 보아 이상저온의 연속이었다. 상황은 호전되지 않고 여름·가을에 지역에 따라 우박·서리·눈이 내렸다. 한강 강물 온도도 상당히 내려가 고기가 자취를 감추기 시작해 11월 5일에 사옹원은 어망을 쳐도 소득이 거의 없다는 어부주인들의 진정을 정부에 공개한 바 있다.[48] 어부들은 진정이 거절당하는 바람에 점퇴를 계속 당하다, 급기야 11일에는 유빙 때문에 도저히 어로활동을 할 수 없다는 진정을 경기감사를 통해 정부에 전달했다.

46 『승정원일기』 274, 숙종 5년 11월 5일(병신).
47 『승정원일기』 285, 숙종 7년 11월 11일(경신).
48 『승정원일기』 285, 숙종 7년 11월 5일(갑인).

⑬ 1684년(숙종 10) 11월 14일

생선전인(生鮮廛人)들이 지금 강물이 얼어 어선 왕래가 불가능해 일하선 어를 잡을 길이 없다고 사옹원에 정소했다.[49]

특이한 기상현상은 발견되지 않지만, 평년보다 다소 일찍 추위가 찾자와 한강이 결빙하기 시작했음을 알 수 있다. 이 추위는 이듬해 늦봄까지 이어졌다. 박세당이 서울에 있으면서 1685년(숙종 11) 3월 1일 아들 태유에게 편지를 보냈다. "일기가 좋지 못한 것은 여기도 마찬가지여서 진달래가 필 날이 아직도 까마득하다. 흐리고 추운 날씨에 눈까지 내려 얼어붙은 땅이 아직 다 녹지 않았으며 밤에는 물이 얼고 아침에는 손가락이 시릴 정도이니, 무엇 때문에 이렇게까지 절기가 어그러졌는지 모르겠다."[50] 고 하였다.

⑭ 1686년(숙종 12) 11월 19일

사옹원은 생선전 어부주인들이 강물이 이미 얼어서 일하생선을 얻을 길이 없으니 전례대로 잡어로 대봉할 수 있도록 선처해주라고 호소했다고 보고했다.[51] 한강이 11월 19일에 어로작업이 불가능할 정도로 이미 얼어 있음을 알 수 있다.

이 해 역시 유례를 찾기 힘든 이상저온이었다. 3월에 함경감사가 금년 해동(解冬)이 아주 늦어져 3월 안 채삼(採蔘)이 불가능하다는 장계를 올렸다.[52] 겨울 추위가 좀체 풀리지 않았던 것 같다. 그런데 4월에 8도 전역에

---

49 『승정원일기』 306, 숙종 10년 11월 14일(을해).
50 박세당, 『서계집』 17, 간독, 「寄子泰維」.
51 『승정원일기』 319, 숙종 12년 11월 19일(기해).
52 『비변사등록』 40, 숙종 12년 3월 19일.

눈이 내렸다. 일기가 매우 추워 심동(深冬)과 다르지 않았다.[53] 날씨가 춥고 1자 가까운 눈이 내려 사방을 백설로 뒤덮고 수목을 부러뜨렸다. 그래서 4월 폭설은 매우 드문 대이변이라고 했고 차가운 날씨가 마치 심추(深秋)와 같다고 했다.[54] 초여름 날씨가 마치 늦가을이나 한 겨울 같다는 말이다. 이때 전국에 서리도 연일 내렸다. 윤4월에 평안도에 서리·눈·우박이 번갈아 가며 내렸는데, 높은 산에는 눈이 겨울처럼 쌓였고, 일부 지역에는 황두만 한 우박이 1자 이상 쌓였다.[55] 이로 인해 곡묘(穀苗)가 모두 동사하고 말았다. 8월에도 전국에 서리·우박·눈·냉우가 심하게 내리고 강한 한풍이 불었다. 이때 충청도 은진 사람이 길에서 냉우를 만나 얼어 쓰러져 죽었고, 곳곳에서 농작물 피해는 물론이고 제비·학·참새가 민가로 들어갔다가 모두 동사했고, 지나가는 마필이 상해를 입고 쓰려졌다.[56] 비슷한 피해가 북쪽의 함경·강원도는 물론이고 남쪽의 전라·경상도 등 전국에서 발생했다. 심지어 제주도에서는 기르는 소와 말이 2천8백9십 마리나 얼어 죽었고, 각종 과실수 또한 고사해서 진상할 길이 없다고 했다.[57] 도미(稻米)가 여물지 않아 크기가 좁쌀처럼 작았고, 그 색깔 또한 냉해를 입어 검정색이었다. 이런 상태였기 때문에 숙종은 비망기를 내려 해마다 흉년이 들었는데, 금년에 불행하게도 바람·서리·우박·눈의 이변이 가뭄·장마가 계속된 뒤에 겹쳐 또 흉작을 모면할 수 없게 되었다고 했다.[58] 영의정 김수항도 8월에 눈이 내려 제비와 참새가 얼어 죽은 것은 과거의 역사에도 드

---

53 『숙종실록』 17, 숙종 12년 4월 1일(을유).
54 『승정원일기』 314, 숙종 12년 4월 6일(경인).
55 『숙종실록』 17, 숙종 12년 윤4월 4일(정사).
56 『숙종실록』 17, 숙종 12년 8월 16일(무진).
57 『숙종실록』 17, 숙종 12년 9월 9일(경인). 『승정원일기』 318, 숙종 12년 10월 3일(갑인).
58 『숙종실록』 17, 숙종 12년 8월 20일(임신).

문 일이라고 했다.[59] 바로 이 찬 바람·비와 눈이 야기한 이상저온이 11월까지 이어져 수온을 하강시킨 결과 이미 10일에 조업 불능 말이 나왔고, 급기야 19일에는 한강을 조기에 결빙하게 했던 것이다.

⑮ 1692년(숙종 18) 11월 12일

영의정 권대운은 흉년으로 서울 시전에 미곡이 매우 적은데 강이 일찍 얼어 선박이 들어오지 않아 도성민들이 걱정이라고 했다.[60] 11월 12일 현재 한강에 배가 들어올 수 없을 정도로 강물이 얼어 있었다.

이 해의 날씨도 봄부터 이상저온이어서 경상도 전역에 서리가 눈처럼 왔다. 여름에는 평안·함경도에 우박·서리가 연이어 왔다. 가을에는 양서·호서·관동·관북에 모두 크기가 거위나 오리의 알(卵)만 한 우박이 내렸다. 이로 인해 새나 가축이 맞으면 금방 죽었고, 동이(盆盎)도 부딪혀 부서졌다.[61] 전라도에는 이른 서리가 내렸다. 겨울에 접어들자 매서운 추위가 시작되더니 한강이 일찍 얼고 말았다. 이 추위로 동사자가 전국에서 속출했다.

2) 늦은 해빙

2월 1일 이후에 한강에 생업이 불가능할 정도로 얼음이 떠다니면 늦은 해빙 사례로 볼 수 있다. 이때에 결빙이 되어도 늦은 해빙 사례에 포함시켰다. 하나씩 살펴보자.

---

59 『숙종실록』 17, 숙종 12년 8월 21일(계유).
60 『승정원일기』 350, 숙종 18년 11월 12일(정사).
61 『숙종실록』 24, 숙종 18년 7월 30일(정축).

① 1601년(선조 34) 2월의 서울 개천 결빙 사례

2월 24일에 서울 동대문 밖 작은 개천에서 개구리가 떼로 동사했다. 전체 수량이 2석 가량 되었다. 그곳에 사는 늙은이의 목격담에 의하면, 얼음이 풀릴 때에 개구리와 물고기가 같이 죽었다. 물고기는 새들의 먹이가 되어 없고 개구리만 남았다.[62] 아마 해동기에 땅속에서 물속으로 나온 개구리가 봄철 혹한으로 냇물이 얼자 질식이나 한기로 떼죽음을 당했고, 얼음이 녹으면서 수면 위에 떠올라 발견된 것 같다. 결국 2월 말에 서울 시냇물이 혹한으로 얼었다는 말이다.

강추위는 전년부터 이어지더니 새해가 되어서도 마찬가지였다. 그로 인해 서울 주변 여러 왕릉의 잔디가 추위로 동상(凍傷)을 입었다. 급기야 2월에 서울 냇물이 얼고 말았다. 추위는 전국적으로 연중 지속되었다. 강원도는 늦은 봄 이후로 쌀쌀한 바람이 계속 불고 하늘이 흐리고 흙비가 내려 파종한 씨앗이 모두 썩어버려 전혀 싹이 나지 않았으며, 4월에는 비와 눈이 섞여 내려 산과 들이 하얗게 변했다. 그래서 강릉부사 신식은 지금 계절이 하절(夏節)인데 비상한 변이가 아닐 수 없다고 보고했다.[63] 6월에는 고성에 우박과 광풍이 북쪽에서 불어와 나무가 뽑히고 모래가 날리며 모맥이 쓰러지고 직속(稷粟)이 꺾였다.[64] 함경도의 경우 북쪽 지역에 오리알 크기의 우박이 쏟아져 반 자 가량이나 쌓였는데 온갖 곡식이 모두 손상을 입었다.[65] 전라도 경우 전주에 11월에 대설이 내렸다. 허균이 해운판관에 제수되어 충청도와 전라도에 내려와 조운을 감독했다. 전주에 있던 11월

62 『선조실록』 134, 선조 34년 2월 24일(계사).
63 『선조실록』 136, 선조 34년 4월 27일(갑오).
64 『선조실록』 139, 선조 34년 7월 3일(무술).
65 『선조실록』 141, 선조 34년 9월 18일(임자).

초하루에 대설을 보았다.[66] 이처럼 여름에 바람이 차갑고 하늘이 흐리고, 그리고 산야가 하얗게 눈이 내리고, 오리알 크기의 우박이 내렸다. 전반적으로 이상저온이었다. 이 추위의 파장은 다음 해까지 이어져 먹이 체계를 흔들어놓았다. 먹이감을 잃은 맹수들이 민가에 자주 내려왔다. 이안눌이 재상안핵사로 평안도에 갔다가 돌아오던 중 황해도 황주·서흥에 이르렀다. 거기서 그는 검수역 역졸이 아침에 호랑이에게 잡혀갔다는 말을 들었다. 당시 서흥 일대에 호랑이로 인한 재난이 많아 거유령에는 사람이 통행할 수가 없을 지경이었다.[67]

② 1670년(현종 11) 2월의 한강 장빙(藏氷) 사례

2월 1일에 현종은 동빙고와 내빙고에 얼음을 다시 저장하라고 명했다. 작년에 얼음을 저장할 때 날씨가 따뜻하여 얇은 얼음으로 겨우 채웠고 그마저도 불결했다. 그런데 이때에 이르러 날이 몹시 추워 강의 얼음이 다시 굳게 얼었기 때문에 이런 명을 내렸다.[68] 이렇게 보면 얼음이 녹아 있을 2월에 장빙을 할 정도로 한강이 단단하게 얼었다는 말인데, 그만큼 날씨가 추운 결과였다.

이 2월 강추위는 최악의 기근으로 평가받는 '경신 대기근'의 서막을 열었다. 윤2월에 서울과 경상도에 우박이 내렸다. 3월에는 평안도에 연일 서리가 내리더니 눈도 내렸다. 4월에 평안·함경·강원·경기·경상·전라도에 우박·서리가 내렸다. 5월에 평안·황해·강원·경기도에 연일 우박이 내렸는데, 반 자 가까이 쌓인 곳이 있었고 우박을 맞고 4세 아이가 즉사하고 꿩·토끼·까치가 대거 죽었다. 6·7·8월에도 전국에 우박·서리·냉우가 내

---

66 허균, 『성소부부고』 18, 「漕官紀行」.
67 이안눌, 『동악집』 5, 「關西錄」.
68 『현종실록』 18, 현종 11년 2월 1일(기미).

렸다. 도처에서 곡식이 말라 죽거나 결실을 보지 않아 전국에서 기근이 예상되었다. 경기도에서는 수박과 참외가 익지 않아 공물 분쟁이 발생했고, 함경도에서는 이른 서리로 잎이 떨어져 인삼을 찾을 수 없어 채삼이 불가능했다. 제주도에서는 서리와 눈에 죽지 않는 귤·유자·소나무·대나무 등이 마르지 않은 것이 없었다. 9월에 들어서도 여전히 냉우·우박·눈이 내렸다.[69] 이로 인해 10월부터 혹심한 겨울 추위가 시작되었다. 그래서 전라감사 吳始壽는 "기근의 참혹이 올해보다 더 심한 때가 없었고 남방의 추위도 올 겨울보다 더 심한 때가 없었습니다."라고 말했다.[70]

③ 1678년(숙종 4) 2월의 한강 늦은 해빙 사례

기영차사(畿營差使)가 양천과 금천의 현감으로 나가 있는 어의 김만직과 최성임에게 소환장을 강수반빙(江水半氷) 때문에 즉시 전달하지 못하고 다른 길로 우회한 바람에 다음날 7일에야 전달하고 말았다.[71] 양천과 금천을 가려면 한강의 공암진이나 양화진을 건너야 하는데, 2월 6일 현재 그곳 나룻배가 다닐 수 없을 정도로 한강 얼음이 녹지 않고 있었던 것이다. 이때 날씨도 이상저온이었다. 1월 말에 강원도에 대설이 내렸고, 3월 중순에는 전국 도처에 눈이 내렸다. 이런 속에서 한강 얼음의 해빙이 지연되고 있었다.

④ 1689년(숙종 15) 2월의 한강 늦은 해빙 사례

2월 2일에 사옹원은 어제 어부주인들이 강 얼음이 아직 녹지 않아 신어는 나오지 않고 구어(舊魚)는 다 떨어져 일공생선을 얻을 길이 없으니 임

---

69 김덕진, 『대기근, 조선을 뒤덮다』, 푸른역사, 2008, 106~109쪽.
70 『현종실록』 19, 현종 12년 1월 11일(계해).
71 『승정원일기』 263, 숙종 4년 2월 7일(무신).

시변통해주라고 호소했다고 보고했다.[72] 2월에 접어들었는데도 어로작업을 할 수 없을 정도로 한강 얼음이 녹지 않고 있었음을 알 수 있다. 이 무렵 기후에 관한 특이사항은 발견되지 않지만, 이때까지 완전 해빙이 되지 않았다는 것은 강추위가 겨울에서 봄까지 지속되고 있었다는 증거이다.

⑤ 1694년(숙종 20) 2월의 한강 늦은 해빙 사례

2월 20일에 중추부는 본부의 관해(官廨)가 연구퇴폐(年久頹廢)되어 보수공사에 착수했는데 강빙이 풀리지 않아 내려오는 목재가 없어 돈을 가지고도 구입할 수 없는 지경에 빠졌다 말했다.[73] 2월 하순에 이르렀는데도 뗏목이 내려올 수 없을 정도로 한강에 얼음이 남아 있었음을 알 수 있다. 이 해의 날씨도 전년 10월의 전국적인 눈에 이어 계속되는 눈과 우박으로 이상저온이었다.

3) 사례 분석

이상에서 살펴본 것처럼, 한강이 12월 1일 이전에 결빙한 경우를 '이른 결빙' 사례로, 2월 1일 이후에 얼음이 남아 있는 경우를 '늦은 해빙' 사례로 삼았다. 그러한 때가 17세기에 '이른 결빙' 사례로 15회, '늦은 해빙' 사례로 5회 발견되었다. 정상을 이탈한 '이상 결빙' 횟수가 20회에 이른 셈이다.

한강 결빙의 기상조건(일 최저기온 -10℃ 이하, 일 최고기온 0℃ 이하, 영하 최저기온 8일 이상 지속)을 감안하면, 이 무렵 서울의 기온상태가 이상저온이었음을 유추할 수 있다. 그리고 그 때마다 연중 내내 전역에 눈·우박·서리·냉우

72 『승정원일기』 333, 숙종 15년 2월 2일(경자).
73 『승정원일기』 355, 숙종 20년 2월 20일(무자).

가 내리고, 강추위가 일찍 찾아오거나 늦게까지 지속되는 등 이상저온 현상이 전국적으로 뚜렷하게 나타났다. 따라서 한강 결빙은 서울만의 일이 아니라, 전국적인 이상저온의 결과였다.

한국 역사상의 전체적인 비교분석을 하지는 않았지만, 이 20회 건수는 타 시기에 비해 높은 빈도를 보였다고 판단한다. 바로 이 점이 17세기 조선의 기후를 이전이나 이후에 비하여 이상저온으로 볼 수 있는 근거가 될 수 있다. 그러므로 이 시기 한강의 잦은 이른 결빙과 늦은 해빙은 단기적인 기상이변이 아니라 장기적인 기후변화의 산물이었다고 정리할 수 있다.

이를 연별로 나누어 보면, 한강의 '이상 결빙'이 평균 5년마다 나타났다. 실제상으로도 특정 시기에 쏠리지 않고 전 기간 내내 고루 분포한다. 이런 주기는 기후변화의 장기 지속성을 나타내주는 지표로 삼을 수 있고, 한강의 '이상 결빙'을 단순히 기상의 이변현상으로만 볼 수 없게 하기에 충분하다.

또한 이른 결빙의 사례를 월별로 나누면, 9월에 1회, 10월에 4회, 11월 초에 10회였다. 평년보다 무려 한 달 이상이나 빠른 9·10월에 생업에 지장을 초래할 정도의 상태로 한강이 무려 5회나 결빙되었다. 그리고 2월에 한강이 얼거나 2월 말까지 해빙되지 않은 때도 있었다. 이러한 사실은 이 시기 기후변화의 특징, 즉 길고 추운 겨울 날씨를 잘 보여주는 지표가 된다.

그리고 17세기에 한강이 일찍 얼고 늦게 녹아 전체적인 결빙 기간이 이전보다 길어지게 되었다. 결빙 기간의 장기화는 평균적인 결빙일과 해빙일에 맞춰서 생업을 영위해오는 사람들에게 큰 불편을 가져다주었다. 기본적으로 한강에 결빙이 형성되거나 유빙이 떠다니면 배가 다닐 수 없고 인마도 다닐 수 없다. 그러면 관령이나 공문서 전달이 지체되고, 출장 관리들의 이동도 자유롭지 못해 국가행정이 마비될 소지가 있다. 외국사신이나 국내사신의 이동이 지연되어 외교문제가 초래될 수 있고 체류비가 추가되는 문제도 발생한다. 어선이나 상선의 발이 묶여 곡물이나 상품의 이동이 정지되어 경제난이 야기될 수 있다.

3. 한강의 장기 결빙 영향

1) 사람왕래

17세기에는 한강 결빙 기간이 이전에 비해 길어졌다. 자연히 파생되는 악영향이 클 수밖에 없었다. 그런 문제들을 사람왕래와 물자운송으로 나누어 하나씩 살펴보겠다. 한강 결빙이 사람왕래 분야에 미친 영향을 공무출장, 외교사신, 일반행인, 군대이동 등으로 나누었다.

첫째, 한강 결빙이 관리들의 공무출장에 미친 영향을 살펴보자. 급히 소환된 관리가 동작진까지 올라왔다가, 한강이 일찍 결빙되어 나룻배 운행이 정지된 바람에 입성하지 못해 명령을 어겼다는 비난에 휩쓸린 적이 있었다. 비슷한 사례로 1705년(숙종 31)에 강화도 인근 송가도(松家島)의 적간을 위해 경기도사 박희진, 사복주부 한배의가 강화부로 들어가려고 내려왔다. 그런데 유시(流澌)가 바다를 막는 바람에 손돌목을 건너지 못하고 통진 쪽에서 기다리다가 날이 풀린 뒤에야 들어간 적이 있다.[74] 예년보다 일찍 형성된 유빙이 한강이나 임진강 쪽에서 흘러와 이런 차질이 빚어졌다.

반대로 얼음이 늦게 해빙되는 바람에 입성을 못하는 경우도 있었다. 1678년(숙종 4)에 기영차사가 한강을 사이에 두고 서울과 접한 양천과 금천의 현감으로 나가 있는 어의 김만직과 최성임에게 소환장을 강수반빙 때문에 즉시 전달하지 못하고 다른 길로 우회하여 다음날에야 전달하고

---

[74] 『승정원일기』 423, 숙종 31년 1월 13일(무신).

말았다. 그러자 내의원은 어의가 갑자기 부름을 당하면 강을 건너오느라고 시간이 지체되니, 이들을 육지에 접한 가까운 고을에 차임하는 것이 좋겠다는 의견을 제시했다.

둘째, 외교사신의 왕래와 관련해서 다음과 같은 일도 있었다. 명나라에서 조유격(趙遊擊)이 명 황제의 칙서를 가지고 나왔다가, 이듬해 봄에 후금이 요동을 점령하고 있기 때문에 해로로 귀국할 준비를 하고 있었다. 조유격이 날씨가 풀려 바닷길이 열렸다며 귀국을 서두르자, 광해군은 1622년(광해군 14) 1월 23일에 요즘 날씨가 매우 추워져 얼음이 더 굳게 얼었으니 계속 머물다가 상황을 봐서 가는 것이 좋다고 말했다. 한강이 해빙될 1월 말에 오히려 더 굳게 결빙되어서 이런 말이 오고 간 것이다.[75]

정묘호란 이후 후금에 가는 회답사로 김대건이 차임되어 1633년(인조 11) 2월 2일에 서울을 출발했다. 의주에 도착했는데 압록강물이 해빙되지 않고 반쯤 얼어 있어 건너지 못하고 날짜만 지체되고 있었다. 걱정이 되었는지 서울로 사실을 황급히 보고했다.[76] 위 두 사례는 한강의 문제는 아니지만, 중국의 왕조 교체기에 그렇지 않아도 매끄럽지 못한 조선과 명·후금과의 외교관계가 바다와 강의 결빙 때문에 하마터면 악화될 뻔했음을 보여준다.

셋째, 일반인들의 서울 출입도 한강 결빙의 영향을 받았다. 얼음이 얼기 시작하면 기본적으로 선박 운항이 불가능해지고, 단단하게 얼지 않으면 도보로도 한강을 건널 수 없었다. 그래서 사람들은 얼음이 단단하게 얼면 도보로 얼음 위를 걸어 한강을 건넜다. 이때 변란이 발생하거나 도적이 극성을 떨면 서울 치안에 비상이 걸리게 된다. 이와 관련에서 흉년이 들어

75 『광해군일기』 173, 광해군 14년 1월 23일(기미).
76 『승정원일기』 39, 인조 11년 2월 15일(정축).

서 도적이 대거 발생한 1541년(중종 36)에 좌변포도대장 황침이 성 안의 좀도둑은 염려할 것은 없으나, 성 밖의 동강과 서강이 얼면 반드시 서로 교통하면서 도적질을 할 것이니 걱정이 태산 같다고 말했다.[77] 한강이 얼면 도성 안 도둑과 한강 밖 도둑이 서로 후원하고 내응할 것이라는 말이다.

이와는 달리 얼음이 단단하게 얼지 않은 상태에서 무리하게 한강 위를 도보로 건너다 얼음이 깨져 익사자가 발생한 사고도 종종 있었다. 그래서 정부는 살얼음을 밟고 관진(關津)을 건너는 것을 금하게 했다. 특히 춘궁기 때에 기아자들이 타지보다 혜택이 좋은 서울 진휼소로 들어오기 위해 무리하게 한강을 건너려다 참변을 겪은 일도 있어, 나루터에 진휼소를 추가 설치해서 불상사를 막기도 했다. 이런 때를 기다려 이익을 보는 진인(津人)들도 있었다. 1438년(세종 20)의 일이다. 나루터의 관선(官船)은 몸체가 커서 얼음이 얼기 시작하면 운항이 불가능해지는데, 이때 뱃사공이 따로 경쾌한 사선(私船)을 사용해서 곡식으로 뱃삯을 받는데 행인들이 다투어 건너느라고 뱃삯을 두 배나 냈다.[78] 목선이 얼음을 깨며 운항한다는 것은 위험한 일이었지만, 급히 강을 건너야 할 손님이 줄을 서 있는 상태에서 고수입이 보장되는 일이었기 때문에 단속에도 불구하고 쉽게 중단될 수가 없었다. 이상은 언제든지 일어날 수 있는 일인데, 17세기처럼 잦은 결빙이 나타날 때에는 그 가능성이 어느 때보다 높았다.

넷째, 군대 이동도 한강 결빙의 영향을 받았다. 임진강이나 한강의 결빙이 유사시 수도방위에 결정적 영향을 미쳤다. 가령 1636년(인조 14) 12월 병자호란 때 조선 정부는 청이 수운에 약하다는 점을 고려해 강화도에 배수진을 치려고 했다. 그런데 눈이 크게 내리고 날씨가 엄청나게 추었는데,

77 『중종실록』 96, 중종 36년 11월 11일(계사).
78 『세종실록』 83, 세종 20년 11월 23일(계묘).

이때의 기상상황은 관찬서와 '병자일기'에 소상하게 묘사되어 있다. 길이 빙판이어 행차가 어렵자 인조는 길을 돌려 남한산성으로 들어갔다. 이 추위로 한강이 단단하게 얼어 청나라 군사들도 마치 탄탄대로처럼 쉽게 건너 인조를 바로 뒤따라갔다. 이 날이라면 얼음이 얕아 장빙을 못한 때도 잦은데, 이때는 그렇지 않았다. 기습적인 청군의 포위망에 수뇌부는 안절부절 못했고, 병사가 동사하고 화살이 파손되는 혹한으로 방어전은 최악의 상황이었다. 조선이 쉽게 항복한 이유가 바로 여기에 있었던 것이다.

병자호란 직후 청의 재침에 대비하기 위해 남한산성에 군량미를 비축하고 있었다. 그런데 앞에서 살핀 것처럼, 1637년(인조 15) 10월에 한강이 언 바람에 미처 옮기지 못한 곡물은 다음해를 기다릴 수밖에 없었다. 예상대로 재침했다면 큰 위기를 초래할 수 있는 상황이었다.

2) 물자운송

한강 결빙이 물자운송 분야에 미친 영향을 세곡운송, 진휼곡 운송, 상선왕래, 어선왕래 등으로 나누어 살펴보겠다.

첫째, 한강의 결빙이 세곡운송에 미친 영향을 살펴보자. 곡물은 국가의 기간물자이고, 서울은 전국의 최대 곡물 소비처이다. 그래서 서울에서 소비되는 물자 중에서 가장 중요한 것이 곡물이고, 매년 수십만 석이 소비되었다. 이 막대한 곡물은 대부분 한강을 통해서 반입되었는데, 그 절대다수는 조운선이 실어 나른 세곡이었다. 그러므로 조운 일정은 한강의 결빙과 결부되어 있었다. 조운 규정을 보면, "충청·황해도는 2월 20일 이전에 발선하여 3월 10일 내에 상납해야 하며, 전라도는 3월 15일 이전에 발선하여 4월 10일 내에 상납하여야 한다. 경상도는 3월 25일 이전에 발선하여 5월

15일 내로 상납해야 한다."[79]라고 하였다. 대체로 세곡 운송을 한강에 얼음이 얼기 이전에 마치도록 하고 못하면 얼음이 녹은 후에 하도록 했다. 만약 얼음이 일찍 얼거나 늦게 녹으면 세곡선이 한강으로 들어올 수가 없고, 그런 사태가 발생하면 서울에 곡물 대란이 발생할 수밖에 없었다.

1601년(선조 34) 1월 3일에 호조는 봉록으로 줄 곡물이 거의 바닥날 지경이었다. 그래서 해빙 뒤에 세곡선이 올라오면 이어댈 수 있을 것이라고 전망했다.[80] 당시 국가재정 상태는 왜란 뒤끝이라 어려운 형편이었다. 앞에서 언급한 것처럼, 2월 말경에 서울 개천이 얼고 말았다. 이때 서울은 물론이고 전국적으로 이상한파가 급습했는데, 한강도 늦게 해빙되었는지에 대해서는 확인할 수 없다. 만약 해빙이 지연되었다면, 그렇지 않아도 어려운 국가재정을 더욱 악화시켰을 것이다.

그런 상황이 1615년(광해군 7)에는 실제 발생했다. 호조는 경창에 저장된 쌀과 콩이 바닥났기 때문에 경기·황해·충청 3도의 전세·삼수량 등을 10월 녹봉을 나누어 주기 전에 올려 보내라고 지시했다. 그런데 녹봉을 나누어 주어야 할 기일이 며칠밖에 남지 않았는데 경기 몇 고을 이외에는 전혀 납부되지 않고 있었다. 그래서 호조는 강물이 얼어붙는 시기가 눈앞에 임박해 걱정이 태산 같다며 10월에 재차 재촉했다.[81] 그런데 11월이 되어도 경기 외에는 여전히 들어오지 않았다. 이대로 가다가는 황해·충청도 세곡은 얼음이 얼기 전에 운반하지 못할 것이라고 예상했다. 만약 그렇게 되면 녹봉은 물론이고 일일 경비도 댈 수 없는 형편이었다.[82] 이렇게 늦어진 이유는 대기근으로 세곡 수합이 지체되었던 데에 있었다. 호조의 예상

79 『속대전』, 호전, 조전.
80 『선조실록』 133, 선조 34년 1월 3일(임인).
81 『광해군일기』 96, 광해군 7년 10월 6일(기유).
82 『광해군일기』 97, 광해군 7년 11월 13일(을유).

대로 일찍 출발한 세곡선은 도착했지만, 충청도 서산·임천·결성의 세곡선은 오다가 얼음에 막혀 부평에 정지하고 말았다. 수량은 4천 석 정도에 불과하지만, 도감병의 한 달 급료 정도였다. 하는 수 없이 강 언덕의 민가에 하적하고 군인으로 하여금 지키게 했다.[83] 대기근으로 한 톨이 아쉬운 상황에서 한강이 결빙하는 바람에 그만 해빙될 때까지 기다리는 수밖에 없었다. 비슷한 사례가 앞서 살핀 1621년(광해군 13)에도 발생했다.

세곡운송과 관련된 사례를 하나 더 보자. 1625년(인조 3)에 아산창의 조운선 3척이 강화도에 이미 도착해 있는데, 11월 17일에 3운선 3척이 또 도착했다. 삼남 세곡선은 강화도 연미정에 도착해서 호조 낭청의 점검을 받은 후 경창으로 들어가는데, 한강이 이미 결빙되어 올라갈 수 없었다. 그래서 하는 수 없이 강화부에 보관했다가 해빙 후에 올려 보내도록 했다. 이때 모량미(毛糧米) 지원과 이괄의 난으로 재정수요가 폭증하고 있는 상황에서 전국에 흉년이 들어 전세를 감해주는 조치를 취했으니, 한강의 조기 결빙은 국가의 재정운영을 더욱 어렵게 한 요인이 되었다.

둘째, 시급을 요하는 진휼곡의 운송에서 한강 결빙은 치명적이었다. 기근이 들면 여기에 있는 비축곡을 저기로 옮기거나 저기에 있는 비축곡을 여기로 옮겨 진휼을 했다. 이때 신속한 운송이 관건이었다. 그래서 흉년이 들면 결빙 이전에 기근 예상지역에 미리 곡물을 운송해 놓아야 했다. 그런데 강해가 결빙되어 곡물운송이 중단되어 제때에 진휼을 못한 경우가 있었다.

서울 사례를 하나 보자. 1692년(숙종 18) 가을 농사의 흉작으로 겨울철에 접어들자 곳곳에 기근이 들었다. 강화도 비축미를 가져다 경기도 백성들에게 나누어주도록 했고, 도성 안 백성들의 굶주림도 심하니 진휼청 비축

---

83 『광해군일기』 97, 광해군 7년 11월 29일(신축).

미를 가져다 나누어주도록 했다. 그런데 앞에서 살핀 것처럼, 11월 12일에 영의정 권대운은 한강 얼음이 일찍 얼어 공사선복(公私船卜)이 들어올 수 없으니 도성민인(都城民人)들의 앞날이 걱정이라고 했다. 일분일초라도 시급한 상황에서 한강이 조기에 결빙되는 하는 바람에 곡물을 실은 선박이 서울로 오지 못해 도성민들이 심한 기근에 허덕였다. 뿐만 아니라 쌀값이 치솟아 집집마다 난리였다. 이조판서 오시복은 선혜청의 춘등공물가(春等貢物價) 절반을 시전에 내다 팔아 쌀값을 안정시키자고 건의했다.[84] 반입이 정지된 상태이기 때문에 공공 비축미를 가능한대로 풀어 쌀 수급을 조절하고 쌀값을 안정시키자는 의도였다.

셋째, 한강 결빙이 서울을 출입하는 상선의 왕래에 미친 영향을 살펴보겠다. 강이 얼면 기본적으로 선박이 움직일 수 없다. 왜인들이 가지고 온 동·납·철 등은 낙동강을 통해 운반된 후 육로로 문경을 넘고 다시 금천에서 강선에 실려 서울로 반입되었다. 그런데 강빙으로 운송이 지체된 적이 있자, 정부는 결빙기에는 가지고 오지 말도록 했는데 결빙이 되면 선박 운항이 불가능하기 때문이었다. 그래서 한강을 통해 서울로 반입되는 목재·백토(白土) 등의 원자재, 땔감 등의 계절적 수요품 등도 결빙의 영향을 받을 수밖에 없었다.

땔감의 경우, 앞에서 언급한 것처럼 한강이 일찍 어는 바람에 반입이 중단되어 군기시의 무기 제작을 어렵게 한 적이 있었다. 사옹원에서 자기번조(磁器燔造) 때에 사용하는 백토의 경우, 양구·광주·원주·진주·경주·곤양 등지에서 굴취(堀取)되어 강선이나 해선에 의해 한강을 통해 분원으로 반입되었다.[85] 이런 사정 때문에 봄에 한강이 해빙한 이후에야 번조가 시

---

84 『승정원일기』 350, 숙종 18년 11월 23일(무진).
85 송찬식, 『이조후기 수공업에 관한 연구』, 서울대학교 출판부, 1973, 85쪽.

작되었다. 만약 한강이 조기에 결빙하거나 늦게 해빙하면 자기 공급에 차질이 빚어질 수밖에 없었다. 목재의 경우, 강원도 사람들이 얼음이 얼었을 때 베어서 강 언덕에 끌어다 놓았다가 봄이나 여름철에 물이 불어나게 되면 뗏목을 만들어 떠내려 보내어 경강까지 운반하여 그것을 팔아 생업으로 삼았다. 만약 혹한으로 해빙이 지연되거나 가뭄으로 수량이 부족하면 서울의 목재 수요에 지장이 초래될 수밖에 없었다. 실제 1694년(숙종 20) 2월 20일자의 중추부 보고에 의하면, 중추부는 관해가 오래되어 퇴락하자 보수공사에 착수했는데 해빙이 지연되는 바람에 내려오는 목재가 없어 돈을 가지고도 구입할 수 없는 지경에 빠져 공사가 중단되고 말았다. 하는 수 없이 도성 밖 금표(禁標) 안의 충손송목(蟲損松木) 중에서 건축목재로 적합한 것을 베어 쓰게 해달라고 한성부에 요구했다.

넷째, 어선의 서울 출입도 한강 결빙의 영향을 받을 수밖에 없었다. 1667년(현종 8) 10월에 한강이 얼자 한강이나 서해를 무대로 하는 어선이 출항할 수 없어 포구에 묶여 있었다. 이미 멀리 나간 어선 또한 들어올 수 없어 외지에 정박했는데, 그러한 어선의 어부들은 어획물의 마땅한 소비처를 찾지 못하고 고생했을 것 같다. 이로 인해 매일매일 진상하는 생선 조달이 막혀버렸고, 민수용 생선도 고갈되기는 마찬가지였다. 유빙이 떠다녀도 어선이 왕래할 수 없었다. 1679년(숙종 5) 11월에 강물이 얼지는 않았지만, 유빙이 강에 가득 차 있어 어선의 왕래가 불가능 하다고 했다. 가까스로 나가더라도 얼음 덩어리에 막혀 그물을 제대로 내릴 수 없었다. 이는 서울의 수산물 공급에 비상을 걸리게 했다. 만약 북로가 폭설로 단절되어 북어마저 반입되지 않으면 그야말로 서울에 어물 대란이 일어날 수밖에 없었다.

결국 한강의 잦은 결빙은 조업난을 야기해 어물 품귀현상을 낳았다. 이는 어부들 생계에 크나큰 타격이었다. 서종태가 서울 교외에 퇴거해 있

던 1693년(숙종 19)에 눈이 내려 호수와 산을 하얗게 뒤덮었다. 그리고 한
강이 얼어 배의 운항이 단절되었다. 어부들이 얼음을 깨고 그물을 쳐 고
기를 잡지만, 어촌은 어획량 저조로 위기였다.[86] 어획량이 저조하면 덩달
아 고기값이 올라 물가를 자극했다. 더 큰 문제는 진상과 관련해서 발생했
는데, 강어(江魚)의 경우 매일매일 궁중에 정해진 크기와 수량의 어물을 진
상해야 했다. 그런데 덜 자란 고기가 잡히기 일쑤이고 그마저도 전혀 잡
지 못하는 날이 많아 어부들은 퇴짜를 당하고 매질을 당하는 일이 비일비
재했다. 한강 어부들은 그런 고통을 덜기 위해 잡어(雜魚)로 대신 낼 수 있
도록 요청했다. 그 책임을 맡고 있는 관리들도 문책을 당할 수밖에 없었
다. 사실 한강이 조기에 결빙한 해의 날씨는 연중 내내 가뭄·눈·서리·우
박·냉우로 한랭건조한 기후였다. 그리하여 참혹한 대기근이 들었다. 이러
한 때에 고기, 소금, 해조류 등 수산물은 기근을 구제하는 데에 곡물과 함
께 긴요한 것이다. 그런데 결빙으로 선박출입이 자유롭지 못했으니, 기근
의 여파는 심해질 수밖에 없었다.

강물은 겨울철의 일정한 날짜에 이르면 얼기 시작한다. 한강의 경우
12월 3일(음력) 무렵에 최저기온이 -10℃ 이하로, 최고기온이 0℃ 이하로
내려가면 결빙되는 것이 보통이다. 그런데 17세기에 이보다 먼저 결빙되
는 때가 잦았으니, 강추위가 일찍 찾아온 결과였다. 필자의 조사에 의하
면, 그러한 때가 15회 발견되었다. 그것을 월별로 나누면 9월에 1회, 10월
에 4회, 11월 초에 10회였다. 평년보다 무려 한 달 이상이나 빠른 9·10월

---

86 서종태, 『만정당집』 권3, 시, 「打水網魚 次致度韻」. 逢雪湖山倍覺淸, 大江氷合斷舟行. 一村
自此危機盡, 滿地風波脚踏平.

에, 그것도 생업에 지장을 초래할 정도의 상태로 한강이 빈번하게 결빙되었다. 이와는 반대로 한강은 1월 말에 완전 해빙되는 것이 보통인데, 한강 얼음이 늦게 녹거나 한강이 늦게 어는 때도 잦았다. 그러한 때로 5회가 발견되었는데, 모두 2월에 발생했다. 이는 강추위가 늦게까지 맹위를 떨친 결과였다. 이상의 이른 결빙과 늦은 해빙 모두는 서울만의 현상이 아니라 전국적인 이상저온의 결과였고, 단순한 기상이변이 아니라 지속적인 이상저온으로 인한 기후변화 때문에 야기되었다.

잦은 이른 결빙과 늦은 해빙은 결과적으로 한강의 장기 결빙을 초래했다. 한강 결빙의 기상조건을 감안하면, 이는 우리에게 당시 서울지역의 기상상태가 이상저온이었음을 짐작하게 해준다. 그리고 한강의 장기 결빙은 오랜 경험상 결빙일에 맞춰서 생업을 영위해 온 서울 사람들에게 충격을 가져다주었다. 만약 강물이 얼지 않아도 문제가 될 수 있지만, 뜻하지 않은 혹한으로 일찍 얼거나 평상일보다 늦게 해빙되면 또는 해빙기에 결빙되면 어로와 운송 및 국방 등의 면에서 큰 곤란을 겪게 된다. 결빙이 형성되거나 유빙이 떠다니면 배가 다닐 수 없고 인마도 다닐 수 없다. 그러면 관령이나 공문서 전달이 지체되고, 출장 관리들의 이동도 자유롭지 못해 국가행정이 마비될 소지가 있다. 외국사신이나 국내사신의 이동이 지연되어 외교문제가 초래될 수 있고 체류비가 추가되는 문제도 발생한다. 선박의 발이 묶여 곡물이나 상품의 이동이 정지되어 경제난이 야기될 수 있다. 계절적 수요가 있는 물품의 경우 타격이 클 수밖에 없었다. 특히 잦은 대기근으로 국가재정이 어려울 때나 진휼이 시급할 때에 발생한 결빙은 곡물 반입을 가로막아 상황을 최악으로 몰고 가기에 충분했다. 그런가 하면 어선이 출항하지 못하고 어족이 심해에 머물러 어로작업이 불가능해진다. 그러면 자연스럽게 어민들이 타격을 입고, 진상의 기일이나 품질을 지키지 못한 관료들이 문책을 받게 되었다.

5장

17세기 동해의
잦은 결빙과 그 영향

17세기에 한반도의 강과 바다가 결빙(結氷)하는 사례가 그 어느 때와 비교할 수 없을 정도로 잦았다. 바로 이 점이 당시 조선의 기후가 이상저온의 상태였다는 점을 대변하고, 당시 기후의 특징 가운데 하나로 꼽힌다. 그런데 바닷물이 어는 해빙은 강물이 어는 강빙에 비하여 저온의 상태가 더 오래 지속되어야 생성된다. 따라서 해빙의 생성은 기온과 수온의 급락 상태를 보여주는 좋은 척도가 되고, 기상관측 자료가 없는 당시 기후변화를 연구하는 데에 있어서 매우 긴요한 과학적 근거가 된다. 일반적으로 해빙은 기온이 크게 하강하면 해면이 동결되어 발생한다. 그러므로 해빙의 생성은 기온과 함께 수온이 크게 내려간 결과였다. 한국 연안의 표층수온의 경년변동과 기온의 경년변동을 비교 분석한 최근의 연구에 의하면,[1]

---

[1] 민홍식·김철호, 「한국 연안 표층수온의 경년변동과 장기변화」, 『Ocean and polar research』 28-4, KIOST, 2006, 422쪽.

양자의 상관도가 매우 높다고 설명하였다. 결론적으로 기온이 내려가면 수온이 내려가고, 그에 따라 바닷물이 언다는 말이다.

17세기에 동해(東海) 바다가 빈번하게 얼었다. 잦은 동해 결빙은 지속적인 이상저온과 한류진입에 따른 해수저온의 결과였음에 분명하고, 매우 드문 일이어서 조선사회의 여러 분야에 적지 않은 영향을 미칠 수밖에 없었다. 이러한 점들을 알아보기 위해 본고를 작성하였다. 그런데 한국사 분야에서 해수 결빙 문제는 『실록』이나 『승정원일기』와 같은 관찬사서 속의 천변재이에 대한 통계 처리 연구[2]에서도 주목을 받지 못하는 등 그동안 방치된 주제와 같았다. 다만 최근에 중국과 조선의 기후 동시성을 비교하면서 동해의 결빙 사례 9차례가 소개되었을 따름이다.[3] 이어 한강 결빙을 검토하면서 해빙의 가능성이 제시되었고,[4] 이상저온이나 해수저온으로 인한 임산공물이나 수산공물 분쟁을 검토하면서 그 전제조건의 하나로 해빙이 지적될 정도였다. 이상의 연구로 해빙에 대한 단서는 잡혔지만, 본격적인 연구는 아직까지 없다. 그런 점에서 동해를 사례로 한 본 연구는 의의가 있다고 생각한다.

여기에서는 먼저, 해빙의 해양학적 조건과 한반도 해빙 때의 기상상태를 근현대 보도자료를 통해 유추해보겠다. 이어, 동해의 결빙 사례를 수집해서 제시하고 그때마다의 기상이나 영향을 알아보고, 사례의 분석을 통해서 17세기 기후변화의 특징을 이미 여러 연구에서 지적되었지만 재차

2 이태진, 「소빙기(1500~1750년)의 천체 현상적 원인-『조선왕조실록』의 관련 기록 분석-」, 『국사관론총』 72, 국사편찬위원회, 1996. 이태진, 「소빙기(1500~1750) 천변재이 연구와 조선왕조실록」, 『역사학보』 149, 역사학회, 1996. 박권수, 「승정원일기 속의 천변재이 기록」, 『사학연구』 100, 한국사학회, 2010.
3 김문기, 「17세기 중국과 조선의 소빙기 기후변동」, 『역사와 경계』 77, 부산경남사학회, 2010, 174~176쪽.
4 김덕진, 「17세기 한강의 장기 결빙과 그 영향」, 『한국사연구』 157, 한국사연구회, 2012: 본서 제4장.

확인하고 심화해 보도록 하고, 아울러 지역적 기후의 특징도 알아보도록 하겠다. 마지막으로, 동해 결빙이 미친 영향을 정치적 영향과 경제적 영향으로 나누어 알아보겠다. 이러한 점들을 고찰하기 위해 동해 결빙 사례를 문헌을 통해 수집했지만, 1백 년에 이르는 긴 기간을 대상으로 수집하는 과정에서 누락된 사례도 있을 것이다. 또한 동해를 분석 대상으로 삼았기 때문에, 인천 부근이나 황해·평안도 연안에서 나타났지만 지엽적으로만 소개된 서해 사례를 수집하여 체계적으로 분석하지 못한 한계도 있다. 이런 미흡한 점들은 차후 보강할 계획이다.

1. 동해 결빙과 기온

한반도의 경우 겨울에 대륙으로부터 불어오는 북서계절풍이 해면을 냉각시키고, 그 위에 한류가 흘러 들어와 해수온도를 급락시킨다. 해수온도가 급락하면 바닷물이 해면부터 얼기 시작한다. 최근의 두 사례를 살펴보자.

2011년 1월 16일, 부산의 최저기온이 -12.8℃를 기록하였다. 이때 추위는 1915년 -14℃ 이후 96년 만의 강추위였다. '따뜻한 남쪽지방' 부산이 동장군 위엄 앞에 꽁꽁 얼었다. 한 세기만의 한파 공습에 바다마저 얼고 말았다. 부산 오륙도와 통영 앞바다가 일부 얼었다. 바닷물의 흐름이 느린 오륙도 바위틈이 이날 얼음으로 하얗게 변하였다. 한 어민은 "한평생 바닷가에서 살아오면서 바다가 어는 걸 처음 봤다."라고 언론에 인터뷰하였다.[5] 기온이 -12.8℃까지 내려가면서 부산 앞바다 바위틈에 살얼음이 얼고

---

5 『중앙일보』, 2011. 1. 17.

말았음을 알 수 있다. 살얼음이었기에 두드러진 피해는 발생하지 않았지만, 두꺼운 얼음이었다면 상황은 분명 달라질 수밖에 없었다.

2023년 1월 25일, 충남 서산의 가로림만 앞바다가 꽁꽁 얼어 온통 하얀 얼음으로 뒤덮이고 넘실대던 파도는 흔적도 없이 사라지고 말았다. 정박한 배들이 얼음에 갇혀 꼼짝도 못하면서 조업은 아예 중단되었다. 감태나 양식장 조업도 어려워져 어민들의 피해가 커진다고 하였다. 이때 대전은 -17.7℃로 지난 73년 이후 50년 만에 가장 추운 날씨를 보였다.[6]

그러면 바닷물의 온도가 어느 정도 내려가야 바닷물이 얼까? 순수한 물은 수온 0℃에서 얼지만, 바닷물은 염류 때문에 0℃ 이하에서 언다. 그러므로 강물이 얼었을 때보다, 바닷물이 얼었을 때에 기온은 더 내려간다. 해수의 빙점은 염도(鹽度)에 따라 다소 다르다. 염도란 해수 중에 포함되어 있는 염류의 농도를 말하는데, 연안이나 대양 또는 강수량이나 증발량에 따라 약간 차이가 난다. 그리하여 염도가 2%이면 빙점이 -1℃이고, 4%이면 -2℃이다.[7] 수온이 -1~-2℃ 이하로 내려가야 바닷물이 언다는 말인데, 그렇다고 바로 어는 것은 아니다. 비록 얼음점에 도달하여도 파도가 있으면 얼지 않고 과냉각 상태로 있는 것이 보통이다.[8]

한편, 북한이나 러시아 연안에서 생성되어서 연안을 따라 남하한 북한한류는 1월(늦은 겨울이나 이른 봄)부터 남하하기 시작하면서 수송량이 증가하다가, 3~5월경에 피크를 이뤄 감소한 후 다시 증가하여 8~9월경에 최대에 이른다.[9] 1월에 이르면 북쪽 한류가 본격적으로 동해로 유입된다는 말

6　TJB·연합뉴스, 2023년 1월 25일 뉴스.

7　크리스티안-디트리히 쇤비제 지음, 김종규 옮김, 『기후학』, 시그마프레스, 2006, 254쪽.

8　설동일, 『해양기상학』, 다솜출판사, 2006, 168쪽.

9　김영호·민홍식, 「동해 재분석 자료에 나타난 북한한류의 계절 및 경년변동성」, 『Ocean and polar research』 30-1, KIOST, 2008.

이다. 이로 인해 동해의 경우 2월에 최저수온을 기록하는데, 이때 연해주의 블라디보스토크 연안의 수온이 0℃까지 내려가고, 밑으로 갈수록 올라가 함경도와 강원도 경계선 부근은 5℃ 정도 유지된다.[10] 이렇게 보면, 이론적으로는 한반도 인근 바다는 얼지 않는 것이 보통이다. 시베리아와 가까운 함경북도는 혹 몰라도 그 아래의 함경남도, 강원도 해역은 더더욱 그러하다. 그럼에도 불구하고 바다가 결빙한 경우가 함경남도와 강원도의 동해에서 나타났다.

그러면 기온이 어느 정도 되어야 표층수온이 -1~-2℃ 이하로 내려가 바다를 얼게 할까? 일반적으로 기온이 -10℃ 아래로 떨어진 날이 지속되면 해면을 결빙시킨다고 한다. 그렇지만 -10℃ 아래로 떨어져도 곧바로 바닷물이 어는 것은 아니다. 수심이 얕거나 민물이 섞이면 좀 더 쉽게 얼 수 있지만, 그렇지 않으면 그보다 훨씬 더 내려가야 언다. 구체적인 사례를 근현대 신문자료를 통해서 알아보겠다.

먼저, 서해의 한 사례를 보자. 1963년 1월에 서울의 아침기온이 -18.4℃까지 떨어지면서, 인천항이 얼어붙었다. 25일 상오 썰물 때에 얼음판이 인천 항구를 뒤덮었을 뿐만 아니라, 월미도·소월미도를 건너 영종도·작약도 일대까지 잇닿아 깔려 있고 해수욕장이 있는 송도 해안 일대도 허옇게 얼어붙어 있었다. 이로 인해 내항의 여러 부두에는 수많은 여객선과 기타 각종 선박의 발이 묶여 있었다.[11] 이 해빙은 28일에야 풀려 선박을 다시 움직이게 하였다. 4일간 인천항이 얼었던 것이다.

이어, 동해의 세 사례를 보자. ㉮ 1926년 1월에 함경북도 성진항이 개항 이래 처음 결빙되었다. 성진 기온이 급속하게 저하되어 -15℃ 이하가

10 설동일, 『해양기상학』, 다솜출판사, 2006, 29~30쪽.
11 『동아일보』, 1963. 1. 25.

되더니 20일 밤부터 바닷물이 얼기 시작하였다. 이로 인해 항구 안의 여러 선박의 출입이 주간에는 다소 가능하더니 야간에는 곤란한 상황이었다.[12] ㉯ 한반도 북단의 함북 웅기에 1929년 1월 20일부터 날씨가 급변하여 연 3일간 혹한이 지속되더니, 매일 근래 보기 드문 -17·-18℃의 기온을 기록하였다. 이로 인해 바닷물에 두께 9촌 이상의 문짝 같은 빙판이 2리(里) 가량 형성되었다. 사람의 통행까지 가능할 정도여서 선박의 출입은 엄두도 못 내었다.[13] ㉰ 1936년 1월 21일에 -20℃ 내외를 기록하더니, 함북 청진항이 3촌 두께로 얼어 선박 출입이 두절되었다. 이리하여 어항 사무소에서는 쇄빙선을 동원해서 쇄빙을 했다.[14] 이때 청진 위에 있는 나진항도 결빙되었고, 아래에 있는 원산항도 결빙되어 어선과 소기선은 물론이고 2·3천 톤급 대기선도 출입이 두절되었는데 원산 선박들은 강원도로 내려와 머물러 있었다.

이렇게 보면, 근대시대 동해 결빙은 기온이 -15℃에 이르면 얕게 나타나고, -17·-18℃ 이하로 내려가면 상당히 두텁게 나타남을 알 수 있다. 그리고 그 시기는 대체로 1월 하순이었으나, 2월에 해수온도가 최저점에 이른다는 점을 감안하면 2월 결빙도 배제할 수 없다. 이 날자를 음력으로 환산하면 12월에서 1월 사이에 해당된다. 또한 결빙 기간은 수일 정도에 그쳤다. 선박의 운항이 불가능할 정도로 두껍게 결빙되었지만, 수일이 지나면 풀려 곧 정상으로 돌아갔던 것이다. 이상의 선지식을 토대로 조선시대 동해의 결빙 사례를 들여다보자.

12 『동아일보』, 1926. 1. 28.
13 『동아일보』, 1929. 1. 31.
14 『동아일보』, 1936. 1. 24.

2. 동해의 결빙 사례

1) 결빙 사례

현재 조선시대 이전의 해수결빙 사례는 발견되지 않는다. 그렇다고 없다고 보장할 수는 없을 것이다. 반면에 조선시대의 사례는 여럿 발견된다. 그중에서 동해 결빙 사례를 수집하여 소개하면 다음과 같다.

① 1554년(명종 9) 12월 30일(음력, 이하 모두 동일)

함경도 관찰사 김광진이 올 겨울은 기후가 이상하여 10월부터 12월 그믐까지 한 번도 눈이 내리지 않고 거센 바람만 날마다 불어 땅이 건조해지고 도로가 갈라졌으며, 심한 추위가 예년보다 배나 더 춥다고 보고하였다. 그러면서 바닷가의 짠 바닷물이 예년에는 얼음이 얼지 않던 곳에서 더러는 4~5리 더러는 2~3리씩 굳게 얼어 그 위로 인마(人馬)가 통행한다고 하였다. 바닷가에 사는 노인들이 모두 '근고에 없던 일로서 매우 해괴하다'고 했다는 말까지 보고서에 담았다.[15] 구체적인 지점은 알 수 없지만, 12월 말쯤에 함경도 연안이 인마가 통행할 정도로 단단하게 그리고 길이가 4~5리에 이를 정도로 길게 얼었음을 알 수 있다. 실록 편찬자도 "춘추(春秋)에는 2백 년 동안의 재변을 적어 놓았는데도 바닷물이 얼었음을 말한 것은 없었으니, 이는 옛적에도 드문 변이다."[16]라고 기록한 것으로 보아, 이번 해빙은 대형으로 조선 개국 이래 초유의 사태였던 것 같다.

---

15 『명종실록』17, 명종 9년 12월 30일(병신). 咸鏡道觀察使金光軫狀啓曰 今年冬氣候異常 自十月至十二月之終 一不雨雪 盲風逐日 土脈乾燥 途路拆裂 沍寒倍常. 至於海汀醎水 例不合氷之處 或四五里或二三里 凍合堅凝 人馬通行. 海邊古老人等皆言 近古所無 極爲駭怪云.
16 『명종실록』18, 명종 10년 1월 23일(기미).

② 1565년(명종 20) 2월 7일

실록에 강원도 삼척의 해수가 얼어서 9일에 이르러서야 풀렸다고 기록되어 있다.[17] 2월 7일부터 9일까지 3일간 삼척 바닷물이 얼었음을 알 수 있다. 이를 두고 지난 겨울 이래로 음양이 절도를 잃어 항상 춥다가 동해 바다가 봄에 얼음이 얼었다고 한 것으로 보아,[18] 이번 봄철 해빙은 지난 겨울 추위의 연장선이었던 것 같다.

③ 1599년(선조 32) 1~2월

함경도 연안이 얼었다. 북도병사 이일이 "본도는 대해의 연안이라 아무리 추운 해라도 바다에 얼음이 언 때가 없었는데 금년 정월 이후부터 2월 초까지 잠시 동안 얼음이 얼어 육지의 얼음과 다름이 없으므로 고기잡는 배가 통행하지 못하였으니, 변괴가 비상합니다."고 보고하였다.[19] 1월 말부터 2월 초까지 상당히 여러 날 해빙이 지속되었음을 알 수 있다. 북병영은 경성에 있기 때문에, 이 부근 해역이 결빙되었을 것 같다.

이 해의 기상상황과 그 영향을 들지 않을 수 없다. 전년 12월은 줄곧 사방에 온종일 안개가 끼는 날씨였다. 이듬해 1599년 1·2월 일기도 사방에 안개가 긴 날이 잦았다. 기온이 하강할 수밖에 없는 기상조건이었다. 여기에 북극 한류가 내려와 함경도 해수가 결빙되었던 것 같다. 가뭄이 극심한 가운데 8월 도처에 서리가 내렸던 것도 이상저온의 영향이었음에 분명하다. 특히 경상도의 경우 8월 서리가 겨울철보다 심해 아직 익지 않은 화곡

---

17 『명종실록』 31, 명종 20년 2월 7일(갑술). 江原道三陟 海水氷 至初九日 乃解.

18 『명종실록』 31, 명종 20년 3월 15일(임자).

19 『선조실록』 109, 선조 32년 2월 29일(정축). 北兵使李鎰馳啓曰 本道濱於大海 雖極寒之歲 未有合氷之時. 今年正月以後 至二月之初 海水一息許氷堅 與陸氷無異 漁採之船 不得通行. 變異非常事.

과 목맥(木麥)이 모두 냉해를 입었다.[20] 자연히 대흉작이 들어 세곡이 소량에 불과하지만, 그마저도 11월 6일 현재 한강이 이미 얼어 있어 선운(船運)을 할 수 없는 상황에 이르고 말았다.[21] 이상저온으로 조기에 한강이 결빙되어 전란으로 어려운 국가재정을 더욱 어렵게 만들었던 것이다. 결국 당시의 지속적인 기온 하강으로 경성 부근에 해빙이 일어났던 것이다.

④ 1655년(효종 6) 3월 초

강원도 양양·강릉·삼척의 해수가 3일 동안이나 합빙(合氷)되었다.[22] 양양-강릉-삼척을 잇는 넓은 해역에 그것도 화창한 늦봄 3월에 해빙이 형성되었다. 이는 비록 3일에 불과하지만 충격적이었다. 전년 연말에 함경도 해역에 형성된 냉수대가 내려와 봄 혹한과 겹쳐 나타난 결과임에 분명하다. 이런 점 때문에 『증보문헌비고』 해이조(海異條)에 이 일이 한국사상 유일한 해빙 사례로 수록되었는데, "효종 5년 봄에 삼척 해수가 3일간 빙합되었고, 강릉·양양 해수가 2일간 빙합되었다."고 기록되어 있다. 이와 똑 같은 기록을 심지원도 영의정 사직 차자에 남겼는데, 삼척의 바다가 3일간 얼었고 계속해서 강릉·양양 바다도 얼어 2일간 이어졌다고 했다.[23] 한꺼번에 형성된 해빙이 강릉·양양 바다에 2일간 지속되었지만, 그 남쪽 삼척 바다는 오히려 하루 더 걸려 3일간 지속되었음을 알 수 있다. 특히 삼척은 1백 년 만에 해빙이 재발된 곳이었으니, 지역적 특성이 작용한 것 같다.

사실 이 강원도 동해의 결빙은 전후 계속된 이상저온의 결과였다. 이

---

20 『선조실록』 117, 선조 32년 9월 1일(정미).
21 『선조실록』 119, 선조 32년 11월 6일(신해).
22 『효종실록』 14, 효종 6년 3월 3일(무자). 江原道 江陵襄陽三陟海水 三日合氷 道臣以聞.
23 심지원, 『만사고』 1, 차, 「因東海合冰 乞免箚」.

미 앞에서 언급된 것처럼, 전년 11월 6일 예년보다 일찍 큰 추위가 찾아왔다. 그 여파로 함경도에 12월 2일 대설이 와서 동사한 사람이 있었고, 22일에는 대설로 압사한 사람이 있었다. 28일에는 대설로 사람 통행이 불가능한 가운데 경성에서는 '해수미일(海水瀰溢)'이라 하여 해수가 넘쳤다.[24] 해수가 넘쳤다는 말은 폭설을 동반한 기온 급강하로 바닷물이 얼기 직전에 포말 상태로 변해 파도가 치자 육지로 부유물처럼 밀려왔던 것 같다. 해수포말이나 해빙파편이 서로 부딪히거나 육지를 때리면 지진이 일어난 것처럼 진동이 발생하는데, 이를 해뢰(海雷)라고 하고 이 현상이 이 무렵 종종 일어나고 있었다. 아무튼 이 해 겨울 날씨는 길고 독해 기록적이었다. 바로 이 혹한이 남쪽으로 내려가 남방의 대나무가 대거 동사하는 사태를 내고 말았다. 새해 1655년 3월에는 산설(山雪)이 여전한 가운데 서울과 전주에 눈이 내렸다. 급기야 강원도 양양·강릉·삼척에서 바닷물이 사흘 동안 얼었다. 기온이 -15℃ 이하로 내려갔을 것이다. 이 추위는 계속 되어 이틀 뒤에 서울에 눈을 내리게 하였다. 여름 4월에 평안·함경도에 눈이 내렸다. 5월에는 제주도에 대설이 내려 국마 9백여 필이 죽었고, 전국에 진한 서리도 내렸다. 제주 대설(大雪)은 한반도와 그 주변 전체의 기온이 급락한 증거이다. 이 무렵 서리도 최다 빈도로 내렸으니,[25] 여름철 서리와 눈이 내리는 현상이 나타났던 것인데, 이는 이 시기 날씨의 특징 가운데 하나로 지적될 수 있다. 얼마나 추었던 지 영의정 이시백은 근래 일기가 매우 추워 민간의 하층민들이 아직도 오의를 벗지 않고 있다고 했다.[26] 사람들이 여름철인데도 두터운 겨울옷을 아직까지 벗지 않고 입고 있었

---

24 『승정원일기』 133, 효종 5년 12월 28일(갑신).

25 김일권, 「『승정원일기』(1623~1910)의 조선후기 서리(霜) 기상기록 연구」, 『조선시대사학보』 87, 2018, 307쪽.

26 『승정원일기』 135, 효종 6년 5월 19일(임인). 李時白曰 近來日氣甚寒 閭閻下賤 尙未脫襖衣.

던 것이다. 3~6월 전염병이 전국 도처에서 극성을 부려 많은 사망자를 냈으니, 일기가 뒤틀려 면역력을 잃은 결과였다. 가을 7월 청도군에 우박과 눈이 교대로 내리자 한 겨울에도 눈이 없는 경상도에 이 무슨 변이냐고 했다. 평안도 평원에 있던 신혼은 12월에 겨울 추위를 읊은 시에서 늦은 봄 동해의 결빙은 지금까지 없던 재해이고 금년 추위는 사람들이 이길 수 없다고 했다. 그러면서 평안도 사람들이 목면을 다량 재배하여 노인과 어린애를 보존할 수 있다고 했으니,[27] 북쪽 지방 사람들도 혹한에 대비하기 위해 보온력이 높은 목면 재배에 치중했음을 알 수 있다. 이 무렵 날씨는 연중 내내 이상저온이기도 하지만 특히 겨울 추위가 오래가며 매서웠다. 그래서 영돈녕부사 김육은 요즘 날씨는 겨울철에는 추운 날이 많고 따뜻한 날이 적다고 말하였다.[28]

⑤ 1659년(효종 10) 윤3월 10일

강원도 삼척의 해수가 결빙되었다.[29] 삼척 바닷물이 4년만에 또 얼었다. 결빙 강도나 기간에 대한 언급은 없지만, 시기가 윤3월이기 때문에 역시 충격적일 수밖에 없었다. 이 무렵 날씨도 전례 없이 변덕스럽고 추웠다. 자세한 이야기는 뒤에서 하겠다.

---

27 신혼, 『초암집』 6, 서관록(하), 「苦寒行」. 暮春東海永不開(是年三月 關東海水成氷), 自古以來無此災, 比年苦寒民不堪, 無乃皇天運自催, 西人秋熟多木綿, 平居得保耆與孩, 南人歲歉不得衣, 肉凍骨折良可哀(是年 三南大歉 兩西稍豊), 夜長天黑無燭龍, 直愁西北崆峒摧, 杲杲朝日東方來.

28 『효종실록』 17, 효종 7년 9월 15일(경신). 領敦寧府事金堉上箚曰 (중략) 三冬之內 多寒少溫 凍木未盡乾 塗墍尙留濕.

29 『효종실록』 21, 효종 10년 윤3월 10일(경오). 江原道三陟府, 海水氷.

⑥ 1697년(숙종 23) 3월

함경감사는 경성의 해수가 결빙되어 물고기가 죽었다고 보고하였다.[30] 경성 해역이 1백여 년 만에 다시 결빙하였다. 물고기가 죽은 것으로 보아, 상당히 여러 날 제법 두껍게 얼어 산소 부족으로 질식사 하였던 것 같다. 그만큼 기온이 급강하였음에 분명하다.

이 무렵 날씨는 불순의 연속이었다. 전년에 옥동 이서가 지은 시를 보면

저 풀과 나무를 시들게 하지 말고	莫枯彼草木
저 시내와 연못을 마르게 하지 마라	莫涸彼淵川
비바람 고르지도 순탄하지도 않고	風雨無調順
추위와 더위 앞 뒤 순서를 잃어	寒溫失後先
흉년 주린 해 지금 벌써 십년이고	飢荒今十載
돌림병 휩쓴 지도 또 벌써 삼년	疫癘又三年
백성이나 미물들이 그 무슨 죄 있기에	民物其奚
저 높은 하늘은 그저 아득하지만 하나	漠乎彼上天[31]

라고 하여, 일기 불순에 기근 10년, 역병 3년 형세였다. 기근 10년 가운데 매우 참혹한 기근으로 알려진 '을병 대기근'이 들어 있다. 1697년 날씨도 눈은 오지 않았지만, 보리가 고사할 정도로 혹독한 추위가 지속되었다. 그러던 3월에 서울에 눈이 왔고, 바로 이어 경성 해수가 얼었다. 경성 해수를 결빙시킨 찬 공기는 남하해 3·4월에 곳곳에 서리·눈·우박을 내리게 하였다. 특히 지리산에 눈이 두껍게 쌓이더니 날씨가 추워져 추동(秋冬)과

---

30 『승정원일기』 370, 숙종 23년 3월 4일(을묘). 咸鏡監司書目 鏡城呈 以海水合氷 海魚自死 事係異常事.

31 이서, 『홍도유고』 2, 시, 「哀人物」. 윤재환, 「옥동 이서의 사회시를 통해 본 조선조 도학자 사회시의 일양상」, 『한국실학연구』 26, 한국실학학회, 2013, 268쪽.

같았다. 또한 음무(陰霧)가 개이지 않아 보리가 이삭을 펴지 못하고 말라 죽어갔다. 전체적으로 이상저온이었음을 알 수 있다. 이듬해 봄에 전라도에 내려간 암행어사 최창대는 지난 겨울의 혹한으로 청대죽이 대거 고사해 있다고 보고하였다. 당연히 청대죽 공물 분쟁이 일어나지 않을 수 없었다.

⑦ 1708년(숙종 34) 12월 초

강원도 해수가 합빙되었다. 너비가 50리 가량 되고 길이는 고성 북쪽에서 함경도 경계까지였는데, 이듬해 1709년(숙종 35) 1월 10일경에 이르러서야 풀렸다.[32] 해수합빙이 수일간 지속되는 것이 보통이었는데, 이때는 무려 한 달 이상이나 이어졌다. 그리고 범위도 강원도의 고성에서 통천·흡곡까지 넓은 지역에 이르렀다. 매섭고 오래 지속된 추위 결과였음에 분명한데, 이 시기 날씨 특징 가운데 하나이다.

이 추위는 수년 전부터 계속 되었다. 1705년(숙종 31) 3월에 대설이 연이어 내려 날씨가 매우 추었다. 이를 이관명은 숙종 행장에 "乙酉春大雪 敎日自古灾異之作"이라고 적었다.[33] 1706년(숙종 32) 4월에 경기·강원도에 서리·우박이 내리고 땅이 얼었다. 1707년(숙종 33) 5월에 우의정 이이명은 근래 기후가 괴상하여 마포옷 같은 여름옷을 입는 계절에 사람들이 솜옷 같은 겨울옷을 입고 있다고 말했다.[34] 이상저온은 1708년(숙종 34)에 들어서도 계속되었다. 2월 10일인데도 한강은 반동반해(半凍半解) 상태였다. 해가 빛을 잃은 날이 많은 가운데, 12월 고성 이북 3읍에 많은 눈이 내렸고,

---

32 『숙종실록』 47, 숙종 35년 1월 10일(임오).

33 이관명, 『병산집』 9, 행장, 「肅宗大王行狀」.

34 『승정원일기』 435, 숙종 33년 5월 10일(신유). 右議政李頤命箚曰 (중략) 近者星辰雪雹之異 俱係驚心 況氣候乖常 絡繹之節 民猶挾纊 京師之疫死者 不知其幾萬人矣.

해수가 결빙되어 이듬해 1월까지 지속되었다.

⑧ 1709년(숙종 35) 6월

강원도 간성의 바닷물이 얼어, 너비가 10여 발(把) 가량이나 되고 종이처럼 두꺼웠다.[35] 정호가 권상하에게 보낸 편지에 의하면, 간성·울진의 해수가 6월에 얼었다고 하면서, 이런 일이 전에도 있었는지 모르겠으며 전사(前史)에 혹 찾을 만한 기록이 있는지 가르쳐 달라고 부탁하였다.[36] 이렇게 보면 고성까지 내려온 해빙이 1월에 풀렸다가, 6월에 바로 아래 간성에서 재발하였음을 알 수 있다. 그리고 간성 해빙 때에 강원도 남단 울진(현재는 경상북도)의 해수도 결빙되었는데, 간성에서 울진까지 따로 연결되었는지 아니면 간성과 울진에서만 각각 나타났는지에 대해서는 확인할 길은 없지만, 전자로 보여진다.

이 역시 수년 전부터 계속되는 이상저온의 결과였다. 2월에 날마다 큰 눈이 내리고 추위가 살을 에는 듯했다. 6월에 간성·울진 해수가 얼었다. 비록 넓이와 두께가 얇아 강력하지는 않지만, 6월 해빙은 충격적이있다. 긱정하는 목소리가 들끓었다. 특히 동해 어족이 서해로 이동해서였다. 이런 속에서 동해안 어황이 좋지 않아 공어분쟁(貢魚紛爭)이 잦아졌다. 7월에 7월삭 진상어를 봉상하지 못해 흡곡·통천·고성·간성·양양 등 5읍 수령이 대규모로 문책을 받았고, 함경·강원감사도 연이어 문책을 받고 교체되었다. 이 해에 강화해협도 결빙되었다. 훈련대장 이기하가 행부호군 조태구와 함께 축성 계획을 수립하기 위해 1월에 강화도에 들어갔다가 2월에 나와 순찰 결과를 보고하였다. 그때 그는 엄동을 만나면 갑곶이하는 얼음 덩어리

---

35 『숙종실록』 47, 숙종 35년 7월 21일(경인). 江原道 杆城海水 六月成氷 廣可十餘把 厚如紙.
36 정호, 『장암집』 10, 서, 「與逐庵書」.

가 길을 막아 뱃길이 불통되지 않은 해가 없다고 하였다. 여기까지만 두고 보면, 강화해협은 한강이나 임진강에서 내려오는 유빙으로 거의 매년 배가 다닐 수 없었음을 알 수 있다. 실제 병자호란 때에 청군이 세자 일행이 머물고 있는 강화도로 들어가겠다고 큰 소리쳤다가 빙시 때문에 지체된 적이 있다. 그런데 이기하는 지난 겨울에는 통할 수 없는 날이 무려 60여 일에 이른다고 했다.[37] 이렇게 보면, 대략 12월에서 1월까지 두 달 가까이 강화해협이 얼음으로 가득 차 있었음에 분명하다. 아마 이런 경우는 매우 드물 텐데, 바로 이때에 우리가 앞에서 살핀 동해 결빙(⑦번 사례)이 있었다. 그래서 조태억은 근래 천재시변(天災時變)이 매우 심하다고 하지만 동해의 물과 갑곶의 나루가 모두 어는 일은 역사서에 없을 것이라고 말하였다.[38]

⑨ 1742년(영조 18) 12월 30일

실록에 함경도 경성의 바다물이 1백여 리 얼어 배가 다니지 못한 날이 5·6일이었다고 기록되어 있다.[39] 길이가 1백여 리 이고, 배가 불통한 지가 5·6일이었던 것으로 보아, 이번 해빙은 위력이 상당히 강한 것이었음을 알 수 있다.

⑩ 1810년(순조 10) 1월 27일

함경감사 조윤대는 지난 겨울의 맹렬한 추위는 근래에 없었다고 하면

37 『승정원일기』 446, 숙종 35년 2월 9일(경술). 자연도~강화도 덕포 30리 수로는 매우 좁아서 한겨울에는 혹 얼어 막히게 되나 며칠 지나지 않아서 녹아 흐르므로 오히려 경쾌선(輕快船)은 다닐 수 있고, 제물도~자연도 태평암 10리 사이에 얼음이 녹아 흐를 때에는 역시 배가 통하지 못한 적이 없다는 병조판서 원두표의 말로 보아(『효종실록』 14, 효종 6년 1월 17일), 1709년(숙종 35)의 강화해협 결빙은 강도가 매우 컸음을 알 수 있다.
38 『승정원일기』 446, 숙종 35년 1월 27일(기해).
39 『영조실록』 56, 영조 18년 12월 30일(을묘). 咸鏡道鏡城 海水百餘里氷合 舟楫不通者五六日.

서, "북쪽 변방은 더욱더 심해서 바다 가까운 연안에 얼음이 얼지 않은 곳이 없어서 사람과 가축이 통행하였는데, 이는 바로 3, 40년 동안 없었던 일이었습니다."라고 말했다.[40] 지난 해 겨울의 매서운 추위 여파로 함경도 북쪽 지역 바다가 죄다 얼어서 사람과 가축이 얼음 위로 통행했음을 알 수 있다. 함경도 안에서 북색(北塞)이라면 경성 부근일 가능성이 높아 보인다.

2) 사례 분석

이상에서 살펴보았듯이, 조선시대의 동해 결빙 사례로 총 10건이 발견되었다. 그것을 정리하면 다음과 같다.

① 1555년(명종 10) 1월, 함경도

② 1565년(명종 20) 2월, 강원도 삼척

③ 1599년(선조 32) 2월, 함경도 경성

④ 1655년(효종 6) 3월, 강원도 양양·강릉·삼척

⑤ 1659년(효종 10) 윤3월, 강원도 삼척

⑥ 1697년(숙종 23) 3월, 함경도 경성

⑦ 1708년(숙종 34) 12월, 강원도 고성 이북

⑧ 1709년(숙종 35) 6월, 강원도 간성·(삼척)·울진

⑨ 1742년(영조 18) 12월, 함경도 경성

⑩ 1810년(순조 10) 1월, 함경도 (경성)

이상의 해빙이 발생한 지역을 보면, 지도에 보이는 것처럼 상한선은 함경도 경성이고, 하한선은 강원도 울진이었다. 그 가운데 함경도 경성과 강

---

40 『순조실록』13, 순조 10년 1월 27일(임오). 咸鏡監司曺允大啓 (중략) 北塞尤酷 大海近岸之處 無不堅氷 人畜通行 此乃三四十年未有之事.

원도 삼척에서 집중적으로 나타났다. 조선 전 시기를 보면, 이 두 지역에서 각각 4회씩 나타났다. 이는 이 지역의 기온과 해수온도가 타지에 비해 유독 낮았음을 짐작하게 해준다. 아니면 염도가 빙점에 영향을 준다는 점을 감안하면, 이 해역의 염도가 낮았던 것 같기도 하다. 이러한 추측은 특히 삼척의 경우 대설이 자주 내리는 지역이라는 점을 감안하면 그 가능성을 배제할 수 없다. 실제 강릉과 속초 지역은 우리나라 대표적인 다설 지역이다. 1982년부터 1991년까지 10년 동안 남한내 모든 기상 관측소의 강설자료로부터 대설 빈도와 지역적 특성을 분석한 연구에 의하면, 우리나라에서 대설 빈도가 가장 높고, 누적 적설량이 가장 많은 곳은 대관령을 중심으로 한 강릉·속초 일대였다.[41] 그리고 1971~2013년 동해 연안해역 표면수온을 분석한 연구에 의하면, 속초 연안해역의 표면수온이 다른 지역에 비해 가장 낮았고, 최저를 나타날 때는 양력 2월이었고 그 다음이 1월이었다.[42] 이런 양상은 17세기에도 마찬가지였을 것이고, 그렇기 때문에 속초 해역에서 음력 12~1월에 빈번하게 결빙이 나타났을 것으로 보여진다.

---

[41] 전종갑·이동규·이현아, 「우리 나라에서 발생한 대설에 관한 연구」, 『Asia-Pacific Journal of Atmospheric Sciences』 30-1, 한국기상학회, 1994, 98쪽.

[42] 김상우·임진욱·윤병선·정희동·장성호, 「동해 연안해역 표면수온의 장기 시계열변화」, 『해양환경안전학회지』 20-6, 해양환경안전학회, 2014, 603쪽.

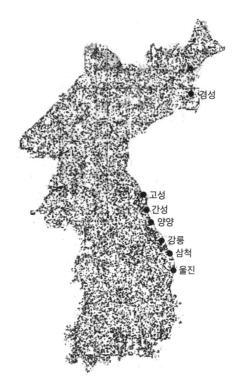

조선시대 동해 결빙 지역(대동여지도)

이상의 동해 결빙 사례를 통해 필자가 밝히고자 하는 바는 17세기 기후의 특징과 동해의 기온에 대한 것이다. 이를 위해 위 사례를 분석한 결과 다음과 같은 점을 알게 되었다.

첫째, 동해 결빙 건수가 16세기가 3건, 17세기가 3건, 18세기가 3건, 19세기가 1건이다. 그런데 자세히 살펴보면 17세기와 그 인접 시기가 절반을 넘는 6건을 차지한다. 17세기가 압도적으로 높은 빈도수를 보인다고 정리해도 큰 무리는 아닐 것이다. 이는 17세기 기후가 그만큼 이상저온이었다는 점을 대변한다. 해빙이 -15℃ 이하에서 발생한다는 점을 감안하면, 이상저온의 강도를 짐작하고도 남는다. 실제 해빙이 나타난 해는 전례 없

기후·날씨의 조선경제사

는 이상저온의 날씨였다. 그 때마다 혹한이 찾아오고 대설이 내렸는데, 녹은 냉수가 바다에 유입되어 해수의 냉각을 부채질했다. 특히 ④번 사례가 나타난 1655년(효종 6)의 경우 5월인데도 겨울옷을 입을 정도로 연중 내내 이상저온이었고, ⑦번 사례가 나타나기 전 1707년(숙종 33)에는 여름철인데도 사람들이 솜옷을 입고 있을 정도였다.

한편, 청나라의 담천(談遷)이 1653년 북경을 가기 위해 항주를 출발해서 9월 29일 천진에 도착했는데, 그곳의 해하(海河)가 얼기 시작했다. 10월 1일이 되자 해하가 더욱 꽁꽁 얼어서 수레나 말이 건너다니고 있었다.[43] 그리고 1654~1655년에는 강소성 북부의 강물과 호수는 물론이고 바다마저 얼었다.[44] 이렇게 보면, 1654년 함경도 경성의 해빙 직전 상태나 이듬해 1655년 강원도 양양의 해빙은 동아시아 전체의 문제였다. 그런가 하면 17세기 들어 북극 해빙이 확장되고 있었다. 1683~1684년 겨울에 잉글랜드 남동부와 프랑스의 영국해협을 따라서 5km 폭의 해빙 띠가 나타났다. 네덜란드 북해 해안의 해빙 띠는 30~40km를 형성하였던 것으로 가정하고 있다.[45] 1683년 12월부터 이듬해 1684년 2월까지 템즈 강이 전례 없는 두께로 얼어 강 얼음 위에 천막시장이 들어서고 겨울 축제가 열렸다.[46] 1695년에는 아이슬란드가 완전히 해빙으로 둘러싸여 수개월 동안 어느 선박도 이 섬에 올 수 없었다.[47] 이렇게 보면, 1697년 함경도 경성 해빙은 태평양의 문제만이 아니라 대서양의 문제이기도 하였다. 그러므로 17세기

---

43 유소민, 박기수·차경애 옮김, 『기후의 반역』, 성균관대학교 출판부, 2005, 190쪽.

44 김문기, 「17세기 중국과 조선의 소빙기 기후변동」, 『역사와 경계』 77, 부산경남사학회, 2010, 133쪽.

45 H. H. 램, 김종규 옮김, 『기후와 역사』, 한울, 2004, 270쪽.

46 이영석, 「17세기 템즈 강 결빙과 상업세계의 변화」, 『이화사학연구』 43, 이화사학연구소, 2011, 43~45쪽.

47 H. H. 램, 김종규 옮김, 『기후와 역사』, 한울, 2004, 256쪽.

동해의 잦은 결빙은 전지구적 기후변화의 결과였음에 분명하다.

둘째, 동해 결빙을 발생 월별로 나누어보면, 15·18·19세기에는 모두 12월, 1월, 2월에 발생하였다. 이는 근현대의 사례와 대체로 일치하고, 해양 과학적인 분석과도 부합된다. 따라서 이 시기 동해 결빙은 일상적 기후의 이상현상 결과였다고 볼 수 있다.

그런데 17세기에는 12월 1회, 2월 1회, 3월 3회, 6월 1회에 걸쳐 동해가 결빙되었다. 12월과 2월 해빙은 흔히 일어날 수 있는 일로 볼 수 있다. 하지만 화창한 봄날인 3월과 한여름인 6월에 해빙이 발생한 것은 한국 역사상 초유의 기상사태였다. 특히 3월 이후가 4건이나 된다. 이는 우발적 기상이변이 아니라 장기적인 기후변화의 결과였음에 분명하다.

셋째, 동해 결빙 일수를 알아보자. 15·18·19세기에는 동해 결빙 기간이 3일 또는 5·6일 등 수일에 불과하였고, 그런 경향은 근현대에도 마찬가지였다.

그런데 17세기에는 해빙이 단기간에 그친 적도 있었다. 하지만 한 달여 동안 장기간 지속된 적도 2회나 있었는데, 그런 현상은 강도의 정도를 논하지 않더라도 충격적이었고, 김육의 말처럼 장기적인 이상저온의 결과였다.

3. 동해의 결빙 영향

이상에서 밝혀진 것처럼, 17세기 동해 결빙은 사상 초유의 이변이자 자연재해였다. 그러므로 해빙 사태는 여러 면에 영향을 미쳤을 것이지만, 우선, 그것을 둘러싸고 임금과 신료, 신료, 정파 사이에 정치적 공방이 치열해질 수밖에 없었던 점을 들 수 있다. 그리고 배가 다니지 못하거나 물고기가 죽어 어업 피해도 눈덩이처럼 불어나게 되었다. 이 두 가지에 대해서만 여기에서 살펴보겠다.

1) 정치적 영향

현종~숙종대 정국은 예송·환국으로 인해 인조반정 후 연립정권을 형성한 서인과 남인이 치열한 정쟁을 펼치는 형세였다. 여기에 갖가지 이변 현상도 부채질을 하였다고 판단한다. 그럼에도 불구하고 재이(災異) 현상은 정치적 갈등을 이해하는 데에 그동안 사상적 차이나 정파적 이해관계에 가려져 주목을 받지 못하였다. 적지 않은 논저가 나온 예송(禮訟) 연구에서도 예외가 아니다. 이에 여기에서는 1659년 제1차 예송, 즉 기해예송(己亥禮訟)을 통해 결빙은 물론이고 각종 자연이변과 관련시켜 알아보겠다.

기해예송의 단초는 4년 전 강원도 해빙으로 거슬러 올라간다(④번 사례). 1655년(효종 6) 3월 3일 강원도 양양·강릉·삼척 바다가 얼었다. 이틀 뒤 5일, 서울에 눈이 내렸다. 서울 하설을 접하자마자 효종은 대사면령을 내렸다. 국가강상·장오·강절도 등 중대범죄를 제외한 각종 잡범을 사면 대상으로 삼았다. 이어 8일에는 대신과 비변사 관리를 소견한 자리에서 "섣달에 천둥치고 3월에 눈이 내리는 것도 다 망국의 조짐이다마는, 영동에서 바닷물이 언 재변으로 말하면 매우 괴이하다."[48]라고 하였다. 섣달 천둥과 3월 하설은 종종 있는 일이지만, 동해 결빙은 있을 수 없는 일이라는 뜻으로 해석된다. 즉각 3정승이 재이 때문에 차자를 올려 면직을 청했다. 그 가운데 우의정 심지원은 비록 '엄응지절(嚴凝之節, 혹한의 계절)'일지라도 동해에 얼음이 얼었다는 말은 들어본 적이 없는데, 하물며 강물이 이미

---

48 『효종실록』14, 효종 6년 3월 8일(계사).

녹은 '정난지시(正暖之時, 완전히 따뜻한 계절)'에 일어난 해빙은 이상할 수밖에 없다고 하였다.[49] 모두들 "東海合氷 已是無前災異"라고 인식하며 면직을 청했지만, 효종은 곧바로 반려하였다. 정치·사회적으로 파장을 일으키며 여러 신료들이 현상과 그 방책을 내놓았다. 부제학 김익희는 4월 1일 "근일의 재이(災異)는 모두 괴이하고 놀랍습니다마는, 동해가 언 재변으로 말하면 더욱 참혹합니다. 오늘 신하들이 다 입시하였으니, 각각 재이를 그치게 할 방책을 아뢰게 해야 하겠습니다."라고 말하자, 이조참판 홍명하는 이러한 일로 인해 인심과 세도가 이전과는 크게 달라졌다고 덧붙였다.[50] 조현기는 지금의 국세는 위태롭다며 갖가지 재해를 열거한 가운데 거년의 해적(海赤)과 금년의 해빙은 비상한 일이라고 하였다.[51] 바다의 적조와 결빙이 국정의 이슈로 부상하였음에 분명하다. 논란이 확산되자 효종은 5월 15일 "재이의 참혹함이 근일보다 심한 때가 없었다."며 구언을 내렸다. 사헌부는 변괴현상이 오늘날처럼 참혹한 때는 없다는 말로 시작되는 장문의 차자를 올려 해빙에 대한 과학적 원인진단과 그로 인한 민생해결은 뒤전으로 미뤄둔 채 대부분을 국정 전반에 관한 시시비비를 논하는 데에 할애하였다.[52] 이 상차로 국정운영이 실정(失政)으로 몰리고 그 책임이 3정승에게 돌려지자, 또 다시 3정승의 사퇴 파동이 일어났다. 그 가운데 영의정 이시백은 근래에 재변이 거듭 나타나는데, 해수춘빙(海水春氷), 삼월하설(三月下雪), 사월상(四月霜), 오월박(五月雹), 한재(旱災)는 예전에 보지 못한 참혹함이라고 하였다.[53] 효종이 반려하자 아예 퇴거하여 국사가 중단되는

---

49 심지원, 『만사고』 1, 차, 「因東海合冰 乞免箚」.

50 『효종실록』 14, 효종 6년 4월 1일(을묘).

51 조현기, 『일봉집』 9, 봉사, 「甲寅封事」.

52 『효종실록』 14, 효종 6년 5월 25일(무신).

53 『승정원일기』 135, 효종 6년 5월 19일(임인).

사태로 확산되고 말았다. 호남 대동법 등 민생정책이 모색되지 않은 것은 아니지만, 당시 정치인들의 해빙에 대한 대응태도는 대략 이런 수준이었고, 그렇기 때문에 봄에서 여름으로 이어지는 기나긴 가뭄과 그로 인한 기우제 거행 속에서 '비생산적 논란'은 지루하게 지속될 수밖에 없었다. 사정이 이러하니 8월 1일 주강 자리에서 대사헌 홍명하는 "선배들은 그래도 사대부로 자처하였으므로 오늘날처럼 극심한 지경에는 이르지 않았습니다. 지금은 오로지 당쟁만을 주로 하면서 조금도 거리끼는 것이 없고, 붕우간의 충고하는 도리나 국가가 잘되고 잘못되는 원인에 대해서는 전연 아랑곳하지 않으니, 이것은 또한 사대부의 풍도가 모두 사라져 그런 것입니다."고 했다.[54] 전국에 기근이 들었는데도 내 탓 네 탓 공방만 계속되며 한 해는 저물어 갔다.

이듬해 1656년(효종 7) 1월 15일 효종은 천재가 참혹하니 모두 부덕의 소치라면서 궁궐 수리공사를 중단하겠다고 선언하였다. 그럼에도 불구하고 홍문관 교리 민정중은 상차에서 재이변괴의 까닭을 전하는 알고 있느냐고 물으면서, 마음의 근본이 바르지 않아 안과 밖 및 처음과 끝이 서로 어긋나서 생기는 일이 아니냐고 따졌다.[55] 상차 곳곳에 인재등용, 관리선발, 경연관 등이 거론된 것으로 보아, 이 따짐의 목적은 국정쇄신을 명분으로 상대 당을 몰아내고 자기 당을 중심으로 정국을 운영하려 하였음에 분명하다. 목적을 뒤로 숨긴 채 신하는 임금에게, 이 당은 저 당에게, 아랫사람은 윗사람에게 재이변괴의 책임을 묻는 추세였다. 사헌부가 말한 "근일 세도가 아름답지 못하고 인심이 점점 흉악해져서 저주하고 음식에 독

---

54 『효종실록』 15, 효종 6년 8월 1일(임자).
55 『효종실록』 16, 효종 7년 1월 26일(을사).

약을 넣은 옥사에 연루된 자가 온 팔도에 수백 명뿐이 아닙니다."[56]라는 남탓 현상은 자연스런 결과인 것 같다. 특히 저주에 의한 옥사가 빈번한 현상은 연이은 변괴로 인한 심리적 불안감을 반영한 결과가 아닌가 하는 추측도 가능하게 한다. 김육은 참혹한 천재에 대한 임금의 구언을 구한 교서는 불필요하다고 단정하였다. 장소앙달(章疏仰達)이 정쟁만 부추긴다고 여겼기 때문일 것이다. 그면서 지금 당장 급한 일은 안민(安民)이라고 힘주어 말했다. 이런 관료는 극소수였고, 연초에 '백홍지변(白虹之變)'이 나타나자 그것을 '위망지상(危亡之象)'이라고 말하는 이가 대다수였다.[57] 강원·경상도에 기근이 들어 있는 상황에서, 이조정랑 김수항이 2월 27일 재이의 참혹함을 계기로 올린 수백 마디에 달하는 상소는 임금의 잘못을 들춰내는 데에 대부분이 할애되어 있다. 상황은 반복의 연속이었다. 즉, 재이는 계속되고, 효종은 구언을 요청하거나 대신을 인견하여 대책을 강구하게 하고, 신료들은 대부분 정치적 논박으로 흐르고 있었다. 4월 들어서 전라도에 눈이 내렸고, 충청도에 전염병이 돌았다. 또 전국에 가뭄이 들어 기우제를 지냈다. 5월에 전라도 동부 산간지역에 서리가 내렸다. 6월에 부호군 김응조는 근래에 변이가 날마다 발생한다면서 해빙과 함께 산붕(山崩), 수일(水溢), 분성(氛腥), 천적, 해적(海赤) 등을 열거하였다.[58] 또한 11월에 부호군 민응형은 지난해에는 동해에 얼음이 얼고 올해에는 흰 무지개가 해를 꿰뚫었으니 이 무슨 좋지 않은 조짐이냐고 말했다.[59] 모두들 자연재해를 시종일관 정치적 시각으로 바라보았으니, 재해 가운데 해빙이 크게

---

56 『효종실록』16, 효종 7년 1월 29일(무신). 近日世道不淑 人心漸惡 咀呪置毒之獄 環八道不啻累百人.

57 『효종실록』16, 효종 7년 2월 5일(갑인).

58 『승정원일기』140, 효종 7년 6월 10일(정해).

59 『효종실록』17, 효종 7년 11월 13일(정사).

자리 잡고 있었다고 보아도 결코 과장은 아닐 것이다.

　1657년(효종 8) 1월, 태백성이 연일 낮에 나타났고 흰무지개가 해를 꿰지른 날도 있었는데, 이를 당시는 큰 변괴로 여겼다. 여기에 "올해의 가뭄은 실로 나라의 존망에 관계되는 재앙입니다."라고 할 정도로 가뭄이 들었다. 5월에 대사헌 김좌명은 지진이 일어나고, 산이 무너지고, 바닷물이 얼고, 가뭄이 심하기 때문에 업적을 교화보다 앞세우고 형벌을 덕정(德政)보다 앞세워야 한다고 하였다.[60] 해빙을 포함한 갖가지 천재지이가 계속해서 나타나고 있었다. 그런데 김좌명의 말처럼, 일이 작으면 입으로 저주하고 크면 마음에 원한을 품는 사람들이 많았다. 이 시기에 사치의 해독이 재앙보다 더 심하다는 말도 지속적으로 나오고 있었다. 난무하는 저주, 원한, 사치는 신분제의 동요와 함께 천변재이로 인한 불안감을 보상받으려는 심리적 현상이었을 것 같다. 10월 29일 찬선 송준길이 면담을 청하자 효종이 불러 보았는데, 그 자리에서 송준길은 속내는 내보이지 않은 채 천둥 친 일을 들먹이며 정사를 소홀히 했다고 임금을 다그쳤다.[61] 천둥 친 일을 매개로 한 신료들의 차자는 응교 조복양, 대사간 김수항, 대사성 조한영 등에 의해 연말까지 올라오며 임금을 옥죄었다.

　1658년(효종 9) 4월에 강원도 평해에 눈이 내렸다. 그 다음 날 효종은 임금의 잘못에 대해서는 잘 말하면서, 신하의 잘못은 말하지 않느냐고 관리들을 질타하였다. 그때 승정원의 잘못을 지적했던 공조참의 윤선도 상소를 효종은 모범사례로 거론하였다.[62] 사헌부가 즉각 윤선도 파직을 청하였다. 4～5월에 충청·경기·황해도에 서리가 내렸다. 6월에 효종이 연일 침을 맞는 가운데, 삼남 가뭄 소식이 보고되었다. 8월에 흉년 구제책을 강

60 『효종실록』18, 효종 8년 5월 14일(병진).
61 『효종실록』19, 효종 8년 10월 29일(무술).
62 『효종실록』20, 효종 9년 4월 9일(을해).

구하며 금주령을 내렸다. 비변사는 "올해의 흉작은 예로부터 오늘에 이르기까지 없던 일입니다."라며 군대 훈련 정지령까지 내렸다. 10월에 천둥과 번개가 치자, 즉각 이조판서 송시열은 차자를 올려 임금이 그릇된 마음을 먹고 있어서 그런 것 아니냐고 했다.[63] 비슷한 차자는 응교 이단상에 의해서도 올라왔다.

이윽고 1659년(효종 10) 새해가 밝았다. 여전히 날씨가 춥고 변덕스러워 정치적 긴장감도 고조되고 있었다. 1월 1일, 부제학 김수항은 낡은 것을 버리고 새로운 것을 도모할 계기라면서 또 다시 질질 끌며 전날에 하던 것과 마찬가지로 헛되이 세월을 보내면 안 될 것이라고 효종에게 말하였다.[64] 김수항 글에 대해 송시열이 찬사를 보냈다. '새로운 것'이 무엇인지는 숨겨져 있지만, 정국이나 인사 관련일 것 같다. 2월에 작년 겨울부터 금년 봄까지 비와 눈이 전무해서 냇물이 고갈되고 농사가 걱정된다는 지적이 있었다. 그때 경주 금호강과 옥천 적등강의 흐름이 끊어지는 괴변이 발생했으니, 지진에 의해 단층이 생겨 그곳으로 강물이 흘러 들어갔던 것 같다. 실제 강원도 울진, 충청도 면천·평택 등지에 지진이 있었다. 3월 초에 이르자 서울에 눈이 내리면서 날이 추워졌다. 인근 경기도에도 연이어 우설이 내렸다. 멀리 함경·강원·경상도에도 눈이 내렸다. 비가 열흘 동안 계속 내린 가운데 또 눈보라가 몰아치니 걱정이라는 탄식이 쏟아졌다. 그런데 월말에 이르자 황해·경기도에 대설이 내렸고, 서울에도 한 자 남짓 내렸고 한기(寒氣)가 매서웠다. 26일 서울 부근 강가에서 지인과 화병회(花餅會)를 가지려다 한 자 남짓의 큰 눈을 만나 그만 둔 사람도 있었다.[65]

---

63 『효종실록』 20, 효종 9년 10월 18(신사).

64 『효종실록』 21, 효종 10년 1월 1일(계사).

65 이민구, 『동주집』 23, 착륜록 1, 「同揆三月二十六日 約二壻過江赴花餅會 路遇大雪盈尺 作古詩 要余和韻」.

그러자 효종이 "3월에 눈 오는 현상이 요 몇 년 동안 계속 있었지만 어제 처럼 심한 적은 없었다."고 걱정하며 그 대책을 올리라고 하였다.[66] 좌의정 심지원과 형조판서 허적은 예전에도 3월에 눈 오는 때가 더러 있었으나 약간 왔을 뿐 이번처럼 많이 쌓인 적은 없었다고 했다. 특히 궁궐 출입에 엄격함이 없고 청탁이 난무한다는 허적의 말에 대해, 송시열은 즉각 전하가 기쁨과 노여움을 맞지 않게 하기 때문에 때 아닌 비와 눈이 내린다고 하며 허적의 말을 해괴한 것으로 치부하였다. 정국은 격랑을 치게 되었다. 수년간 계속된 3월 하설(下雪)은 이 시기의 기후 특징을 전형적으로 보여주는 한 현상이라 말할 수 있다. 날씨는 악화 일로였다. 윤3월 2일 충청·전라·강원도에 눈이 내렸다. 부처가 땀을 흘린다고 했는데, 이런 유형의 괴담은 꼬리를 물고 확산되었다. 정언 이익이 응지상소에서 전하의 재위 기간 동안 수재, 한재, 목요(木妖), 석요(石妖), 일식(日蝕), 월식(月蝕), 시기실서(時氣失序)의 변고가 없는 해가 없다고 하였다.[67] 급기야 10일 강원도 삼척에서 해빙이 일어났다. 적어도 기온이 -15℃ 이하로 내려갔을 것 같다. 새로 부임한 영의정 정태화가 즉각 바닷물이 언 변괴는 매우 놀라운 일이라고 말하였다.[68] 비슷한 말을 여기저기서 쏟아냈다. 효종도 깜짝 놀라 "東海之氷, 三月之雪, 要不出於陰盛陽微之致也"[69]라고 말하였다. 임금의 환후가 정상을 회복하지 못하고 있는 점을 거론하며 몸조리를 강조하는 신료도 있었다. 전년 흉작에 금년 봄·여름 가뭄까지 겹쳐 연초부터 전

---

66 『효종실록』 21, 효종 10년 3월 27일(무오).

67 『효종실록』 21, 효종 10년 윤3월 4일(갑자). 전라도 남평 사람 김만영이 남긴 일기에도 무술년(1658)부터 기해년(1659)까지 土佛流汗, 人頭生角, 小兒有尾, 黑霞腥臭, 松木無風自折, 雌鷄化爲雄, 江水赤色, 終日霾霧, 日色紅赤 등의 갖가지 변괴가 열거되어 있다(김만영, 『남포집』 15, 「남교일기」 하, 「日記後錄」).

68 『효종실록』 21, 효종 10년 윤3월 11일(신미).

69 『승정원일기』 155, 효종 10년 윤3월 29일(기축).

국 곳곳에 대기근이 들었다. 올해 들어 굶주리는 백성이 지난해의 배나 된다는 보고도 올라왔다. 효종은 대기근 극복을 위해 신료들을 접견하고, 이쪽 곡식을 저쪽으로 옮기고, 부세를 경감하고, 지출을 삭감하는 등 분주한 나날을 보냈다. 해빙을 포함한 자연재해로 인한 정치적 스트레스가 극에 이르러 있었다. 그러던 5월 4일, 효종은 귀 아래 종양이 악화되어 침을 맞다 사망하고 말았다. 그 다음 날 인조 계비(효종 계모)인 자의대비 조씨의 복상(服喪) 기간을 어떻게 정할 것인가가 문제였다. 이유는 『오례의』에 이렇다 할 근거가 없어서였다. 대신들의 논의에 붙이기를 바란다는 예조의 제의에 대해, 세자는 두 찬선에게의 문의도 청하였다. 이경석, 정태화, 이시백, 심지원, 원두표, 이후원 등 대신들은 1년상이 타당할 것 같다고 하였다. 이에 반해 서인 송시열, 송준길은 3년상을 입어야 한다고 하였다. 5일 당일 세자는 서인의 주장을 따라 1년 상으로 정하였다.[70] 외형상 1년상 결정은 별다른 논쟁 없이 쉽게 이루어졌고, 세자는 9일 왕위에 올랐다.

그런데 1년상이 거의 끝나갈 무렵인 이듬해 1660년(현종 1) 3월 남인인 장령 허목이 조씨의 복상 기간을 3년으로 개정해야 한다는 상소를 올렸고, 대신 및 유신들로 하여금 자세한 의논을 거쳐 정하게 하자는 예조의 건의를 임금이 받아들였다.[71] 3년상으로의 개정에 남인인 호군 윤선도, 그리고 척신인 김좌명·우명 형제도 가세하였다. 복제논쟁으로 인한 대치정국 속에서 서인측 주장이 채택되었고, 남인측 인사들은 은둔·낙향·유배의 길을 걷게 되었다. 그런데 해빙 등의 자연이변을 가지고 정국을 강경국면으로 몰아가며 현상 하나하나를 국정전반의 이슈로 확대시켜 나갔던 사람들은 정치에서 서인 당론을 지지하고 예송에서 기년복(朞年服)을 따랐다.

70 『현종실록』 1, 현종 즉위년 5월 5일(을축).
71 『현종실록』 2, 현종 1년 3월 16일(신미).

그들은 자연재해나 이변현상에서 에너지원을 충당하여 여론을 형성하고 왕권을 견제하고 자파 결속력을 다지고 상대진영을 공략하며 정국을 주도해 나가려 하였다. 그런가 하면 효종과 '강경파'의 갈등 속에서 자신의 재이관을 내보이며 갈등 조정을 모색하려는 신료도 있었음이 눈에 보인다. 결과적으로 1655~1659년 사례이지만, 동해 결빙이 국왕과 신료 또는 신료 그룹간에 정치적 갈등을 표출시키는 촉매제 역할을 하였고, 기해예송을 발생시키는 데에 큰 몫을 차지하였다고 보아도 될 성싶다.

2) 경제적 영향

바다가 얼면 선박이 출항을 할 수 없고, 어족이 질식사하거나 동사하고, 어족이 수온 저하로 타 지역으로 이동하게 된다. 그러면 자연스럽게 어업피해가 나타날 수밖에 없고, 그것은 2차·3차 피해로 이어져 어민들의 추가부담으로 안겨졌다. 이에 대해 하나씩 살펴보겠다.

첫째, 우선 생각할 수 있는 것이 강이나 바다가 얼면 선박이 움직일 수 없다는 점이다.[72] 기본적으로 선박이 얼음을 해치고 운항을 한다는 것은

72 현재도 우리나라에서 결빙은 선박 출입을 가로막는다. 서울 한강과 인천 서해를 잇는 운하인 경인아라뱃길을 공사하던 중에 겨울철 결빙 대책을 세워야 한다는 문제가 제기되었다. 기온이 영하권에 머무는 겨울철에 아라뱃길의 물이 얼면 선박이 운항하지 못하는 상황이 올 수 있기 때문이었다. 2012년 공식 개통 예정을 앞두고 관리책임을 맡고 있는 한국수자원공사는 미 육군 공병단에 아라뱃길 결빙대책에 관한 용역 조사를 의뢰해 2011년 9월 결과를 통보받았다. 조사결과 평년 기온을 전제할 때 아라뱃길 수로의 물은 12~14cm 두께로 얼어붙을 것으로 추정됐다. 10년 빈도로 찾아오는 추위에는 18cm까지 어는 것으로 조사됐다. 선수 철판 두께가 최소 1.5cm 이상인 화물선의 경우 배가 다니면서 두께 25cm 이상의 얼음을 깰 수 있어 문제가 없을 것으로 보고되었다. 다만 철판이 아예 없거나 화물선에 비해 철판 두께가 얇은 유람선이 문제였다. 우려는 시험 운행 중이던 2012년 1월 5일에 전국에 몰아닥친 강추위로 아라뱃길 수로가 얼어붙으면서 현실로 나타났다. 전체 구간 18km 가운데 15km에 걸쳐 5cm 두께로 얼음이 얼었다. 이 결빙에도 불구하고 여객선 2척은 정상적으로 운항하였다. 1척은 7백 톤급으로 승객 1백여 명을 싣고 인천 연안부두와 김포 터미널 간을, 1척은 3백 톤급으로 승객 5십여 명을 싣고 인천 터미널과 김포 터미널 간을 운항하였다. 그러나 아라뱃길 관리단은 여객선들은 얼음 두

파선의 가능성 때문에 불가능에 가깝다. 더군다나 목선의 운항은 얕은 얼음에도 높은 위험성을 수반한다. 또한 착빙(着氷) 때문에도 선박 운항은 결빙시 위험하다. 선박이 찬 기운 중에 항해하면 부딪쳐 올라온 파랑의 해수가 선체에 얼어붙는 착빙이 발생한다. 풍랑을 동반한 가운데 기온이 -3℃가 되면 착빙이 시작되고, -6℃ 이하가 되면 급속하게 착빙이 이루어진다. 착빙 때에 선박이 항해하면 바람의 저항이 커져 선속을 떨어트리고, 얼음의 무게가 선박의 복원력을 저하시켜 약간의 파랑이나 돌풍으로도 전복될 위험성이 증가한다.[73] 그러므로 바다가 얼면 선박이 통행할 수 없다. ③번 사례에 나와 있듯이, 1599년(선조 32) 2월 함경도 경성 해안이 얼자 고기 잡는 배가 통행하지 못하였다. 이때에 해빙이 무려 한 달 이상 지속되었기 때문에, 장기간 어로작업이 중단될 수밖에 없었다. 출어가 불가능하고, 이미 멀리 나가 있는 선박 또한 들어올 수 없어 외지에 정박할 수밖에 없었다. ⑦번 사례인 1708년(숙종 34) 12월 강원도 해빙도 한 달 이상 지속되었다. 이러한 상황에서 상선이나 어선 모두 나갈 수 없었을 것임은 자명하다고 볼 수 있다. ⑨번 사례인 1742년(영조 18) 12월에 함경도 경성의 해수가 1백여 리에 걸쳐 얼어 배가 5·6일간이나 불통되었다. 기간은 짧았지만, 경성을 포함 여러 고을에 걸쳐 피해가 발생하였을 것 같다. 이렇게 넓은 지역에 장기간 해빙이 형성되면 그만큼 어업이나 상업에 미친 피해는 늘어나지 않을 수 없었다.

둘째, 해빙이 어족 동사에 미친 영향에 대해 알아보자. 강물이나 바닷물이 얼면 물고기가 동사하거나 질식사한다. 강물의 경우를 보자. 1601년(선조 34) 2월에 서울 동대문 밖 작은 개천에서 개구리와 물고기가 떼로 동

께 15~17cm까지는 스스로 뚫고 갈 수 있다고 하면서도, 만일의 사고에 대비해 예인선을 투입해 얼음을 잘게 부수는 일을 하였다(『조선일보』, 2011. 11. 22).

73 설동일, 『해양기상학』, 다솜출판사, 2006, 178쪽.

사하였던 사례가 참고 된다. 전체 수량이 2석(石) 가량 되었다. 그곳에 사는 노인의 목격담에 의하면, 얼음이 풀릴 때에 개구리와 물고기가 같이 죽었는데, 물고기는 새들의 먹이가 되어 없고 개구리만 남아 있었다.[74] 아마 경칩을 지낸 해동기에 땅속에서 물속으로 나온 개구리와 깊은 물에서 얕은 물로 나온 물고기가 봄철 혹한으로 냇물이 얼자 질식이나 한기로 떼죽음을 당했고, 얼음이 녹으면서 수면 위에 떠올라 발견된 것 같다. 이런 일은 바다에서도 일어났으니, ⑥번 사례인 1697년(숙종 23) 3월 함경도 경성에서 해수가 얼자 물고기가 죽는 일이 발생했다. 어떤 어종이 어느 정도 죽었는지에 대해서는 확인할 길이 없지만, 따뜻해지는 3월에 갑자기 차가운 해수가 형성되자 그에 적응하지 못한 어족들이 죽었을 것 같다. 동사하면 회복하는 데에 몇 년을 기다려야 하기 때문에 그동안은 어업불황이 지속될 수밖에 없다. 결빙에 이르지는 않아도 빙점에 가까운 저수온이 지속되어도 어족이 동사한다. 1577년(선조 10) 11월 충청도 서해안 사례가 참고된다. 그 지역에 대풍과 대설이 몰아닥쳤다. 12월에는 비인에서 어족이 대거 동사했다고 보고되었다. 생어(生魚)와 생합(生蛤) 등 해물이 대양에서 조수를 따라 떠내려 와 해안의 모래사장에 무더기로 쌓였는데, 죽은 것도 있고 아직 죽지 않은 것도 있었다. 사람들이 살아 있는 것을 주어 집으러 가지고 갔다.[75] 혹한과 냉수에 어족의 일부는 동사해버렸고, 일부는 활동력을 잃고 조수에 떠밀려 해안가에 이르렀던 것이다.

셋째, 해빙이 어족 이동에 미친 영향에 대해 알아보자. 해빙은 기상과 해류의 영향으로 형성되기 때문에, 해빙이 나타나면 기온과 해수온도가 크게 내려갈 수밖에 없다. 근대의 관찰기록을 보면, 해빙시에는 기온이 크

---

74 『선조실록』 134, 선조 34년 2월 24일(계사).
75 『선조실록』 12, 선조 11년 1월 2일(갑인).

게 하강하여 최소한 -15℃ 이하로 떨어졌다. 강추위에 냉도가 강한 한류가 유입되어 해수를 급속하게 냉각시키면 본격적으로 바닷물이 얼기 시작한다. 그러면 자연히 갑작스럽게 형성된 냉수대를 이기지 못한 어족들이 버티지 못하고 죽거나 적정 수온을 찾아 타지역으로 이동하게 된다. 이런 일이 17세기에 동해에서 빈번하게 나타날 수밖에 없었다. 우리가 앞에서 살펴본 동해안 해빙은 동해지역의 기온하강, 폭설이 녹아 바다로 흘러들어온 냉수, 북태평양에서 내려온 강한 세력의 한류 때문에 발생하였다. 원인이 어디에 있건 간에 동해의 결빙은 그곳의 수온을 이전에 비해 내려가게 했을 것임에 분명하다. 수온이 내려가면 동해에서 서식하는 어족이 세력이 강한 한류를 따라 예전보다 더 빠른 시기에, 더 깊숙이 남쪽으로 내려가지 않을 수 없었다. 그리하여 동해안 어족이 남해안이나 서해안까지 진출하게 되었고, 이 당시에 동해의 어족이 타지로 흩어진다거나 서해에서 나타난다는 지적이 잦아지게 되었다. 저수온은 어족의 성장이나 산란을 가로막기도 하였다. 그러면 동해 지역은 기존에 잡아온 어족자원의 고갈 현상을 면하기 어려워 막대한 어업피해를 입게 되었다.

이처럼, 동해 결빙은 그곳 어민들에게 적지 않은 피해를 입혔을 것이지만, 계량적 수치를 발견할 수는 없었다. 따라서 당시 날씨가 지속적인 이상저온이었다는 점을 해빙 사례의 분석을 통해 확인한 이상, 해빙으로 배가 다니지 못했다거나, 물고기가 죽었다거나, 어족이 다른 곳으로 옮겨갔다는 등의 '선언적 서술'을 토대로 어업피해가 적지 않았을 것이라는 점은 충분히 짐작하고도 남는다. 그렇다면 어업피해의 결과는 지역민의 생계곤란은 물론이고, 공어(貢魚) 분쟁을 일으켜 지방관의 잦은 교체로 고스란히 돌아오게 되었다.

◇

한반도 인근 바다는 쉽게 얼지 않는 것이 보통이다. 그런데 17세기에 동해가 언 사례가 모두 6회 발견되었다. 결빙 직전 사례도 2회 찾을 수 있었다. 당시 사람들은 한국 역사상 초유의 사태가 발생하였다고 여겼다. 동해 결빙과 함께 잦은 갖가지 천변지이는 그 원인과 책임 및 해결책을 놓고 군신간이나 정파간에 공방전을 불러일으키기에 충분한 에너지원을 제공하였다. 그것을 1655년(효종 6) 3월의 강원도 양양·강릉·삼척 해빙 사례를 통해 알아본 바, 표면상 재이론을 앞세우지만 정공법으로 국왕을 압박하며 자파를 결속하고 상대진영을 공략한 신료가 있었고, 반대로 갈등 국면의 조정을 시도하며 자신의 존재를 부각시키려는 신료도 있었음이 눈에 보인다.

동해 결빙을 경계선별로 나누어 보면, 상한선은 함경도 경성이고, 하한선은 경상도 울진이었다. 또한 지역별로 나누어 보면(발생지로 산정하면 총 10회), 강원도가 6회로 가장 빈번하고, 그 다음으로 함경도가 4회이다. 그 중에서 함경도 경성과 강원도 삼척에서 가장 높은 빈도수를 보였다. 문제는 이전과는 완전 다른 17세기 동해 결빙의 발생 시기와 지속 기간이다. 발생월별로 나누어보면, 12월 1회, 2월 1회, 3월 3회, 6월 1회 등이다. 또 기간별로 나누어 보면, 수일간 지속되는 것이 보통이었지만, 한 달 이상 간 때도 2회나 되었다. 늦은 봄 3월에 가장 빈번하게 발생하고 그것도 장기간 지속된 적도 있었으니, 이는 지속적인 이상저온 날씨의 결과였다. 이로 인한 동해 지역의 어업 피해는 심대할 수밖에 없었다. 해빙으로 어선이 출항하지 못하거나 물고기가 폐사하고, 이상 저수온으로 어족이 타지로 이동하면 어로작업이 불가능해지거나 어황이 흉년이 된다. 그러면 자연스럽게 어민들이 타격을 입고, 진상의 기일이나 품질을 지키지 못한 지방관들이 문책을 받게 되었다.

제2부

날씨와 기근의
경제사

6장

재해와 기근,
그리고 사람들 삶

　이 장은 조선시대를 중심으로 자연재해와 기근, 그리고 그로 인한 당시 사람들의 생활상을 알아보는 것이다. 이를 위해 먼저 전통시대 자연재해의 유형에 대해 알아보겠다. 당시의 대표적인 자연재해는 가뭄, 물난리, 바람피해, 냉해, 병충해, 해일 등이다. 자연재해는 인명 피해와 함께 농사의 흉작으로 최종 귀결되었다.

　흉작은 기근으로 연결되었기 때문에, 당시 기근의 실태와 그에 대한 관·민의 대책을 알아보겠다. 기근은 보통 것은 3년, 큰 것은 20년 단위로 찾아왔다. 그때 관은 비축곡을 방출하여 진휼을 하고 세금을 감면하거나 공공근로 사업을 펼치어 생계유지를 도왔다. 식량이 바닥난 민은 초근목피에서 인육까지 먹으며 살 길을 찾았다.

　마지막으로 재해와 기근 때 기득권층의 양면적 행태와 농어민의 갖가지 생활을 여러 각도에서 살펴보겠는데, 자산가나 식자층 및 관료층의 돈벌이나 글, 그림을 통한 참상 고발 행위 및 유배인의 이배를 알아보겠다.

이와는 달리 빈곤층은 먹을 것을 찾아 떠돌아다니거나 도적이 되고 심지어 반란을 일으키기도 하면서, 시장을 열고, 군대에 잡부로 들어가고, 지역을 탈출하여 위장 월경·표류를 하였다.

1. 자연재해의 유형

전통시대의 자연재해로는 한해(旱害), 수해(水害), 풍해(風害), 냉해(冷害), 병충해(病蟲害)가 대표적이다. 지진으로 집이 무너지는 피해와 적조로 물고기가 죽는 피해도 있었고 해일로 간척지가 바닷물에 잠기는 피해도 있었지만, 빈도가 높거나 피해액이 많았던 것 같지는 않다.

우리나라는 남북이 길고, 산·강이 얽혀 있고, 기후가 같지 않고, 토질이 각각 다르므로 전국이 모두 함께 풍년이 드는 해는 아주 드물었다. 그리하여 연중 내내 전국 곳곳에 재해가 끊이지 않았다. 자연재해는 단순한 피해만 입히기도 하지만, 흉작을 수반하여 경제를 위기로 몰아넣었다.

첫째, 자연재해 가운데 횟수가 가장 잦고 피해가 가장 큰 것은 역시 한해였다. 한해란 가뭄으로 인한 피해이다. 봄과 여름, 볍씨를 뿌리고 모내기를 할 때 가뭄이 들면 그해 농사는 사실상 끝장이 난다. 특히 조선후기에 모내기법이 널리 보급되면서 모내기철 가뭄으로 모내기를 포기하는 경우가 잦아 모내기법 금지령이 내려지기도 하였다. 비가 장기간 오지 않아 땅이 돌처럼 굳어져 쟁기질을 할 수 없고 호미질을 할 수 없어 농사는 끝장이다.

예를 하나 들어보자. 정약용이 강진에서 유배 생활하고 있던 1809년 봄에 큰 가뭄이 들었다. 들에는 풀 한 포기가 없었다. 논바닥에는 논우렁이도 없었다. 바다에는 조개 또한 보이지 않았고 샘물마저 말랐다. 이 가뭄으로 애써 키운 모판의 모가 다 죽어버린 것이다. 죽어 마른 풀이 된 모를 뽑아내는 농민들의 가슴 아픈 심정을 정약용은 "우거진 우리 모를, 내 손으로 다 뽑고. 무성한 우리 모를, 내 손으로 죽이다니."라고 읊었다. 이 해에 대기근이 들었다.

이런 피해를 막기 위해 농민들은 보(洑)나 제(堤, 저수지) 같은 수리시설을 건설하거나 수리시설을 공동관리하기 위한 수리계를 조직하였다. 그리고 학자들은 물을 끌어대는 수차(水車)를 개발하기도 하였는데, 실학자들이 낮은 곳의 물을 높은 곳으로 끌어올리는 양수기의 개발은 특기할만하다.

농사철에 비가 오지 않으면, 국왕은 비를 오게 해달라는 기우제(祈雨祭)를 거행하였다. 『삼국사기』에 신라는 "여름에 크게 가물어 시장을 옮기고 용을 그려 비오기를 빌었다."라고 한다. 조선 태종이 죽을 때 아들 세종에게 가뭄이 바야흐로 심하니 내가 죽어 혼이 있다면 이날 비가 오게 하겠다고 하였는데, 과연 그 뒤 그날이 되면 비가 왔다. 그래서 사람들은 태종 기일에 오는 비를 '태종우'라 하였다고 한다. 수령이나 마을 주민들도 물이 흘러나오는 곳이나 산봉우리 같은 곳에서 기우제를 거행하였다. 또한 미리 준비하기 위해 기상을 예보하는 기술도 '발달'하였는데, 바람의 방향이나 벌레의 움직임 및 나뭇잎의 상태 등이 판단 근거였다. 세시풍속에 정월 보름달을 보고 그해의 홍수, 가뭄, 풍년, 흉년을 점치기도 하였다. 또한 중이나 무당을 불러 비를 비는 것을 청할 것이냐 아니면 이미 한 자에 대해 처벌할 것이냐 등을 놓고 국론 분열도 여러 번 있었다.

둘째, 수해란 많은 비로 인한 피해를 말한다. 여름과 초가을 홍수는 벼를 물에 잠기게 하거나 결실을 저지시켜 농사를 망치는 주범이었고, 멀쩡한 논을 자갈밭으로 만들어 놓기도 하였다. 간혹 내내 가물다가, 갑자기 호우가 내려 일 년 농사를 완전히 끝장낸 때도 있었다.

특히 가을 장마는 다 자란 벼를 못 쓰게 하여 농민들 마음을 까맣게 타

들어가게 하였다. 조선초기 사람 이행(李荇, 1478~1534)이 남방의 재해를 살피는 임무를 수행한 후 지은 「가을 장마(秋霖)」란 시이다.

가을장마 열흘 동안 초사를 배우노니	十日秋霖學楚吟
문 닫고 지내도 혹 벗님네 찾아오누나	閉門容有故人尋
밤엔 방 안에서 빗물 피하느라 우산 들고	夜堂避漏常持傘
찬 부엌 연기 없어 거문고로 불 지핀다	冷竈無煙更爨琴
앉아서 부상에서 아침 해 솟길 기다리니	坐待扶桑開旭日
지레 긴 칼로 두터운 구름 자르고파라	逕須長劍截重陰
한 해 애쓴 농사 속절없이 물바다 되니	一年力作空沮澤
우리 백성 끼니 굶는 것 어찌 생각했으랴	肯念吾民突不黔

큰 비는 논을 물바다로 만들어 다 자란 벼를 쭉정이로 만들었다. 수확할 것이 없으니 가난한 백성들은 굶는 수밖에 없었다는 말이다. 1731년(영조 7) 수해 사례를 알아보자. 전라도 전역에 큰 비가 내려 여러 곳의 무덤이 무너져 내리고 관곽(棺槨)이 표류한 경우까지 있었다. 관찰사가 그러한 사실을 아뢰니, 임금이 애처롭게 여기고 수령에게 명하여 장례 비용을 보조해 묻어 주게 하였다. 그때 운봉현(현재 남원)의 반야산이 무너져 사람과 가축이 많이 깔려 죽었다. 전주부의 만마동에 냇물이 범람하여 읍내가 무너지려 할 적에 영장(營將) 서간세(徐幹世)가 제방을 쌓는 일을 감독했다 하여 임금이 직급을 올려주었다. 수해의 전형적인 형태인 산 사태와 하천 범람이 일어났던 것이다.

유독 홍수가 잦은 때가 있었다. 『증보문헌비고』에 따르면, 순조 때인 1815년부터 1824년까지 매년 홍수가 발생하였다. 그 다다음 철종 때에도 홍수가 잦았다. 비가 많이 오면 전염병 발생 빈도도 높았다. 홍수 때마다 강 하류 거주자들이 큰 피해를 입었다. 그렇기 때문에 전통양반들은 중상류에 터를 잡았고, 거기에서 밀린 사람들은 결국 하류지역으로 몰릴 수밖에 없었다.

셋째, 풍해란 여름부터 가을까지 태풍에 의한 피해를 말한다. 이때 큰 비를 동반하기 때문에, 풍해와 수해가 겹치기도 한다. 예를 들면, 앞에서 말한 1731년(영조 7) 7월 초에 강원·충청·전라도에 수환(水患)과 풍재(風災)가 예년에 없이 엄청나게 발생하였다. 그런데 전라도가 더욱 심하였다. 더러는 바람에 맞아 급사한 사람이 있었다. 장흥의 백성 2백30여 호가 무너져 깔려 죽었다. 당시 장흥의 호수가 7천8백 호였으니, 전체의 3% 정도가 폭우로 인한 산사태로 목숨을 잃었던 것이다.

강도가 센 태풍은 바닷물을 내륙 깊숙이 휘날리어 농작물을 염기로 고사시킨다. 정약용이 강진에 있을 때 1810년에 지은 「염우부(鹽雨賦)」란 시가 바로 태풍 때의 상황을 읊은 것이다. "동남방에 바람 일어, 돋는 해 집어삼키며, 우르릉 우당탕퉁탕, 거세게 몰아치더니."라고 폭풍이 불고 있는 상태를 말한 후, "짠물 거품 펄펄 날고, 소금가루 녹아 퍼져, 무성하게 자란 초목, 장조림이 다 되고."라고 짠 바닷물로 초목이 타 죽어버린 참상을 말하였다. 또한 정약용은 「탐진촌요」란 시에서 "갑인년 어느 날에 소금비가 내린 후로, 유자나무 감귤나무도 모두 말라 없어졌다네."라고 읊었다. 갑인년이란 정약용이 강진에 오기 전인 1794년(정조 18)이다. 이런 피해를 막기 위해 사람들은 바닷가에 소나무 숲을 조성하였다. 그 송림 숲은 오늘날 여름철 해수욕장의 캠핑장이 되고 있다.

또한 여름 태풍은 간척지 방조제를 무너트려 농사를 망치게 하였다. 예를 들면, 1557년(명종 12)에 4월 3일에 진도, 해남, 영암, 나주, 함평, 무장(현재 고창), 임피(현재 군산) 등지에 비바람이 크게 불고 해일(海溢)이 일어나 뚝방이 무너져서 짠물이 들어와 벼싹이 모두 말라 죽은 일이 발생하였다. 소나무를 박아서 만든 방조제는 그리 크지 않은 해일도 못 이겨 논바닥으로 들어오는 바닷물을 막지 못하였다. 갯벌이 많아 간척지를 널리 조성한 바닷가 사람들에게 태풍은 최대 관심사 가운데 하나였다.

태풍을 포함한 돌풍(突風)은 바닷사람들에게 큰 피해를 안겨 주었다. 돌풍은 항해 중 선박의 나무로 된 돛대와 키를 부러뜨리어 배를 표류하게 하였다. 돛이 부러지면 바람을 받을 수 없고, 키가 부러지면 방향을 잡을 수 없었다. 대형 조운선도 돌풍에 침몰하여 어렵게 마련한 세곡을 물에 잠기게 하였고, 연안 항해선의 경우 멀리 일본·중국·필리핀 등지로 떠내려 갔다가 돌아오기도 하였다.

넷째, 냉해란 우박, 서리, 눈, 냉우에 의한 피해를 말한다. 일반적으로 17세기 기후를 소빙기(小氷期) 기후라고 한다. 평균 기온이 1~2도 하강한 상태를 말한다. 이로 인해 농작물이 냉해를 입는 경우가 잦았다. 특히 겨울철 혹한에 의한 냉해는 대·차·귤 등의 난대성 식물을 쉽게 동사시켜 수년간 피해를 안겨주었다. 그리고 3~4월 냉해는 꽃망울을 고사시켜 그해의 과수 농사를 망치게 하고, 벌을 폐사시켜 꿀과 초를 만드는 데에 소요되는 밀랍 생산을 저하시켰다.

예를 들면, 이른바 '경신 대기근' 때인 1670년(현종 11) 8월 1일부터 22일까지 전라도 일원에 찬비가 물을 퍼붓듯 내려 냇물이 넘치고 농작물이 침수당하는 피해가 생겼다. 그런 속에서 8월 14일부터 18일까지 5일간 전라도 전역에 진한 서리가 내려 농작물이 말라죽고 말았다. 8월 중순이면 농작물이 한창 무르익어가고 있는 중인데, 이때 냉해는 막심한 피해를 가져다 줄 수밖에 없었다. 이로 인해 큰 기근이 들어 당시 사람들은 흩어지고, 굶어 죽고, 도적질을 하고, 방목하는 소와 말을 잡아먹는 등 민심이 동요하기 시작했다.

최근 1963년 광주지역의 1월(양력) 평균기온이 평년에 비해 3.9℃나 낮았다. 최저기온 또한 -16.8℃까지 내려갔다. 이 결과 대나무의 동해 피해가 큰 규모로 발생했다. 피해정도를 보면, 솜대(전죽류)는 미미한 수준이었지만, 왕대(청대죽)는 39%에 이르렀다. 이는 생존가능 한계온도 이하로 날씨가 내려간 결과였다. 이와 비슷한 일이 3백여 년 전 1698년(숙종 24)에도 일어났다. 전라좌도 암행어사 최창대(崔昌大)의 조사 보고서에 의하면, 전라도에서 내의원에 납부하는 도내 청대죽이 수년 동안의 겨울 추위로 50~60%가 고사하고 말았다. 내륙지역은 피해가 더욱 커서 대부분을 해안지역에서 사서 상납하였고, 그로 인해 많은 매입 값과 청대죽 운반으로 엄청난 피해를 입고 있었다.

해수저온에 의한 어업의 피해도 냉해의 범주에 해당된다. 혹한이나 한류의 다량 유입으로 해수가 평년보다 내려가면, 그동안 서식하던 물고기가 다른 곳으로 이동하여 어민들로 하여금 어업 불황을 겪게 하였다. 예를 들면, 부안현감 김개는 1511년(중종 6)에 그동안 청어가 많이 잡히는 부안 바다에서 6년 전부터는 청어가 없다고 말하였다. 명확한 증거는 제시되어 있지는 않지만, 아마 기상이변의 결과일 것이다.

다섯째, 병충해란 황충(蝗蟲)에 의한 피해를 말한다. 황충이란 황과 충을 말한다. 황이란 누리(메뚜기)로 풀, 나무, 소나무, 잣나무 등의 잎을 갈아 먹는 피해를 내는데, 그 피해를 황해(蝗害)라고 한다. 충이란 벌레로 알곡을 갉아 먹는 피해를 내는데, 그 피해를 충해(蟲害)라고 한다. 벼 잎을 갉아먹는 멸구 피해가 대표적이다. 이런 황충이 쓸고 가면 피해는 엄청나게 크다. 들판을 쓸고 가면서 작물의 줄기와 열매를 죄다 먹어 치우기 때문이다.

1437년(세종 19)에 전라도의 전주, 함열(현재 익산), 임피 등 고을이 누리 피해를 입었다. 이 무렵에 연거푸 며루나 메뚜기 피해가 있었다. 그래서 세종은 해충이 처음에는 안개 낀 날에 덩어리로 논에 내려오니 그때 잡아서 묻어버리면 노력을 들이지 않고 퇴치할 수 있다고 각 도 감사에게 명하였다.

메뚜기·멸구 외에 송충(松蟲) 피해도 적지 않았다. 소나무를 특별 재배하는 금산(禁山) 또는 봉산(封山)에 송충이 극성하면 정부는 잡으라고 명하였다. 연해지역에는 많은 송전(松田)이 있는데 그곳은 선박 건조나 건축 자재 용도의 목재를 제공하는 곳이다. 따라서 송충으로 인한 송전 소나무 고사는 당장 선박·건물이 필요한 당시 어민이나 해상(海商) 및 건물주에게 큰 피해를 가져다 줄 수밖에 없었다.

2. 기근의 실태와 진휼

1) 기근의 빈도

인간이 생존하는 데에 가장 기본이 되는 물자는 단연 식량이다. 식량이 바닥나 굶주림이 이어지는 현상을 기아(飢餓)라고 한다. 기아는 어디에서든지 언제든지 발생할 수 있어 인류의 영원한 숙제라고 할 수 있다. 기아의 발생 원인은 자연적 원인과 인위적 원인으로 나누어진다. 자연적 원인에 의한 기아는 자연재해로 발생하여 외부로부터의 식량 유입이 없는 한 풍작이 돌아올 때까지 장기간 지속되는 특성을 지닌다. 반면에 인위적 원인에 의한 기아는 전쟁이나 소요사태 또는 금수조치 등 시장통제에 의해 발생하지만 통제조치가 풀리기만 하면 곧 해소될 수 있다.

농업과 자급자족을 중심으로 하는 사회에서 자연재해에 의한 기근(飢饉)은 치명적인 재앙이었다. 기근이란 흉작으로 식량이 고갈되어 사람들이 굶주리는 상태를 말한다. 무역과 비축 및 운송이 원활하지 않은 사회에서 흉작은 기근을 낳을 수밖에 없었다. 다산 정약용은 『목심심서』에서 기근의 유형을 나누어 놓았다.

다섯 가지 곡식이 여물지 않으면 대기(大饑)이다. 한 가지 곡식이 여물지 않은 것을 겸(嗛)이라 하고, 두 가지 곡식이 여물지 않은 것을 기(饑)라고 하고, 세 가지 곡식이 여물지 않은 것을 근(饉)이라 하고, 네 가지 곡식이 여물지 않은 것을 강(康)이라 한다.

다섯 가지 곡식이 여물지 않은 것을 대침(大侵)이라고도 하는데, 대침의 경우에는 임금이 맛있는 음식을 갖추어 먹지 아니하고, 건물에 색칠하는 것을 하지 아니하며, 활쏘기를 그만두며, 행차에 벽제하지 아니하고, 백관은 포의를 입되 제대로 재단하지 아니하고, 귀신에게는 빌기는 하되 제사지내지는 않는 것이 대침의 예이다.

5곡이란 보통 벼, 보리, 조, 콩, 기장을 말한다. 이 5곡이 여물지 않으면 대기근이라 한다. 3곡이란 벼, 보리, 콩을 말한다. 이 3곡이 여물지 않으면 기근이라 한다.

우리의 경우 보리 성장과 볍씨 파종에 영향을 미치는 겨울·봄 가뭄으로 기근은 대부분 야기되었다. 그 다음 요인은 벼 개화와 숙성에 영향을 미치는 늦여름과 초가을의 풍수해였다. 이 가운데 가뭄이 가장 큰 요인이었다. 그래서 물을 확보하기 위한 기설제(祈雪祭)와 기우제(祈雨祭)는 우리의 중요한 전통 의례행사였다. 그리고 저수지·보와 수로를 건설하여 물을 가두고 물길을 열었고, 물을 퍼 올리기 위해 수차를 개발하였다. 또 물길을 따라 형성된 마을이나 마을 간 또는 마을 내의 물을 확보하기 위한 줄다리기 같은 '쟁탈전'은 우리 농촌의 눈 익은 풍경이었다.

기근은 우리 역사에 큰 영향을 미쳤다. 사회를 뒤흔들기도 하지만, 대책을 잘 세워 희망찬 미래를 준비하게 한 계기가 되기도 하였다. 그러면 기근은 몇 년마다 발생하였을까? 한 연구자는 『실록』을 토대로 조선왕조 519년 동안에 총 419회, 1.2년당 한 번꼴로 기근이 발생했다고 한다. 조선의 경우 당대인들이 피부로 느낀 감각과 후대인들이 자료 속에서 느낀 감각 사이에는 차이가 있을 수밖에 없다. 국정을 떠맡고 있는 쪽은 기근을 축소하려 하고, 반대쪽에 있는 사람들은 별것 아니어도 기근이라고 부풀려 말하였기 때문이다.

바로 이러한 점 때문에 통계를 낼 때 자료를 꼼꼼히 분석할 필요가 있다. 필자의 경험에 의하면, 여러 자료를 토대로 보정을 해본 결과 3년이 기근의 발생 주기였던 것 같다. 이 정도면 거의 연례행사처럼 겨우 숨을 돌릴 만하면 기근이 한 번씩 찾아온 셈이다. 그 가운데 대기근이 잊을 만하면 한 번씩 전국을 통째로 휩쓸고 갔다. 대기근은 20년마다 발생한 것으로 보인다. 대기근은 국가 전체를 뒤흔들어 놓을 정도로 막강한 위력을 지녔다.

기근은 염병(染病), 여역(癘疫), 역병(疫病) 등으로 불리는 전염병을 동반하며 영양실조 걸린 사람들을 대량 죽음으로 몰고 갔다. 기근 때의 전염병은 대량 시신을 집단 매장하는 공동묘지를 필요하게 하였다. 그곳을 발견하여 시신을 찾아낸다면, 우리를 괴롭혔던 세균을 추출하여 우리의 건강을 증진시키는 데에 연구될 것이다. 기근과 전염병의 연결은 개인과 가정 그리고 지역 공동체의 존립을 위협하였다. 그래서 기근을 접한 당시 위정자들은 '국가의 장래가 걱정이다' 등의 표현을 썼다. 상대당이나 임금을 공격하기 위한 마음을 품은 위정자는 금방이라도 사회가 무너질 것처럼 더 가혹하게 질타하며 현실을 걱정하였다. 그렇지만 기근으로 휘청거리기는 하였지만, 조선 사회는 결코 멸망하지 않았다.

그 원인은 우선 우리의 독특한 자연조건에 있다. 우리의 지리적 특성은 비 오고 볕 나는 곳이 사방 1백 리 안에 다르다는 말에 집약되어 있다. 마르고 습한 곳이 한 고을 안에 같지 않다는 말도 마찬가지이다. 가뭄이 들어도 물이 흐르는 곳이 있고, 홍수가 져도 큰 물이 흐르지 않는 곳이 있다는 말이다. 이러한 자연조건으로 인해 전국이 일시에 흉작이 들지 않았다. 한 고을 안에도 풍년든 곳과 흉년든 곳이 따로따로 있었다. 따라서 흉작으로 기근이 들면, 이쪽을 저쪽으로 옮겨 극복하였다. 전라도 것을 경기도로 운반하고, 산간 고을의 것을 바다 고을로 운반하는 방식이었다.

기근으로 조선 사회가 멸망하지 않은 또 다른 원인으로 상부상조 정신을 들 수 있다. 대토지를 소유한 양반이나 농민들 가운데 평상시 임차인에게 불리한 조건을 내걸고 횡포를 저지르기도 하였지만, 기근이 들면 비축해 놓은 식량을 혼자서 먹지 않고 마을·고을·국가에 적지 않게 기부하기도 하였다. 그 곡물은 기근을 극복하는 데에 큰 보탬이 되었다. 그래서 국가는 기부자에게 관직을 주었고, 수혜자들은 기부자의 공을 오래도록 기억하기 위해 공적비를 세워주었다. 이런 보답이 있었기에 부유층들은 기근 때 기아자를 위한 기부를 이어나갔던 것이다. 반대로 억지 춘향이처럼 소작자들이 압박 때문에 마지못해 지주 공적비를 세운 경우도 있다.

2) 초근목피에서 인육까지

흉년이 들면 수확이 줄어 금방 식량이 바닥나게 된다. 식량이 줄어들기 시작하면 일단 끼니 수를 줄이는 것이 상책이었다. 그래서 굶주린 사람들은 입을 줄이기 위해 자식을 몰래 길에 버리고, 부잣집에 돈 받고 팔기도 하였다. 악덕 상전 가운데는 자기 노비를 내쫓기도 하였다.

그마저 바닥나면 익지도 않은 보리와 밀을 베어 먹었다. 야생 기장을 훑어다가 껍질을 벗기지도 않은 채 죽을 쑤어 먹으며 끊어져가는 목숨을 구한 사람도 있었다. 그것이 불가능해지면 풀뿌리든 나뭇잎이든 아니면 나무열매든 가리지 않고 닥치는 대로 먹고 주린 배를 채우기 시작한다. 이를 초근목피(草根木皮)라고 한다. 후기 실학자 위백규는 「청맥행」이란 시에서 풋보리를 빻아 죽을 쑤어 온 가족이 맛있게 먹고 있을 때 문밖에는 거렁뱅이 아이들이 몰려와 풋보리죽을 조금이라도 얻어먹으려 애쓴다고 하였다.

그 가운데 솔잎이나 도토리가 가장 좋았다. 솔잎가루 10에 쌀가루 1을 섞어 죽을 쑤어 먹으면 원기 회복에 유익할 뿐만 아니라 적은 쌀로 많은 사람을 먹일 수 있는 방법이다. 도토리는 껍질을 제거하고 삶아 먹으면 사람에게 유익하고 속이 실해져서 배고프지 않고, 여기에 곡식 가루를 섞어 먹으면 식용 대용으로 그만이다. 이런 식용법은 이른바 구황서(救荒書)에 자세히 기록되어 있다.

이런 점에서 구황서의 편찬과 보급은 국가의 큰 일 가운데 하나였다. 15세기 세종은 『구황벽곡방(救荒辟穀方)』이란 구황서를 저술하여 흉년에 대비하도록 하였다. 16세기 중반 명종 때에는 "근래에는 해마다 큰 흉년이 들었는데 영남과 호남 두 도가 더욱 심하였습니다. 국가에서는 사신을 보내 진구하게 하였습니다. 또 구황에 가장 요긴한 것들을 뽑아 모아서 하나의 방문(方文)으로 만들어서 언문으로 번역하여 이름을 『구황촬요(救荒撮要)』라 하고 인출하여 서울과 지방에 반포하여 집집마다 알게 하였으니, 이는 실로 민생들을 구제하는 좋은 방책입니다."고 하였다. 특히 17세기에 많은 구황서가 저술·발간되었다.

곡식이 떨어지고 솔잎과 도토리마저 바닥나면 옥수수대를 가루로 만들어 풀과 섞어 먹으며 끊어져가는 목숨을 구하려고 한 사람이 있었다. 세종 때 함경도의 굶주린 백성들이 굶주림을 면하기 위해 빛깔과 성질이 밀납과 같은 흙을 파서 떡과 죽을 만들어 먹은 적이 있다. 병으로 죽어 땅에 묻은 소를 파먹었고, 닭과 개뿐만 아니라 말과 소까지 잡아먹은 사람도 있었다. 곡식이건 초근목피건 먹을 것이 바닥나자, 사람들은 더 이상 버틸 수가 없었다. 특히 새봄이 오면, 혹한을 가까스로 넘긴 기아자들에게 견디기 힘든 세월이 다가왔다. 가을에 수확하여 저장한 곡식을 겨울에 모두 소비하고 없기 때문이다. 이를 '보릿고개'라고 하는데, 이때 기아자가 대량으로 발생하기 시작했다.

바로 이때 최악의 상황은 어디까지 갔을까? 임진왜란이 한창인 때 대기근이 들었다. 그 때 1594년(선조 27) 1월에 사헌부가 다음과 같이 아뢰었다.

> 기근이 극도에 이르러 심지어 사람의 고기를 먹으면서도 전혀 괴이하게 여기지 않습니다. 그러므로 길가에 쓰러져 있는 굶어 죽은 시체에 완전히 붙어 있는 살점이 없을 뿐만이 아니라, 어떤 사람들은 산 사람을 도살(屠殺)하여 내장과 골수까지 먹고 있다고 합니다. 옛날에 이른바 사람이 서로 잡아먹는다고 한 것도 이처럼 심하지는 않았을 것이니, 보고 듣기에 너무도 참혹합니다. 도성 안에 이와 같은 경악스런 변이 있는데도 형조에서는 무뢰(無賴)한 기민(飢民)이라 하여 전혀 체포하거나 금하지 않고 있으며 발각되어 체포된 자도 또한 엄히 다스리지 않고 있습니다. 당상과 낭청을 아울러 추고하고, 포도대장(捕盜大將)으로 하여금 협동하여 단속해서 일체 통렬히 금단하게 하소서.

서울 안에서 벌어진 일이다. 사람의 고기, 즉 인육(人肉)을 먹은 사람이 있었다. 그러면서도 전혀 괴이하게 여기지 않았다. 산 사람을 도살하여 내장과 골수까지 먹은 사람이 있다는 말까지 나돌았다. 이런 사실과 말을 접한 사람들은 너무나 참혹하고 경악스럽다는 반응을 보였다.

심한 병에 걸린 부모를 소생시키기 위해 자신의 허벅지 살을 잘라서 먹였다는 미담은 효열을 강조하는 조선 사회에서 종종 보는 이야기이다. 그리고 기근 때 사람 고기를 먹었다는 기사 또한 『조선왕조실록』을 검색해보면 낯설지 않다. 그때마다 임금이나 대신들은 그것을 사람으로서 어찌 그럴 수 있느냐는 의미로 근래에 없는 '변(變)'이라고 평했다. 사료 상으로는 '식인육지사(食人肉之事)', '식인지육(食人之肉)', '인상식지변(人相食之變)'

등으로 기록되어 있다.

그런 호들갑에도 불구하고 인육 사건은 세종, 효종, 현종, 숙종, 영조 때에도 찾아진다. 관에서 차마 말하지 못하고 숨겼을 것이라는 점까지 감안하면 실제 사례는 이 보다 훨씬 많았을 것이다. 인육 사건은 전국 도처에서 발생하였다. 예를 들면 1671년(현종 12)에 경상도와 전라도에서 사람 고기를 먹은 일이 발생하였다. 이 점에 대한 논란이 거세어지자, 이듬해 중추부사 정치화(鄭致和)가 사람 고기를 먹은 일은 곤궁한 상태에서 부득이하게 나온 것이라고 말하였다. 인륜도덕을 어겼다고 해당 지역에 대한 중벌을 내리자고 하는 분위기를 진정시키기 위해 나온 발언인 것 같다.

또 다른 사례를 보자. 영조 8년, 1732년에도 전라도에서 인육을 먹은 사건이 발생하였다. 강진현에서 떠돌아다니는 굶주린 백성이 10여 세 아이의 시신을 구워 먹었던 일이 그것이다. 이를 접한 전라감사 유엄(柳儼)은 구휼 책임을 다하지 못한 강진현감 임철(任轍)을 파직시켰고, 강진 지역의 실상과 함께 자신도 죄를 받겠다는 공문을 임금에게 올렸다. 중앙정부에서 곡식을 내려 보내자, 기아자 천백 명이 무리를 이루어 일시에 모이니 다 구휼하지 못하였고 그 사이에 많은 사람이 죽고 말았다.

이로부터 50여 년 지난 무렵, 일본에도 '덴메이 대기근'이란 대기근이 들었다. 일본 역사상 최악의 기근으로 1백만 명 가까이가 죽었다고 한다. 이때 짚더미로 몸을 가린 채 밥 바가지를 들고 다니던 굶주린 자들이 사람 고기를 불에 구워 먹는 모습이 그림으로 남아 있다.

3) 진휼 – 기아자·약자 우선

기근으로 기아자, 아사자, 유민이 대량으로 발생하여 사회 동요가 예상된다. 그러므로 그때마다 정부는 기아자를 구제하는 단기적인 대책이나 장기적인 대안이 강구되지 않을 수 없었다.

기근 때 눈앞에 닥친 급선무는 진휼이다. 진휼이란 흉년에 가난한 사람을 도와주는 것이다. 이를 제도화 한 것으로, 일찍이 고구려가 실시한 진대법이 있다. 고려와 조선의 의창도 진휼기관이다.

중앙정부나 지자체가 우선 할 일은, 집을 나와서 떠돌아다니는 사람 가운데 의지할 곳이 있거나 소생의 여지가 있는 사람은 농사를 짓고 세금을 내도록 곡식을 주어 고향으로 돌려보내는 것이다. 종자와 식량을 주어 재활을 도모하기 위해서였다.

그렇지 않는 사람은 진휼소(賑恤所)에서 죽을 쑤어 주어서 구제하였다. 굶주려 병들고 쇠약한 사람들에게 최소한의 영양가를 공급하여 죽을 지경을 넘지 않도록 죽을 끓여주었다. 죽을 쑤어 먹이는 것은 많은 사람에게 적은 재료로 급식할 수 있다. 보통 밥 한 그릇으로 죽 네다섯 그릇을 만들 수 있다고 한다. 그런 점으로 인해 설죽(設粥)은 우리 조상들이 오랜 동안 실시해 온 기아자 구제 방법 가운데 하나이다. 진휼소를 개설하면 이재민에게 급식을 제공하는 죽소 등 부대시설을 갖춰야 하였다. 또한 곡물, 소금, 간장, 채소, 해초류 등의 먹을 것과 솥, 장작 등 취사도구도 필요하였다. 그리고 몰려드는 굶주린 사람들에게 장막을 쳐서 임시 잠자리를 제공하고, 전염병이 번지지 않도록 집단 숙소에 대한 예방 조치를 취하는 것도 진휼소가 해야 할 일이었다.

진휼 시스템은 17세기에 들어오면서 촘촘해지기 시작하였다. 광해군은 임시기구에 불과하지만 진휼청(賑恤廳)이라는 전담기관을 설치하여 빈민을 구제하기 시작했다. 그런데 인조는 진휼청을 상설기구로 개편하여 전국의 진휼 업무를 진두지휘하게 했는데, 이 체제는 현종·숙종 대에 완전 정착했다. 따라서 국가 진휼업무의 컨트롤 타워(controll tower)인 진휼청이 임시체제에서 상시체제로 전환하고 그 위상이 한층 높아진 셈인데, 이 점은 그만큼 기근이 연례화되고 그에 대한 대책이 강도 높게 수립되었음을 반영할 것이다.

하지만 문제가 한두 가지 아니었다. 진휼청은 독자적 재원이 부족하기 때문에 국가재무 기관인 호조의 재정지원을 받아 진자(賑資)를 요구하는 한성부나 8도에 배분했다. 그러나 호조는 재정난 때문에 지원액을 줄이는 반면에 각처는 요구액을 늘렸다. 이에 진휼청은 강화도, 평안도, 남한산성, 통영 등지에 비축되어 있는 군사용 비상 곡물을 끌어와 사용했다. 설상가상으로 백성들의 부담을 줄여주기 위해 각종 세금을 경감하는 조치를 취했으니, 정부의 재정난은 갈수록 심해질 수밖에 없었다. 당시 재정난은 국가 비상시에만 사용하도록 되어 있는 병조의 봉부동(封不動)을 진휼에 투입하였던 데서 적나라하게 노출되고 말았다.

이에 정부는 새로운 재원 조달 방법을 강구할 수밖에 없었다. 이와 관련하여 첫째, 해외에서 곡물을 도입하는 방안이 있다. 이미 고려 말 원나라에서 쌀을 도입한 적이 있고, 기근으로 북방 국경지대 군량을 조달할 길이 없자 1605년(선조 38) 함경감사 서성이 호(胡, 여진)에게서 곡식을 무역해 오려고까지 한 바 있다.

'경신 대기근' 때에도 곡물 재고가 바닥을 드러내자 일부 관료들은 청나라에서 곡물을 도입하자는 의견을 개진했다. 현종의 적극적인 수용 의사가 있었음에도 불구하고 성사되지 못하였다. 하지만 불과 30년 전에 세폐(歲幣)로 매년 1만 석을 청에 제공했고, 일본에 공무역 대가로 공작미(公作米) 1만 6천 석을 제공하고 있는 현실, 즉 '식량 안보'를 지키고 있었던 점을 감안하면 파격적인 제안임에 틀림없다.

그러나 이 제안도 30년 후 '을병 대기근' 때에 드디어 성사되어, 정부는 3만 석을 청나라에서 도입하여 진휼에 투입했다. 이때 사람들은 청나라 쌀을 호미(胡米)로 불렀고, 서울 반입에 난색을 표하여 양서 지역에 투입하였다. 아무튼 조선 역사상 좀처럼 상상하기 어려운 일, 즉 오랑캐로부터 쌀을 수입하는 일이 최초로 벌어진 단서는 대기근이었다.

둘째, 기근 때 납속이 실시되고 공명첩이 발행되었던 사실도 무시할 수 없다. 국가에서 자원자로부터 재물을 받고 대신 신분에 의한 제약을 풀어주거나 직첩을 발급하는 이 일은 이미 왜란과 호란 때에 재원 조달을 위해 실시된 적이 있다. 그런데 현종과 숙종은 기근이 들 때마다 부족한 진휼비 조달을 위해 각종 공명첩을 남발하고 납속을 자주 실시했다. 심지어 정부는 급한 나머지 공명첩을 강매나 남발하기도 하였고, 그 결과 값이 내려갈 수밖에 없었다. 납속과 공명첩은 결과적으로 전통적인 신분 질서를 무너트리는 데에 일조를 했으니 재력있는 평민이나 노비들은 이 틈을 이용해 신분 상승을 도모할 수 있었다. 따라서 17세기 대기근은 조선의 신분 질서를 무너트리는 충격파였음에 분명해 보이고, 재력으로 신분을 바꿀 수 있는 세상을 우리 역사상 최초로 제공한 셈이다.

신재원의 발굴과 함께 재정운용도 중요하였다. 조선 왕조는 국초부터 환곡 제도를 실시하여 기근에 대비했지만, 기근이 심한 지역은 열악한 자체 보유곡으로 기아자를 살려낼 수가 없었다. 그러므로 그러한 지역은 중앙에 진자를 지원해주도록 요청했고, 그러면 서울에 있는 진휼청은 강화도·평안도 등지에 있는 비상 비축곡을 배로 실어와 요청한 각지로 배분했다. 그런데 이 방법은 그 자체가 매우 번거로울 뿐만 아니라 선박 동원의 어려움, 장기간의 원거리 운송 때문에 때를 놓칠 위험 부담마저 안고 있다. 따라서 비축곡 이동 방법을 원격지 이동 시스템에서 국지적 이동 시스템으로 교체할 필요가 있었다.

또 다른 문제점은 비축곡은 본래 국방이나 외교 등 각자의 목적을 가지고 조성된 것인데, 이를 진휼곡으로 전용한다는 것 자체가 본래 목적을 상실하고 소모적인 논쟁에 휩쓸릴 수 있다. 소모적 논쟁 때문에 실기를 하거나 방출 후 회수 때문에 논쟁을 하는 악순환이 늘 반복되었다. 그러므로 진휼을 목적으로 하는 별도의 비축곡을 조성할 필요가 제기될 수밖에 없었다.

그런데 이 점은 '경신 대기근' 때만 하더라도 미처 주목하지 못한 사안이었다. 그렇기 때문에 발을 동동거리며 곡물을 기다리는 재해지역에 대한 체계적인 지원 시스템이 결여되어 우왕좌왕하는 사이에 사태를 악화시켰던 한계가 노출되고 말았다. 이러한 상황은 숙종 초기의 연이은 기근을 겪으면서 보다 분명하게 노출되어 그 대책이 강구되었다. 그 결과 18세기 전반~중반에 각지의 바닷가에 창고를 설치하고 곡물을 비축하여 인근 지역에서 기근을 만나면 운송하여 구제하게 했다. 가령, 전라도 임피에 나리포창(羅里鋪倉)을 설치하여 제주도를, 경상도 영일에 포항창을 설치하여 강원·함경도를, 함경도 3곳에 교제창을 설치하여 강원·경상도를 각각 구제하도록 하였던 것이 그것이다. 그리고 경상도 사천, 전라도 순천·나주, 충청도 비인에 제민창을 설치하여 도내 고을을 구제하도록 했다.

18세기 후반 영조와 정조는 이전의 많은 경험과 노력을 토대로 재난 관리와 사회 안전망 확보를 제도화하였고, 18세기 후반 이후에는 기근도 이전에 비하여 크게 줄어들었다. 따라서 영조와 정조 대의 정치·사회적 안정은 이러한 사회 안전망 구축과 기근의 감소에서 비롯되었다고 볼 수 있다.

4) 조세 감면, 공공 근로

기근은 극빈자, 여성, 신체 불편자 등에게 보다 큰 피해를 가져다주었다. 양반은 굶어도 양반이라고 하였으니, 그도 사회적 약자인가? 그건 체면 때문에 그런 것이다.

기근이 들면 도서민들 또한 직격탄을 맞고 대거 굶주릴 수밖에 없었다. 제주는 도내 상황을 파악한 후 배로 외부에 알리고, 외부에서 재원을 모아 배로 실고 가는데, 적지 않은 시일이 소요된다. 그러는 사이에 도민들은 희생되고, 막상 외부 진휼곡이 도착했을 때는 기근이 해소되기도 하였다.

그러므로 우선 필요한 것은 내부의 손길이었다. 이 대목에서 만덕(萬德) 이야기를 아니 할 수 없다. "만덕은 탐라의 과부로서 을묘년 큰 기근 때에 쌀을 내어 기민을 진휼했다. 제주목사가 이를 듣고 나라에 보고했다. 임금이 만덕에게 소원이 무엇이냐고 묻자, 만덕이 소원은 없으나 금강산을 한번 구경하고 싶다고 답했다. 나라에서는 그녀를 여의(女醫)로 등록하고 역참마다 전갈하여 마침내 그녀의 소원을 풀어 주었다." 내부 도움이 없으면, 도민들이 직접 육지로 나오는 수밖에 없었다. 19세기 후반 사람이 강진·해남 지역을 여행하다가 목격한 바를 읊은 시에 의하면, "한재와 수재 잦은 제주도의, 유랑하는 백성들 바닷가에 깔렸네. 모를 사투리지만 구슬픈 소리, 긴 목에 구부정한 몸들"이라고 하였다. 제주도 기민이 육지로 나와 있다는 말이다.

전라도는 전국에서 가장 많은 섬을 보유하고 있다. 그 많은 섬사람들은 경제 불황으로 해산물이 팔리지 않아 곡물 입수가 불가능한데다가, 읍내나 수군진에 설치된 진휼소가 멀어 직접 갈 수도 없었다. 그러므로 도서지역에 대한 소속 고을의 진휼은 실시되기가 어려웠고, 그런 점 때문에 도서지역에 대한 공공진휼은 매우 찾기 어렵다.

한 사례가 발견되었다. 1667년(현종 8) 전라도는 눈 오듯 내린 서리, 새알만 하거나 거위알만 한 우박, 기우제를 지내야 할 정도의 가뭄으로 농사 작황이 흉작이었다. 흉작은 이듬해 기근으로 이어졌다. 기근은 나주목 부속도서(현재 신안군)에도 찾아왔고, 그때 전염병도 유행하였다. 도서 지역은 지금까지 굶어 죽고 병들어 죽어도 목사의 따뜻한 손길이 미친 적이 거의 없었다. 이를 안 나주목사 이민서(李敏敍)는 이듬해 1668년 4월 3척의 전선(戰船)에 쌀 수백 석을 싣고 관내 섬에 들어가서, 쌀을 나누어 주고 사람들의 병고도 물었다.

기근 때 진휼 다음으로 중요한 것은 세금을 감면하는 것이다. 세금을 경감하여 그들이 생업에 전념할 수 있도록 부담을 줄여주어야 하기 때문이다. 당시 백성들은 토지에 부과되는 전세, 사람에 부과하는 군역, 가호에 부과하는 공납 등 세 가지 세금을 부담하고 있었다. 이들에 대한 납기연장이 거론되거나, 일부나 전부의 감면이 검토되기도 하였다. 그리고 환곡이나 밀린 세금 등의 부채를 탕감하는 일도 추진되었다.

기근이 들면, 국민 부담이 많이 가는 양전사업 같은 국책사업도 중단하였다. 육군과 수군의 군사 훈련도 연기하였다. 소작자들도 힘들 수밖에 없어, 소작료를 감면·연기하는 지주도 있었다.

기근이 늘면 공공근로 사업을 펴서 일자리를 만들거나 먹거리를 제공하여 경제 활성화를 꾀하는 일도 중요하였다. 일찍이 이지함(李之菡, 1517~1578)이 충청도 아산현령이 되었을 때의 일이다. 유민들이 떨어진 옷을 입고 걸식하는 것을 불쌍히 여기고서 큰 집을 지어 수용하고 수공업(手工業) 기술을 가르쳐 주되 일일이 직접 맞대어 타이르고 친절히 깨우쳐서 각기 의식(衣食)을 해결하게 하고, 그중 가장 무능한 자에 대해서는 볏짚을 주어 짚신을 삼게 하여 그 일을 독려하였던 바 하루에 능히 열 켤레를 삼았다. 이를 판매하니 하루에 한 일로 누구나 한 말 정도의 쌀을 마련할 수 있었고 그 나머지로 옷까지 마련할 수 있었다. 몇달 동안에 무능한 그들도 의식이 충족하게 되었다.

숙종은 기근 때 극빈자를 모집하여 북한산성 수축 공사를 벌였고, 영조는 기근 때 청계천 준설 공사를 하면서 서울에 모인 극빈자를 투입하였던 일은 조선시대 공공근로 사업의 대표적 사례로 꼽히고 있다. 기근 때 수령들이 자기 지역에 장시를 열게 하였던 일도 마찬가지로 지역경제 활성화 업적에 해당된다.

지방관리들 가운데 세금의 유예·감면 조치를 게을리하거나 진휼곡을 빼돌리고 또는 진휼에 소극적인 자들이 적지 않았다. 이들의 부정과 나태는 대기근 극복에 전력을 쏟고 있는 정부 노력에 찬 물을 끼얹었고 기아자들의 회생 의지를 꺾었다. 이러한 점 때문에 정부는 관리들의 복무 기강을 점검하기 시작했다. 그래서 정부는 암행어사를 파견하였다. 각도 감사들로 하여금 도내 수령들의 조세와 진휼 행정의 실적을 보고하도록 하였고, 그 결과를 수령의 근무 평가에 반영하였다.

3. 여러 삶과 대응

1) 가진 자의 돈벌이

기근 때 재력가들은 재산을 내어 구휼에 앞장섰다. 『화순군지』에 김한호(金漢浩)라는 사람이 정미년 큰 흉년에 나락을 정부에 내어 증직 공조참의를 받았다고 기록되어 있다. 『승정원일기』를 검색해 보니, 능주 사람 한량 김한호가 1787년(정조 11 정미)에 조 50석을 내어 연호역 10년을 면제받는 포상을 받았다고 기록되어 있다. 구호 성금을 낸 점에 대해 주민들은 그 공을 잊지 않고자 공적비를 세우고 읍지에 기록하여 후세에 전하였다. 이때 전라도에서 1천 석 이상을 낸 17인이 실직에 제수되었고, 500석 이상을 낸 2인은 상가(賞加)의 은전이 내려졌고, 100석 이상을 낸 55인은 추가 직첩이 내려졌고, 그 이하를 낸 45인은 연호역을 면제해주었다. 따라서 기부금을 낸 119인에 대한 공적기록은 추가 발견될 수 있다.

한편, 허위 사실로 공적을 얻어 나중에 물의를 일으킨 사람도 있었다. 어디 출신인지는 모르지만, 1671년(현종 12) 대기근 때 임대년(任大年)이 진휼한다며 자신의 곡식을 이웃과 마을에 봄에 나누어 주었다가, 가을이 되자 모두를 도로 거두어갔다. 또한 그는 친척들을 이용하여 자신의 재산으로 기아자를 구제하였다고 관아에 거짓으로 신고하게 하였다. 이 일로 임대년은 상을 받아 전라도 광주의 경양역(景陽驛) 찰방(察訪)에 임명되었다. 하지만 그의 가짜 선행은 한참이 지난 1687년(숙종 13)에 밝혀져 주어졌던 관직이 취소되었고 처벌까지 내려졌다.

17세기에 이상기후로 인해 기근이 잦았다. 그때 지방 양반들은 남송에서 주자(朱子)가 실시했던 사창(社倉) 제도를 자신의 마을에서 실시하기 시작했다. 1625년(인조 3)에 이의길이란 사람이 충청도 청양의 장생리 고향 마을에서 마을 사람들과 사창을 설치하여 어려운 마을 사람들에게 봄에 곡식을 빌려주고 가을에 거두어들이는 방법으로 운영하였다. 1666년(현종 7)에 이단하(李端夏)가 자신의 마을에서 마을 상하 사람들과 함께 곡식을 모아서 사창을 설치한 바 있다. 대기근을 겪으면서 지방 양반들은 부랴부랴 사창 설치에 나섰다.

동계(洞契)가 있는 마을에서는 동계에 구제 조항을 신설하여 기근 극복에 나섰다. 어려울 때 서로 돕는 상부상조 정신을 실천하기 위한 장치를 마련하였던 것이다. 1500년 무렵에 창설된 광주 양과동약의 경우 "동원 중에 수재나 화재, 도적의 피해를 심하게 입은 자가 있다면 임시로 여럿이 의논하여 부조한다."라고 하였다.

반대로 자산을 증식하는 데에 열을 올리는 악덕 자산가도 있었다. 존 C. 머터는 『재난 불평등』이라는 저서를 통해 "재난은 자본 소유자를 더욱 더 부유하게 만들고, 자본이 부족한 이들은 더 가난하게 만들어 불평을 더욱 심화시킨다."라고 하여 자연재해 결과의 불공평함을 보여주었다. 이는 조선 땅에서도 입증되었다.

기근은 경제의 위기이자 불황이어서, 기근이 들면 우선 자기 자식을 내다 파는 사람이 있다. 프랑스 선교사 샤를 달레가 남긴 『벽안에 비친 조선국의 모든 것』을 보면, 1871년과 1872년의 양년 간에 혹독한 기근이 조선을 황폐하게 하였다. 하도 곤궁한 나머지 서해안 주민들은 중국의 밀수업자들에게 자기 딸을 한 사람당 쌀 한 되로 팔았다. 사람값이 헐값이었던 것이다.

그리고 기근 때는 노비 몸값이 내려가고, 땅값도 내려가게 되어 있다. 흉년에 땅을 사지 말라는 가훈을 남긴 집안도 있지만, 그때 땅을 마구 사들인 사람도 있었다. 그래서 현존하는 17~19세기 노비나 토지의 매매 문서를 보면, 흉년든 해에 생활비 충당을 위해 매물로 내놓은 경우를 적지 않게 볼 수 있다. 왜 그런 상황이 나왔고, 그 결과는 어떠하였는지를 알아보기 위해 사직 윤면동(尹冕東)이 한 발언을 검토해 보자.

> 전에 권흉(權凶)이 이리 같은 탐욕을 부리자, 온 세상이 모두 이를 본받게 되었습니다. 수십 백만의 돈을 팔로(八路)에 두루 흩어 한 구역이라도 점유할 만한 토지나 세낼 만한 전답(田畓)은 문득 반드시 값을 올려서 사들였기 때문에 값이 수배로 뛰어올라 가세가 미약하고 재산이 적은 사람들은 애당초 감히 손을 댈 수가 없었습니다. 이처럼 앞 다투어 온 나라의 토지를 사들인 결과, 토지는 집안 형편이 성한 집으로 거의 들어가게 되었습니다. 그리고 혹 흉년이 든 해를 만나게 되면 지방의 부호(富豪) 무리가 시기를 틈타 이익을 챙기기 위해 싼값으로 강제로 사들였기 때문에 민간에 남아 있던 약간의 토지마저 모두 이들이 소유하게 되었습니다. 이는 참으로 겸병(兼幷)하여 이익을 독점하려는 작폐인데, 그 피해가 일반 백성에게 미치게 된 것입니다.

『정조실록』 정조 2년(1778) 7월 20일자에 나온 내용이다. 권세가에 의한 땅투기는 이미 시작된 지 오래되었다는 것이다. 서울에 있는 최고 권력층들이 심복을 통해 전국 각지의 땅을 헐값에 사들였다는 말임에 분명하다. 흉년이 들면 지방 토호(土豪)들까지 그것을 본받아 투기 대열에 뛰어들었다. 중앙과 지방 가릴 것 없이, 권력층이건 중간층이건 간에 돈만 조금 있으면 약탈적 재테크를 일삼고 있었다. 윤면동이 말한 것처럼, 그 피해는 고스란히 서민들에게 돌아갔다. 값이 폭락한 때를 이용하여 밭 두 이랑을 한 그릇 밥으로 산 사람도 있었다. 남의 불행을 악이용하여 헐값에 토지를 매입한 것이다.

악덕 자산가들의 약탈적 재테크는 여기에 그치지 않았다. 기근이 들면 곡식 값은 올라가게 되어 있다. 그때 사재기로 쓸어 모아 시장 곡식을 완전 바닥나게 한 후 값이 폭등하면 내다팔아 폭리를 취하는 사람도 있었다. 민생안정을 위한 정부 방출미도 그들의 먹잇감이 되었다. 보유하고 있는 곡물을 기부하기보다는 비싼 값에 팔아 엄청난 이득을 본 사람도 있었다. 다음 기사는 정약용이 강진에 있을 때 직접 목격한 장면이다.

> 내가 전에 전라도에 있으면서 기사년·갑술년 흉년을 보았는데 삼복이 벌써 지났으나 모내기를 하지 못해서, 대파(代播)할 만한 것은 오직 메밀과 차조 두 종류뿐이었다. 영암창(靈巖倉)에 200석 메밀이 있었는데, 많은 사람들이 앞을 다투어서 밟혀 죽기까지 하였다. 장흥에 차조 30석을 가진 백성은 곡식이 귀한 틈을 타서 벼락부자가 되었다. 당시 차조 한 되 값이 1냥 5전이었다.

어떤 사람은 차조 한 되를 무려 1냥 5전에 팔았다. 좁쌀 한 되가 보통 몇 푼 정도였으니, 수백 배 비싼 값에 판 것이다. 그리하여 그는 삼십 섬을 팔아 큰 부자가 되었다. 한 섬을 열다섯 말로 계산하면, 자그마치 6천 750냥을 벌어들인 셈이다. 이런 상황에서 상부상조를 기대하기란 어려웠다.

2) 참상을 시로 읊고

질병은 말과 글로 잘 묘사될 수 있다고 선언한 사람 가운데는 헨리 지거리스트가 있다. 그는 『문명과 질병』에서 질병은 매우 서사적이고 때로는 극적인 이야기의 소재이기도 한다고 하였다. 기근도 마찬가지여서, 이 이야기를 하고자 한다.

1732년(영조 8) 임자년에 전라도 전역에 기근이 들었다. 그때 굶주린 강진 사람이 죽은 10여 세 아이를 구워먹는 참상이 발생하였다. 그리고 그해 12월 14일에 25명이 탑승한 배 한 척이 강진 일점곶(日占串)을 출발하여 제주도로 가다가 추자도에 도착하였다가, 다시 출항한 후 바람을 만나 일본으로 표류하고 말았다. 탑승자의 출신지와 신분을 보면 다음과 같다.

> 강진 거주: 진상군 文千金(사공), 진상군 文元金, 양인 申不同, 사노 李
> 萬伊, 사노 李丁立, 양녀 李愛良
> 영암 거주: 수군 朴斗卜, 정병 韓善伊, 양인 朴太淑, 사노 李項太, 사비
> 朴金介, 해림사 승 贊先
> 해남 거주: 가사령 朱五江, 사령 盧一守, 양인 趙淡沙里, 양녀 申實良,
> 사비 白今花, 사비 白今德
> 보성 거주: 양녀 柳巳陽
> 제주 거주: 가리 金麗重, 서리 梁宇齊
> 삼각산 백련사 소속: 승 勝垣·聖卓·敏寬 등

이들 가운데 문천금, 문원금, 박두복, 박태숙, 찬원, 한선이 등 6명은

연이은 대기근을 만나 살길이 막막하자 물건을 팔아 곡식을 사기 위해 제주도를 가려고 하였다. 문천금은 사공으로, 문원금은 격군으로 승선했는데 모두 강진 신지도 사람이다. 그리고 박두복·박태숙·한선이는 영암 북평면 홍해리 사람이다. 그리고 찬원은 영암 해림사 승려이다. 강진과 영암 사람이 기획한 셈인데, 제주도에 가서 식량을 사려고 하였다. 그때 함께 제주도를 가고자 하는 사람 남녀 19명(타지인: 9명, 승: 3명, 여: 7명)이 있어 동승하였다.

동승자는 누구이고, 왜 승선했는지를 알아보자. 해남 일도면 고도리 거주 노일수와 해남 내천변리 거주 주오강은 대흉을 만나 제주에 가서 걸식을 하고자 한다고 동승했다. 해남 목신리 거주 옹장 조담사리는 흉년을 만나 생리가 어려우니 제주에 들어가 옹기를 구어 생명을 유지하겠다고 어머니 신실량과 처 이양애와 함께 승선했다. 강진 귀천리 거주 이만이는 제주가서 걸식을 하겠다고 처 백금화와 처제 백금덕을 거느리고 승선했다. 강진 귀천리 거주 사노 이정립은 양인 이대춘 소생인데 흉년을 만나 노부모가 아사하자 동생 이항태와 함께 제주 사는 김려중에게 자매하기 위해 승선했다. 제주 사람 김려중과 양우제는 홍리를 위해 작년에 해남에 나와 장사를 하여 번 돈으로 노비를 매득한 후 돌아가려고 승선했다. 김려중은 이정립과 이항태를 매득했고, 양우제는 보성 거주 윤지백의 비 유이양을 매득했다. 서울 삼각산 백련사의 승려 승원·성탁·민관 등 3인은 흉년을 만나 의지할 곳이 없어 제주에 가서 빌어먹기 위해 동승했다. 영암 거주 박금개는 김몽백의 앙역비로써 상전이 흉년을 맞아 살 길이 없자 제주에 가서 방매하기 위해 상전과 함께 승선한 것이다(상전은 추자도에서 하륙). 강진 갈두 거주 신불동은 어린이로써 작년에 부모가 제주에 들어가 혼자여서 승선한 것이다. 이 가운데 5명은 표류 도중에 죽고 시신은 소금 처리되어 생존자 20명과 함께 이듬해 8월에 일본에서 돌아왔다. 『표인영래등록』이란 책 속에 들어 있는 내용이다. 이를 통해 1732년(영조 8) 임자년에 전라도 남부지역에 큰 기근이 들었음을 알 수 있다.

그런데 이듬해 1733년(영조 9) 계축년에도 큰 기근이 들었다. 소를 잡는 일은 사람들이 치욕인 줄 모두 알고 있으면서도 기근 때문에 사람들이 손수 칼을 들고 스스로 소를 잡아서 먹고 있었다. 강진·해남 등 일곱 고을의 세금 감면과 어세로 받은 돈을 진휼비로 쓰도록 하였다. 전라감사는 공명첩으로 일곱 고을의 굶주린 백성에게 줄 식량과 종자 밑천으로 쓸 수 있도록 청하였다. 그해 전라도의 흉년이 상당히 심각한 수준임을 알 수 있다. 이 임자년과 계축년의 연이은 기근을 임자년의 임자와 계축년의 계자를 따서 '임계 대기근'이라고 한다. 엄청난 충격을 가한 기근이었다. 그것을 전라도 사람들은 문학으로 읊었다.

몇 년 전『장흥문화』25호에 가사「임계탄(壬癸嘆)」이 소개된 바 있다. 1732·1733년의 재해현상과 향촌사정을 가사로 형상화 한 내용이다. 이 가사는 이미 국문학자인 임형택과 이형대를 통해 학계에 소개된 바 있다. 그리고「임계탄」의 작자와 관련하여 존재 위백규(1727~1798)의 부친인 영이재 위문덕(1704~1784)으로 추정하고 있다.『장흥문화』26집에 누가「임계탄」을 썼는가 제하의 박형상 변호사 글에서는 존재 위백규를 병계 윤병구에게 연결시켜 준 스승인 간암 위세옥(1689~1766)을 가사「임계탄」의 작자로 추정하였다.

가사「임계탄」과 달리 동일한 제목의 시「임계탄」을 방호(放湖) 김희조(金喜祖, 1680~1752)의 문집에서 확인 할 수 있다. 그는 가사「임계탄」이 지어진 시기에 활동한 문신이다. 본관이 영광으로 자는 경선(慶先)이다. 문장으로 널리 알려졌고 특히 시를 잘했다. 1713년(영조 39) 과거에 급제하였고 성균관에 있을 때, 무신란(戊申亂)이 일어나 모든 유생들이 다투어 도피하여 공관(空館)의 지경에 이르자 뜻을 같이 하는 5명의 유생과 직임을 나누어 대성전을 수호하였다. 이로 인하여 이들 여섯 선비는 충신이란 찬사를 받았다. 그해 1728년 영조가 구언교(求言敎)를 내리자 올바른 인재를 발탁하라는 요지의 봉사(封事, 만언소)를 올렸으며 문장은 물론 경륜과 절의로서도 추앙을 받았다. 만년에는 장흥 향리에 돌아와 산수를 벗하며 수 많은 시작을 남겼다. 그의 시는 자연 풍광이나 교류인물과 차운한 시도 많다. 그 가운데 시 「임계탄」은 '임계 대기근' 때의 어려운 지역현실이 표현된 것이다.

「임계탄」
눈을 돌려보니 궁벽한 시골에 연기 끊겼는데　回看烟火絶窮閭
살아갈 이치 막막하여 수염만 만지작 거리네　生理茫然但撫髥
청보리 베어와 방아 찧어도 죽 만들기 어렵고　靑麥出春艱作粥
시든 채소 솥에 끓이지만 간도 맞출 수 없구나　黃蔬入鼎乏調鹽
도연명의 한 달에 아홉 번 먹음이 되레 부유하고　淵明九遇猶云富
진중자의 오얏 세 번 삼킴이 청렴이라니 우습구나　仲子三咽可笑廉
아, 나는 이미 이익에 두루 밝은 자가 아니거늘　嗟我已非周利者
흉년에 죽게 되도 진실로 아무런 혐의가 없도다　凶年見殺固無嫌

이처럼 조선의 선비들은 전쟁이나 기근 및 내분으로 어려움에 처하면, 그 아픔과 즐거움을 곧잘 글로 읊어 달래고 공유하였다. 그래서 기근을 탄식하는 문학작품이 적지 않게 남아 있다. 서경창(徐慶昌)은 1815년 을해년 기근 때 「을해탄(乙亥歎)」이란 시를 지었다. 10수 가운데 두 번째를 보면 다음과 같다.

왕성 근처로부터 삼남에 이르기까지　畿甸暨三南
진대할 쌓인 곡식마저 없네　賑貸無蓄積

구제하여 살릴 공사의 계획은	濟活公私計
오직 곡식을 옮겨옴에 있을 뿐이도다	惟在移其粟
동쪽 바다엔 바람과 파도 많다 하고	東海多風濤
북쪽 뱃길엔 침몰이 있을 뿐이라 하네	北船報沉溺
요즘 선비 독서는 하지 않고	今士不讀書
여러 고을에서 다투어 곡식을 매점하네	列郡爭遏糴
불쌍하도다! 4도의 백성들	哀此四道氓
반은 개천과 골작에서 나뒹구네	半塡溝與壑

3) 그림으로 그리다

글이 있으면, 그림도 있어야 한다. 그런데 그림은 단지 한 순간만을 포착하여 재현하기 때문에, 기근의 참상을 그림으로 묘사하기란 쉽지 않다. 그럼에도 불구하고 기근은 종종 그림의 대상이 되기도 하였다.

1571년(선조 4)에 이조참판이 된 이후백은 교지에 응하여「유민도시(流民圖詩)」를 지어 진상하였다. 그해에 마침 큰 기근이 들어서 유민들이 길을 메웠다. 임금께서 이들을 가엾게 생각하시고 백성들이 떠돌아다니고 병에 시달리는 모습을 알고자 화공을 시켜 그 형상을 그림으로 그리게 하여 10폭 병풍을 만드시고 매 폭마다 이후백에게 명하여 시를 짓게 하였다.

이 그림을「유민도(流民圖)」라고 한다. 중국 송나라 신종 때 사람 정협(鄭俠)은 왕안석의 신법에 반대하여 자주 상서로써 그 폐해를 말하였다. 가뭄이 계속되어 유민이 파리하게 고생하는 모양을 보고 그림에 그려서 황제에게 아뢰었으니, 세상에서 이를 유민도라 일컬었다. 신종이 이를 보고 조칙을 내려 자책하고는 청묘신법을 모두 폐지했더니, 하늘에서 그제야 큰 비가 내렸다고 한다. 현재 가장 오래된 유민도는 명나라 주신(周臣, 1460~1535)이 그린 것이 미국 클리블랜드 예술박물관에 소장되어 있다는 언론 보도가 있다(경향신문 2017년 1월 14일자).

우리나라에도 기근이 들면 「유민도」를 그려 왕에게 올린 자가 많았다. 임진왜란이 한창인 1593년(선조 26) 봄 기근이 들어 유민이 속출하고 굶어 죽는 사람이 줄을 이었다. 그때 어떤 사람이 유민도를 그려 왕에게 올렸다. 실록에 묘사되어 있는 그림의 모습은 다음과 같다. "죽은 어미의 젖을 물고 있는 아이도 있었고, 상처를 입고 쓰러져 있는 자도 있었고, 구걸하는 남녀도 있었고, 자식을 버려 나무뿌리에 묶어 놓은 어미도 있었고, 말을 할 수가 없어서 손으로 입을 가리키는 자도 있었고, 나뭇잎을 따서 배를 채우는 자도 있었고, 남의 하인이 되기를 구걸하는 사대부도 있었고, 마른 해골을 씹어 먹는 자도 있었고, 부자(父子) 간에 함께 누워 있는 자도 있었고, 아이를 업고 비틀거리는 어미도 있었다." 기근의 참상을 훤히 알 수 있다.

그런데 이 무렵 경상도 함양 사람 정경운도 유민도를 보았던 것 같다. 그의 일기에 "순찰사의 명령으로 좁쌀 2섬을 유민들에게 나누어 주었다. 한 도에 유민들이 도로에 넘쳐 나 굶어 죽은 사람들이 줄을 잇는데, 정협의 유민도에 사람이 없으니 목이 멜 뿐이다."라고 적혀 있다.

그리고 전라도 영광 사람 강항도 관직 생활 중에 유민도를 보고서 「유민도」란 시를 남겼다. 그 일부를 보면 다음과 같다.

이끌고 나서서 구렁에 굴러 죽는가 하면	提携忍見塡溝壑
떠돌아다닌 사람이 길 위에 가득하도다	流穴還聞載道塗
딸을 팔고 아내를 잡히고 자식과 이별을 하여	鬻女質妻割愛子
뿌리를 깨고 열매를 따느라 온전한 살갗이 없다	掘根採實少完膚

위와 같은 장면이 그려져 있었던 것 같다. 그러면서 강항은 어떻게 하

면 화공을 시켜 이 그림을 그려서 임금님 병풍 위에 놓아둘까 하였다. 강항은 1597년 정유재란 때 피란길에 왜군에 가족과 함께 붙잡혀 일본으로 끌려갔다가 그쪽에 주자학을 전파하고서 돌아온 인물이다.

이후 1706년(숙종 32) 강원도 감진어사로 파견되어 진휼을 감독하고 돌아온 오명준이 진민도(賑民圖)를 그려서 임금에게 바쳤다. 진민도는 다른 기록에 기민도(飢民圖)로 표현되어 있다. 그림은 곡식을 운반하여 분배해 진휼하는 일과 유민이 돌아와 모여 살면서 늙고 파리한 사람이 떼 지어 찬양하는 형상이었다. 이를 본 어떤 사람이 정협의 유민도와는 뜻이 다르다고 평하였다. 이 당시 독자적인 조선 유민도가 그려졌던 것 같다.

뒤에 영조가 오명준의 진민도를 보고서, 굶어 죽은 자와 쓰러진 자와 허둥지둥 죽을 마시는 자가 눈앞에 있는 듯하다고 하였다. 기근이 들자 관찰사들에게 정협의 고사에 의거하여 그림으로 그려서 올리게 하였다. 그 결과 상당히 많은 유민도가 그려져서 영조 임금에게 올려 졌을 것이다.

4) 유배인을 타지로 옮기다

고려는 당나라의 형률을 받아들여 5형제도를 정착시켰다. 5형이란 태형, 장형, 도형, 유형, 사형을 말한다. 조선은 고려의 형률을 계승하고 여기에 명나라의 형율을 받아들였으나, 고려시대와 동일한 5형제도를 실시하였다.

이 가운데 유배형(流配刑)은 중죄를 범한 자를 차마 사형을 과하지 못하고 먼 곳으로 귀양보내어 죽을 때까지 고향에 돌아오지 못하게 하는 형벌로, 2천 리, 2천5백 리, 3천 리 등 3등으로 나누어 황무지나 바닷가 고을에 안치시키는 것이다. 고려 때 국정농단과 반란죄로 이자겸이 전라도 영광으로, 의종 임금이 무신정변 세력에 의해 경상도 거제도로 유배를 간 적 있다. 하지만 유배형은 조선시대에 가장 널리 시행되었고, 일제가 1909년에 사법제도를 개혁하면서 유배형을 금고로 간주함으로써 사라지게 되었다. 따라서 유배형은 우리 역사에서 1천 년 이상 지속된 형벌의 하나였다.

유배지(流配地)는 죄인이 살고 있는 지역이 어디인가를 기준으로 하여 거리의 원근을 고려하여 정하는 것이 원칙이었다. 원칙적으로는 거주지를 기준으로 한다고 했지만 종국에는 수도를 기준으로 정해지는 것이 관행이었다. 그러한 나머지 국토의 남쪽 끝이나 북쪽 끝이 선호될 수밖에 없었다. 고려시대의 상황에 대해서는 알 수 없지만, 조선시대의 상황에 대해서는 관련 자료가 적지 않게 남아 있어 비교적 자세히 알 수 있다.

<조선시대 도별 유배자(1·2 순위)>

유배 지역	전라도	205명
	경상도	127명
유배 인수	전라도	180명
	경상도	133명
유배 회수	전라도	915회
	경상도	670회

조선시대의 경우 도별로 가장 많은 유배인이 보내진 곳은 현재 전라도로 밝혀지고 있다. 『한국인명대사전』(신구문화사, 1967)에 실린 조선시대 인물의 설명문 가운데 명시된 유배지를 지역별로 통계 처리한 연구 결과에 의하면, 전라도는 205명으로 가장 많고 그 다음은 127명을 맞이한 경상도이다. 도별 유배인 수를 통계 조사한 또 다른 연구에 의하면, 전라도가 180명으로 가장 많고(제주도 제외) 그 다음으로 경상도가 133명을 차지한다. 또한 『조선왕조실록』에서 유배와 관련된 기사 5,860건을 분석한 연구 결과에 의하면, 전라도가 가장 많은 915회의 유배 횟수를 기록하고 경상도

가 670회로 그 뒤를 이었다. 이렇게 볼 때 조선시대에 전체 8도 가운데 가장 많은 유배인을 맞은 곳은 전라도였음에 분명해 보인다.

많은 유배인 때문에 전라도 사람들의 부담은 이만 저만이 아니었다. 유배인에 대한 기본적인 생계는 유배지 고을에서 해결해 주어야 했기 때문에 유배인을 대거 맞이한 도내 각 고을은 큰 부담이 아닐 수 없었다. 특히 읍세가 빈약하여 유배인에 대한 충분한 배려를 해주기 어려운 고을의 경우 유배인이 생업을 마련하지 못하고 도망가는 일이 발생하여 문제가 되기도 하였다. 전체적인 재정 자립도가 낮은 고을은 많은 유배인을 제대로 접대할 수가 없었던 것이다. 가령, 1522년(중종 17)에 호조판서 고형산이 보고한 바에 의하면, 유배되는 사람은 대부분 남해·거제·진도 세 고을에 배속되는데 근래 도망가는 폐단이 속출하고 있다면서 그 원인은 이 세 고을의 땅이 척박하고 제한이 있어 새로 옮겨간 백성들이 생업을 마련하지 못한 데에 있다고 하였다.

특히 흉년이 들면 상황은 걷을 수 없었다. 그래서 어느 지역에 기근이 들면 그곳 유배인을 다른 곳으로 옮겨주었다. 이배(移配)는 유배지에 반란이 일어나면 유배인이 그것에 합세할까봐 옮기거나, 또는 추가 범죄사실이 나타나면 더 먼 곳으로 옮기는 경우가 있다. 동일 범죄자가 한 곳에 있을 때에도 한쪽을 다른 곳으로 이배하였다. 그리고 기근이 들어도 유배인을 종종 이배하였다. 예를 들면, 1713년(숙종 54)에 전라도의 기근 때문에 나주에 정배한 죄인 임홍(林泓)을 경상도 남해현으로, 강진에 안치한 죄인 오시복(吳始復)을 영해부로 각각 이배하였다. 1784년(정조 8)에도 전라도의 기근 때문에 도내 체류 유배인을 대거 타지로 옮긴 적이 있다. 그때 정조가 명하였다.

재해(災害)가 매우 심한 고을에 편배(編配)하는 것은 주객(主客)이 모두

곤궁해지므로 도류안(徒流案)을 가져다 보고 구별하여 서하(書下)하였
다. 그리고 호남(湖南)의 농사는 제도(諸道) 가운데서 더욱 심하니, 내일
아침에 즉시 행회(行會)하여 이배(移配)하는 무렵에 절대로 시끄럽게 하
지 말고 온편함을 따라 연달아서 거행하도록 하라.

유배인이 한 쪽에 편중되어 있는 것은 주인과 손님이 모두 곤궁해지므
로 고르게 해야만 하였다. 그런데 마침 전라도에 심한 흉작이 들었다. 정
조는 전라도 사람들의 생활을 안정시키기 위해 전라도에 많이 와 있는 유
배인을 다른 곳으로 옮기는 조치를 취하라고 명하였다. 그에 따라 32인이
석방되고, 75인이 이배되었다.

제주도에 표착한 하멜 일행이 서울로 압송되었다가, 1656년(효종 7) 33명
이 강진 전라병영으로 온 것도 유배형에 의해서 였다. 그들은 병영에서 살
면서 말을 배우고 사찰을 방문하며 우리 문화를 익혔고, 결혼을 하여 가정
을 이루고 자녀를 둔 이도 있었다. 그런데 1660년 강진 땅에 우역이 돌고
기근이 들었다. 소 전염병으로 50여 마리가 죽고 그 고기를 먹고서 11인이
죽었고, 늦가을 초 사흘간 밤 서리로 다 익은 곡식과 목화가 모두 말라 죽
었다. 이듬해 강진현감은 세금 감면을 조정에 요청하였지만, 조정으로부
터 조세로 납부한 쌀의 품질이 나쁘다는 이유로 처벌을 받을 처지에 처하
고 말았다.

이러한 상황에서 하멜 일행이 먹는 쌀을 제공하는 강진으로서는 힘들
수밖에 없었다. 이에 1662년(현종 3) 강진현감과 전라감사는 하멜 일행을 다
른 곳으로 옮겨 달라고 중앙에 하소연하였다. 그에 따라 중앙에서는 22명
을 좌수영(현재 여수), 남원, 순천으로 분산 배치하였다. 그 가운데 좌수영으
로 간 하멜은 그곳에서 돈을 모아 배를 구입하여 일본으로의 탈출에 성공
하여 나중에 『하멜 표류기』를 남겼고, 우리나라와 네덜란드의 인연을 만

들어 주었다. 기근이 가져다 준 일종의 선물이라고 말할 수 있다.

5) 유민과 도적, 반란

어느 사람이나 가슴 아픈 사연 없는 이 없을 것이다. 전라도 사람들을 마음 아프게 한 사건 가운데 하나로 1589년에 일어난 '정여립 사건'이 있다. 약해진 세력을 만회하기 위해 서인(西人)이 옥사를 확대시켜 죄 없는 수많은 동인(東人)을 죽음에 이르게 하였다는 평을 받는 사건이다. 정여립 본인에게 문제가 없었던 것은 아니지만, 당시 연거푸 전라도를 덮친 기근도 일조를 하였다. 최립(崔岦, 1539~1612)이 사건 직후 작성한 한 문서 속에 다음이 들어 있다.

> 나는 경진년(1580, 선조 13)과 신사년(1581, 선조 14) 두 해에 걸친 본도(本道)의 기근(饑饉) 현상을 직접 목도한 바가 있다. 그런데 그 뒤로 잇따라 8, 9년 동안 더욱 심하게 기근이 들었고, 세 고을의 경우는 다른 곳보다 더욱 참혹했다는 말을 들었다. 그리고 보면 기근이 든 그 햇수에 비례하여 아마도 반역의 음모 역시 점점 더 심각하게 빚어졌을 것이라는 예상도 가능하다.

두 해 연거푸 기근이 들었고, 그 뒤에도 거의 매년 흉작이었다. 이로 인해 민심이 크게 이반되고 있었다. 그 때를 정여립이 이용하였다는 말로 해석된다. 기근은 기본적으로 취약지역과 소외계층을 뒤흔드는 속성을 지니고 있다. 우선 먹을 것이 바닥난 많은 극빈자들은 고향을 떠나 먹을 것을 찾아 정처 없이 떠돌았다. 떠도는 사람을 유민(流民)이라 한다. 그래서 기근이 들면 유민이 대거 발생하였다.

유민은 사람의 왕래가 드문 절해고도와 심산유곡에 들어가 숨었다.

상공업 지역에 들어가서 상공업으로 새로운 삶을 개척하면서 도적이 되어 여기저기로 돌아다녔다. 이들을 모아서 세력으로 키우며 전통적 권위에 도전하는 재야 지식인이나 농민이 적지 않았다. 그러한 결과 각종 유언비어가 난무하고, 새로운 세상을 꿈꾸는 반란이나 조직 및 사상, 그리고 예언서(『정감록』)나 도사(道士)가 세인의 주목을 받지 않을 수 없었다. 덕유산 계곡에 아지트를 구축한 현종 때에 일어난 '금산 반란'은 '경신 대기근(1671~1672)' 속에서, 17세기 말기 숙종 때에 발생한 검계, 살주계, 미륵신앙, 장길산 사건은 '을병 대기근(1695~1696)' 속에서 터졌다.

또 다른 민중 동향을 알아보기 위해 '기갑 대기근(1809~1814)' 때의 일을 살펴보자. 정약용이 보고 듣고서 적어 놓은 것이다.

> 기사년과 갑술년 기근에 수십 명의 선량한 백성들이 강도로 변하여 모두 종이 탈(紙冪)을 쓰고 한 밤중에 재력이 있는 민가를 털었다. 병영(兵營)과 진영(鎭營) 그리고 열읍수령(列邑守令)들이 그 도둑들을 잡아서 혹은 옥에 가두어 여위어 죽게 하고 혹은 사형에 처하니, 백성들이 모두들 편하다고 말하였다.

기근이 들자 멀쩡한 백성들이 갑자기 강도로 변하였다. 그들은 수십 명씩 단위로 하나의 무리를 만들었다. 공동체원들에게 정체를 노출시키지 않기 위해 모두 얼굴에 종이로 만든 가면(탈)을 썼다. 밤을 타서 살림살이가 있는 민가를 털었다. 이에 병영·진영·군현에서는 그들을 잡아서 사형에 처하거나 감옥에 가두었다. 그랬더니 잠잠해졌다. 이때 밥을 주라고 요구했는데 주지 않자 불을 지른 사람들도 있었다. 이로 인해 400여 호나 되는 강진 남당포 큰 마을이 열흘이 못되어 불에 타서 사라지고 터만 남았다. 당시 방화 사건은 한강 세곡선, 황해도 해주, 경기도 양주, 경상도 동래 등지에서도 일어났다. 거의 전국적 현상이었다. 방화범은 법에 의해 엄벌에 처해짐에도 불구하고 전국 도처에서 방화가 일어났다. 결국 기근은 새로운 세상을 꿈꾸는 사람들을 양산했던 것이다.

기후에 심각한 변화가 생기어 삶의 터전이 붕괴되면 사람들은 조건이 양호한 지역으로 집단 이주하는 경향이 있다. 유민 가운데 상당수는 진휼과 방역 시스템이 비교적 잘 갖추어져 있는 서울로 몰렸다. 특히 현종·숙종 대의 두 대기근 때에 전국의 유민들이 대거 서울로 몰려들었다. 이런 추세는 계속되어 1822년(순조 22) 흉년 때 함경도 사람들이 서울로 갔다. 그 모습을 조수삼이 "안타까와 발을 구르며 애들과 늙은이를 재촉하네, 저마다 말하기를 서울로 떠나 간다고. 봄바람은 야속하여 부황든 얼굴을 스치네, 어느 날에나 가 닿으리 저 먼 서울에"라고 읊었다. 이리하여 서울은 당시 그 어느 지역보다 인구 증가율이 높게 나타났고, 그것이 서울의 공간 구성과 산업구조의 변화에 일조했다.

서울에 이어 각도를 보면, 인구수가 15세기에 ① 경상도, ② 평안도, ③ 충청도, ④ 전라도 순서였다. 그런데 17세기를 거치면서 ① 경상도, ② 전라도, ③ 충청도, ④ 평안도 순서로 바뀌었다. 부동의 2위를 달리던 평안도가 4위의 전라도에 자리를 내준 것이다. 그 배경은 한반도의 한랭화에 따른 북쪽 지방의 혹한과 전염병에 있었던 것으로 보인다. '소빙기' 기간 동안 한반도 북쪽 지방은 시도 때도 없이 쏟아지는 서리와 우박 및 때 아닌 눈으로 냉해를 자주 입었고, 그때마다 진휼 용도의 곡식과 추위를 이겨낼 수 있도록 보온력이 뛰어난 면포(목화 솜·씨 포함)를 남쪽에서 북쪽으로 대량 이송하였다. 반면에 4위를 달리던 전라도가 1위를 차지한 적도 있고 근소한 차이로 1위 뒤를 따라 붙었던 배경은 상대적인 온난함에 있었던 것으로 여겨진다. 혹한·기근 때문에 사람들이 북쪽에서 남쪽으로 이동하였다는 말이다. 재해·기근은 지역별 인구구성을 변동시킨 요인이 되기도 했다.

유민이 줄을 잇고 있는 가운데 굶주림과 전염병을 이겨내지 못하고 죽어가는 사람, 심지어 인육을 먹는 사람도 도처에서 발생했다. 사망자가 증가하면 자연히 인구가 급격히 감소할 수밖에 없다. '경신 대기근' 때에 1백만 명 가량이 사망했고, 이에 버금가는 인명이 '을병 대기근' 때에도 죽어갔다. 따라서 정부는 기근을 겪을 때마다 호구를 파악하여 인구수를 늘리는 데에 부심하지 않을 수 없었는데, 특히 군역 자원의 확보에 엄청난 에너지를 쏟아 부었다. 17세기에 다섯 개의 군영(軍營)이 신설되어서 더 많은 군역 자원이 필요하였기 때문이다.

배고픔을 이기지 못한 사람들 가운데 자신의 아이들을 거리에 버리는 자가 많았다. 그리하여 수많은 아이들이 길 거리에 쏟아져 나와 방황하거나 죽어갔다. 이들 버려진 아이들을 유기아(遺棄兒)라고 하는데, 이들을 처리하는 문제가 기근이 격심한 현종 대에 본격적으로 정비되어 숙종 대의 '을병 대기근' 때에 입법화되었다가, 영조 대의 『속대전』에 수록되었다. '아동관'의 일대 변화가 '기근 고아'를 대량 양산한 대기근으로 비롯되었던 것이다.

기근 때에 양반 상전들이 돌보지 않고 방기한 사노비(私奴婢)들도 대거 거리의 유랑자로 쏟아져 나왔다. 대기근시 가장 취약 계층인 이들은 대부분 굶주림을 이기지 못하고 죽음의 대열에 합류하고 말았을 뿐만 아니라, 전염병에 속수무책으로 죽어갔다. 반대로 집나갔던 노비들이 먹을 것 얻고자 돌아오기도 하였다. 그런가 하면 정부는 공노비(公奴婢)로부터 거두는 신공을 기근시 민생 안정 차원에서 감액하거나 중단하는 정책을 자주 실시했다. 따라서 기근으로 인한 노비의 존재와 정책 또한 변하지 않을 수 없었다. 이는 결국 순조 때의 공노비(내수사 노비) 해방으로 이어졌다. 이는 링컨의 노예해방보다 앞선 쾌거였음에도 불구하고, 양반들에게는 큰 타격이어서 그 대책을 놓고 격렬한 입장 차이를 보이게 되었다. 따라서 대기근은 신분별 인구 점유율에 영향을 미치게 되었다.

바다를 끼고 있는 지역에서는 기근 때 수적(水賊)이 종종 발생하였다. 수적이란 배를 타고 다니면서 노략질을 일삼는 이를 말한다. 한 사례를 들자면, 1486년(성종 17) 실록에 "근래 전라도에 수적이 점점 성하여 여러 섬에 사는 백성이 하나도 없습니다."라는 기사가 보인다. 심지어 조운선을 겁탈하여 뱃길이 불통될 지경이었다. 제주도에서 올라오는 진상선을 약탈하기도 하였다. 거도선(居刀船)이란 배를 타고 왕래하면서 도둑질하는데, 그 빠르기가 나는 듯하기 때문에 잡기가 매우 어려운 상황이었다. 하삼도의 배가 경유하는 영광 소속의 어을외도, 병풍도, 증도, 모야도, 고이도 등지에 숨어 있다가 배가 지나가면 덮친 때도 있었다. 이때 전라도 전역에 기근이 들었으니, 기아자들이 먹을 것을 찾아 배를 타고 돌아다니며 도둑질을 행하였던 것이다.

당시 수적 가운데는 '왜구'를 칭하기도 하였는데, 사서는 그들을 '가왜(假倭)'라고 칭하였다. 왜구는 고려 말기부터 잔악한 만행을 저질러왔기 때문에, 그들이 나타났다 하면 맞서 싸우기도 하지만 도망부터 가는 것이 관행이었다. 이러한 점을 이용하여 손쉽게 재물을 입수하기 위해 수적이 왜구를 칭하였던 것이다.

일반 도적들도 기근 때 도서로 들어갔다. 세금을 내지 않기 위해서 그랬을 것 같지만, 동전 유통 이후 외부와 차단된 곳에서 몰래 위조 동전을 만들기 위해서였다. 1716년(숙종 42)에 우의정 이이명이 기근 대책의 일환으로 동전 유통을 주장하면서, "대도(大盜)가 이미 해도(海島)에서 사주(私鑄)하고 있다."라고 말하였다. 여의도 같은 한강 가운데 섬에서도 동전을 사주하였다. 사주란 정부의 지시 없이 사적으로 동전을 주조하는 행위를 말한다.

6) 장시를 열다

상인이 모여서 물건을 사고파는 곳을 시장이라고 한다. 그런데 이러한 시장 외에도 여러 유형의 시장이 있다. 고려 말기의 학자 이곡(李穀, 1298~1351)은 다음의 세 가지 시장을 소개한 바 있다.

하나는, 여사(女肆)라고 하는 여자 시장이다. 수도 개성에 올라온 이곡은 맨 먼저 시장 골목으로 들어갔다. 그곳에서 아름답게 얼굴을 꾸민 여자들이 몸 파는 것을 목격하였다. 그들의 몸값은 고운 정도에 따라 싸기도 하고 비싸기도 하였다. 대놓고 몸값을 흥정하면서도 하나도 부끄러워하는 기색이 보이지 않았다. 이를 본 이곡은 매우 불미스러운 풍속이라고 말하였다.

또 하나는, 이사(吏肆)라고 하는 관리 시장이다. 이곡이 관청에 들어갔다. 그곳에서 법을 집행하고 공문서를 작성하는 관리들이 일을 처리할 때 뇌물을 받고 있었다. 그런데 뇌물의 양이 사건의 무겁고 가벼움에 따라 많기도 하고 적기도 하였다. 그들은 거리낌 없이 뇌물을 받으면서도 하나도 두려워하는 기색이 없었다. 이로 보아 법과 행정이 그릇되게 시행되고 있음을 그는 알 수 있다고 말하였다.

그리고 또 하나는, 인사(人肆)라고 하는 사람 시장이다. 지난 해의 큰 가뭄과 홍수로 백성들의 먹을 양식이 바닥나고 말았다. 그러자 힘이 강한 자는 도둑질을 하고, 약한 자는 집을 떠나 거지나 떠돌이가 되었다. 그래도 먹을 것을 구할 수 없게 되자, 부모는 자신이 낳아 기르던 어린 자식을 팔려고, 남편은 사랑하는 아내를 팔려고, 주인은 애지중지하던 종을 팔려고 시장에 줄지어 서 있었다. 그런데 그 값은 너무 저렴하여 돼지나 개 값만도 못했다. 상황이 이러함에도 불구하고 관청의 관리들은 전혀 모른 채 바라만 보고 있었다.

우리가 여기서 주목하고자 하는 것은 세 번째 시장 인사이다. 인사는 왜 생겼을까? 기근 때문이었다. 이는 조선시대의 정기 시장인 장시(場市)의 출현 배경에서도 찾을 수 있다. 『조선왕조실록』 성종 3년(1472) 7월 27일자에 따르면, 전라도 광주, 나주, 함평, 무안 등 고을에서 여러 사람들이 관아의 허락 없이 장문(場門)이라 일컫는 곳에 모여 물건을 사고팔고 있었다. 처음 발생한 낯선 풍경에 장문을 혁파할 것이냐 그대로 둘 것이냐를 놓고 의견이 갈라서게 되었다. 대부분의 수령들은 금하려고 하였다. 전라도 관찰사 김지경도

> 도내 여러 고을의 인민이 그 고을 길거리에서 장문이라 일컫고 매월 두 차례씩 여러 사람이 모이는데, 비록 있는 물건을 가지고 없는 것과 바꾼다고 하나, 근본을 버리고 끝을 따르는 것이며, 물가가 올라 이익은 적고 해가 많으므로, 이미 모든 고을로 하여금 금지시켰다.

라고 하여 금지시켜야 한다고 보고하였다. 그러자 국가재정을 책임지고 있는 호조(戶曹) 또한 장문을 금지해야 한다고 국왕에게 요청했다. 각 고을 수장과 고위 공직자들의 반대에도 불구하고 전라도 민중들에 의해 우리 역사상 최초로 장시가 탄생하는 순간이다.

그러면 장시는 어떤 상황에서 우리 역사상 최초로 등장하게 되었을까? 이 점에 대해 신숙주(申叔舟)가 다음과 같이 말하였다.

> 경인년(성종 원, 1470)에 흉년이 들었을 때에 호남의 백성들이 스스로 모여서 서로 점포를 열고 장문(場門)이라 불렀는데, 이에 힘입어 사람들이 보전하였습니다. 이것은 바로 외방에 점포를 설치하는 기회였으나, 호조에서 각 고을 수령들에게 물으니 수령들이 상황을 제대로 살피지 않고서 전에 없던 일이라고 하여 모두들 금하기를 바랐으니, 이는

앞 일만을 좇는 소치였습니다. 다만 나주목사(羅州牧使) 이영견(李永肩)
은 금지하지 말기를 청하였으나, 호조에서는 굳이 금지하여 천년에나
한 번 있을 기회를 잃었으니 아까운 일이었습니다. 신이 이전에도 이것
을 아뢴 바 있고 지금도 다시 생각하여 보니, 큰 의논을 세우는 자는 아
래로 민심에 순응하면 그 성취가 쉽습니다. 지금 남쪽 지역의 백성은
전에 이 때문에 스스로 보전하였으므로 그들이 바라는 것이 반드시 같
을 것입니다. 이제 외방의 고을과 백성이 번성한 곳에 시포(市舖)를 설
치하도록 허가하되, 강제로 시키지 말고 그들이 바라는 대로 하여 민심
이 향하는 바를 관망하면 실로 편리할 것입니다.

『성종실록』에 실려 있는 내용이다. 신죽주의 말은 흉년으로 먹을 찾
지 못한 전라도 백성들이 시장을 개설하여 소생하였다는 것이다. 이렇게
보면 장시 개설의 직접적 동기는 흉년에 있었다고 말할 수 있다. 따라서
1470년 당시 흉년 상황을 자세히 알아볼 필요가 있다.

지난해 겨울철부터 눈이 없었다. 새해 봄에는 비도 오지 아니하였다.
여름 6월에 이르자 우물이 마르고 냇물까지 말라버렸다. 그 결과 보리 수
확을 못하였고, 벼도 자라지 않았다. 가을에 이르자 온 전국에 유례없는
대기근이 들었다. 임금이 8도 관찰사에게 유시하였다.

지금 농사철을 당하였는데, 비가 흡족하지 못하여 경작할 시기를 이미
놓쳤고 김매는 일도 할 수 없으며 추수할 희망이 이미 허물어졌으니,
흉년을 구제할 모든 일을 미리 생각하지 아니할 수 없다. 그 시행할 조
건을 뒤에 갖추어 기록하니, 경은 그것을 자세히 알아서 조치하라.

1470년은 전국적인 대흉작이었다. 혹독한 가뭄에 의한 참극이었다. 그
런데 가뭄의 정도가 전라도와 경상도에서 유독 심하였다. 여름 보리, 가을

기장과 벼 어느 것 하나도 거두지 못하였다. 사람들은 소나무 껍질을 벗겨 식량으로 삼고 있었다. 임금은 송금(松禁, 소나무를 베는 것을 금하는 명령)을 정지하도록 지시하였다. 칙을 채취하여 기근에 대비하도록 하는 명령도 임금은 내렸다. 바닷가 고을에서는 해조류를 채취하고 소금을 굽고, 산간 고을에서는 도토리를 따는데 모든 힘을 다 쏟았다. 고을마다 무료 급식소인 진휼소를 개설하였다. 정부는 비축곡을 방출하고 곳곳에 진휼사를 파견하여 진휼을 감독하게 하였다.

전라도 아래 지방의 바닷가 고을이 특히 심하였다. 심각함이 다른 도의 갑절이나 된다고 하였다. 전라도 진휼사(賑恤使)가 이 지역 사정을 보고한 바에 따르면, 도내의 백성들이 기근으로 오로지 구휼만을 바라고 있었다. 그 가운데 나주, 광주, 무안, 함평 등 20여 고을의 흉작이 매우 심하였다. 이들 20여 고을의 상태에 대해 나주목사 이영견은 "제가 지나간 고을에서 굶주려 죽은 자나, 부종(浮腫)이 생긴 자나, 아이를 내버린 자가 여러 고을이 아울러 모두 그러하였습니다."라고 말하였다. 나주, 광주, 무안, 함평 등 전라도 서남부 지역이 참혹한 지경이었다. 이를 현지에서 목격한 나주목사만이 홀로 민중들의 장시 개설을 옹호해주었다. 이리하여 우리 역사상 최초로 장시가 전라도 서남부 지역에서 등장하게 되었던 것이다.

동전의 주전과 보급 또한 대기근 속에서 단행되었다. 궁핍한 국가재정을 보충하고 민생을 안정시키기 위해 인조 때에 동전 유통론이 제기되어 주전이 이루어졌으나 곧 중단되고 말았다. 현종 때 '경신 대기근' 때에도 늘어난 진휼비와 줄어든 수입으로 고갈된 재원을 조달하기 위해 동전 주조론이 제기된 바 있었다. 1678년(숙종 4)에 허적의 주도로 조선후기 법정화폐인 상평통보(常平通寶)가 주조된 역사적인 날도 연속되는 기근 속이었다. 1695년(숙종 21) '을병 대기근' 때에는 지금까지 주조액 가운데 가장 많은 55만 냥을 주조하였다. 그러다가 1729년(영조 5)에 70만 냥, 1731년(영조

7)에 35만 냥, 1732년(영조 8)에 28만 냥을 각각 주조하였는데, 이때마다 기근이 들어 그 대책으로 동전을 주조하였던 것이다.

7) 명군에 들어가다

임진왜란 7년 동안 20만 명에 이르는 명나라 군인이 우리나라에 파병되었다. 그리고 적지 않은 숫자의 명나라 상인들도 군량의 수집·운송과 명군의 지원을 위해 들어왔다. 명군(明軍)은 평양성을 탈환하고 서울을 수복한 후 부산포에 본영을 두고 있는 왜군을 압박하기 위해 주로 전라도와 경상도 지역에 주둔하고 있었다.

명군 진영에는 많은 우리나라 사람들이 들어와 명나라 사람들과 함께 생활하고 있었다. 우리 백성들의 삶이 하루아침에 비참한 상태에 떨어지고 말았기 때문이다. 전쟁 내내 군병으로의 징발, 운송·축성에의 동원, 잦은 사신 접대, 그리고 왜군의 점령 등으로 장기간 농사가 어려웠다. 이로 인해 개전 초부터 민간에 비축되어 있던 곡물은 순식간에 바닥을 드러내고 말았다. 남아 있는 것마저도 왜군이 약탈하고, 정부에서 군량미 확보를 위해 거두어갔다. 설상가상으로 군공을 세운 사람들이 수령이 되어 선정을 베풀지 않고 오로지 가렴주구만을 일삼았다. 여기에 임진왜란 초기 1593년과 94년에 연속해서 조선에 대기근이 들어 상황을 더욱 악화시키었다. 여러 도에 크게 흉년이 들었는데, 그중에서도 경기도 및 하삼도가 더욱 심하여 사람들이 서로 잡아먹을 정도까지 되었다.

전라도의 경우 민간에서 곤궁하여 큰 소 값이 쌀 3두(斗)에 불과하고 세목(細木)값이 수승(數升)에 차지 않고, 의복과 기물은 팔리지도 않고 사람이 서로 잡아먹는 지경에 이르러 여자와 고아는 출입을 못하고, 굶어 죽은 시체가 길에 깔렸는데, 굶주린 백성들이 다투어 그 고기를 먹고 죽은 사람의 뼈를 발라서 즙을 내어 삼켰는데 사람의 고기를 먹은 자는 발길을 돌리기 전에 모두 죽었다. 이때의 상황을 남원 출신의 조경남(趙慶男, 1570~1641)이 피란하면서 쓴 자신의 일기 『난중잡록』에 다음과 같이 적어 놓았다.

> 슬프도다! 처음에는 왜적의 분탕질을 당하고 나중에는 탐관오리가 긁어 먹고 겸하여 흉년이 들고 부역은 중하여 이 지경에 이르렀다.

그러면서 그는 구체적으로 전라도의 참혹한 상황을 적어 놓았다. 그에 따르면, 8도 가운데 전라도는 겨우 목에 숨이 붙어 있는 정도였다. 그런데 백성이 곤궁하기는 전라도가 가장 심하여 굶어 죽은 송장이 들에 쌓였으며, 사람들이 서로 잡아먹고 사방이 황폐하여 쑥대가 들을 덮었고 불쌍한 남은 백성들이 거의 다 죽게 되었다. 이때가 1594년 4월이다. 6월로 가면서

> 전일에는 민간이 비록 군색하였으나 혹 곡식을 저장한 사람이 있었으므로 소·말·잡물을 팔고 바꿀 곳이 있었고 또 관곡(官穀)을 내어 놓아 여러 곳에서 팔기도 하더니, 지금은 공사(公私)가 함께 고갈되어 시장에 한 되의 쌀도 없었다. 이때에 소·말이 있는 자가 명나라 병사에게 파니, 하루에 소 1백 마리를 도살하고 사경(四境)에 소·말·닭·개도 역시 다 없어졌다.

라고 할 정도로 상황은 갈수록 악화되고 있었다. 이런 상황은 이듬해 1595년에도 마찬가지였다. 평년작이 된 이 이후에도 사정은 별반 나아질 기미가 보이지 않았다.

이렇게 기근이 들었지만 정부는 군량미 확보가 우선이어서 진휼을 제때 하지 않았다. 이로 인해 도처에서 기아자, 아사자, 유망자가 발생했다.

이러한 상황에서 우리나라 사람들은 명군들이 먹다 남은 쌀과 명군이 필요로 하는 여러 가지 우리 물건을 길거리에서 명군과 서로 바꾸었다. 심지어 기아자들 가운데 먹을 것을 찾아 명군 진영으로 몰려드는 자가 많았다. 곡물을 모으면 우선적으로 명군에게 지급하여 명군 진영의 식량 사정은 다소 나은 편이어서 그러하였다. 그래서 서울의 경우, 민정을 살피기 위해 1593년 8월에 서울에 왔던 김우옹의 목격에 따르면 당시 도성에 남아 있던 조선인 생존자들은 명군에게 의지하거나 구걸하여 목숨을 이어가는 형편이었다. 경기도의 경우 사람들이 크게 굶주려서 땅에 쓰러져 죽은 시체가 길에 가득하였다. 길을 가던 명나라 장수 사대수(査大受)가 어린아이가 기어가서 이미 죽은 어미의 젖을 먹는 것을 보고 애처롭게 여기어 스스로 군인 먹일 군량을 나누어서 구제해 주었다. 그러나 그의 진휼 성과는 백분에 1·2에도 미칠 수 없었다. 그런데도 기민이 잇따라 얻어먹으러 왔다. 개성의 3문 밖 몇 리 사이에 시끄럽게 모여서 처량하게 얻어먹더니, 제독이 떠난 뒤에는 모두 즐비하게 죽었다고 한다.

양남(兩南)의 경우 기아에 허덕이는 그곳 많은 유민들이 명장 유정(劉綎) 진영에 들어가 품팔이로 연명했는데, 그 수가 1만여 명에 이르렀다. 유정이 전라도 남원에 주둔한 적이 있었기 때문에 그 부근 사람들이 대거 유정 진영에 들어갔을 것이다. 그 가운데 일부는 잔심부름을 하며 명군을 뒷바라지하는 잡부(雜夫), 명나라 병사들의 개인 하인 역할을 하는 방자(房子)가 되었다. 유정이 양남에 2년 머무는 동안 굶주린 백성이 병영에 들어가서 방자가 되기도 하고 중국 병사에게 시집도 갔는데, 그들이 철군하면서 중국으로 데리고 간다는 정보가 보고되었다. 선조 임금과 정부 관료들은 대책을 세웠다. 국경을 못 넘어가게 하고 남자는 포수와 살수에 뽑아 소속시키고, 여자는 여러 가지 방법으로 구제해서 온전하게 살려주자는 쪽으로 결정되었다. 그에 따라 국경에서 검문검색을 강화하였지만, 우월적 지위를 이용한 명군의 압박에 큰 성과는 거두지 못한 채 많은 백성들이 명군과 함께 압록강을 건너 국경을 넘어가는 모습을 바라만 볼 수밖에 없었다.

명군을 따라간 사람들은 주로 우리나라와 가까운 요동 지역에서 살았다. 그런데 곧이어 후금이 건국되어 요동을 차지하는 등 중국 정세가 급변하기 시작하였다. 그때 요동 거주 우리나라 사람들이 일부는 중국인으로 귀화하였지만, 대거 우리나라로 돌아오기 시작하였다. 귀국인 가운데 임진왜란 때 명군을 따라간 사람들도 들어 있었다. 문학작품 『최척전(崔陟傳)』의 주인공도 있었다. 최척은 남원 사람으로 임진왜란 때에 명군 장수를 만나 그에게 의탁하여 중국으로 들어갔다. 명나라 군인이 되어 후금 정벌에 나섰다가 패전을 하고 후금의 포로가 되고 말았다. 감금된 상태에서 헤어진 아들을 만나고 가까스로 포로에서 풀려난 최척은 아들과 함께 남원으로 되돌아왔다.

8) 위장표류를 하다

가난한 사람들은 먹거리를 얻거나 돈을 벌기 위해 고향을 떠나 돈벌이가 좋은 대도시나 상공업 지역으로 몰리곤 하였다. 기근 때 여기에 만족하지 않고, '경계'를 넘는 사람들도 적지 않았다. 우리의 경계라면 압록강·두만강과 남해·서해가 있다.

우선, 압록강·두만강을 몰래 건너 여진 땅으로 들어간 경우를 알아보자. 20세기 초기에 우리나라를 조사한 러시아인의 기록을 보면 다음과 같다. 만주로 이주한 한국인들은 거의 모두 농부였다. 그들은 중국인들보다 벼 재배 경험이 앞서서, 그들에게는 만주 남동부 지역의 기후가 더 유리하였다. 그들은 만주에서 바로 벼농사를 독점하였다. 현재도 두만강 대안의 간도 지방에 48만 4천 명의 한국인이 살고 있다. 그들은 그 지역 전체

인구의 75%를 차지하며, 도시를 제외한 그 지역의 전 문화경관은 완전히 한국풍이다. 주민들의 구전에 따르면 이 지역에는 이미 숙종(1674~1720) 때 수많은 한국인 촌락들이 있었다고 한다. 그 이유는 1909년까지도 이 지역에서 한국과 중국 사이의 국경이 분명하게 확정돼 있지 않았기 때문이다. 1890년 한국 북동부 지방에 기근이 발생하여 새로운 대규모 이주현상이 나타났다.

숙종 때 왜 많이 건너갔을까? 인삼을 깨고, 사냥을 하여 모피를 얻고, 물건을 사고팔기 위해서였다. 하지만 1696년(숙종 22) 함경도 온성의 한 백성이 굶주림이 심하여 국경을 넘어가서 상수리를 줍다가 발각된 적이 있었듯이, 장구한 흉년과 주기적으로 겹친 유행병 때 먹고 살길을 찾아 자진해서 몰래 무단으로 강을 넘어간 이가 대다수였다. 그들 가운데는 바로 되돌아온 이도 있지만, 아예 정착한 이도 있었다. 월경을 정부는 범월(犯越)이라고 하여 단속하였지만, 목숨을 내놓고 넘어가는 이를 단속하기란 역부족이어서, 러시아인이 말한 것처럼 숙종 때 많은 한국인이 만주에 정착하였던 것이다.

이어, 바다를 몰래 건너 일본 땅으로 들어간 경우를 알아보자. 전라도는 다른 곳과는 달리 두 면이 바다와 접하고 있고, 섬이 전국에서 가장 많은 곳이다. 이러한 지리적 조건으로 인해 전라도 사람들은 바다를 배경으로 하는 삶을 그 어느 지역민보다 활발하게 영위해오고 있다. 그와 관련된 이야기를 경상도 사람 고상안(高尙顔, 1553~1623)이 자신의 문집 『태촌집(泰村集)』에 남겨 놓았다. 그 기록을 보면, 정유재란 때 전라도 사람들이 경상도로 흘러들어 갔다. 그 가운데 '취적걸량인(吹笛乞粮人)', 즉 피리를 불어 곡식을 구걸하는 사람이 있었다. 그들 가운데 걸어 다니며 구걸한 사람도 있었겠지만, 배로 곳곳을 다니며 구걸한 사람도 있었을 것이다. 배로 장사하는 선상(船商)처럼 말이다.

전라도 사람들은 잦은 바다 생활로 인해 해난사고도 자주 겪었다. 해난사고는 배가 엎어져 목숨을 잃게 하였고, 배를 외국으로 떠밀려가게 하였다. 해난사고를 당한 선박은 일본, 동남아시아, 중국으로 표류하였다. 조선 사람이 일본에 표류하여 도착하면 1인당 아침과 저녁 두 끼용으로 쌀 6홉이나 1되 또는 1되 5홉이 매일 지급되었다. 지역에 따라 차이가 났지만 인도적 차원에서 일정한 식료품을 표류민에게 제공하였던 것이다. 그러므로 표류하면 최소한 먹을 것은 해결되었다. 조선 역시 일본 표류민에게 비슷한 방법으로 구호활동을 하였다. 그렇지만 어느 나라나 고표(故漂), 즉 고의로 표류하는 행위는 엄격하게 금지되었다.

그런데 우리나라 사람 가운데 거짓으로 표류하여 일본에 들어간 이가 적지 않았다. 앞에서 말한 1732년 강진발 제주도행 25명 탑승선도 위장표류일 가능성이 높다. 경상도 사람들의 고표도 1796년 우의정에 의해 정식으로 문제 제기된 바 있다. 이런 사실을 다산 정약용도 강진에서 유배 생활하고 있을 때 듣고서,『목민심서』나『경세유표』에 기록으로 남겨 두었다.

근래의 사례에 비록 큰 기근이라도 바다 섬의 백성은 진휼하는 데에 넣지 않았다. 그것은 평상시의 생계가 어물이나 해조류에 힘을 많이 입으며 그해의 곡물을 믿지 않는다는 것이었다. 1809년(기사년)과 1814년(갑술년)에 섬 백성들이 거의 다 흩어지고 말았다. 그런데 그중 약삭빠른 자는 배에다 부모와 처자식을 싣고서 표류당한 사람처럼 거짓으로 꾸며서 일본에 들어가서 왜인들이 제공하는 곡식을 받아 굶주림을 면하였다. 갔다가 돌아오는 동안에 보리가 다 익어 온 식구가 온전하게 된 자가 매우 많았다.

서남해 섬사람들이 고의 표류를 감행하였다. 이유는 관아에서 섬사람들을 진휼하지 않아서 였다. 그래서 그들은 앉아서 죽을 수는 없었다. 하는 수 없이 부모와 처자식을 배에 태워 표류당한 것처럼 위장하여 일본으로 향하였다. 일본은 그들을 표류당한 사람으로 여겨 곡식을 주었다. 그것을 받아 생명을 연장하여 돌아오니 보리가 다 익어 전 식구가 온존할 수 있었다. 어쩔 수 없는 상황에서 그랬다고 하지만, 이 길이 열리면 큰일이라고 정약용은 걱정하였다. 그래서 정약용은 고을 관리와 세력가에 예속되고, 서울 궁방과 군문에 소속되고, 수영·수군진에 종속되어서 중층적 수탈에 빠져 있는 전라도 서남해 섬을 소생시켜 한다고 하였다. 사방에서 간사한 짓을 하고 토색질을 해서 풍파를 헤치고 열흘이나 걸려 육지 고을에 나와서 하소연하면 아전들이 가로 막아 그 억울함과 원통함을 풀 수 없는 섬사람들을 살려야 한다고 생각하였다. 그렇게 하지 않았으므로 어장이나 염전이 한 번 세금 장부에 들어가면 세월이 여러 차례 변하여도 면할 수 없었고, 작은 배라도 한 번 세안(稅案)에 들어가면 비록 주인이 여러 번 바뀌어도 빠지지 못하였다. 이런 상황이었기에 외국의 배도 여럿 숨겨놓고 있다가 흉년 들면 처자를 싣고 일본으로 들어가, 표류인(漂流人)이라고 말하면서 목숨을 지탱하였다. 이런 사실을 오랫동안 바닷가에 있던 정약용은 훤히 알고 있었다. 이를 막는 길은 별도로 한 관청을 세워서 나라의 온 섬을 관장하게 하는 길이라고 정약용은 생각하였다.

섬을 관리하는 관청을 두자는 말은 사실 정약용 한 세대 앞 선비들이 이미 주장한 바 있다. 그 주장을 '해도(海島) 설읍론(設邑論)'이라 한다. 영광, 나주, 영암, 순천, 강진 등지의 힘센 육지 양반들의 반대로 곧 바로 성사되지는 않았지만, 1896년에 실현되어 지도군, 완도군, 돌산군이 탄생하게 되었다.

7장

이민서의 나주목사 부임과
부속도서 진휼

냇물과 지하수가 부족한 지형적 조건으로 인해, 도서지역의 주거 입지 조건 가운데 가장 취약한 점은 용수난일 것이다. 그런 점 때문에 도서지역은 농업용수가 부족하여 조금만 가뭄이 들어도 쉽게 흉작을 겪을 뿐만 아니라, 식수난까지 겪을 때가 한두 번이 아니다. 그러므로 지리적 조건상 흉작시 외부의 곡물 지원이 쉽지 않은 상황(작황 파악·보고와 곡물 수집·이동에 적지 않은 시간이 소요)에서 도서민은 자연스럽게 기근에 노출될 수밖에 없다. 가뭄 → 흉작 → 기근으로 이어지는 코스에 대한 노출 빈도가 그 어느 지역보다 높은 곳이 도서지역이라는 말이다.

그런데 양난 이후에는 이전과는 달리 서남해 도서에 들어가서 농업이나 어업을 영위하며 살아가는 사람들이 늘어나기 시작하였다.[1] 반면에 가뭄·홍수·냉해 등의 자연재해와 그로 인한 기근의 빈도가 조선왕조 5백 년

---

1 김경옥, 『조선후기 도서연구』, 혜안, 2004.

동안 17세기에 가장 높았고, 그 가운데 17세기 후반이 가장 장기간 기근이 계속된 시기라고 한다.[2] 따라서 이런 상황에서 17세기 후반에 서남해 도서 지역에 살고 있는 많은 사람들이 기근의 피해를 혹심하게 겪게 되었고, 그 것은 큰 사회적 문제로 부각될 수밖에 없었다. 넓은 평야를 끼고 있는 육지와는 달리 간척지 외에는 별다른 농토가 없는 도서지역에서 곡물 재력가가 없을 수밖에 없는 형편상 민간복지를 기대하기는 어려웠다. 결국에는 공공복지의 혜택을 받아야 하지만 그것마저도 도서가 각급 기관·세력가에게 점유되어 있어서 용이하지 않았다. 1670·1671년의 '경신 대기근' 연구에 의하면, 해산물이 팔리지 않아 곡물 입수가 불가능 한데다가 읍내나 수군진에 설치된 진휼소가 멀어 직접 갈 수도 없어 도서민들은 대기근의 직격탄을 맞고 대거 굶주릴 수밖에 없었다.[3]

이처럼 도서지역에 대한 소속 고을의 진휼은 실시되기가 어려웠고, 그런 점 때문에 그동안 도서의 인구증가나 경제력 신장 및 당국의 통제정책에 대한 많은 연구에도 불구하고, 도서지역의 공공진휼에 대해서는 학계에 보고된 바가 없었다. 도서를 끼고 있는 군현에 대한 진휼연구에서도 도서지역 언급은 없는 형편이다.[4] 따라서 우리는 기근 때에 도서지역은 어떤 상태였고 어떻게 진휼 되었는지에 대해 자세히 알 수 없었다. 그러던 때에 필자는 1668년(현종 9) 4월에 나주목사(羅州牧使) 이민서(李敏敍, 1633~1688)가 나주 관내의 부속도서에 들어가 진휼한 사실을 발견하였다. 이 사실은 이민서와 동행한 나주 출신의 사족인 나준(羅俊, 1608~1677)이 작

---

2 김재호, 「한국 전통사회의 기근과 그 대응」, 『경제사학』 30, 경제사학회, 2001, 54쪽.

3 김덕진, 『대기근, 조선을 뒤덮다』, 푸른역사, 2008, 165쪽.

4 김덕진, 「조선의 상업과 강진」, 『다산과 현대』 8, 연세대학교 강진다산실학연구원, 2015: 김덕진, 『포구와 지역경제사』, 선인, 2022. 이행묵, 「1876~1877년 순천부의 진자확보와 진휼 운영」, 『조선시대사학보』 97, 조선시대사학회, 2021.

성한 「입도기행(入島記行)」[5]이라는 자료에 기록되어 있는데, 「입도기행」은 그의 문집 『계거유고(溪居遺稿)』 안에 수록되어 있다. 따라서 필자는 이 「입도기행」을 통해 나주 부속도서 지역의 진휼실태를 파악할 수 있다는 사실을 알았다. 바로 이 점을 체계적으로 정리하여 지금까지 연구된 바가 없는 도서지역의 진휼상을 드러내보고자 본고를 작성하게 되었다.

따라서 우선 본고의 이해의 폭을 넓히기 위해 나주를 포함하여 1668년의 전국적인 재해실상과 기근상태를 정리하고자 한다. 이어 이민서의 나주목사 부임과 나준이 동행하게 된 두 사람간의 관계 및 「입도기행」의 작성 경위를 알아보겠다. 마지막으로 「입도기행」을 토대로 한 이동경로와 진휼내용 및 목도한 것들을 드러내 보겠다. 그런데 「입도기행」에는 나주목 부속도서의 기근실상 또는 초기(抄飢)·분진(分賑) 등 진휼의 구체적인 과정·실상이 나와 있지 않은 한계는 있지만, 부수적으로 당시 영산강의 수운체계나 나주제도(羅州諸島)의 통치실상 등을 파악할 수 있어 이 점도 언급해 보겠다.

---

5 전라도 나주 출신으로 향리에 머물고 있는 나준(羅俊)이 환갑을 맞은 해에 적은 「입도기행 (入島記行)」이라는 글을 자신의 문집 『계거유고(溪居遺稿)』에 남겼다. 『계거유고』는 나준, 나세기, 나중기, 나정일 등 3대 4인이 각기 남긴 4권의 문집을 합한 『나주나씨세고(羅州羅氏世稿)』(1956년 간행) 속에 들어 있고, 『국역 나주나씨세고집』으로 2007년에 국역되어 간행되었다. 「입도기행」은 당시 기근에 시달리던 여러 섬의 주민들을 구제하기 위해 수백 섬의 곡식을 배에 싣고 떠난 나주목사 이민서의 행렬에 저자가 동승하여 보고 들은 경험담을 1668년(현종 9) 4월 15일부터 26일까지 날짜별로 기록해 둔 것이다. 나준 가계를 제시하면 다음과 같다.

羅海鳳 --------- 俊 --------- 遠器
(강항·김장생)　 (장유) -------- 世器(송시열)
　　　　 -------- 重器 -------- 聖奎
　　　　　 (송시열) ------ 廷一

1. 1668년(현종 9) 전국 기근

1668년(현종 9) 봄·여름 전국에 기근이 들었다. 이는 전년의 냉해와 가뭄으로 야기되었기 때문에, 전년의 기상상황과 농업작황을 먼저 알아보겠다.

1667년(현종 8) 2월에 양덕·맹산·영변 등 평안도 전역에 대설이 와서 17인이 압사당하였다.[6] 이때 황해도와 함경도에도 대설이 와서 눈에 깔려 죽은 사람이 곡산에서 13인, 영홍에서 26인이나 되었다.[7] 북부지방 전역에 폭설이 내렸음을 알 수 있다. 그래서 유학 황연(黃㻩)은 "봄이 되었는데도 한 겨울과 다름없이 추우며, 음산한 구름이 꽉 끼어 여러 달이나 걷히지 않으며, 눈에 눌려 사람이 죽는 등 옛날을 통틀어 봐도 들어보지 못한 것들이며 놀라운 요인(妖人)과 괴물(怪物)이 하나뿐만이 아닙니다."라는 상소를 통해 거론하였다.[8] 눈이 3월 25일 평안도 강계·선천에 내렸고,[9] 29일에는 서리가 전라도 담양에 눈 오듯 내렸다.[10] 냉해의 징조가 나타나고 있음에 분명하다.

본격적인 농사철로 접어든 여름에 들어섰는데도 서울과 8도 전역에 눈과 서리와 우박이 내렸다. 4월이 되자 날씨는 더 추워졌다. 폭설이 9~11일까지 3일간 북부지방 전역에 내렸다. 평안도 양덕·덕천에 내렸고,[11] 함경도 길주 이북 삼수·갑산에는 1자 이상 내려 여러 날 녹지 않았고,[12] 관동의 통

---

6 『현종실록』 13, 현종 8년 2월 6일(신해).
7 『현종실록』 13, 현종 8년 2월 9일(갑인). 『현종실록』 13, 현종 8년 2월 12일(정사).
8 『현종개수실록』 16, 현종 8년 2월 29일(갑술).
9 『현종실록』 13, 현종 8년 4월 5일(기유).
10 『현종개수실록』 17, 현종 8년 3월 29일(계묘).
11 『현종실록』 13, 현종 8년 4월 21일(을축).
12 『현종개수실록』 17, 현종 8년 4월 11일(을묘). 『현종실록』 13, 현종 8년 4월 29일(계유).

천·흡곡·평강·금화 등지에는 겨울처럼 내렸다.[13] 북부지방 전역에 폭설이 내렸으니, 한반도의 4월 기온이 이상저온이었음에 분명하다. 찬공기는 한반도 상공에 계속 머물며 17·18일에는 평안도 영변·성천·평양에 서리가 내렸다. 23일에는 함경도 문천·고원에 우박이 내리고 함흥에는 눈과 우박이 교대로 내렸는데 반 자 가까이 쌓였다.[14] 서리가 21일 강원도 평창·정선에 내렸다.[15] 24일에는 전주·남원에 새알만 하거나 거위알만 한 우박이 내려 벼·기장을 크게 손상시켰는데,[16] 이 날 경상도 함양·의령·합천·밀양·경주에도 우박이 내렸다.[17] 30일에는 평안도 덕천에 우박이 내려 한 치 두께로 깔렸다.[18]

늦봄에서 초여름 사이의 많은 눈·서리·우박에 사람들은 놀라지 않을 수 없었다. 4월 8일에 영중추부사 이경석(李景奭)은 지금 절기가 초여름에 이르렀는데 서리가 눈오듯 내리니, 절기의 차례가 어긋났다는 것을 알 수 있다고 말하였다.[19] 무엇보다 날씨가 매우 추웠다. 이경석 발언 사흘 지난 11일, 현종은 지병인 안질 치료를 위해 온양 온천에 갔다. 그때 날씨가 연일 추워서 사람들은 모두들 협광(挾纊), 즉 솜옷을 입고 있었다.[20] 사람들은 초여름인데 추위를 이기기 위해 겨울에 입는 솜옷을 껴입고 있었던 것이다. 이는 교리 이유상(李有相)이 "자연의 이변이 근년처럼 거듭 일어난 적이

13 『현종개수실록』17, 현종 8년 4월 10일(갑인).

14 『현종개수실록』17, 현종 8년 4월 23일(정묘).

15 『현종실록』13, 현종 8년 윤4월 18일(임진).

16 『현종실록』13, 현종 8년 4월 26일(경오).

17 『현종실록』13, 현종 8년 윤4월 3일(정축).

18 『현종실록』13, 현종 8년 4월 30일(갑술).

19 『현종실록』13, 현종 8년 4월 8일(임자). 領中樞府事李景奭請對入奏曰 (중략) 今者節屆初夏 飛霜如雪 節序之乖 於此可知.

20 『현종실록』13, 현종 8년 4월 17일(신유). 上在溫泉行宮 是時連日寒凜 人皆挾纊.

없는데, 오늘에 이르러서는 **초여름이 닥쳤는데도 날씨가 몹시 차가워 깊은 가을철과 다를 바가 없습니다.** 많은 서리가 이미 내렸고 싸락눈과 눈이 교대로 내려 원근의 사람들이 보고 듣고서 놀라지 않은 이가 없습니다."[21] 고 말한 것처럼, 늦가을 같이 추운 초여름 날씨 때문이었다.

이러한 이상저온 때문에 당장 농사가 걱정이었다. 그런데 설상가상으로 가뭄까지 들었다. 가뭄은 4월에 함경도에서 처음 보고되었던 것 같다.[22] 정부는 가뭄 대책을 세웠다. 먼저 현종은 민심수습 차원에서 윤4월 17일에 구언(求言)하는 교지를 내리고, 전례대로 정전을 피하고 반찬 가짓수를 줄이고 음악 연주를 그쳤고, 대신 및 재상·금부·형조·삼사의 관원들과 더불어 경외의 죄인들을 소결하였다.[23] 그리고 윤4월 5일부터 10·16·21·23일, 5월 6·11일, 7월 8·12·18·22·26·27·29일까지 연이어 기우제를 지냈다. 7월 18일에는 현종이 직접 사직단에 나가 기우제를 지냈다.[24] 그래도 비는 오지 않았다. 그때의 실망감은 비참하였다. 그 상황이 『실록』에 "6월부터 몹시 가물어 비 한 방울 내리지 않아 여러 차례 기우제를 거행하였으나 비가 내리지 않았다. 이에 조야가 어쩔 줄 몰라 기상이 처참하였다."(7월 12일 기우제 직후), 또는 "이날 먹구름이 잔뜩 끼어 비가 올 듯 올 듯 하다가 끝내 비가 내리지 않자 신민들이 모두 실망하였다."(7월 18일 친제 직후)고 기록되어 있다. 현종은 가뭄이 이와 같이 참혹하니 백성들의 일이 망극하다고 말하였다.[25] 우물물도 마를 정도였다. 7월 20일에는 혹독한 가뭄 때문에 다시 구언 교서를 내렸다.[26] 이 무렵 전라도 작물도 가뭄

---

21 『현종개수실록』17, 현종 8년 윤4월 1일(을해).
22 『현종실록』13, 현종 8년 윤4월 28일(임인).
23 『현종실록』13, 현종 8년 윤4월 17일(신묘).
24 『현종실록』14, 현종 8년 7월 18일(경신).
25 『현종실록』13, 현종 8년 5월 2일(을사).
26 『현종실록』14, 현종 8년 7월 20일(임술).

으로 말라 죽었다는 전라감사의 보고가 올라왔다.[27]

중간에 비가 일부 지역에 조금 왔지만, 시들어버린 작물을 소생시키기는 어려웠다. 바닷가의 경우는 소금기가 배어들어 볏모가 다 말라버렸으니 가을에 추수할 가망이 전혀 없었다. 우의정 정치화(鄭致和)가 "신이 공무를 본 이래로 일찍이 이같은 가뭄을 본 적이 없습니다."라고 말하였다.[28] 경기도, 강원도, 황해도, 평안도, 함경도 지역이 특히 심하였다. 가뭄이 너무나 심해서 농사가 크게 흉년이 들 것이라는 작황 예보가 나왔다. 워낙 비가 오지 않아 가을보리도 파종할 수 없었다. 11월에 지평 이익(李翊)이 "올해의 흉년은 전고에 없던 바로, 가을에서 겨울로 넘어가는 이때에 민간에 식량이 부족한 걱정이 있으니 앞으로 살아갈 길이 참으로 염려스럽습니다."라고 당시 상황을 전하였다.[29] 그런데 실상은 이미 여름부터 곳곳에서 기아자가 발생하였다. 4월에 기근이 심한 관동의 백성들은 칡뿌리를 먹고 있었고, 그곳 기아자들은 유리걸식하면서 경기와 호서·영남 지방으로 흘러 들어가고 있었다.[30] 관서의 유리걸식하는 백성들도 서울로 모여들고 있었다. 이들로 인해서 서울에 전염병이 들어와 크게 번져, 서울 백성들 중 성밖에 나가 장막을 친 자 및 동·서활인서에 수용된 자들이 거의 수천 명에 이르렀다.[31] 특히 궁궐까지 번져 궁인이 마마를 앓자, 현종이 거처를 창경궁으로 옮기는 소동까지 일어났다.[32]

정부는 서둘러 기근 대책을 세웠다. 윤4월 평안도에 쌓아 둔 관향곡(管

27 『승정원일기』 203, 현종 8년 8월 1일(계유). 全羅監司書目 本道農事 因旱災枯損事.

28 『현종개수실록』 17, 현종 8년 5월 6일(기유).

29 『현종개수실록』 18, 현종 8년 11월 7일(정미).

30 『현종실록』 14, 현종 8년 6월 14일(정해).

31 『현종실록』 13, 현종 8년 윤4월 23일(정유).

32 『현종실록』 13, 현종 8년 5월 17일(경신).

餉穀) 1만여 석을 옮겨다가 함경도의 굶주린 백성들에게 나누어 주었다.[33] 5월 현재 함경도의 기아자는 1만2천 명 정도 되었다.[34] 경창(京倉)의 콩 1천5백 석과 좁쌀 5백 석을 흥원창(興元倉)으로 운반하여 관동의 굶주린 백성에게 나눠주어 진휼하도록, 또 강화도와 남한산성의 비축곡을 운반하여 경기도민과 한성부민을 진휼하도록 하였다. 진휼과 함께 각종 세금과 부채를 탕감하거나 납기일을 연기시켜 백성들 부담을 줄이는 조치도 취하였다. 이어 백관들의 녹봉을 감하는 지출감축 정책도 폈는데, 5품 이상에 대해서만 쌀 1석을 감하고 대신 좁쌀로 지급하게 하였다.[35] 7월에는 기근이 점점 심해지고 있는 상황에서 국고 비축도 거의 바닥이 났으니 경비를 절약하고 줄이는 외에 다른 대책이 없다고 하면서 수입과 지출을 점검하였다.[36] 8월 3일에는 구체적인 비용 절감안이 마련되었다.[37] 이런 상황에서 날씨마저 추워 평년보다 2개월 앞선 10월에 한강이 얼고 말았으니,[38] 물류가 정지하여 재정난을 부채질 하였다. 그리하여 12월에 호조판서 김수홍(金壽興)은 "요즈음 춥고 더움이 마땅함을 잃고 음산한 안개로 낮에도 어두컴컴하여 우러러보나 굽어보나 걱정스런 상황이 눈앞에 가득합니다."[39]라고 말하였다.

이상에서 냉해와 가뭄으로 인한 흉작에 대해 알아보았다. 이로 인해 이듬해 1668년(현종 9) 새봄이 오자, 도처에서 기아자가 속출하기 시작하

---

33 『현종실록』 13, 현종 8년 윤4월 14일(무자).

34 『현종실록』 13, 현종 8년 5월 18일(신유).

35 『현종실록』 13, 현종 8년 5월 13일(병진).

36 『현종개수실록』 17, 현종 8년 7월 26일(무진).

37 『현종실록』 14, 현종 8년 8월 3일(을해).

38 김덕진, 「17세기 한강의 장기 결빙과 그 영향」, 『한국사연구』 157, 한국사연구회, 2012: 본서 5장, 147쪽.

39 『현종개수실록』 18, 현종 8년 12월 2일(임신). 戶曹判書金壽興上箚辭職 (중략) 近日以來 寒煥失宜 陰霧晝晦 仰觀俯察 憂虞溢目.

였다. 서울과 경기도 기아자들이 굶어 죽으니 죽을 끓여주자는 요청이 있었다. 2월 1일부터 죽소(粥所)를 설치하였다.[40] 죽소는 보통 1월 중순에 열어서 5월 중순까지 무료급식을 한다. 황해도에 기근이 매우 심하다고 하자 세금 납부를 연기해주고 강화도 비축미를 가져다 구휼하도록 하였다.[41] 충청도도 세금을 감면해주고 남한산성의 비축미를 가져다 굶주린 사람들을 구제하게 하였다.[42] 평안도의 굶주린 사람들을 관향곡을 풀어서 진휼하였다.[43] 강원도도 구휼이 시급하다고 하자 물자를 내려주었다.[44] 각처의 막대한 비축곡을 재해지역으로 옮겨서 기아자에게 무료로 나누어주거나 기아자의 무료 급식용으로 사용했고, 대출용도로도 사용되었다. 나중에 장령 이관징(李觀徵) 등이 "지난해의 흉년은 예전에도 드문 것이어서, 올봄에 국곡(國穀)을 나누어 꾸어준 것이 그 숫자가 예년의 몇 배가 됩니다."[45]라고 말한 것으로 보아, 비축곡으로 대출된 양이 적지 않았음을 알 수 있다. 이렇게 대량 대출하다 보니 뒤에 회수할 일이 걱정이었다.

그런데 설죽(設粥)과 대출에도 불구하고 굶어죽은 시체가 길에 널려 있고 죽는 자가 잇달아 발생하였다.[46] 3~4월 전국에서 여역(癘疫)이 극성이었다. 경상도에서 전염병으로 죽은 자가 2백3십여 명이라는 보고가 올라온 후, 전염병으로 인해 죽었다고 각도에서 보고해 온 수가 헤아릴 수조차 없었다.[47] 특히 두역(痘疫, 천연두)과 홍역(紅疫)으로 죽은 자가 많았다.[48] 설상

40 『현종실록』14, 현종 9년 1월 12일(신해).
41 『현종개수실록』18, 현종 9년 2월 3일(임신).
42 『현종개수실록』18, 현종 9년 2월 12일(신사).
43 『현종개수실록』18, 현종 9년 3월 8일(병오).
44 『현종실록』14, 현종 9년 3월 12일(경술).
45 『현종실록』15, 현종 9년 10월 5일(경오).
46 『현종개수실록』18, 현종 9년 2월 26일(을미).
47 『현종실록』14, 현종 9년 3월 24일(임술).
48 『현종실록』14, 현종 9년 4월 28일(병신).

가상으로 또 가뭄이 들어 3월 1일에는 기우제를 지냈다. 18일도 기우제를 지냈고, 이후 다섯 차례 연거푸 기우제를 지냈다.[49] 이때의 상황을 현종은 "지난 가을부터 가뭄이 들더니 해가 바뀌어 봄이 이미 다 지나갔는데도 간간이 가랑비만 내렸을 뿐 시원스럽게 비가 쏟아지지 않았으며, 햇빛은 쨍쨍 내려쬐고 스산한 바람만 불고 있다. 봄에 씨앗을 뿌리지 못하였는데 가을 추수를 어떻게 바랄 수 있겠는가. 참으로 애처로운 것은 봄보리가 다 떨어져가 백성들이 모두 굶어죽게 된 것이다."[50]라고 말했다.

2. 이민서의 나주목사 부임

1) 나주의 기근과 부속도서

조선 8도가 이상한파와 가뭄으로 한창 몸살을 앓고 있던 1667년(현종 8) 6월 25일, 이민서(李敏敍)가 35세에 나주목사에 임명되었다.[51] 그는 본관이 전주이고, 효종 때에 영의정을 지낸 이경여(李敬輿)의 아들이다. 서울에서 태어나 살며 송시열(宋時烈) 문하에서 수학하였다. 증광시에 급제한 뒤 중앙관직에 있으면서 서인계 관료로 활동하며 남인의 허적이나 윤선도를 공격하기도 하다가 나주목사로 부임해 왔다. 그의 체임을 전한 『실록』에는 그가 나주목사를 원했다고 기록되어 있는데,[52] 무슨 이유로 그러했는지에 대해서는 확인할 길이 없다. 그런데 그는 이미 이보다 21년 전인 10대 중반에 진도로 유배간 아버지를 따라 전라도에 발을 디딘 바 있고, 이로부

---

49 『현종개수실록』18, 현종 9년 3월 18일(병진).
50 『현종실록』14, 현종 9년 3월 27일(을축).
51 『현종실록』14, 현종 8년 6월 25일(무술).
52 『현종개수실록』19, 현종 9년 11월 26일(신유).

터 10년 뒤에는 광주목사로 내려와 임란 의병장 김덕령의 향사를 단행하고 호남의 명소 소쇄원을 방문하여 지역 서인계 인사들과 깊은 유대관계를 다졌다.[53] 이렇게 보면 경직에서 외직인 나주목사를 자원한 까닭은 구동인계 세력이 만만치 않은 나주지역에 서인계 세력을 지원하려는 데에 있었던 것 같다. 이민서는 한 달여 지난 7월 22일에 임금에게 하직 인사를 하였다.[54] 나주 읍지의 선생안에는 8월 18일 도임했다고 기록되어 있으니,[55] 짐을 정리하고 내려오는 데에 보름 이상 소요되었던 것 같다.

1667년 당시 전국에 큰 가뭄이 들었지만, 전라도 사정은 다소 나은 편이었다. 이는 12월에 호조판서 김수홍이 "금년에는 각도가 모두 재변을 입었으니 전결의 숫자가 줄어든 것은 괴이할 것이 없습니다. 다만 양남(兩南)은 다른 도에 비하여 조금은 나은데, 호남에 급재(給災)한 숫자가 2만 8천여 결이나 됩니다."라고 말한 점을 통해 짐작할 수 있다.[56] 실제 관찬자료를 뒤져 보아도 전라도와 경상도의 가뭄은 그리 심한 편은 아니었다. 그런데 전라도 서남부 연해지역은 도내에서 가장 상황이 안 좋았던 것 같다. 직접적인 자료는 없지만, 이듬해 9월에 나주목사 이민서와 광주목사 윤변 및 장성부사 소두산 등이 연명으로 상소하여 농사가 흉년든 것을 보고하고서 급재(給災)해 줄 것을 청하였던 사실을 통해 짐작할 수 있다.[57]

그 가운데서도 나주 부속도서의 가뭄과 기근 및 전염병은 심했던 것 같고, 이듬해 1668년(현종 9)에 들어서자 그로 인한 피해가 드러나며 상황은 더욱 악화되고 있었을 것이다. 오늘날 전남 신안군 소속의 서남해 섬 대부

53 김덕진, 『소쇄원 사람들』 2, 선인, 2011, 102·292쪽.
54 『승정원일기』 203, 현종 8년 7월 22일(갑자).
55 『금성읍지』(1897년), 선생안.
56 『현종개수실록』 18, 현종 8년 12월 13일(계미).
57 『현종실록』 15, 현종 9년 9월 21일(정사). 羅州牧使李敏叙 光州牧使尹抃 長城府使蘇斗山 等聯名上疏 陳農事凶荒 請給災 下戶曹量宜施行.

분이 나주목 소속이었다. 「대동여지도」에 고을간 도서의 경계선이 그어져 있어, 나주목 구역을 한 눈에 파악할 수 있다. 나주 부속도서의 수는 『동국여지승람』에는 30개로 기록되어 있다. 그런데 영조 대 집권 초기인 1730년 전후에 이르면, "羅州牧所管諸島之在於西南海中者, 多至五十七島"[58] 또는 "錦城大洋, 有七十二島"[59]라고 할 정도로 전에 비해 크게 늘어났다. 즉, 나주 부속도서가 57개 또는 72개에 이른다는 말이다. 이들 도서를 현재는 나주군도(羅州群島)라 칭하지만, 당시는 '나주제도(羅州諸島)'라 하였다. 그런데 이렇게 많은 나주 부속도서는 소속 고을의 통치 영역에서 벗어나 있어 늘 구휼의 혜택을 보지 못하고 있었다. 더군다나 이 도서들 상당수는 나주향교와 경현서원의 토지가 반월도·자라도·박지도에 있었던 점[60]으로 보아 재지 세력가에게, 그리고 나주제도는 사복시·각아문·제궁가의 절수지라는 발언[61]을 통해 중앙 권세가에게 점탈당한 채 무방비로 방치되어 있었다.[62] 이러한 관계 때문에 목사가 직접 왕래하며 다스린 적이 거의 없었던 것 같다. 그 결과 막대한 생산량이 고스란히 나주의 재정수입으로 들어오지 않았고, 민원이 있고 침학을 당해도 호소할 곳이 없었다. 목사가 있어도 도서민들은 목사의 존재를 알지 못하고 있을 수밖에 없었다. 이런 문제 때문에 18세기 중반에 나주제도에 대한 설읍론(設邑論)이 제기되었다.[63]

---

58 『승정원일기』 679, 영조 5년 2월 25일(경자).

59 『영조실록』 36, 영조 9년 11월 4일(신사).

60 나주향교, 『나주향교지』, 흐름, 2016, 1361~1364쪽.

61 『영조실록』 21, 영조 5년 2월 25일(경자). 兵曹判書趙文命上疏言 (중략) 羅州諸島 土沃民殷 押海島長山島 有古設邑之迹云 諸島卽司僕寺與各衙門諸宮家折受之地.

62 약간 뒤 기사이지만, 더 구체적인 분속관계가 나와 있어 소개하면 다음과 같다. 大黑山·小黑山·紅衣·苔士 등 4도는 糧餉廳, 都草島는 耆老所, 荷衣島·上苔島·下苔島 등 3도는 貞明公主房의 절수지였다(『비변사등록』 152, 영조 44년 10월 7일).

63 송양섭, 「조선후기 나주제도의 절수와 설읍논의의 전개」, 『대동문화연구』 50, 성균관대학교 대동문화연구원, 2005.

어느 곳이나 도서지역의 소외는 기근이 들어도 마찬가지였다. 관례상 진휼소는 대부분 읍내 1곳에 설치하고 큰 고을이라 할지라도 한 두 곳에 불과하였다. 사정이 이러하자, 정약용은 『목민심서』에서 "무릇 고을이 크고 지역이 넓은 데서는 상부에 요청해서 8, 9개처의 진장(賑場)을 개설하도록 하고, 수령은 순행하며 진장을 감독하면 일이 제대로 될 것이다."[64]라고 제안한 바 있다. 결국 해안가나 도서지역에 진휼소를 설치하는 경우가 전무한 실정이어서 도서지역은 사실상 수령의 진휼 대상에서 배제되어 있었다. 그렇기 때문에 정약용은 전라도 도서를 예로 들어 "근래의 예에는 비록 큰 기근이라도 해도(海島)의 백성은 진휼하는 데에 넣지 않았는데, 그것은 평시의 생계가 생선이나 해초에서 힘을 많이 입으며 그해 곡식을 믿지 않는다는 것이었다."[65]라고 말하였다. 농업이 주산업이 아니라는 점을 악용해 농사 흉작시 수령이 도서지역을 진휼 대상에서 제외시켰다고 정약용은 파악하고 있었다. 그런 점도 있지만 육지 출신의 수령이 경험에도 없는 배를 타고 바다로 나가는 일이 쉽지 않았을 뿐만 아니라, 각급 세력가들의 관할 하에 있기 때문에 굳이 수령까지 나설 필요가 없었고 나섰다가 힘 있는 사람들과 갈등만 빚어질 수밖에 없었던 점도 작용하였을 것 같다.

2) 이민서의 도진(島賑)과 나준 동행

기근시 진휼행정에서 나주 부속도서의 소외는 다른 곳에 비하여 더하면 더 하였지 덜 하지는 않았을 것이다. 그리하여 지금까지 굶어 죽고 병들어 죽어도 목사의 따뜻한 손길이 미친 적이 거의 없었다. 이를 안 이민서는 마침내 1668년(현종 9) 4월에 부속도서의 굶주린 백성들을 진휼하기

---

64 『목민심서』 진황, 규모.
65 『경세유표』 8, 지관수제, 전제 12.

위해 배에다 쌀 수백 석을 실었다. 전염병이 전국에 만연하여 병자가 속출하므로 섬에 사는 사람들의 병고도 묻기 위해 들어가기로 하였다. 이 점에 대해 그의 아들 이관명(李觀命)은 1701년경에 지은 가장(家狀)에 다음과 같이 적었다.

> 나주 소속 40여 개의 도서가 바다 가운데에 퍼져 있는데, 물길이 험하고 멀어 이전에 목사로서 갔다 온 사람이 없었다. 그래서 백성들은 목사가 있다는 것을 알지 못하여 수탈을 당해도 스스로 신고하지 못했는데, 공이 이르러 친히 순시하여 멀어도 이르지 않은 곳이 없고 그들의 질은(疾隱)을 묻고 번폐(煩弊)를 제거하니 섬사람들이 크게 기뻐하였다. 이것은 전에 보지 못한 일이라고 하였다.[66]

목사 가운데 관할 도서가 온갖 어려움을 겪고 있어도 물길이 험하다는 이유로 다녀온 자가 없었다. 그런데 이민서는 직접 배에다 곡물을 싣고 섬으로 가서 진휼을 실시하고 민폐까지 해결해주고 돌아왔다. 아버지의 행적을 찬양했다고 볼 수 있지만, 이러한 공무 수행은 보기 드문 사례임에 분명하다. 이 점을 나준도 인정한 바 있는데, 쪽배에 몸을 싣고 바람을 타고 험한 파도 출렁이는 위험을 무릅쓰고 백성들을 진휼하였다고 읊었다.[67] 목사가 직접 배를 타고 섬으로 가서 민정을 살핀 사례는 이 이후 다시 나타난다. 이형곤(李衡坤)이 1727년(영조 3)~1733년(영조 9) 나주목사로 재임하였다. 그는 재임 중 "전후의 나주목사 가운데 여러 섬을 모두 다 본 사람이 없으나 유독, 전현감(前縣監, 이때 목에서 현으로 강등) 이형곤만이 7년

---

66 이민서, 『서하집』, 부록, 「家狀」. 州屬四十餘島 錯在海中 水道險夐 前此爲吏者未嘗住焉 故民不知有官 而需索偏集 不得自申 公至則親自巡視 無遠不到 訪其疾隱 除其煩弊 島民大悅 以爲前古所未覩也.

67 나준, 『계거유고』, 시, 「次西河李侯觀海島韻」.

동안 관직에 있으면서 두루 여러 섬의 형편을 살펴보고 일찍이 고을을 설치하는 것이 매우 편하다고 말했습니다."[68]라고 하여, 관내 섬을 두루 방문하였다.

이민서는 자신의 나이보다 25세나 많은 나준에게 섬에 사는 사람들의 질병과 고통을 묻고 바다 구경도 할 겸 함께 가자고 제안했고, 이를 나준이 받아들여 동행하게 되었다. 나준은 본관과 세거지가 나주이고, 나해봉(羅海鳳, 1584~1638)의 큰 아들이다. 나해봉은 자는 응서(應瑞), 호는 남간(南磵)이고, 수은 강항과 사계 김장생의 문하에서 학문을 익혔다. 진사시에 합격한 후, 1617년(광해군 9) 별시에 급제하였으나 이원익이 폐모론 반대로 견책을 당하자 그를 공격한 이를 배척하는 상소를 올렸다는 이유로 합격자 명단에서 빠지고 말았다. 이후 과거를 폐기하고 향리로 돌아왔다가, 1623년(인조 1)에 유일로 천거되어 경기전 참봉에 제수되었으나 나가지 않았고, 성균관에 들어간 적이 있고, 금화사 별좌·별제를 지냈을 뿐 별다른 관직 생활을 하지 않았다. 1629년(인조 7)부터 이듬해까지 나주목사를 역임한 장유와 절친하여 그와 수창한 시가 많았는데, 그 시를 아들 나준이 엮어 김수항의 서문을 받아 『계간수창(谿磵酬唱)』이라는 이름으로 발간하였다. 이괄의 난, 정묘호란, 병자호란 때에 의병을 일으켰다.[69] 특히 병자호란 때 본인과 나준을 포함하여 16인이 참여한 '나주격문(羅州檄文)'을 지었고, 이틀 뒤에는 본인 혼자 '나주재격문(羅州再檄文)'을 지었다.[70] 이상을 종합해 보면 나준 가계의 정치적 성향은 이민서와 같은 서인계였음을 알 수 있다.

나준은 자는 관천(冠千)이고, 호를 고을 사람들은 계수(溪叟)라고 했는

68 『영조실록』 36, 영조 9년 12월 20일(정묘).

69 나해봉, 『남간집』 4, 부록, 「承議郎行禁火司別提南磵公行狀」.

70 『호남병자창의록』 1, 열읍격문. 나해봉·준 부자의 거의(擧義) 사실은 『호남절의록』에도 기록되어 있다.

데 우암 송시열이 지어준 계거(溪居)라는 당호 때문에 계거라고도 한다. 아버지에게서 공부를 배우다 장유가 나주목사로 부임해 오자 그 밑에 들어가 수학하였다. 1635년(인조 13)에 생원시에 합격하고, 1636년(인조 14)에 성균관에서 공부하였다. 성균관 재임시 병자호란이 일어나자 서둘러 집으로 돌아와 그 사실을 아버지에게 알리고 창의하여 아버지의 군무를 맡아 의병들을 거느리고 청주까지 갔다가 화의가 성립되었다는 소식을 듣고 돌아왔다. 이로 인해 『금성읍지』 충절 편에 입록되어 있고, 일덕(逸德) 편에도 입록되어 문학과 절의로 세상에 알려진 인물로 알려졌다. 돌아온 후 명나라 신종·의종의 기일이 되면 홀로 금성산으로 들어가 종일토록 통곡하였다. 향리에서 학문에 전념하다가 대신의 유일(遺逸) 천거로 1664년(현종 5)에 선릉참봉을 잠깐 역임하였다. 집으로 돌아와 나주 읍성 서쪽 맑은 시냇가에 초암(草菴)을 지어 머물고 있었는데, 초암의 당호를 우암 송시열이 계거라고 써 주었다고 한다. 1668년(현종 9)에 나주목사 이민서와 함께 부속 도서의 진휼에 나섰고, 이후에는 김수항에게 『남간집』의 서문을 청하여 받고 둘째 아들 나세기를 송시열에게 수학하게 하는 등 서인계 인사들과 우의를 다지는 데에 주력하였다.[71]

이민서와 나준의 만남은 이때가 처음은 아니었다. 두 사람의 관계는 이민서가 지은 나준의 만사(輓詞) 가운데에 들어 있다.

> 내가 공과 오래 안 사이가 아니어서 　　　　我始與公非舊識
> 서울에서 두세 번 만난 적 있었습니다 　　　京洛相逢或再三
> 지난번 관인을 차고 나주로 왔을 때 　　　　憶昨佩符來錦城
> 고을에 이야기할 만한 친구가 없었습니다 　邑中無朋與笑談

---

71 나준, 『계거유고』, 부록, 행장.

공의 집이 성의 서편 가에 있어서	公家住在城西隅
맑은 시내를 보고 초암을 지었습니다	獨對淸溪結草菴
아침저녁으로 내가 가고 공이 와서	我往公來朝且夕
때때로 앞 연못을 보고 술을 들었습니다	時時把杯臨前潭
말마다 매번 계곡 어른을 들멱여서	語間每說谿谷老
선배의 풍류를 잔뜩 들었습니다	前輩風流飽泳涵[72]

나준은 이민서와 오래 안 사이는 아니었지만, 서울에서 두세 번 만난 적이 있었다. 아마 나준이 생원시를 합격하고 성균관에서 공부할 때였던 것 같다. 나주목사로 온 이민서는 고을에 이야기할 만한 친구가 없었다. 나주에는 구동인계 사람이 적지 않았기 때문이었을 것이다. 이때 나준은 선릉참봉을 역임하고 초암(草菴)이라는 서재를 지어 머물고 있었다. 초암은 비록 성시(成市) 사이에 있지만, 맑은 시내를 마주보고 있어 산림(山林)의 맛이 나는 곳이었다. 두 사람은 초암과 관아를 서로 오고가며 아침저녁으로 때로는 술을 들고, 때로는 책을 읽고, 때로는 장유와 같은 선배 학자를 들먹이며 교유하였다. 그러다가 이민서가 진휼선 승선을 제안하자 나준이 승낙하고 동행에 나섰던 것이다. 때를 알 수 없지만, 나준의 셋째 아들 나중기와 이별한 시를 이민서가 지은 것으로 보아, 이민서와 나준의 사이는 매우 돈독하였음에 분명하다.

바다에서 돌아온 날, 이민서는 나준에게 기행문을 써서 좋은 일을 기술하라고 부탁하였다. 나준은 집안 초상을 치룬데다가 병치레까지 하여 차일피일 미루고 있었다. 그런데 갑자기 이민서가 체임되어 서로가 헤어지게 될 운명에 처하였다. 이민서는 11월 26일에 홍문관 부교리로 임명되

---

72 이민서, 『서하집』 2, 칠언고시, 「挽羅參奉俊」.

었고, 대신 박지(朴贄)가 12월 2일에 나주목사로 임명되었다.[73] 『읍지』에는 이민서는 12월 22일 이체되었고, 박지는 이듬해 2월 4일 도임했다고 기록되어 있다. 그러자 나준은 도서 진휼을 갔다 온지 8개월이 지난 12월에야 서둘러 「입도기행」이라는 이름으로 기행문을 작성하였다. 기억을 더듬어 날씨와 경유지 및 숙박처 등을 기록할 수밖에 없었다. 2부를 작성하여 하나는 이민서에게 주고, 나머지 하나는 자신이 소장하였던 것 같다. 이민서에게 주면서 기억이 아늑하고 문장이 투박해 비록 보잘 것은 없지만, 한가할 때에 보면 그때의 좋은 구경을 아련히 떠올릴 수 있고 헤어진 옛 친구의 모습도 그릴 수 있을 것이라고 하였다. 그런데 이 기행문은 현재 이민서의 문집에는 수록되어 있지 않고, 나준의 문집에만 수록되어 있다. 다만 이민서는 나준과 함께 한 섬 여행을 오래도록 기억하고 있었다. 그는 나준 만사에서 "배를 함께 타고 해상의 산을 두루 구경하고, 돛을 걸어 바다의 동남(東南)을 다 보려 하였다. 풍도가 흉용하고 교룡이 성을 내는데도, 짧은 노래 긴 노래하며 기대 앉아 취했다. 비로소 바다에 기괴한 것 많음을 알았으니, 좋은 구경을 공이 아니면 누구와 더듬었으랴."라고 회상하였다. 한편, 나주를 떠나는 이민서를 나준은 광주 풍영정(諷詠亭)까지 가서 이별연을 베풀어 주었다.[74] 이민서는 나주를 떠나면서 나준의 셋째 아들 나중기(羅重器, 1647~1717)에게 이별시를 지어 주었고,[75] 1682년(숙종 8) 직장(直長)을 그만두고 고향으로 돌아가는 나중기를 배송하기도 하였다.[76] 양가의 사이가 매우 돈독하였음에 분명하다.

73 『승정원일기』 211, 현종 9년 12월 2일(병인).
74 이민서, 『서하집』 2, 오언절구, 「諷詠亭次羅參奉俊韻」.
75 이민서, 『서하집』 2, 오언절구, 「別羅上舍重器」.
76 이민서, 『서하집』 3, 칠언절구, 「送羅直長重器還鄕」.

3. 나준의 「입도기행」을 통해 본 도서 진휼

이민서의 입도 진휼선이 출항하는 날 나준 외에 함평현감 어진익(魚震翼)이 약속이 되어 왔다. 어진익은 지평으로 있을 때 남인 허적을 논핵하다가 파직당한 이무 등을 구하려다 정배·삭직되었다가 곧 바로 복귀한 후 함평현감에 제수된 서인계 인물이다. 이 외에 승려 의천(義天)도 왔고, 통인(通引)·탕기(湯妓) 등 관속들도 진휼선에 동행하였다. 승려가 동행한 것은 그가 의약에 식견이 있었을 것으로 보아 전염병 치료를 위해서였던 것 같다. 통인이 승선한 것은 행정실무를 보기 위해서였다. 탕기는 수령 접대와 예악 연주를 위해 승선하였을 것 같다. 선단은 3척으로 구성되었는데, 1척은 이민서와 나준 등이 승선하고, 2척은 영봉선(迎逢船)과 지공선(支供船)으로 명명되어 수령을 접대하는 사람들이 승선하였다. 선박에는 수백 석의 곡물과 섬에 내려 이동할 때에 타기 위한 말과 가마도 실렸다. 가마(肩輿)는 섬에서 내려 모래밭을 지날 때 실제 이용되었다.[77]

1668년(현종 9) 4월 15일 보름날, 영산창(榮山倉) 앞에서 낮 조수를 이용하여 닻을 올렸다. 선소(船所)가 있는 죽포를 택하지 않고, 영산창이 있는 영산포에서 출항하였다. 늦게 무안 땅 사호(沙湖) 아래에 정박하였다. 사호란 사호진(沙湖津)을 말할 것이다.[78] 무안현감 어진열(魚震說)이 술과 거문고를 갖고 배 위로 마중을 나왔다. 어진열은 어진익의 친형이다. 이민서와 어씨(魚氏) 형제 사이에 서신 왕래와 시문 창화가 잦았던 것으로 보아, 이들은 두터운 교유관계를 맺고 있었음에 분명하다. 이민서가 지은 시에 의하면, 이들은 일엽편주에 술을 싣고 배 안에서 좋은 벗들과 함께 거문고를

---

77 나준, 『계거유고』, 시, 「陪西河李侯遊海上卽事」.
78 『여지도서』, 무안, 산천. 沙湖津 自羅州錦江下流 爲本縣東南一帶長流 達于西海 在縣東 十五里.

타며 즐거운 시간을 보냈다.[79] 나준이 지은 시를 보아도, 삼인(三印, 이민서·
어진익·어진열 등 세 지방관)이 달 밝은 밤에 호수에 떠 있는 배 안에서 피리·거
문고를 연주하고 맑은 노래를 들으며 즐거운 시간을 보냈다.[80] 함께 승선
한 탕기는 바로 예악을 전담한 관기(官妓)로 보인다. 밤에 무안의 소기동(小
基洞)이라는 마을의 임(林)씨 집에서 잤다.

16일, 이른 조수를 타고 내려가 몽탄진(夢灘津) 나루머리에 정박을 하였
다. 몽탄진은 영산강의 주요 나루 가운데 하나로써, 해문(海門)으로 불리어
여기에서 바다로 나갔다. 낮 조수를 기다려 목포진(木浦鎭)으로 내려가 잤다.

17일, 이른 조수에 배에 올랐다. 무안현감은 관아에 일이 있다고 다른
배를 이용하여 자기 고을로 돌아갔다. 나머지 일행들과 바다를 넘어 작재
진(作才津)에 이르러 정박하였다. 이어 자은도(慈恩島)에 들어가 한야미(漢夜未)
의 민가에서 쉬었다. 늦으막에 가마를 타고 미봉산(未蓬山)에 올라가 월봉(月
峰)을 마주 보며 술을 들고 사방을 바라보니 멀고 가까운 섬들과 기암괴석
이 눈앞에 나열하여 용 같고, 범 같고, 노루 같고, 두꺼비 같았다. 혹은 날
을 듯하고, 뛰는 듯 달린 듯 돌아본 듯하고, 혹은 입을 벌리고 쳐다본 듯 고
개 숙여 절한 듯하여 기상이 만 가지 천 가지였다. 크고 작은 것을 다 말할
수가 없었다. 우이도(牛耳島)와 흑산도(黑山島) 두 섬은 고을에서 9백 리 떨어
져 있는데(『동국여지승람』에 흑산도는 수로 9백 리로 기록), 소라 머리 같고 아스란
구름 속에 푸르름이 떠 있는 것 같았다. 그 밖의 홍의도(紅衣島)와 가가도(可
架島, 『동국여지승람』에는 可佳島로 기록) 등의 섬은 눈의 힘이 모자라 바라볼 수
가 없었다. 사람들이 말하기를 흑산도에서 홍의도까지의 거리와 홍의도에

---

79 이민서, 『서하집』 2, 칠언절구, 「泛海晚泊沙湖 次天師韻 宰羅州時」. 扁舟載酒又彈琴, 況復
    良朋共盡簪. 從我乘桴知有幾, 長風破浪愜初心.

80 나준, 『계거유고』, 시, 「同西河李厚觀海島」. 豪竹淸歌與玉琴, 一船三印共華簪. 月明潮滿長
    風起, 獨立還生羽化心.

서 가가도까지의 거리는 대충 자은도에서 우의도까지의 거리와 우의도에서 흑산도까지의 거리와 같다고 하였다. 날이 저물어 저녁 빛이 창망하므로 횃불을 잡고 산을 내려와 한운이(漢雲伊) 민가에서 잤는데, 골짜기 십여 리를 올라갔다가 내려왔다. 숲나무가 하늘에 닿고 촉초(蜀椒)가 산에 가득하여 신 향기가 코를 찌르니 위기(胃氣)가 자연 튼튼해져 비린내 나고 독한 안개가 가까이 하지 못하였다.

18일, 밥을 재촉해서 먹고 자은도 점마곶(點馬串)이란 곳에서 도민들에게 진휼곡을 나누어 주었다. 몇 리를 가서 함평현감과 헤어졌다. 부득이한 공무 때문에 끝까지 함께 할 수 없다고 해서였다. 헤어지는 아쉬움이 한이 없지만 어쩔 수 없었다. 점마곶에서 배에 올라 암타도(巖墮島, 현재 巖泰島)로 향하였다. 이때 이민서는 한 편의 시를 지어 남겼다.

「바다에 배를 띄워 자은도에서 암타도를 향해 가며」

조각배 돛 올려 푸른 물결 지나노라니	扁舟掛席過滄溟
지는 해 아득한데 섬들이 푸르구나	落日微茫島嶼靑
바닷속에서 솟은 봉우리 모두 돌을 이고 있고	峯出海中皆戴石
하늘 끝까지 닿은 물 죄다 별을 머금었네	水連天際摠涵星
허공을 타니 기운은 금은의 대궐에 맺히고	乘虛氣結金銀闕
멀리 바라보니 산은 조수의 형상 많구나	望遠山多鳥獸形
어찌하면 보름 동안 바람 타고	安得御風旬有五
봉래산 꼭대기 곧장 올라 신선 물을 수 있을까	直登蓬頂問仙靈[81]

늦게야 암타도의 내포(乃浦)에 도착하였다. 들으니 섬 안에 전염병이 크게 번지고 있다고 하였다. 전국에 퍼진 전염병이 이곳까지 번졌고, 승려

---

81 이민서, 『서하집』 4, 칠언율시, 「泛海自慈恩向巖陀」. 암타도가 「입도기행」에는 『동국여지 승람』처럼 '墮'로 기록되어 있지만, 『서하집』에는 '陀'로 기록되어 있다.

의천을 데리고 간 까닭이 이 전염병 때문이었던 것 같다. 비가 내리며 밤이 칠흑같이 어두워 배에서 잤다. 이민서·나준 두 사람의 시에도 닻을 내리고 배 안에서 잤다는 구절이 나온다.

19일, 이른 아침에 암타도의 주민들에게 진휼곡을 나누어주고, 밥을 먹은 뒤에 배를 출발시켜 만장(蔓莊), 노대(蘆大), 비화(琵和) 등 무인도를 지나 비금도(琵禽島)의 면포(沔浦)로 내려가 정박을 하고 배에서 내려 육지로 올라갔다. 바위 사이로 모래밭에 해당화가 막 피어 있었다. 이 해당화는 나준의 시에도 등장한다. 탕기 몇 명이 꽃을 꺾어 들고 앞서서 가니 적막한 중에 이 역시 좋은 광경이었다. 섬 동쪽의 임씨 집에서 잤다.

20일, 아침 식후에 섬 동쪽 장불허구(長佛許口) 변의 도리산(道里山)에 올라갔다. 향기를 뿜는 넝쿨이 돌을 감았고, 빽빽한 나뭇잎이 깔아 논 듯 하며 층층 돌, 첩첩 암벽, 하늘을 찌른 뾰족한 바위, 큰 바다가 하늘에 닿아 끝없이 바라만 보였다. 눈이 시리고 혼이 끊어져 어렴풋 꿈속과 같았다. 원래 황해도의 연평도까지 연결되어 있는데, 수천리의 사이에 한 점의 가려짐도 있지 않았다. 옥피리를 불게하고 술을 들고 두루 구경을 하는데 그 중에서도 가장 기이한 것은 돌 비탈이 벌어져 그 깊이는 얼마인지 헤아릴 수 없었다. 넓이는 한 척이 되고 길이는 십보쯤 되는데 아래는 비어 있었다. 산이 합하여 흙을 짊어져 산이 되었고 물이 그 아래로 통하는데 산 뒤로 백보쯤을 흘러 나아가 다시 바다로 들어간다. 조화가 공교함을 베푼 것이 한량이 없었다. 장불의 석봉에 올라가서 보는 경치가 매우 아름다웠던지 나준은 그 정취를 시로 읊었고,[82] 그 시에 이민서도 차운하여 읊었다.[83]

82 나준, 『계거유고』, 시, 「登石佛長嶝」. 巍巖怪石半雲天, 玉笛瑤琴縹緲邊. 滄海一望無極處, 眼乾魂斷却茫然.

83 이민서, 『서하집』 2, 칠언절구, 「登長佛石峯 次羅參奉俊韻」. 風拍孤帆水拍天, 海山煙雨浩無邊. 長安北望三千里, 徙倚船窓却恨然.

한참 만에 배가 정박해 있는 곳으로 내려 와서 섬 사람들에게 곡식을 나눠주고 조수의 때를 맞춰 닻줄을 풀어 늦게 도초도(都草島)의 동북면 정도(井島)에 정박하여 곡식을 나눠준 뒤, 노를 재촉하여 밤에 구슬도(仇瑟島)의 우곡리(牛谷里) 앞에 이르러 정박하고 당촌(堂村)의 송(宋)씨 집에 들어가 잤다.

21일, 식후에 구슬도의 주민들에게 곡식을 나눠주고 즉시 태이도(苔爾島, 『동국여지승람』의 苔尒島)의 산성(山城) 밑으로 내려가서 곡식을 나눠줬다. 그리고 구암(龜岩)을 지나 하의도(荷衣島)에 정박하여 본 섬과 윗산도(앪山島)의 사람에게도 곡식을 나눠줬다. 윗산(앪山), 거슬리(巨瑟里), 대하(大何) 등 세 섬을 지나 반월도(牛月島)의 생골암(生骨岩)에 이르러 장항(獐項)에 있는 민가에 들어가 잤다.

22일, 식후에 잠시 폐사(廢寺)에서 쉬면서 평사도(平沙島)를 바라보고 즉시 출발하여 장산도(長山島)의 서편에 있는 막금도(莫今島)에 정박하여 산성봉의 정상에 올라갔다가 다시 배가 있는 곳으로 내려가 백성들에게 곡식을 나눠주고, 밤에는 안창도(安昌島)의 여울 아래에 정박하여 탄앙(灘項)의 민가에 들어가 잤다. 안창도를 향하여 갈 때 나준은 그때의 정취를 "날 기울고 바람 자고 배는 천천히 가는데, 저녁 빛 창망하여 마음이 슬퍼진다."란 시로 읊었다.[84]

23일, 아침밥을 먹고 배에 올라 안창도와 그 인근 자라도(者羅島)와 기좌도(其佐島) 등의 주민들에게 곡식을 나눠주고, 곧이어 팔이도(八爾島, 현재 八禽島)에 이르러 동쪽의 소근이미(小斤伊未)에 정박하여 곡식을 나눠줬다. 그 후 불무도(佛無島, 현재 불무기도)를 지나 시화(漸和, 현재 시아) 바다를 건너서 금술해(金術海)에 들어가니 도중에 큰 바람을 만나 큰 물결 파도가 하늘로 출렁이고 배와 노가 올라갔다 내려갔다 하였다. 배가 내려가면 작은 섬들

84 나준, 『계거유고』, 시, 「向安昌島」.

은 보이지 않을 정도로 파도가 컸다. 데리고 갔던 통인 조맹호(曺猛虎)와 탕기 이향(異香)이 시종 옆에 있었다. 이때의 파도를 나준은 "고래 물결 하늘을 흔들어 우주에 넘치고"로 읊었고,[85] 그로 인한 흔들림을 이민서는 "외로운 배 흔들려 술잔 들기도 어렵다오."로 읊었다.[86] 한참 만에야 바람이 그쳤다. 이민서는 방에 가만히 앉아 술을 들고 큰 파도 보기를 평탄한 길을 보듯이 하여 여러 사람의 마음을 진정시켰다. "하늘이 우리에게 기이한 구경 다 시키니"라고 할 정도로 이민서는 침착하였던 것 같다. 나준은 베개에 기대어 잠을 잤다. 밤에 압해도(鴨海島)의 반암(半岩)에 이르러 염간가(鹽干家, 소금 굽는 집)에서 잤다.

24일, 일찍 출발하여 아침밥은 배에서 지어 먹었다. 그리고 압해도와 눌도(訥島), 질도(叱島), 고하도(高下島) 등의 주민들에게 뱃머리에서 진휼곡을 나눠주었다. 배를 띄운 지 1리를 다 가지 못하여 졸연간 거친 바람을 만났다. 영봉선과 지공선 두 척 배들이 뒤로 떨어져서 서로 잊어버리고 본선만 반 돛을 달고 노를 저어 갈 길을 재촉하였다. 나발해(螺鉢海)를 지나 영산강으로 들어가 밤에 무안 땅 주룡진(朱龍津)에 정박하여 죽을 끓여 요기를 하고서, 진사 나우(羅祐)의 족제 집으로 들어가 잤다. 작은 가마와 말은 뒤에 떨어진 배에 실려 있기 때문에 주인이 두 필의 말에 안장을 갖추어 보내고 횃불을 들고 마중을 나왔다.

25일, 전날 뒤에 떨어졌던 두 척의 배가 새벽 조수를 타고 나룻가에 뒤따라 왔다. 곧 배를 타고 물 위에서 밥을 먹고 포구로 드니 바람이 잤다. 몽탄(夢灘)에 이르러 수촌(水村)의 사람들을 징발하여 닻줄을 끌게 하여 무

---

85 나준, 『계거유고』, 시, 「向鴨海遇風雨」. 鯨浪掀空溢宇宙, 黑風驅雨捲蓬寒. 長年莫報舟中苦, 猶勝人間行路難.

86 이민서, 『서하집』 2, 칠언절구, 「自安昌向鴨海遇風雨」. 天敎吾輩盡奇觀, 風伯宣威雨氣寒. 小島浮沈看欲沒, 孤舟搖蕩把杯難.

안 땅의 이산(梨山), 두암(斗巖), 태굴(苔窟), 이암(里巖), 사창(社倉)을 지났다. 그리고 나주 땅의 두이동(豆伊洞), 곡강(曲江), 오산(吾山), 개목(丐谷), 마산(馬山) 등의 면을 지나 저녁에 죽포(竹浦)의 전선소(戰船所)에 도착했다. 나준은 주룡진에서 죽포로 들어오며 여정의 소회를 읊었다.

「주룡진에서 포구로 들어오며」

선주를 타고 뜻을 얻고 돌아오니	參上仙舟得意回
해산의 기이한 곳 모두가 시의 자료다	海山奇處摠詩媒
오늘 아침 왔던 길로 재촉하여 향하니	今朝催向來時路
우습다 진심이 다 없어지지 않아서	却笑塵心未盡灰[87]

난생 처음 바다 산의 기이한 것을 구경하였으니 신선이 된 기분이었다. 자신들이 탔던 배는 신선이 타는 선주(仙舟)였다. 선주를 타고 떠났던 길로 무사히 돌아왔으니 그것은 다행이었다. 진휼이라는 공무와 사적인 선유(船遊)를 병행하는 모양새였다. 아무튼 죽포는 나주의 수군기지로서 전선 2척, 병선 2척, 사후선 4척이 있었다.[88] 이를 보면 이들이 타고 간 선박이 나주의 전선이었음에 분명하다. 언제인지는 모르지만, 이민서는 죽포에서 전선을 사열하면서 어머니와 함께 승선한 적이 있었다.[89] 이어 배에서 내려 유위(柳渭)의 용호정(龍湖亭)으로 들어가 잤다.[90]

26일, 아침밥을 짓기 위해 곧 배에 올라 수다촌(水多村), 시랑동(侍郞洞),

---

87 나준, 『계거유고』, 「自朱龍入浦」.

88 읍지에 보통 전선 2척으로 기록되어 있지만, 귀선(龜船) 1척과 전선 1척으로 기록되어 있는 읍지도 있다.

89 이민서, 『서하집』 4, 칠언율시, 「竹浦閱戰船 奉大夫人乘舟」. 淸宵月出泛扁舟, 何似蘇翁赤壁秋. 入夜山河殊氣色, 一時賓主自風流. 樓船鼓角乘潮去, 大壑魚龍得意浮. 不必飄飄誇羽化, 觀兵舞彩亦奇遊.

90 용호정의 내역에 대해서는 자료가 발견되지 않아 알 수 없는 실정이다.

영산창을 지나 장교(長橋) 상류의 산 아래에 이르니 관인이 나와서 기다리고 있고, 가동도 술을 가지고 와서 기다리고 있었다. 선비 염진국(廉振國)[91]이 허겁지겁 마중을 나와서 위로를 했고 닻줄을 맨 뒤에 한 참만에 헤어졌다. 『계거유고』에 염진국과 주고받은 시가 많은 것으로 보아, 나준과 염진국은 가까운 사이였던 것 같다.

이상에서 살핀 것처럼, 이민서는 4월 15일 영산포를 출발하여 12일만인 26일 장교 상류에 도착하였다. 우선, 코스는 다음과 같다.

> 자은도 → 암타도 → (만장, 노대, 비화) → 비금도 → (도초도) → 정도 →
> 구슬도 → 태이도 → 하의도 → 윗산도 → (거슬리, 대하) → 반월도 →
> (평사도, 장산도) → 막금도 → 안창도 → 자라도 → 기좌도 → 팔이도 →
> (불무도) → 압해도 → 눌도·질도·고하도

이들의 행로를 지도상에서 보면, 지그재그로 움직인 것이 아니라 일정한 방향으로 가서 돌아왔다. 준비가 치밀하였고 경험자가 추진하였던 것 같다. 그리고 이들이 들리어 분진을 한 곳은 20곳 정도 된다. 당시 나주제도 가운데 수십개는 거민이 번성하고 전결이 많다고 하였으니,[92] 그 가운데 장산도·도초도 같은 큰 섬은 제외되고 진휼이 필요한 곳 중심으로 들리었을 것 같다. 또한 분진은 섬 안 마을까지 가지 않고, 주로 뱃머리에서 찾아온 주민들에게 곡식을 나누어 주는 형태로 이루어졌다. 사전에 공지된 소식을 듣고 사람들이 뱃머리로 왔을 것 같다.

---

91 염진국은 자가 광숙(光叔), 본관은 파주이다. 1671년(현종 12)에 동몽교관에, 1673년(현종 14) 청암찰방에 제수된 바 있다. 『호남병자창의록』에 입록된 것으로 보아, 나준과 함께 거의를 하였던 것 같다.
92 『비변사등록』86, 영조 5년 9월 3일. 領議政李台佐曰 (중략) 蓋海中數十諸島 羅列相望 居民旣繁 田結亦多.

1668년(현종 9)에 나주 지역에 기근이 들었고 전염병까지 나돌았다. 그때 나주목사 이민서는 그동안 수령의 무관심과 유력기관의 점탈로 진정(賑政)에서 소외되어 있던 부속도서 사람들을 구휼하기 위해, 3척의 선박(군선으로 추정)에 수백 석의 곡식을 싣고 가서 소식을 듣고 찾아온 주민들에게 뱃머리에서 곡식을 나누어주었다. 여기에는 그 동안 알고 지내오던 나주 사족인 나준과 같은 서인계인 함평현감 어진익이 동승하였고 중간에 무안현감 어진열이 승선하였지만, 어진열·진익 형제는 도중에 하선하였다. 그리고 나주목의 통인·관기가 탑승하여 실무를 담당하였고, 승려도 탑승하여 의료 활동을 폈다.

이들은 4월 15일 영산포 → 사호진 → 몽탄진 → 목포진에 이르렀다. 이후 바다로 나가 18개 섬 주민들에게 곡식을 나눠 주었다. 자은도와 비금도에서는 산에 올라가 바다와 섬을 처음 보는 느낌을 유창한 글로 표현하였고, 팔이도에서 압해도로 오는 도중에는 폭풍우를 만나 위기를 만나기도 하였다. 다시 영산강으로 들어와 주룡진 → 몽탄진 → 죽포 → 장교에 떠난 지 12일 만인 26일 도착하였다.

돌아온 후 이민서는 나준에게 기행문을 써줄 것을 부탁하였으나, 나준은 번다한 일로 차일피일 미루고 있었다. 그러던 차에 11월 이민서는 부교리로 임명되어 나주를 떠날 상황이었다. 이에 나준은 옛 기억을 더듬어 기행문을 작성하고서 이름을 「입도기행」이라 하고서 두 부를 만들어 한 부는 이민서에게 주고, 또 한 부는 자신이 소장하였다. 이민서 것은 현재 존재 유무를 알 수 없으나, 나준 것은 그의 문집 『계거유고』에 실려 있다. 따라서 앞에서 살펴본 내용은 나준의 기행문을 토대로 서술한 것이다.

8장

한글가사 「임계탄」을 통해 본
'신임계 대기근'

기근은 전통시대에 피할 수 없는 자연재해의 결과였고 그 충격 또한 적지 않았을 뿐만 아니라, 그 극복과정은 정치권 통치력과 구성원 결속력의 시험무대였다. 이런 연유로 인해 당대 사회를 이해하는 데에 기근은 좋은 주제 가운데 하나여서 그와 관련된 역사학계의 연구성과가 상당히 축적되었지만, 기근의 실상이나 진휼 그리고 그로인한 사회동태를 중심으로 진행되어 왔다. 그런가하면 자연재해는 인간에게 심대한 고통을 가져다주기 때문에 그것을 표현하고자 또는 후세에 전하고자 문학의 소재로 곧잘 등장하는데, 기근 또한 예외가 아니어서 관련 작품이 적지 않게 남아 있다. 따라서 기근의 전모를 문학작품을 통해 알아보는 것도 역사연구의 한 방편이 될 것 같아 이 글을 작성해보았다.

이에 이 글에서는 '신임계 대기근'을 읊은 장편 한글 가사 「임계탄」을 소재로 하여 당시의 기근 실태를 알아보고자 한다. 본래는 1731년(영조 7) 신해(辛亥)년, 1732년(영조 8) 임자(壬子)년, 1733년(영조 9) 계축(癸丑)년에 연거푸 기근이 들었다. 그러하였기 때문에 당대 사람들은 이 연이은 3년 기근을 간지 첫 글자 한 자씩을 조합하여 '신임계참흉(辛壬癸慘凶)',[1] '신임계천기(辛壬癸荐飢)',[2] '신임계삼대살(辛壬癸三大殺)'[3] 등으로 표현하였다. 이 중에서 임자년과 계축년 기근을 가장 큰 피해를 남긴 것으로 인식한 사람들은 두 해 기근을 '임계대살(壬癸大殺)', '임계흉황(壬癸凶荒)' 등으로 표현하였다. 「임계탄」은 제목은 임계년(임자년과 계축년)으로 적혀 있지만, 내용은 신해년부터 다루고 있다. 따라서 여기에서는 신해·임자·계축 3년 기근을 그 시간성을 살려 '신임계 대기근'으로 명명하고자 한다.

이전에 있었던 대형 기근인 '경신 대기근'이나 '을병 대기근'은 단독 논저로 연구되었을 뿐만 아니라,[4] 여러 분야 논저에서 소재로 활용되었다. 하지만 '신임계 대기근'은 상당히 충격이 큰 기근이었음에도 불구하고 이에 대한 부분적인 언급은 몇몇 논저에서 있어왔을 뿐 전문적인 논문이 없기 때문에 이 글을 작성한 것이다.[5] 이에 여기에서는 「임계탄」의 작자에 대한 검토를 한 후, 작품의 동선을 따라 실상을 추적하는 방식으로 '신임계 대기근'을 알아보겠다. 그리고 대기근의 수습책으로 채택되었던 방약(坊約)·이

1 『승정원일기』 804, 영조 11년 7월 2일(기해). 全光監司徐宗玉疏曰 (중략) 本道形勢 辛壬癸慘凶之餘 嶺下各邑 未得蘇醒.

2 『승정원일기』 872, 영조 14년 5월 25일(병자). 持平鄭玉疏曰 (중략) 自頃辛壬癸荐飢之餘 數三年間 雖曰稍登 至於上年則未得均稔 所謂龜文農也.

3 신유한, 『청천집』 3, 서, 「答崔士集書」.

4 김성우, 「17세기의 위기와 숙종대 사회상」, 『역사와 현실』 25, 한국역사연구회, 1997. 김덕진, 『대기근, 조선을 뒤덮다』, 푸른역사, 2008. 김경숙, 「을병 대기근기 향촌사회의 경험적 실상과 대응」, 『역사와 실학』 61, 역사실학회, 2016. 김미성, 「조선 현종~숙종 연간 기후 재난의 여파와 유민 대책의 변화」, 『역사와 현실』 118, 한국역사연구회, 2020.

5 전성호, 「1725~1761년간 경상도 고성지방의 물가수준에 관한 연구-경상도 고성현 《승총명록》 분석」, 『태동고전연구』 13, 한림대 태동고전연구소, 1996. 김엘리, 「《승총명록》을 통해서 본 경상도 고성의 진휼시책」, 『역사민속학』 30, 역사민속학회, 2009. 김호, 「시골 양반 역병 분투기-18세기 구상덕의 『승총명록』을 중심으로-」, 『역사비평』 131, 역사문제연구소, 2020.

창(里倉) 조직에 대해서도 알아보겠다. 이는 지금까지 시도되지 않은 역사 연구의 좋은 방안일 것 같다는 점에서 의미가 있지 않을까 한다.

1. 「임계탄」이란?

「임계탄」은 제목처럼 '임자·계축'년만을 대상으로 한 것이 아니라, '신해·임자·계축'년에 들었던 대기근의 전개과정과 참혹함을 읊은 장편 한글 가사이다. 이 작품은 임형택 교수에 의해 발굴되어 이미 단행본으로 발간되어 있기 때문에,[6] 이를 이용하여 필자 역시 논지를 전개하겠다. 또한 「임계탄」은 국문학 연구자에 의해 여러 번 다루어진 바 있기 때문에,[7] 필자가 구태여 작품 소개를 하지 않아도 될 성 싶다. 그 가운데 안대회 교수의 "이 작품이 재해를 소재로 한 다른 어떤 기록물보다 우수한 가치를 지닌 사료"라는 코멘트가 이 작품의 가치를 대변하지 않을까 한다.

그렇지만 이 작품의 성격을 더 넓고 정확하게 이해하기 위해 꼭 짚고 넘어가야 할 사항이 있다. 그것은 창작 이유와 창작자에 관한 것이다. 첫째, 이 작품의 창작 이유에 대해 알아보겠는데, 이는 작품의 맨 앞에 표현되어 있다(48쪽).

> 슬프다 백성들아 이 내 말 들어스라.
> 壬子 癸丑 無前 흉년 개개히 이로이라.

6 임형택, 『옛노래, 옛사람들의 내면풍경』, 소명출판, 2005.
7 이형대, 「18세기 전반의 농민현실과 임계탄」, 『민족문학사연구』 22, 민족문화사연구소, 2003. 이재준, 「가사문학에 나타난 현실비판의식의 전개와 의미」, 서울시립대학교 박사학위논문, 2017. 안대회, 「전근대 한국 문학 속의 자연재해-18세기와 19세기의 자연재해를 중심으로-」, 『일본학연구』 53, 단국대학교 일본연구소, 2018.

듣고 보는 이 景色을 三尺童도 알건마는
刻骨한 이 시절을 銘心하야 잊지 말게.
무식한 眞諺文을 재조 없이 매와내니
句法은 보잔하고 時不見만 적어다가
長安 大道市에 부치로다. 백성들아.
가없는 이 시절을 無興하나 보아스라.
슬프다, 古老人아 이런 시절 보았느냐.
이 시절 만난 백성 네오 내오 다를쏘냐.
무죄한 이 백성이 無遺히 다 죽거다.
이 세상 나온 뜻은 三代興 만나거나
百歲를 살작시면 道不拾遺 보옵고저.
太平乾坤 無事時를 그 뉘 아니 원할런고

이 시기 기근의 참혹함은 3척동자도 다 아는 사실이지만, 구태여 실상을 정리하여 알리겠다는 말이다. 정리 방법은 보고 들은 것을 있는 그대로 가공 없이 언문과 진문을 섞어 한 해씩 묶어내겠다는 것이다. 이 작품을 쓴 이유는 "刻骨한 이 시절을 銘心하야 잊지 말게.", 즉 이 참혹한 시절을 잊지 말고 살자는 데에 있다. 그래야만 누구나 원하는 태평한 시절을 기약할 수 있다는 것이다. 참혹함 자체는 물론이고 시행착오와 잘잘못을 알아야 비극이 재발되지 않을 것이라는 뜻으로 해석된다. 이런 목적을 지니었기에 "長安 大道市에 부치로다."에서 알 수 있듯이 권세층과 임금이 살고 있는 서울에까지 알리려고 하였다. 이 참상을 이 세상과 후대에 알리는 것은 물론이고 임금에게까지 전달되어 정책 결정으로 이어지도록 하는 것이 창작의 목적이었다.

작자는 본래 어떤 방식으로 알리려 하였고, 최종적으로 누구에게 알리려 하였을까? 이 점은 작품 맨 뒤에 소개되어 있다(72~73쪽).

슬프다, 이런 말씀 다 하자면 가이 없다.

周民의 黃金歌와 傷田歌 一篇詩를

流民圖 한 가지로 이 끝에 그려내어

이르자면 목이 메고 보자 하면 눈물난다.

十襲同封하야 百拜稽首하야

님 계신 九重宮闕의 들여 볼까 하노라.

작자는 이 참상을 보고, 듣고, 말할 수 있는 가(歌), 시(詩), 도(圖) 세 가지로 표현하였다. 나름의 한 세트였던 것 같은데, 「임계탄」 가사는 그 가운데 하나였다. '一篇詩'는 후술할 김희조의 「임계탄」일 가능성이 있다. 장흥 유학 위세봉의 상소에 정협의 유민도가 언급된 것으로 보아, 그림도 그렸을 가능성이 엿보인다.[8] 작자가 이 세 가지를 창작한 목적은 임금에게 보내기 위해서였다. 잘 포장하고 궁궐을 향해 절을 한 후 보내면, 임금이 실상을 다양한 방법으로 소상하게 알고 국정에 반영할 것이라는 기대가 있었다. 실제 보냈는지에 대해서는 알 수 없다. 결국 17세기 이래의 잦은 대형 기근을 경험한 고로(古老)이건 백성이건 간에 기근의 경험을 기록으로 남기려는 의도가 형성되어 있었음에 분명해 보이고, 이는 경상도 고성의 사족인 구상덕에게서도 나타났다고 한다.[9]

둘째, 이 작품의 창작자에 대해 검토해보겠다. 우선 창작 무대는 조선-

8　1706년(숙종 32) 강원도감진어사로 활동하고 돌아온 오명준이 기민도를 그려서 임금에게 바쳤고(『숙종실록』 43, 숙종 32년 6월 17일 계묘), 그 사실을 영조가 1726년(영조 2년) 거론하며 삼남 기근 대책을 세웠던 점을 감안하면(『영조실록』 9, 영조 2년 2월 7일 경오), 이 작품 작자도 「유민도」를 그렸을 가능성이 충분하다. 이 선례들이 있었기에 영조는 1763년(영조 39) 진휼 때 정협의 고사에 의거하여 그림으로 그려서 올리게 하였고(『영조실록』 102, 영조 39년 9월 15일 기사), 1765년(영조 41)에는 옛날 유민도를 모방하여 진민(賑民)하는 그림을 그려 올리라고 하였다(『영조실록』 105, 영조 41년 2월 19일 을미).

9　하명준, 「영조대 재지사족의 재난 경험과 기록의 정보화-구상덕의 『승총명록』을 중심으로-」, 『한국문화』 94, 서울대학교 규장각한국학연구원, 2021.

삼남-전라도-장흥(長興)으로 이어진다. 이 점에 대해 다음과 같이 묘사되어 있다(51쪽).

> 塵埋한 三尺劒을 强忍하여 빼어들고
> 泰山 제일봉의 寸寸이 쉬어 올라
> 천하를 聘目하며 탄식하고 領畧하니
> 十二諸國 동 一隅의 우리 조선 偏小하다.
> 地利도 좋거니와 禮義之邦이로다.
> 만물이 가잤거니 大國을 부러 하랴.
> 우리나라 八道中의 하삼남 더욱 좋다.
> 물산도 좋거니와 太平時節 사치한다.
> 오십삼州 湖南道의 長興은 海邑이라.
> 地出도 크거니와 山海珍味 가잘시고
> 冠山 삼긴 후의 樂土라 유명터니

　작자는 동방에 처한 조선은 비록 편소하나 지리가 좋고 예의가 바른 곳이라 하였다. 조선의 8도 가운데 삼남(三南)은 물산이 풍부하고 생활이 윤택한 곳이었다. 삼남 가운데 전라도는 53읍으로 이루어져 있다고 하였는데, 『경국대전』의 57읍에서 임진왜란 이후 폐읍된 진원과 제주 3읍을 제한 숫자로 보인다. 그 가운데 장흥은 산읍과 해읍 가운데 해읍으로 면적이 넓고 산해진미가 산출되고 천관산을 끼고 있는 낙토라고 작자는 평하였다. 사실 장흥 지역은 이전부터 당시까지 가사가 발달한 곳으로 유명하다.[10]
　지은이는 원전에 '冠山 선비'로 적혀 있다. 여말선초에 탄생한 도호부 장흥의 별호로 『동국여지승람』 이래 오차(烏次), 오아(烏兒), 정안(定安), 정

10　김신중, 「장흥가사의 특성과 의의-작품 현황과 연구 동향을 중심으로-」, 『한국시가문화연구』 27, 한국고시가문학회, 2011.

주(定州), 관산(冠山), 회주(懷州)가 불리어왔다. 이 가운데 관산이 가장 애칭되었던 것 같다. 이런 점으로 인해 '관산관(冠山館, 장흥 객사)', '관산지(冠山誌, 장흥 읍지)', '관산시(冠山市, 장흥 읍시)' 등의 용례를 통해 알 수 있듯이, 당시 사람들은 외지인이건 본토인이건 간에 장흥을 곧잘 관산으로 불렀다. 따라서 이 글의 지은이는 이름은 알 수 없지만, 장흥 출신 선비임에 분명하다. 작품 속에서 "士之常 어인 말고 이러고 士之常가."고 하여, 본인을 선비로 말하였다. 선비이지만, "병 아닌 병을 앓고 杜門不出 앉았으니, 時序는 때를 알아 春陽조차 길게 한다. 이리 헤고 저리 헤니 살아날 길 전혀 없네. 실시한 이 장부여, 慷慨는 어디 간고" 하여, 병들고 살아갈 길이 없고 때를 잃은 나이가 어느 정도 든 한미한 선비였던 것 같다. 그러면 작자 이름은 누구일까? 현재로서는 알 수는 없지만, 세 사람을 거론할 수 있다.

① 위문덕(魏文德, 1704~1784)

임형택 교수는 두 가지 점에서 이 작품의 작자가 위문덕(魏文德, 1704~1784)일 가능성이 높다고 하였다. 하나는 위문덕이란 인물의 성향이 철저히 유교적이고 정의감이 강렬하다는 점이고, 또 하나는 그의 취향이 노래를 좋아하였다는 점이다. 그러면서 임형택 교수는 가능성이 엿보이긴 하지만 확증이 없기에 후고를 기다린다는 조심스러운 자세를 보였다.[11]

위문덕은 실학자 위백규(魏伯珪, 1727~1798)의 부친으로 자는 의여, 호는 춘곡·영이재이다. 1740년(영조 16)에 사마시에 합격하여 진사가 되었고, 1936년에 발간된 『영이재유고』를 남겼다. '신임계 대기근' 때 그는 20대 말기여서 병들었다거나 실시한 장부라거나 하는 표현과는 부합되지 않을 뿐만 아니라, 당시 그는 갓 태어난 백규를 양육하고 있는 상황인데 작품 그

---

11 임형택, 『옛노래, 옛사람들의 내면풍경』, 소명출판, 2005, 45쪽.

어디에도 어린 자녀를 키우고 있다는 표현은 보이지 않는다. 따라서 이 작품의 작자가 위문덕일 것이라는 지적은 아직 가능성이 낮다고 보여진다.

② 위세옥(魏世鈺, 1689~1766)

장흥위씨 문중에서는 「임계탄」을 위세옥(魏世鈺, 1689~1766)의 작품으로 추정하고 있다. 그 근거로 그의 기질이 강직하고 올곧은 진언을 서슴지 않은 성품과 그의 문집 『간암집(艮庵集)』에 실린 '六事七實'의 응지상소의 내용이 작품과 일치한다는 점을 든다.[12] 그러면서 향후 과제가 된다고 하였으니, 아직 확증은 제시되어 있지 않은 상태이다. 응지상소와 「임계탄」의 어떤 부분이 일치한다는 점도 제시되어 있지 않다. 위세옥은 자는 백온, 호는 간암·도천이다. 서울에서 태어나 잠시 장흥으로 내려왔다가 다시 서울로 올라갔다가 만년인 1750년(영조 26) 장흥으로 돌아와서 살다가 여생을 마쳤다.

한편, 영조는 1724년 8월에 즉위하였다. 9월부터 여러 차례 천둥이 치자, 예사롭지 않다는 말이 나왔다. 마침내 영조는 친히 글을 지어 승정원에 내려서 구언(求言)하는 교서를 대신 짓게 하였다. 이듬해부터 응지상소가 내외에서 올라오기 시작하였다. 장흥에서는 생원 김희조와 유학(幼學) 위세봉(魏世鳳)이 확인되고 있다. 위세봉이 올린 상소는 『실록』에 1734년(영조 10) 1월 12일자로 호남대폐(湖南大弊)에 대한 개혁방안 6조와 함께 7실(實)이 요약되어 수록되어 있다.[13] 『승정원일기』 같은 연월일자에도 상소문이 원문

<hr>

12 홍순석, 「간암선생문집 해제」, 『역주 간암선생문집』, 장흥문화원, 2020, 33쪽.

13 『영조실록』 37, 영조 10년 1월 12일(기축). 全羅道長興幼學魏世鳳上疏 論湖南大弊. 其一論 敎養廢弛之弊 請以鄕人爲訓導 以修學政. 其二論俗習易撓之弊 請依呂氏鄕約 以立坊約. 其 三論不積貯之弊 請依朱子社倉之制 以設里倉. 其四論良田荒廢之弊 請隨陳許頉 以給田災. 其五論戰船櫓軍 以峽民充定之弊 請以海邊募軍換定. 其六論才俊冤鬱之弊 請依嶺南西北例 調用. 又請實敬天以省圖治之機 實典學以端趨治之道 實勤政以盡講治之術 實納諫以開嚮治

그대로 실려 있는데, 보고 들은 호남 사정과 함께 그 개혁방안이 ① 修學政(수학정), ② 立坊約(입방약), ③ 設里倉(설이창), ④ 給田災(급전재), ⑤ 改櫓軍(개노군), ⑥ 收人才(수인재) 등의 6조로 되어 있다.[14] 서울대 규장각 소장『공거문』에도 그의 상소문이 실려 있는데,[15] 날자는 13일자로 되어 있지만 내용은『승정원일기』와 비교하여 도입부만 약간 차이가 날 뿐 본문은 거의 일치한다.

그런데 친족 위백규가 지은 위세옥의 행장에 갑인년(1734, 영조10) 한양에 있을 때 국가에서 재해로 인해 구언하자 마침내 응지상소를 올려 구폐(救弊) 6가지를 언급하였다고 하는데,[16] 위의 위세봉 상소와 내용은 같다. 동일 상소문은 위세옥의 문집『간암집』에도 수록되어 있다.『장흥위씨족보』(1842)에도 "英廟朝 進六條七實之疏"라고 하여 위세옥이 6조의 응지상소를 올렸다고 기록되어 있다. 그런데 1673년(현종 14) 생인 백형 세황(世璜)이 1733년(영조 9) 10월에 세상을 떠났다(『족보』). 그리고 위세옥은 의주에서 돌아와 서울에 머물러 있던 12월에야 백형의 사망 소식을 들었고, 기년의 상복을 벗고 1735년(영조 11) 겨울에 백형을 추모하는 제문을 지었다.[17] 이렇게 보면 위세옥이 1734년 1월 상중에 상소를 올린 것이다.

이상을 보면 위세봉과 위세옥은 동일인으로 보인다. 그런데 위세봉이 누구인지에 대해서는 족보에도 보이지 않아 전혀 알 수 없다. 반면에

之門 實破黨以藥病治之源 實崇儉以祛蠹治之根 實愛民以鞏保治之基. 又以實立志三字爲出治之本. 上嘉獎之 六條令備局稟處 七實字以下 令政院書入省覽.

14 『승정원일기』771, 영조 10년 1월 12일(기축).

15 서울대한국문화연구소 편,『공거문총서』⑦, 아세아문화사, 1992, 620~639쪽.

16 위백규,『존재집』23, 행장,「艮庵處士魏公行狀」. 이 행장은 위세옥 본인의 문집『艮庵集』에도 수록되어 있다. 甲寅在京 國家因災求言 遂應旨上疏言救弊六事 卽修學政·立防約·設里倉·給田災·改櫓軍·收人才也.

17 위세옥,『간암집』2, 제문,「祭伯氏橘友軒通德郎府君」.

위세옥은 군수공 위동전(魏東峑)의 서자로 위문덕의 아버지 위세보(魏世寶, 1669~1707)의 삼종서제이고, 위문덕에게는 족숙이 된다. 문집·행장·족보에 행적이 기록되어 있지만 이명으로 '세봉'을 사용하였다는 말은 보이지 않는다. 따라서 위세봉과 위세옥이 동일한 인물인지 아니면 별개인지에 대해서는 현재 그 어떤 단서도 없는 실정이다. 오히려『영이재유고』에 '族叔 擊壺子 世鳳'과 '魏世鈺' 또는 '族叔 陶泉'이 각각 나온 것으로 보아 양자는 별도의 인물로 보아야 할 것 같다.[18]

③ 김희조(金喜祖, 1680~1752)

「임계탄」의 작자를 장흥 출신 김희조(金喜祖, 1680~1752)일 가능성이 있다는 점을 새롭게 제기하고자 한다. 그는 자는 경선, 호는 방호, 본관은 영광이다. 1680년(숙종 6) 장흥 부산면 흥룡동에서 김순의 아들로 태어났다. 1713년(숙종 39) 증광시 생원에 입격한 후, 성균관에서 수학하던 중 1728년(영조 4) 무신란이 일어나 성균관이 텅 비게 되자 동료 유생 5인과 함께 성묘(聖廟)를 수호하여 충신이라는 찬사를 받은 바 있다. 이 해 영조가 구언교(求言敎)를 내리자 올바른 인재를 발탁하라는 요지의 봉사(封事)를 올렸다. 만년에는 장흥 향리에 돌아와 산수를 벗하며 유유자적하다 1752년(영조 28) 세상을 떠났다.

김희조는 문장으로 이름이 널리 알려졌고 특히 시를 잘 지었다. 그의 글을 후손들이 모아 1832년경에 2권 2책의『방호집』을 활자본으로 간행하였다. 권1에는 267편의 시가, 2권에 12편의 문이 각각 수록되어 있다. 그 가운데 1권 속에 「임계탄」이란 시가 들어 있다.

---

18 이해를 돕기 위해 위세옥과 위문덕의 직계를 정리하면 다음과 같다.
　鯤 → 德和 → 廷喆 → 東峑 → 世鈺
　　　德厚 → 廷烈 → 東寔 → 世寶 → 文德 → 伯珪

눈을 돌려보니 궁벽한 시골에 연기 끊겼는데	回看烟火絶窮閭
살아갈 이치 막막하여 수염만 만지작 거리네	生理茫然但撫鬐
청보리 베어와 방아 찧어도 죽 만들기 어렵고	青麥出春艱作粥
시든 채소 솥에 끓이지만 간도 맞출 수 없구나	黃蔬入鼎乏調鹽
도연명의 한달에 아홉 번 먹음이 되레 부유하고	淵明九遇猶云富
진중자의 오얏 세 번 삼킴이 청렴이라니 우습구나	仲子三咽可笑廉
아, 나는 이미 이익에 두루 밝은 자가 아니거늘	嗟我已非周利者
흉년에 죽게 되도 진실로 아무런 혐의가 없도다	凶年見殺固無嫌

흉년이 들어 마을에 밥 짓는 연기가 끊겼고 본인 또한 살아갈 길이 막막하다는 내용이다. 맥락으로 보아 임자년과 계축년의 대기근을 읊은 것으로 보인다. 그렇다면 김희조의 「임계탄」은 '신임계 대기근'의 참혹함을 시로 읊은 작품임에 분명하다.

가사 「임계탄」의 작자를 김희조로 보는 이유는 다음과 같다. ㉮ 1735년(영조 11) 3월부터 1737년(영조 13) 2월까지 강진현감으로 재임한 김한운이 강진 해창을 중수하였다. 해창이란 직납읍의 세곡을 배에 실어서 서울로 보내는 곳인데, 그때 김희조가 중수 기념시를 지었다.[19] 따라서 이때 김희조가 장흥 현지에 있었음을 알 수 있다. ㉯ 한시 「임계탄」에 인용된 '淵明九遇(도연명의 아홉 끼)' 구절이 가사 「임계탄」에 '三旬 九遇食'으로 재 등장한다. 수염만 만지작 거린다는 한시에서 풍기는 나이대가 가사 곳곳에서도 느껴진다. ㉰ 1728년 상소 속에 급재·동전·조적·인사·향소·군정·세금 등에 의한 백성들의 원성이 열거되어 있다. 그리고 시기는 알 수 없지만 구폐시(九弊詩)를 지어 조적·학교·붕당·이서·관도·군정·남초·염문·추노 등 당시 사회의 어려움과 폐단을 적시한 바 있다. 이러한 내용들이 가

---

19 김희조, 『방호집』1, 칠언율시, 「次金康津海倉重修韻」.

사 「임계탄」 곳곳에 녹아 있음을 지적하지 않을 수 없다.

이상에서 「임계탄」의 작자일 가능성이 있는 3인을 거론하였지만, 단독작이 아니라 지역 엘리트들에 의한 공동작일 가능성도 배제할 수 없다. 왜냐하면 위문덕, 위세옥, 김희조가 남긴 글 속에 「임계탄」에서 거론된 지역실정이 적지 않게 들어있기 때문이다. 그리고 위문덕의 아들 위백규가 남긴 「정현신보」, 「봉사」, 「만언봉사」 등에도 「임계탄」에서 거론된 갖가지 작폐가 들어있는 점도 그냥 넘길 수 없는 대목이다.[20]

2. 대기근 시대

17세기는 기후변화로 인한 대기근의 시대라고 한다. 그 기세는 18세기 전반까지 이어지는 것으로 보여진다. 이런 점을 잘 알고 있는 「임계탄」 작자는 '신임계 대기근'을 말하기 이전에, 직전에 있었던 기근부터 열거하였다(52~54쪽).

> 曾前의 지낸 흉년 歷歷히 헤어 보니
> 을해 병자 흉년, 계사 갑오 흉년,
> 참혹하다 하려니와 이다지 滋甚할까.
> 그래도 머긴 땅이 곳곳이 남아 있고
> 조련한 이 흉년은 陳穀도 있거니와
> 移粟이 넉넉하니 賑財인들 없을런가.
> 그 남은 허다 흉년 무수히 經歷하니
> 千萬古 이래로 이 시절 처음이다.

20 김덕진, 「존재 위백규의 현실인식과 경제 개혁론」, 『한국실학연구』 27, 한국실학학회, 2014.

乙亥水 丙辰旱은 새발의 피랏닷다.

정유년 무술 農形 免凶을 겨우 하니

그로사 豊年이라 別虛費 없을런가.

조정 大議하야 榻前의 定奪하거

각도의 行關하야 量田으로 作亂하니

기해년 경자년을 亂離로 지내여다.

그 밖의 남은 흉년 乙丙丁 지낸 후의

첩첩한 公私債는 뫼같이 쌓여 있고

汨汨한 憂患疾故 물 같이 깊었도다.

　　이러한 작품 구도는 이전과 지금을 비교하여 지금의 참혹함을 드러내기 위함이었던 것 같다. 아니면 연이은 기근으로 민생이 도탄에 빠져 있다는 점을 부각시키려 할 가능성도 있다. 그와 관련하여 먼저, 을해(1695, 숙종 21), 병자(1696, 숙종 22), 계사(1713, 숙종 39), 갑오(1714, 숙종 40) 기근이 제시되었다. 을해·병자 기근은 '을병 대기근'으로 알려질 만큼 대기근이어서 이미 연구된 바 있고, 계사·갑오 기근은 『증보문헌비고』 한황조에 수록될 만큼 대기근 사례에 해당된다. 그렇지만 을해·병자·계사·갑오 기근은 멀쩡한 땅이 남아 있거나 진휼곡으로 쓸 묵은 곡식이나 다른 데서 옮겨온 좁쌀이라도 있었지만, 임자·계축 기근은 전혀 그렇지 않은 사상 최악이라고 하였다. 이어 홍수로 인한 을해(1635, 인조 13), 가뭄으로 인한 병진(1676, 숙종 2) 기근이 제시되었지만, 임자·계축 기근에 비하면 새발의 피라고 하였다. 또 이어 정유(1717, 숙종 43), 무술(1718, 숙종 44) 기근은 작황이 흉작을 면한 수준이어서 풍년과 별 차이가 없어 조정의 정탈(定奪)·행관(行關)에 의해 기해양전(1719, 숙종 45)과 경자양전(1720, 숙종 46)이 시행되었다고 하였다. 1716년(숙종 42) 실시하기로 한 삼남 양전은 기근·재정난으로 연기되다가 1719년 10월에 이르러서야 비로소 시행되었으니,[21] 정유·무술 기근의 정도가 그리 크지 않았던 것 같다. 이처럼 이 작품의 작자는 근래의 그 어떤 기근도 '신임계 대기근'에 미치지 못한다고 단정 지었다. 그렇지만 일련의 이전 기근으로 공채·사채가 산더미처럼 쌓여 민생이 도탄에 빠져 있다고 하였다.

이 작품은 1731~1733년까지의 전체적인 기근의 강력함이나 그 요인 및 결과에 대해 서두에서 다음과 같이 압축적으로 묘사하고 있다(49~50쪽).

> 천지 삼긴 후의 古今歷代 생각하니
> 治亂興亡 다 바리고 豐凶歲만 이르잔들
> 古蹟의 눈이 없어 기술할 말 없거니와
> 兩岐麥穗 못 봤으니 一莖九穗 언제일고
> 九年水 지리하나 凶荒歲 되랴하면
> 塗山의 뫼혼 諸侯 玉帛을 잡아시며
> 七年旱 異甚하나 殺年이 되랴하면
> 桑林禱 六事責의 수천리 大雨할까.
> 옛날의 天灾時變 史冊의 실려시니
> 泛然히 지나보고 등한히 혜였더니
> 人相食 이 말씀은 오늘날 解惑하나
> 아모리 헤어봐도 이 시절의 비할런가.

이 기근의 강력함에 대해 고적(古蹟)이나 사책(史冊)에서 유례를 찾을 수 없을 정도의 역사상 최대 규모라고 하였다. 그 이유는 연이은 홍수와 가뭄으로 수년째 보리와 벼 농사 둘 다가 망쳐졌던 데 있었다. 그 결과 사람들이 서로 잡아먹는 상황으로 치닫고 말았다. 참상은 "萬古에 이런 시절 들

---

21 한국역사연구회 토지대장연구반, 『조선후기 경자양전 연구』, 혜안, 2008, 119쪽.

기도 처음이요, 生來에 이런 시절 보기도 처음이라."라고 하였다. 역사에
도 없고 이 생애에도 없다는 말이다.

3. '신임계 대기근'의 실상

1) 신해(辛亥, 1731년 영조 7) 기근

'신임계 대기근'의 개요에 이어, 신해년부터 계축년까지 각 해의 상황
에 대해 열거되어 있다. 신해년의 경우 다음과 같이 시작된다(54쪽).

十生九死 이 백성이 그리저리 살아나서
탄하느니 흉년이요 願하느니 逸民이라.
大旱 陽春 못 보아서 신해 환갑 만나도다.
옛 신해 험한 시절 이 신해 편할쏘냐.
人言이 이러하니 疑慮들 없을런가.

전국에서 구사일생으로 살아남은 백성들이 흉년을 탓하며 일민(逸民)
을 원한다고 하였다. 운둔자를 뜻하는 일민을 원한다는 말로 보아, 당시
사람들의 축적된 피로도를 짐작할 수 있다. 60년 전 '경신 대기근' 때의
신해년에 대한 악몽이 떠올라 사람들마다 이 신해년도 편하지 않을 것이
라는 예측을 하기 시작하였다.
본격적으로 장흥 지역 신해년 기근의 원인에 대해 열거되어 있다(54~55쪽).

祝融이 南來하야 火龍을 채질 하네.
旱魃이 肆惡하니 乾坤이 紅爐로다.

山原의 불이 나니 田野 다 타거다.

赤地 천리 하니 惶怯이 절로 난다.

時雨를 못 얻으니 移秧 어이 하리.

不違農時 이 말씀 인력으로 못하리다.

六月望 오는 비는 嗚呼晚矣 그러나마

제판의 패게 된 모 옮겨 두고 시험하세.

南村 北村 사람 시각을 爭先한다.

슬프다, 농민들아 이 畢役 못 하야서

獰惡코 흉한 風波 피해도 慘酷하다.

곳곳이 남은 田地 낱낱이 섰는 禾谷

이 후나 무병하면 生道를 보렸더니

놀랍다 滅吳虫이 四野의 이단 말가.

엊그제 푸른 들이 白地純色 되거고나.

불 신이 남쪽으로 왔는지 한발이 사악하였다. 하늘과 땅이 붉은 화로 같고 논과 밭이 다 탈 정도였다. 물이 없으니 이앙을 할 수 없었다. 음력 6월 보름날에야 비가 왔다. 비록 늦었지만, 이 마을 저 마을 서로 앞 다투어 모내기에 나섰다. 그런데 얼마 지나지 않아 태풍이 와서 큰 바람이 불고 호우가 쏟아져 그 피해가 참혹하였다. 장흥민 230여 호가 떠내려가거나 매몰 당하였다는 보고가 올라왔다.[22] 이런 속에서도 여물 든 벼도 있어 이마저 별일 없으면 살길이 보였다. 그런데 뜻하지 않게 사방에 벼멸구가 들어 푸른 들이 백색으로 변하였다. 이로 인해 끝내 장흥 땅에 흉년이 들고 말았다. 사실 그해 전라도 전체적인 작황은 장흥과 별반 차이가 없었다. 부안·김제·정읍·만경 수령의 연명상소에 의하면, 춘하사삭(春夏四朔) 가뭄으로 이

---

22 『영조실록』 30, 영조 7년 7월 4일(을축).

앙 지연, 영풍(獰風)으로 인한 간척지 범람, 대우(大雨)로 인한 침수, 의조(蟻
螬)같은 괴충(怪蟲)으로 인한 고사 등으로 대 흉작이었다.[23] 이로 인해 전라
도뿐만 아니라 경기·충청·경상도 농사가 근고에 없는 흉작이었다.[24]

　　장흥 사람들은 흉년으로 아침과 저녁을 잇기 어려울 지경이었다. 가을
환곡을 거두어들이면 세금을 감당할 수 없음은 자명한 일이었다. 하는 수
없이 사람들은 세금을 피하고 먹을 것을 찾아 집을 떠나 유랑 길에 오르니
마을이 텅 비게 되었다. 이 모습이 "男負女戴하고 가노라 정처 없이, 自然
히 離散하니 촌락이 가이 없다."라고 묘사되었다. 9월 강진 생원 이언일은
각종 잡세를 끌어다 진휼 재원으로 삼자는 상소를 올렸다.[25] 영조는 전라
도에 대해서는 특별한 조치를 취해줄 수 없다고 하면서, 10월 경기도에 대
해서는 면포 300동과 동전 1만 냥을 지원하라고 명하였다.[26] 이로 인해 그
동안 미루어 오던 주전을 1731년 10월 1일 단행하게 된다.[27] 그리고 경기도
는 물론이고 경상도에 2만 냥, 전라도에 1만 5천 냥, 충청도에 1만 냥을 각
각 주조한 돈으로 지급하라고 하였다. 재정위기 상황에서 유일한 해결책
으로 동전이 주조되었던 것이다.

23 『승정원일기』734, 영조 7년 11월 7일(병인). 扶安縣監趙明澤 金堤郡守李淨 井邑縣監趙宗
　　裕 萬頃縣監沈若魯聯名疏曰 (중략) 今玆糖事 始病於春夏四朔之亢旱 翳苗已焦 移秧愆期
　　已無有秋之望矣. 晚間後時之雨 僅插半枯之莖 而纔移新土 見捩於震地之獰風 漂散水面 餘
　　者無幾 加以再經懷山襄陵之大雨 平陸成海 溝塍變易 旱田水畓 一倂消瀜 海溢蝗損 隨以添
　　災 大野巨坪 盡成赤地 食天之民 宜爲流散 而猶以堤下早移之畓 高處遠水之田 若干莖穗之
　　棲畝者 或冀有一分食實之望 而不意秋晚向熟之際 霪雨蒸霧 連日燻濕 釀出如蟻如螬之怪
　　蟲 粘莖着穗 日漸熾盛 已黃之莖 旣熟之實 不過數日 擧皆腐黑 試取殼中之粒 以手微挼 碎
　　如薤粉.
24 『영조실록』31, 영조 8년 1월 1일(기미).
25 『영조실록』30, 영조 7년 9월 6일(병인).
26 『영조실록』30, 영조 7년 10월 1일(신묘).
27 전성호, 『조선후기 米價史 연구』, 한국학술정보, 2007, 113~114쪽.

2) 임자(壬子, 1732년 영조 8) 기근

"신해 冬 남은 백성 임자 春 만났구나."라고 하여, 신해년에 살아남은 백성들이 임자년(1732, 영조 8)을 만났다. 당연히 그들에게 중앙정부나 지방정부 차원의 진휼이 시행되어야 한다. 보통 진휼은 정월 초순에 시작하여 3월 하순에 끝내는 것을 원칙으로 하고, 상황에 따라 새해 전부터 하거나 4월 중순까지 가기도 한다.[28] 그런데 "슬프다, 飢民들아 賑恤 기별 들었는가?"라는 표현에 알 수 있듯이, 장흥 땅 진휼은 성과를 내지 못하였다. 부정과 무능으로 점철된 그 이유와 실상이 길게 나열되어 있다(56~57쪽). 바로 이 점을 작자는 고발하고자 하였을 것 같다.

> 당초에 뫼혼 穀石 精備하야 받았더니
> 賑恤廳 모든 쥐가 각 倉의 구멍을 뚫고
> 주야로 나들면서 섬섬이 까먹었네.
> 이번의 타낸 乞粮 空殼으로 의포하에
> 羅糶맑은 저 斗升아, 너조차 무슨 일로
> 公輪子 만든 信 鐵木으로 삼겼거늘
> 무단히 換面하고 憑公營私 하나슨다.
> 엊그제 寬洪量이 奸貪코 狹隘하다.
> 變世는 變世로다. 사람이 거북 되어
> 賑倉의 들어앉아 모든 쥐를 살피더니
> 本性이 鼠狀이라 마친내 어이 되어
> 倉中 賑穀米를 다 주어 물어가다
> 녁코잎을 굴을 삼고 暮夜의 藏置하니
> 碩鼠歌 일어난들 狡穴餘腐 뉘 있으리.

28 『만기요람』 재용편 5, 荒政, 外邑分賑式.

실갓 쓴 小령監은 秦王의 姓을 얻어
但坐嘯 다방부리 指揮中의 넣어두고
朱墨을 擅弄하며 殘民을 椎剝하니
저 餓殍 越視하고 私貨財 도모한다.
賑政事 맑게 하소 無實存名 가이없다.
賑監色의 진진 창을 고비고비 다 채우니
飢民아 네 죽거라. 事事로 殺歲로다.
이 시절 이러하니 바랠 것없어도야.

    정성들여 전년에 진휼청에 곡물을 모아 두었다. 진휼청은 진휼을 담
당하는 기관으로 『여지도서』에 각읍은 진휼고·진고·진휼창·진창·진휼청
등으로 명명되어 있고, 장흥은 진고로 명명되어 있다. 그런데 그곳 곡물
을 쥐들이 창고 구멍을 뚫고 들어가 주야로 드나들면서 까먹었다. 무상으
로 배급된 곡물이 빈 껍질뿐이었다. 어디 이뿐이랴, 환곡으로 내주는 곡물
도 되를 속여 양이 차지 않았다. 갑자기 안면을 바꾸고, 어제의 넓은 마음
을 오늘은 간사하게 굴렸다. 쥐는 '동물 쥐'를 말하기는 것이 아니라 '사람
쥐'이다. 진휼청 창고에 들어앉은 감관과 색리는 모두 쥐가 되어 진곡미를
다 물어가 야밤에 쌓아놓고 있었다. 지방행정의 실무를 담당하고 있는 감
색은 교활한 자들로, 그리고 막강한 권한을 쥐고 있는 '소영감(小령監)', 즉
작은 수령으로 묘사되었다. 그들은 수령의 눈을 가리고 귀를 막아놓고 장
부를 조작하여 서민을 갈취하고, 기아자를 개의치 않고 사적 재산을 모으
고 있었다. 공무를 빙자하여 사리를 추구하며 챙길 수 있는 것은 모두 챙
기고 있었다. 그러하니 기아자는 죽을 수밖에 없는 상황이었고, 희망은 없
고 절망만 있는 시절이었다.
    장흥의 봄 진휼은 이름만 잊지 실은 없는 수준이었다. 이런 상황에서

또 다시 재해·흉작이 들었음에도 관의 복지행정은 답보 상태이고 그로 인해 민생은 더 깊은 수렁으로 빠져들고 있었다. 작자는 이 점을 가장 많은 지면을 할애하고 폭 넓은 식견과 직접 목도한 관찰을 총 동원하여 고발하였다. 우선 봄 보리 농사가 흉작이었다. 이 상황을 필자는 "水益深 火益熱"라고 묘사하였다. 물은 더 깊어지고, 불은 더 뜨거워지는 형국이었다. 인명 보존이 어려울 수밖에 없었다. 이런 상황에도 불구하고 관인들은 세미·환자의 미수분을 독촉하였다. 임자년 식년 호적을 작성한다고 함몰절호(陷沒絕戶)에까지 단자를 거두고 있었다. 대구·단성의 임자식 호적대장이 현존하는 것으로 보아, 장흥도 작성하였을 것이다. 신해·임자년에 호구가 크게 줄자 중앙정부는 곧바로 이전 수준으로 회복하라는 압력을 외읍에 가하였기에,[29] 장흥에서도 숫자 채우기 위해 무리수를 두었던 것 같다. 여기저기서 굶고 먹고 천행으로 살아남은 사람들, 부모 동생 다 어딘가로 가고 혼자된 자식의 눈에는 피가 나고 가슴은 불이 나는 상황이었다. 작자는 이 상황을 "망극다 痛哭이여, 到處의 慘酷하다. 이 몸이 遑遑하야 心不能定情하니"라고 읊었다. 참혹한 나머지 마음을 진정시키기 어려운 지경이라 하였다.

벼농사 시기도 왔다. 장흥 사람들은 오배채(五倍債) 얻어서 자생으로 삼았다. 그리고 십배리(十培利) 얻어서 종자로 삼고서 절기에 맞춰 논을 갈고 씨를 뿌리고 이앙까지 마쳤다. 그런데 동쪽 올벼 논에 작년에 일었던 멸오가 또 일어났다. 서쪽 중벼 논에도 멸오가 새끼를 쳤다. 조도(早稻)와 중도(中稻)가 모두 말라 죽어가고 있었다. 실제 장흥을 포함한 연해7읍의 조도·중도가 어디에서 온지 알 수 없는 충(蟲)으로 10~15일 사이에 순식간에 먹

29 김경란, 「단성호적대장의 여호 편제방식과 그 의미」, 『한국사연구』 126, 한국사연구회, 2004, 168쪽.

히어 모두 빈 껍데기가 남아버렸다.[30] 뒷날 충해가 발생하면 '임계'와 비교하여 다를 바 없다는 등 이때 충해는 심각한 수준이었다.[31] 이 상황에서 7월 칠석에 태풍이 불어 풍해를 입었다. 간척지 논은 해일로 모래밭이 되어 버렸다. 경기감사 조명익의 보고에 따르면, "壬癸等時海溢, 鹹水多浸"이라 하여 임자·계축 두 해에는 해일로 인한 염수 피해 지역이 장흥뿐만 아니라 전국에 분포하였다.[32] 이로 인해 "백곡을 헤어보니 萬無一實이로다. 슬프다, 저 곡성아 이제는 하릴없다."라고 하였듯이, 완전 흉작이어 여기저기서 곡성이 터져 나왔다.

흉작이니 곧바로 진휼을 실시해야 하는데, 연이은 흉작이라 관고(官庫)도 탕진되어 진휼행정마저 제대로 펴질 리가 없었다. 장흥 수령 이일형(1731년 5월 도임)은 전라감사와 안면이 있는 사람이 아니었다. 감영을 간들 별다른 이익도 없는 일이었다. 분등(分等, 재해 등급)에 관한 공문을 급히 감영에 보냈으나, 돌아온 것은 우심(尤甚)·지차(之次)·초실(稍實) 3등급 가운데 '지차읍(之次邑)' 통보였다. 양 옆의 강진과 보성은 '우심읍'이었다. 해남을 포함한 7개읍이 '우심'이었다. 당연히 장흥의 재감(災減, 흉년시 전세를 감해주는 結數)은 다른 곳 '우심읍'에 비해 적었다. 다시 말하면 장흥 주민들 세금 부담이 많을 수밖에 없었다. 이 해 전국 급재결 규모는 227,798결로 조선후기 동안 확인할 수 있는 결수 가운데 최고치이다.[33] 이 가운데 전라도는 77,517결로 가장 많은 34%를 차지한다. 이 해 흉작의 정도를 대변하는 수치이다.

기근 극복과정에서 실정 책임이 지방에만 있었던 것은 아니다. 중앙에

---

30 『승정원일기』 756, 영조 9년 2월 7일(기미). 監賑使李匡德曰 (중략) 所謂沿海災邑 珍島海南 康津長興寶城等七邑 當初年事 早稻及中稻 庶幾有成實之望 而不知自何來之蟲 盡食於旬望之內 一時腐黑 盡成空殼 近海諸邑 一體爛食 故此等之邑 民情已變 至於父不父子不子之境矣.

31 위문덕, 『영이재유고』 2, 시, 「乙亥小除日朝咏」.

32 『승정원일기』 789, 영조 10년 10월 20일(임술).

33 문용식, 『조선후기 진정과 환곡운영』, 경인문화사, 2000, 86쪽.

도 있었기에 이 점에 대해서도 작자는 고발하였다(63쪽).

> 아무리 連凶인들 上納을 끊칠쏘냐.
> 行關이 連續하야 各項받자 停止할라.
> 大同 結役米와 秋還上 乞粮本錢
> 各色保米 運役과 統戶役 香徒役을
> 區別區別 別音하라 一時의 督捧하니
> 이리하야 못 하리라 別差檢督 내여코야.
> 別差檢督 主人使令 約正面長 眼同하니
> 咆哮하는 호령소리 閭閻이 진동한다.
> 官令 메셨거니 名分을 돌아보랴.
> 內庭의 作亂하니 壬辰倭亂 이렇던가.
> 戶首次知 面任차지 里正차지 一族차지
> 다 잡아 囚禁하고 星火로 督納하니
> 永嘉적 時節인가 荷擔은 무슨 일고
> 어와 난리로다. 이 난리 뉘 當하리.

연이은 흉년임에도 백성들의 상납은 그치지 않았다. 관아에서는 대동, 결역미, 환곡, 본전, 군보미, 운반역, 통호역, 향도역 등을 할당하고서 일시에 납부를 독촉하였다. 별차, 검독, 주인, 사령, 약정, 면장 등이 총 출동하니 그들의 포효하는 소리가 마을을 진동하였다. 호수, 면임, 이정 등이 빗발치게 독촉하고 미납자는 가두기도 하였다. 관령이 난무하고 작란이 판을 치니, 작자는 "임진왜란이 이렇던가."라고 반문하였다. "어와 난리로다, 이 난리 뉘 當하리." 하였다. 천재가 인재를 만나 전쟁을 방불케하는 상황이었으니, 누군들 감당할 수 없다는 말이다.

천병만마(千兵萬馬), 만재천금(萬財千金)이 쓸데없는 세상이 되어 버렸다.

사람이 있어도, 재물이 있어도 소용없게 되었다. 매매가 없어 버려진 농토가 즐비하였다. 땅 값이 거저 가져가는 값이었다. 장흥을 포함한 연해읍의 도조(賭租)로 40석을 거두는 40두락 옥토가 단 돈 1·2냥에 척매(斥賣)되었다.[34] 집안 소장 기물도 이리저리 탕진하였다. 되는 대로 돈이나 곡식으로 바꾸었기 때문이다. 가는 유걸(流乞), 오는 거지가 줄을 이었다. 타도·타읍으로 이고지고 흘러갔다. 동서남북 의지할 데 없는 유걸들이 풍설조차 무릅쓰고 어딘가로 향하고 있었다.[35] 바람막이 언덕 밑에 제 집처럼 앉아 있는 사람들 가운데 잠자듯이 죽어가는 이가 있었다. 여기저기 주인 없는 주검이 쌓여 있었다. 주검의 살점은 새들의 먹이 감이요, 사지 해골은 개들의 차지 다툼의 대상이었다. 참혹하고 측은한 상황이었다.

이때 이광덕이 12월 10일 호남위유감진사로 선임되었다. 그는 1727년(영조 3) 호남어사를, 1728년(영조 4) 호남감진사·전라감사를, 1731년(영조 7) 비변사 호남구관당상을 역임한 바 있어 전라도 통으로 분류될 수 있는 인물이다. 22일 사폐하고, 한 달 반가량 전라도 현지에서 활동한 후 이듬해 2월 7일 서울로 올라와 임금을 뵈었다. 서계도 올렸으나, 현재 찾아지지는 않는다.[36] 복명 후 속히 현지로 내려가지 않았다거나 '인상식'이 발생

---

34 『승정원일기』 756, 영조 9년 2월 기미(7일).

35 1732년(영조 8) 12월 14일에 25명이 탑승한 배 한 척이 강진 일점곶을 출발하여 제주로 가다가 추자도에 도착하였다가, 다시 출항한 후 바람을 만나 일본으로 표류하고 말았다. 25명은 강진 6인, 영암 6인, 해남 6인, 제주 2인, 보성 1인, 승려 4인으로 구성되어 있다. 이들은 연이은 대기근을 만나 살길이 막막하자 제주에 들어가서 곡물을 매입하기 위해, 걸식을 하기 위해, 옹기를 구어 생명을 유지하기 위해, 자신을 자매하거나 노를 방매하기 위해 각각 승선하였다(『표인영래등록』). 이 해 제주에도 기근이 들어 제주목사의 청에 의해 전라감사가 8월 종모(種牟) 5백 석을 제주로 이송한 바 있고(『영조실록』 32, 영조 8년 8월 23일 정축), 12월에는 전라도 대동미·저치미 5천 석을 제주에 보내어 진자(賑資)에 보태게 하였으니(『영조실록』 32, 영조 8년 12월 12일 을축), 이들의 표류는 사고가 아니라 구호품을 노린 위장으로 보여진다. 이상을 통해 장흥 사람들이 바다로 나갔을 가능성도 있다.

36 이광덕, 『관양집』 9, 계, 「監賑御使書啓」는 이때 것이 아니라, 1728년(영조 4) 1월 이광좌의 청으로 호남감진어사가 되었을 때의 것이다.

한 강진에 가지 않았다는 등 그에 대한 논란이 중앙에서 일어났다. 하지만 「임계탄」 작자가 "頑命이 죽진하고 天意만 바라더니, 前監使 李匡德이 監賑史로 온다 하니, 어와 백성들아, 이 아니 石底佛가."라고 말한 것처럼, 이광덕이 전라도 감진사로 임명되었다는 소식은 죽지 못하고 목숨만 부지하고 있는 전라도 사람들에게 단비와 같은 뉴스였다. 당시 중앙 소식은 공공기관 조보나 개인 편지 등에 의해 빠르게 전국 각지에 전달되고 있었다. 전라도 사람들이 반가워 한 이유는 "前往不忘 이 백성이 先聞이 欣幸이라. 湖南京中 去來間의 勿剪甘棠 歌頌이라"라고 하여, 그가 이전에 전라도 관련 일을 보면서 선정을 펼쳤고 그 칭송이 현재까지 내려오고 있기 때문이었다. 그래서 그가 가는 곳마다 남녀노소 할 것이 모두 춤을 추었다("竹馬來迎 몇 곳이어, 白叟康壯 蹈舞하네"). 도민들의 기대에 어긋나지 않게 그는 직무에 충실하였다. 이 점에 대해 다음과 같이 묘사되어 있다(66쪽).

德澤을 廣布하니 各邑이 均蒙이라.
우리 고을 曖昧之次 不攻自破 없어지게.
百役을 停減하고 賑政만 힘을 쓰니
監賑使의 施仁善政 이 밖에 또 없거늘
散在各處 열읍 수령 須体施行 몇몇인고.
우리 고을 센 개꼬리 아무런들 黃毛되랴.
원통코 절박할사, 有痹百姓 무슨 죄로.
죽기는 이 백성이요 기긔나니 阿大夫라.
애닲다 監賑使를 고을마다 보냈던들
가련한 저 인명을 그다지 죽이는가.

이광덕은 정부 지원이 각 읍에 골고루 돌아가게 하였다. 도민들의 각종 부담을 정지하거나 삭감하였다. 오직 진휼행정에만 힘썼다. 선정을 펼쳤다. 실제 그는 서울에 올라와서 강진·해남 등 일곱 고을의 전세와 대동미와 군포를 걷는 것을 중단하게 해 주고, 호남의 어세로 받은 돈을 진휼에 필요한 자본으로 보탤 것을 청하였다.[37]

3) 계축(癸丑, 1733년 영조 9) 기근

임자년이 저물고 계축년이 밝았다. 장흥 수령은 진휼사목을 꺼내어 진휼 설행을 착수하였다. 기민이 있음을 알고 곧 바로 '초기(抄飢)', 즉 진휼 대상자 선정에 나섰다. 진정을 잘하고 못하는 것은 전적으로 초기가 정밀한가 아닌가에 달렸다고 할 만큼 '초기'는 분진(分賑)의 실효성을 결정짓는 중요한 작업이다.[38] 그 과정이 「임계탄」에 소개되어 있고, 이어 과정 중에 파생된 모순이나 부패가 나열되어 있다(67쪽).

> 事目을 塞責하야 設賑으로 作名할 제
> 임자년 해 저물고 癸丑 正月 다가온다.
> 우리 슈監 神明하사 飢民戶 預知하야
> 인구수를 磨鍊하야 三等의 分定하고
> 定式數로 成冊하라 嚴峻히 傳슈하니
> 幺麽한 尊位 約正 違越官슈 뉘 있으니.
> 칠팔 口 있는 戶를 이삼 구로 抄出하고
> 優劣없는 저 飢民을 定數外에 물리치니
> 成冊의 못 든 기민 눈물지고 사설한들
> 官슈 메신 저 面任이 加減을 어이 하리.

---

37 『영조실록』 33, 영조 9년 2월 7일(기미).
38 원재영, 「조선 후기 진휼정책의 구조와 운영-1814~1815년 전라도 임실현의 사례를 중심으로-」, 『한국사연구』 143, 한국사연구회, 2008, 356쪽.

부사는 기민호(飢民戶)를 조사하여 3등으로 나눈 후 정식 수로 정하여 성책하라고 엄하게 전령을 내렸다. 이 작업은 각 면의 존위·약정들에 의해 착수된다. 그런데 그들은 엄한 관령을 어기고 7·8인 되는 호를 2·3인으로 줄이고, 우열을 나눌 수 없는 경계선에 처해 있는 기민을 정수에서 제외시키고 말았다. 진휼대상 문서에 못 들어간 기민들은 눈물로 호소해도 관령을 핑계 삼아 면임들은 가감을 하려고 하지 않았다.

그러하니 여기저기에서 가져온 걸량(乞糧)이 행정실무를 맡은 향리들에 의해 제대로 사용될 리가 없었다. 진휼청이 진휼을 못하는 꼴이었다. 해현청(解懸廳)이 있어도 거꾸로 매달려 있는 모습이어서 제 역할을 못하고 있었다. 해현청이란 관용 잡물을 구매하여 조달하는 기구로, 전라도에서는 구례·남평·능주·광주 등지에 있었던 것으로 확인되고 있다.[39] 대동미를 관장하는 대동청과 전세를 관장하는 서역청을 살펴보니, 어디에 쓰였는지 알 수 없는 부채가 산더미처럼 쌓여 있었다. 진휼 자원으로 가져다 쓸 재원이 재무기구에 하나도 없었다. 이 모든 것이 향리 출신의 임장자들이 사리를 위해 빼먹은 결과였다.

당연히 관속들을 감독할 도감의 책임이 클 수밖에 없다. 작자는 "어와 답답하다. 소경 都監 눈을 뜨소"라고 하였다. 도감은 양반 출신의 향임이 맡아, 지방 행정체계가 도감·감관(양반)-방·색(향리)-고자(관노)로 조직되어 있었다. 수령 다음으로 행정 감독권을 가지고 있는 도감이 눈을 감고 있었다. 특히 작황 조사와 토지세 징수에 관한 업무를 취급하는 도서원과 서원의 도둑질은 당시 널리 알려진 소행이었다. 이 점에 대해 "腹中千斤 二十五는 都書員 네 알리라. 雙南秋色 百餘數는 各面書員 뉘 모르니"라고 하였다. 수리에 해당되는 도서원은 25결을, 각 면을 담당하는 서원은 100

39 김덕진, 『조선후기 지방재정과 잡역세』, 국학자료원, 1999, 126쪽.

냥을 훔쳐 먹는다는 말로 해석된다. 그러니 사재(査災, 재해 조사)를 한들 무슨 소용이 있겠으며, 위민구폐 한다고 상사에 염문을 한들 누가 들어주겠냐고 작가는 반문 하였다. 염치가 사라지고, 탐욕이 끝이 없는 형국이었다. 청백리도 없는 세상이었다.

상황이 이러한데 봄보리 농사마저 엉망이었다. 작년 10월 설한으로 파종을 못한 곳이 많은 노령 이하 지역은 겨울 대설 여파로 싹이 바늘 끝처럼 말라 있다고 2월에 감진사 이광덕이 보고하였고,[40] 4월 도제조 서명균 보고에 의하면 보리 흉년이 들어 작년 '우심처(尤甚處)'가 또 다시 맥흉(麥凶)을 면할 수 없는 처지가 되었다.[41] 재작년·작년처럼 멸구가 또 도졌는가에 대해서는 작품에 나와 있지 않지만, 가을 사이에 경기도 연해읍 들녘에 갑충(甲蟲)이 두루 퍼졌다고 부수찬 유최기는 말하였던 것으로 보아 예외는 아니었던 것 같다.[42] 이 시기 농업재해 가운데 유독 눈에 띄는 것이 충해인데, 장흥 지역의 「임계탄」에는 멸오(滅吳), 『영이재유고』에는 황충(蝗蟲), 위백규 시에는 멸고(滅高),[43] 그리고 고성 지역의 『승총명록』에는 모적(蟊賊)·멸충(蠛蟲) 등으로 표현되어 있다. 오늘날은 이를 멸구로 해석한다.

흉작 – 진휼부실·부정부패 – 감독실종으로 이어지는 총체적 난국 속에서 인륜이나 예의범절은 실종되고 말았다. 이 점에 대해 작자는 다음과 같이 말하였다(68~69쪽).

好生惡事는 人之常情이라.
飢寒이 切身할 제 相聚爲盜 예사로다.

40 『승정원일기』 756, 영조 9년 2월 7일(기미).
41 『승정원일기』 759, 영조 9년 4월 2일(계축).
42 『영조실록』 36, 영조 9년 12월 12일(기미).
43 박명희, 「존재 위백규의 현실인식과 시적 형상화」, 『한국시가문화연구』 18, 한국고시가문학회, 2006, 143쪽.

無厭한 이 욕심이 富貴貧賤 뉘 없으리.

참 大荒年 보려거든 各官藏物 살펴보소

이곳저곳 富民들아, 이 시절 만난 후의

친척구제 隣里救濟 바라보도 못 하여도

朝露같은 네 인명이 養口體나 잘 하여라.

末世를 생각잖코 田民에 갈망하야

違法徵債 橫斂하니 後孫計 長遠하다.

    살기를 좋아하고 죽기를 싫어함은 사람의 정이어서, 배고픔과 추위가 몸을 덮치자 서로 모여 도둑이 되었다. 부자나 빈자 또는 귀한 사람이나 천한 사람 모두 욕심이 없을 수 없어, 관에서 쓰는 물건을 훔쳐갔다. 부자들도 아침 이슬 같은 자신의 목구멍을 부지하기 위해 친척이나 이웃 구제는 못하고 바라만 보고 있었다. 이런 상황을 망각하고서 가난한 농민들에게 사채를 놓고 이자를 함부로 거두어들이면 그 자손들에게 화가 미칠 것이라고 작자는 경고하였다. 값이 떨어진 땅을 사들이고 궁색한 이를 대상으로 이자놀이를 하는 악덕 부유층이 있었던 것 같다.

    작자의 관심은 장흥을 떠나 조선사회 전체의 존립 여부로 이어졌다. 시시비비도 부질없는 일이라고 하였다. 왜냐하면 차라리 안들리고 안보이는 농오고맹(聾噁瞽盲)이 부럽다고 하는 사람들이 있기 때문이었다. 아무것도 모르게 얼른 죽는 것이 났다는 사람들도 있었다. 염역(染疫)과 기한(飢寒)으로 죽어가는 자가 많았다. 이리 죽고 저리 죽고 억조군민(億兆群民) 다 죽어갔다. 백성이 다 없어지면 국가는 지탱될 리 없다. "나라이 나라아녀 백성이 나라이요. 백성이 백성아녀 衣食이 백성이다."라고 하였다. 의식과 백성 다 없으니, 입이 있어도 할 말이 없고 손이 있어도 할 일이 없었다. 노심초사하니 낙담상기(落膽喪氣) 뿐이었다. 그러는 사이에 인접 강진에서 굶주린 백성이 10여 세 아이의 시체를 구워서 먹은 변고가 발생하였고,[44] 전라감사 유엄이 아뢰어 현감 임철을 파직시켰다.[45] 작자는 "人穀을 不辨할 제 相食이 康津뿐가"라고 하여, 인상식이 다른 곳에서도 일어났으리라고 추정하였다. 골육상잔의 흉한 일이 무수히 일어나고 있었다. 감진사 이광덕의 보고에 의하면, 실제 소를 잡는 일은 사람들이 치욕인 줄 모두 알고 있는데 향품의 사람이 손수 칼을 들고 스스로 소를 잡아서 먹고 있으며, 별성(別星)은 백성들이 매우 두려워하는 대상인데도 우후가 객사에 묵고 있을 경우 그 옷과 이불까지 빼앗아간 일이 있었다.[46] 상황이 이러한데도 수령은 문책을 두려워 한 나머지 실태를 숨기는 데에 급급하였고, 고변 호소하러 오는 사람을 막기 위해 읍성 옹성문을 굳게 막아 버렸다.

입장과 관점에 따라 진단은 다를 수 있지만, 국가가 식량과 생명을 책임져주지 못하고 치안과 민원을 해결해주지 못한다고 많은 사람들은 판단하고 있었다. 그런 사람들은 비기에 기대거나 괘서를 통해 사회변혁을 꿈꾸었고, 이상향에 해당되는 십승지나 길지를 찾아 집을 나서기도 하였다. 1733년(영조 9) 4~8월 남원 지역에서 괘서를 걸거나 흉서·비기를 사상적 틀로 삼아 변란이 5회 발생한 바 있다.[47] 이 시기는 '신임계 대기근'이 정점에 이른 때이다. 1735년(영조 11) 창녕 관룡사에서 가짜 경전인 『상법멸의경(像法滅義經)』이 간행되었는데, "자연재해와 병충해로 흉년이 들면서 수많은 사람들이 굶어죽고 악한 사람은 갈수록 많아진다." 등등을 거론하면서 이런 고통을 면하기 위해서는 참선·염불·자선이라는 세 가지 좋은

---

44 『승정원일기』 752, 영조 8년 12월 10일(계해). 全羅監司狀啓 康津縣流丐人 有炙食十餘歲 兒屍之變.

45 『영조실록』 32, 영조 8년 12월 10일(계해).

46 『영조실록』 33, 영조 9년 2월 7일(기미).

47 배혜숙, 『조선후기 사회저항집단과 사회변동 연구』, 동국대학교 박사학위논문, 1994, 138쪽.

인연을 쌓아야 한다고 하였다.[48] 자신들의 어떤 목적을 실현하는 데에 당시의 "風雨不調 五穀不盛 虫食穀穗 人飢多死"가 활용되었던 것이다.

4. 대기근 수습 - 방약(坊約)·이창(里倉) 설립

「임계탄」 작자는 '신임계 대기근'에 대한 총정리 부분을 작품 맨 뒤에 배치하였다. 마무리는 하는 심정을 마음이 몹시 급한 시절에 이런 말 저런 소리 다 하자니, 텅 빈 뱃속이 아파오는 듯 하고 빈 창자가 끊어지는 듯 하다고 피력하였다. 3년 대기근의 시절을 뒤돌아보니, 자신의 처지가 한심하기 짝이 없었기 때문이다. 씀바귀 뿌리를 염장없이 막 삶아 먹고, 송엽·무릇 죽과 모시뿌리·느릅 떡을 만들어 먹었다. 가지가지 장만하여 별미 삼아 조석으로 먹어댔다. 영양이 부족해 얼굴은 누렇게 뜬 색깔이고 풀뿌리만 먹으니 뱃속은 꾸르륵 하면서 끓는 소리가 나는 증상에 시달릴 수밖에 없었다. 지게미와 쌀겨 얻기도 힘들어 된 죽은 커녕 묽은 죽도 감지덕지였다. 굶기를 밥 먹듯이 하니, 살이 바짝 여위고 뼈가 앙상하게 드러난 모습이었다. 작자에게도 기사(飢死)가 눈 앞에 다가왔다. "士之常 어인 말고 이러고 士之常가"라고 하였듯이, 선비로서 이러지도 못하고 저러지도 못하는 처지였다. 밥 얻어먹으러 갈 수도 없고, 그렇다고 제 손으로 명을 끊을 수도 없는 상황으로 해석된다. "어와 이 景狀을 뉘게 다 아뢸런고" 하였다. 양반과 가장 체면에 어느 누구에게 어떤 말도 할 수 없는 노릇이었다. 비슷한 논조는 앞에서 말한 위세봉의 상소에도 나와 있다. 연이은 기근으로 경전을 읽고 학문을 하는 사람들 모두 건을 찢고 책을 내

---

48 남동신, 「조선후기 불교계 동향과 《상법멸의경》의 성립」, 『한국사연구』 113, 한국사연구회, 2001, 122쪽.

던지며 하는 말이 "글을 읽어 무엇 하겠는가, 글을 읽는 자도 마침내 죽지 않겠는가" 하였다. 이 지역에 장차 글 읽는 사람이 사라질 지경이었다. 항심이 있는 선비들이 이와 같으니, 항산(恒産)과 항심(恒心)이 없는 사람들은 어떠하겠는가가 위세봉의 걱정이었다.

그러면 이 참상은 왜 생겨난 것이고, 그 결과는 어떻게 나타났을까? 이 점에 대해 작자는 다음과 같이 말하였다(70~71쪽).

> 恒産이 없었거니 恒心이 있을런가.
> 부모는 楚越이요 형제는 氷炭이다.
> 부부는 恩情 없고 奴主는 分義없다.
> 家屬을 못 살릴 제 친척을 구제하랴.
> 사지를 못 쓰거든 赤子를 없을쏘냐.

이 참상은 항산이 없어서 초래되었다. 먹거리가 없으니, 항심도 있을 수 없었다. 부모·형제·부부·노주 사이에 각자가 지켜야 할 도리가 실종되고 말았다. 자기 가족도 못 살리는 처지에 친척을 구제할 수 없었고, 자기 몸도 못 쓰는 처지에 어린 자식을 업을 수도 없었다. 공동체가 파괴되고 있던 상황이었다.

이에 대한 대책으로 잊는 방법이 있겠지만, 잊으려고 하여도 잊을 수 없었다. 피우(避寓)차 어딘가로 숨어버려도 되겠지만, 그것도 막막할 따름이었다. 사람에게 사생은 운명이니 살고 싶다고 사는 것이 아니고 죽고 싶다고 죽는 것이 아님을 작자는 익히 알고 있었다. 이제 남은 해답은 천신만고 끝에 살아남은 백성들과 함께 천시태운을 다시 만나 백성들의 원망이 풀어지고 윤리강상이 밝아질 날을 기다리는 수밖에 없었다. '그 날'을 위해 그가 내놓은 대책은 작품 속에 구체적으로 제시되어 있지는 않지만 공동체 회복이었던 것 같다.

이 작품의 작자도 포함되었을 것이지만, 장흥 사람들은 공동체 회복을 위해 곧 바로 면약과 사창 창설에 나섰다. 김희조가 쓴 1734년(영조 10) 6월 창설 부산면약계의 서문을 보면, 이전에 향약이 창설되었다가 근래 세도가 해이해져 폐지 상태에 이르러 있었다.[49] 유주기가 제정한 '관하12조' 중의 제5조를 보면, 각 면마다 향약계(鄕約契)가 있었는데 근래의 흉황으로 폐하여 버려져 있었다.[50] 과거에 몇 개 면에 향약이 창행되었는지에 대해서는 알 수 없지만, 당시는 전면 폐지되어 있었다. 그런데 '신임계 대기근'이 절정에 오른 1733년(영조 9) 8월에 이일형을 이어 유주기가 후임 수령으로 부임해왔다.[51] 그리고 이듬해 1734년(영조 10) 1월 위세봉은 상소를 올려 여러 차례 큰 흉년으로 야기된 호남대폐와 그에 대한 개혁방안 6조를 개진하였다. 6조 가운데 ② '입방약(立坊約)'은 한 지역의 민인을 안집할 수 있는 방안으로 여씨향약의 유례로 약조를 제정하고 약원을 선임하고 약적을 작성하는 것이다. ③ '설이창(設里倉)'은 재황·부세를 대비하여 마을 마다 창고를 설치하는 것으로 주자사창의 유의로 유사를 두어 재원을 마련·이식하는 것이다. 이 두 가지는 한 쌍으로 묶여 유주기 수령에 의해 '면약(面約)'의 형태로 1734년 6월부터 시행되었다. 부임-상소-면약으로 이어지는 빠른 의사결정에는 향약 설행 경험을 토대로 한 참혹한 기근이 결정적 동기였다. 또한 향중부로가 합의하여 수령에게 청하여 16방

---

49 念玆如斗一區 素稱禮讓之風. 而先輩之勌行是約 井井有可觀者于斯時也. 鄕綱立 而邑事擧矣. 不幸世道之級夷裔降 漸至廢格.
50 似聞各面 舊有鄕約契 近因凶荒 而廢閣云. 卽約乃是 古名賢設施之良法也. 旣設施廢誠爲慨然. 自今重修 以爲遵行 古法之地爲乎矣. 若無鄕約之面 卽設立契案踏印 一體擧行之地爲齊.
51 유주기는 1735년 9월까지 2년간 재임하였다. 읍지 향교 앞에 유주기 선정비가 있다고 하나 현재는 없다.

에서 설행하였다고 한 것으로 보아,[52] 재지사족과 수령이 의기투합한 점도 전면 실시에 작용하였다. 이 면약은 향약에 사창의 운영원리를 부가하였다는 점에서 약조만 있는 이전의 향약과는 다른 것이었다. 이런 유형의 면약은 이 무렵에 인근 지역에서도 창설되기 시작하였는데, 보성 문전면에서는 1694년(숙종 20) 안후상에 의해 향약-사계로 구성된 면약 조직을 창설하였다.[53]

유주기는 면약을 창설하기 위해 '관하십이조(官下十二條)'라 하여 지역민들이 준수해야 할 12조목을 제정하였다. 그 속에는 대기근 때 불거졌던 인륜·향풍·부조 등에 관한 사안이 대거 수렴되어 있다. 예를 들면, 맨 먼저 제1조에서는 사람에게 가장 귀중한 것은 오륜이 있다는 것이라고 하였다. 제6조에서는 면장(面掌)·관리배(官吏輩)가 관아 일을 빙자하여 양반을 능멸하거나 소민을 침탈하면 징치한다고 하였다. 제8조에서는 흉년 끝에 빈한한 양반이 물건을 소매에 넣고 장시에 가서 스스로 판매하는 것은 가련하고 어쩔 수 없다고 하면서, 횡포한 상민이나 관리들이 그러한 양반을 멸시하고 업수이 여겨 물건을 헐값으로 늑매하는 행위가 없어야 한다고 하였다. 이 외에 환난이 있으면 서로 도우고 질병이 있어도 서로 돕고, 소 있는 사람이 소 없는 사람을 도와주어 농사를 실기하는 일이 없도록 해야 한다는 제11조 조문 역시 대기근을 겪으면서 목도한 교훈이었다. 이 '관하12조'를 유주기는 각 면에 하달하였다. 하달로 그치지 않고 면약을 창설하도록 앞장 서 지도하였다.

여기에 각 면에서 자체적으로 제정한 조문을 추가하여 각 면에서는 일제히 면약을 제정하였다. 유약면(有約面)은 다시 조약을 수정하고, 무약면(無

---

52 장흥문화원, 『장흥 향약 모음』, 장흥문화원, 1994, 161쪽. 英宗甲寅年間 鄕中父老合議 請于邑倅 設十六坊.

53 김덕진, 「조선후기 보성군 문전면의 향약과 사계」, 『조선후기 경제사연구』, 선인, 2002.

約面)은 새로이 시행하였다. 관내 16개면 가운데 남면과 용계면의 면약이 1734년 당시 설행된 것으로 확인된다.[54] 이 가운데 남면의 경우 관하12조에 '면보십오조(面補十五條)'를 추가하여 '방약(坊約)'이란 이름으로 설행하였고 서문은 그곳 사족 이희증(李希曾)이 7월에 작성하였고, 용계면은 '면약(面約)'이란 이름으로 명명되었다. 이 외에 김희조가 살고 있는 부산면도 1734년에 설행하였는데, 이 점을 부언하면 다음과 같다. 기근과 전염병이 거듭 번져 임자·계축년에 이르자 인간의 도리가 땅에 떨어졌기 때문이었다. 탐욕과 교활이 난무하여 이익을 다투는 행위가 명문 집안과 골육 사이에서 나오고, 관리들이 백성의 재물을 침탈하는 지경에 이르고 면임의 횡포가 횡행해도 권력자의 눈치를 보느라 물리치지 못하는 상황을 막기 위해 면약을 설행하였다. 도둑떼가 일어나고 방아를 찧을 곡물이 없고 요역만 늘어나는 상황도 요인이었다. 상층민은 올바른 풍속으로 모범을 보이고, 하층민은 감동을 받아 따라 하도록 하였다. 김희조는 서문을 유두일 (6월 15일)에 기록하였다.[55] 서문 제목이 「洞約契序」로 명명되어 있고, 창설 주체가 "七洞之人 會于新亭之上 稟于洞長 洞長曰太守善政也"로 표현되어 있어 동약과 동계를 창설한 것 같지만, 실상은 면약과 면계로 구성된 부산면 '면약'이다. 정조 때의 『호구총수』에 부산면 마을로 안곡리, 내동리, 자미동, 사두리, 유량동, 기동, 고개리, 부춘정 등 8개가 있었으니, 김희조가 말한 '7동'이란 부산면 전체를 말할 것이다.

54 김희태, 「조선후기 호남의 鄕村面約에 대하여-장흥 지방을 중심으로-」, 『전통문화연구』 3, 조선대학교 전통문화연구소, 1994.
55 김희조, 『방호집』 2, 서, 「洞約契序」.

1728년(영조 4) 무신난의 여진이 채 가시지 않은 1731~1733년, 전라도 장흥 지역의 농사가 큰 흉작이었다. 원인은 가뭄, 홍수, 해일, 병충해였다. 그런데 비축곡도 별반 없었고 있는 것 마저 쭉정이거나 허수였을 뿐만 아니라 반입곡도 없었다. 이로 인해 대기근이 들었다. 식량이 바닥나 사람이 굶어 죽고 먹거리를 찾아 흩어지니 마을이 텅 비었다. 그럼에도 불구하고 정부는 세미·환곡·군포 등의 세금 납부를 독촉하고 호구조사 등의 정기 조사를 강행하였다. 뒤늦게 어사를 파견하였지만 그마저 정쟁에 휘말려 제 역할을 못하고 말았다. 상급기관 감영은 재결을 통해 행하는 재해지역 에 대한 세금감면 정책을 게을리 하였다. 지방행정을 담당한 수령과 양반 감관 및 향리들은 기아자 선발과 진휼곡 확보·배급 등 진휼업무를 제대로 행하지 못하였을 뿐만 아니라, 본래부터 그래온 사리사욕을 경제난 속에 서도 챙기는 데에 급급한데다 관리감독 기능마저 손 놓고 있었다. 물가 폭 등과 지가 폭락을 이용하여 이재를 위해 사채를 놓거나 토지를 매입하는 악덕 부자도 있었다. 공동체 의식이 마비되고 통치 기강이 문란되는 총체 적 위기 상황이었다. 이 결과 절망적 상황과 인륜 부재 및 치안 위기까지 초래되었다. 국가 존립 자체를 걱정할 상태였다.

　이상의 내용은 장흥에 살고 있는 한 선비가 남긴 장편가사 「임계탄」을 통해 본 것이다(현재 작자로 위문덕, 위세옥, 위세봉, 김희조 등이 추정된다). 그는 이전 부터 가사가 활발하게 창작되어온 지역 전통을 이어받아 1731~1733년 대 기근의 참상을 가사로 읊었다. 이 작품은 이전의 기근, 3년간의 기근, 향 후 대책 등으로 크게 구성되어 있다. 그런데 작자는 가사 외에 시와 그림 으로도 대기근의 참상을 남겼다. 참상을 세 가지로 표현한 목적은 무능과 부정으로 점철된 실상을 고발하여 재발을 방지하고, 더 나아가 그것이 정 책에 반영되어 천시태운(天時泰運)의 세상을 다시 보기 위한 절박함에 있었 다. 그러므로 이 창작품들의 최종 귀결처는 정부 대신들의 손을 거쳐 국정

최고 책임자인 임금이었다. 최종 전달되었는지에 대해서는 확인할 수 없지만, 중간 유실되었던 것 같다. 그렇기 때문에 그는 평생 초야에 묻혀 생을 마감할 수밖에 없었다. 다만 그는 지역인사들·수령과 함께 공동체 복원을 위해 방약-사창이라는 자치기구를 조직하는 일을 성사시켰다.

기후·날씨의 조선경제사

9장

다산의
강진 유배와 기근

다산 정약용(丁若鏞, 1762~1836)은 1801년(순조 1)부터 1818년(순조 18)까지 18년간 전라도 강진현에서 유배 생활을 하였다. 그가 강진에 있던 기사년 (1809)과 갑술년(1814)에 각각 대형 기근이 발생하였다. 그는 그때의 기근을 '기사갑술대기(己巳甲戌大饑)' 또는 '기갑지기(己甲之饑)'라고 명명하면서 자신이 보고들은 상황과 그에 대한 대안을 매우 소상하게 기록으로 남겼다. 이때의 경험은 그에게 매우 강렬하게 각인되었다.[1] 그래서 그는 당시의 국법이나 사회윤리로서는 감히 드러내기가 쉽지 않은 민감한 사안까지도 진솔하게 여러 곳에서 표현하였다. 그 가운데는 다른 사람들이 주목을 못

---

1 이 경험이 『목민심서』 집필의 계기가 되었을 것이라는 지적(송양섭, 「다산 정약용의 수령 진휼론에 나타난 주자진법의 적용과 그 당대적 변용」, 『민족문화연구』 68, 고려대학교 민족문화연구원, 2015, 200쪽)은 경청할 만하다. 19세기 초반의 연이은 기근은 원곡을 감소시켜 환곡 본래 기능을 무력화시킨 채 농민수탈 수단으로 변질시켰다(문용식, 『조선후기 진정과 환곡운영』, 경인문화사, 2001). 따라서 기근에 대한 연구가 이제는 참상 나열에서 역사 변화로 방향 전환이 이루어져야 한다.

하였거나 침묵으로 일관한 것도 들어 있다. 바로 이 점도 다산의 실학사상을 연구할 때에 함께 다루어야 한다는 생각에서 본 논문을 작성해보았다.

조선의 역대 기근을 정리해 놓은 『증보문헌비고』 한황(旱蝗) 조에는 수록되어 있지는 않지만, 1809·1814년 기근은 초대형이었다. 중부 산간지방 침엽수류 나이테를 분석한 연구에 의하면, 1807~1816년 4~5월 평균 기온이 가장 한랭했다고 한다.[2] 이런 기후조건에서 발생한 1809년 기근은 전라도의 진휼을 다루면서,[3] 1814년 기근은 전라도 임실현의 진휼과 조선의 일본쌀 수입을 다루면서 각각 언급된 바 있다.[4] 이들 연구는 각기 목적이 있어 그러하지 않았지만, 필자는 다산의 기록에 주목하여 1809·1814년 기근을 다루려고 한다. 이유는 다음과 같다. 이 두 차례 기근으로 인해 경기도와 삼남 지역이 사상 초유로 회자될 정도의 피해를 입었다. 그중에서도 전라도가 가장 큰 피해를 입었던 것 같다. 그때 관리들과 재력가들은 지금까지 행해오던 방법을 답습하여 진휼을 실시하거나 이웃을 도왔지만, 그 진정성이나 열의가 예전만 못하였다. 되레 그들 가운데는 악화된 상황을 역이용하여 재산을 축적하는 데에 열을 올린 사람도 있었다. 그런가 하면 하층민들은 위장표류나 방화 등 지금까지는 쉽게 보지 못한 방법을 적극적으로 활용하였다. 전체적으로 공동체적 유대감이 떨어지고 복지 안전망이 허술해져 사회 피로도가 누적되어 있었다. 이런 상황에서 생존을 이어나가기 위해 상식을 뛰어넘는 극단적 행동까지 감행하는 하층민들의

2 최종남·유근배·박원규, 「아한대 침엽수류 연륜연대기를 이용한 중부산간지역의 고기후 복원」, 『제4기학회지』 6-1, 한국제4기학회, 1992.

3 원재영, 「조선후기 진휼정책과 진자의 운영 -1809~10년 전라도의 사례를 중심으로-」, 『조선시대사학보』 64, 조선시대사학회, 2013.

4 원재영, 「조선 후기 진휼정책의 구조와 운영 -1814~1815년 전라도 임실현 사례를 중심으로-」, 『한국사연구』 143, 한국사연구회, 2008. 정성일, 「조선의 기근과 일본쌀 수입 시도 (1814~15년)」, 『한국민족문화』 31, 부산대학교 한국민족문화연구소, 2008.

모습이 오직 다산에 의해 '체계적으로' 기록되었다. 지금까지 필자가 찾은 결과, 아무도 보살펴주지 않아 굶주림에 내몰린 기아자들이 위장표류나 방화를 감행했다는 직접적 표현은 다산이 유일하다.

다산의 관찰은 예리했고, 용기는 강력했고, 예견은 정확했다. 그러한 다산의 기록을 토대로 하고 다른 사람들의 기록을 보충하여 먼저, 1809년 과 1814년 기근 상황을 정리해보겠다. 이어서, 관리들과 재력가들의 부실 구휼과 자산증식이라는 도덕 불감증 모습을 알아보겠다. 마지막으로, 진 휼행정이 마비된 극한 상황에서 하층민들이 선택한 위장표류와 방화에 대해 알아보겠다. 다산의 유배 생활과 그가 남긴 자료를 토대로 하기 때문에, 부득이 전라도 상황이 많이 거론될 수밖에 없다는 점을 미리 지적해 둔다.

지금까지의 연구에 의하면, 기근이 들면 빈곤층들은 도둑질을 하거나 유랑길에 오르거나 도적이나 반군이 되어 저항하였다. 그런데 '기갑 대기근(己甲 大饑饉)' 때에 그들은 그런 전통적 저항의 틀을 초월하고 있었다. 그들의 선택은 1811년 홍경래의 난, 1833년 서울 쌀 폭동 사건, 1862년 임술 농민항쟁으로 이어질 수밖에 없었다. 따라서 본 연구는 남들이 미처 알아 차리지 못한 것들을, 그리고 쉬쉬하며 애써 숨기려 했던 것들을 다산이 드러내려고 했던 의도가 무엇이었는지를 간파할 수 있다는 점에서 의의가 있다고 본다.

1. 1809·1814년 대기근

1) 기사(己巳, 1809년 순조 7) 기근

다산이 다산초당에 있던 1809년 기사년, 전년 겨울부터 그해 봄을 거쳐 입추까지 이어진 대가뭄으로 들에는 풀 한포기가 없었다. 그야말로 온천지가 적지(赤地)였다. 샘물까지 마르고, 논에는 논우렁이도 없고, 바다에는 조개도 없었다. 쌀독엔 쌀 한 톨 없어 부잣집은 보리죽이라도 먹지만, 가난한 집 아낙들은 쑥을 캐어다 죽을 쑤어 그것으로 끼니를 때웠다. 6월 초가 되자 유랑민들이 길을 메우기 시작했다. 많은 사람들이 죽어갔다. 다산은 마음이 아프고 보기에 처참하여 살고 싶은 의욕이 없을 정도였다. 죄를 짓고 귀양살이 온 몸으로서 어떻게 해결할 길이 없어 그때그때 본 것들을 시로 읊었다. 그들과 함께 울면서 올바른 이성과 감정으로 천지의 화기(和氣)를 잃지 않기 위해 작시하였다고 그는 토로하였다. 시는 모두 「채호(采蒿)」, 「발묘(拔苗)」, 「교맥(蕎麥)」, 「오거(熬麮)」, 「시랑(豺狼)」, 「유아(有兒)」 등 여섯 편이다. 『여유당전서』에 수록되어 있는데, 이를 묶어 「전간기사(田間紀事)」라고 하였다. 이 가운데 「발묘」에 담겨 있는 가뭄으로 이앙도 못하고 모판에서 고사한 어린모를 뽑아내며 자식 셋 가운데 하나를 죽여서라도 어린모를 살렸으면 하는 농부의 애타는 심정을 보자(한국고전번역원).

벼싹이 나올 때면	稻苗之生
연한 녹색에 짙은 황색	嫩綠濃黃
한 폭의 비단같이	如綺如錦
푸른빛이 은은하여	翠葐其光
어린 자식 사랑하듯이	愛之如嬰孩
아침 저녁 보살피고	朝夕顧視

| 주옥처럼 보물로 여겨 | 寶之如珠玉 |
| 보기만 해도 기쁘다네 | 見焉則喜 |

쑥대머리한 여인이	有女蓬髮
논 가운데 주저앉아	箕踞田中
방성통곡을 하면서	放聲號咷
하늘 향해 호소하네	呼彼蒼穹
사랑의 정을 딱 끊고	忍而割恩
그 벼싹 다 뽑다니	拔此稻苗
오뉴월 한여름에	盛夏之月
찬바람이 쓸쓸하네	悲風蕭蕭

우거진 우리 모를	芃芃我苗
내 손으로 다 뽑고	予手拔之
무성한 우리 모를	薿薿我苗
내 손으로 죽이다니	予手殺之
우거진 우리 모를	芃芃我苗
가라지처럼 뽑아내고	薅之如莠
무성한 우리 모를	薿薿我苗
화톳불 놓듯 태우다니	焚之如樵

뽑아서 묶어서	搴之束之
저 웅덩이에 두었다가	寘彼溪窊
행여 비가 내리면	庶幾其雨
낮은 땅에다 꽂아볼까	揷之汚邪
내 자식 셋이 있어	我有三子
젖도 먹고 밥도 먹는데	或乳或食
그중 하나를 죽여서라도	願殪其一
이 어린 모 살렸으면	救此稺穉

이 시집은 그의 아들 학연(學淵)에게 보내졌다. 정학연은 시집을 이학규의 종형 백율(伯津)에게 보여주었고, 그것을 본 종형은 경상도 김해에서 유배 생활하고 있는 이학규(李學逵)에게 보내주었다. 이학규도 경상도의 기근 참상을 기사년 12월부터 시로 짓기 시작하여 이듬해 경오년(1810)에 완성하고서 시집 이름을 「기경기사(己庚紀事)」라고 하였는데, 거기에는 15편의 시가 수록되어 있다.[5]

다산이 말한 것처럼, 1809년 기근은 가뭄 때문에 발생했다. 6월인데도 가뭄이 심하여 서울에서는 여섯 번째 기우제를 지냈다. 그럼에도 한 방울의 비도 내리지 않았다. 특히 삼남의 가뭄은 극심하였다. 그래서 삼남에서 모내기를 한 곳이 삼분의 일밖에 되지 않았다.[6] 이때에 구황 대책을 미리 세워야 한다는 말까지 나왔다. 대파(代播)를 해야 한다는 제안이 들어왔다.[7] 그에 따라 조정에서는 메밀 종자를 백성들에게 나누어주도록 수령에게 명을 내렸다. 그런데 강진현감은 그 명을 제대로 거행하지 않았다. 메밀 종자는 주지 않고 엄한 형벌로 백성들로 하여금 메밀을 빨리 심으라고 독촉만 하였다. 이 처참한 상황을 다산은 「교맥」이라는 시에 담았다. 수확의 계절 9월이 되자, 양호 지역은 참혹한 기근을 입은 것으로 정리되었다. 그래서 순조는 세금 감면에 대한 대책을 세우라고 지시하였다.[8] 전국 급재(給災)가 19만 4천 결이나 되었다. 그 가운데 전라도가 가장 많은 9만 2천 결이었고, 그 다음으로 충청도가 4만 2천 결, 경상도가 3만 9천 결, 경기도가 1만 1천 결이었다.[9]

5 이학규,『낙하생집』11, 포화옥집,「己庚紀事集序」.
6 『순조실록』12, 순조 9년 6월 5일(갑오).
7 『순조실록』12, 순조 9년 6월 11일(경자).
8 『순조실록』12, 순조 9년 9월 15일(임신).
9 『순조실록』12, 순조 9년 10월 29일(병진).

삼남과 경기가 흉작이었는데, 전라도가 가장 심했다. 전라도 급재결수는 출세실결 12만 3천 결의 75%에 해당된다. 전체 54개 군현 가운데 무주·장수·용담·금산·진산 등 산간 5개 군현을 제외한 49개 군현이 우심읍·최우심읍이었다.[10] 전라도 전역이 극심한 재난지역이었다. 이제 진휼이 발등의 불이었다. 정부는 4도 감사에게 권분(勸分, 공공 진대가 넉넉지 않으면 곡식을 쌓아둔 백성에게 권하여 굶주린 백성에게 사사로이 나눠주도록 하는 것)을 행하도록 명하였고,[11] 전라도에 곡물 14만 5천 석과 공명첩 1천 장을 내려주어 진자에 사용하도록 하였다.[12] 12월에 광주, 순천, 무안, 무장, 함평, 부안 지방관들이 연명으로 상소하였다.[13] 전라도의 기근은 을병(乙丙)년이 가장 극심했다고 일컫고 있는데, 나이 드신 분들에게 들으니 모두들 금년의 흉황(凶荒)이 을병년보다 더 극심한 점이 있다고 하였다.[14] 그러면서 그들은 도내 농토의 10분의 7·8이 진황지가 되어 가난한 집은 말할 것 없고 부자 집마저 나물을 베어 먹고 풀뿌리를 캐어 먹으면서 연명을 하고, 지금은 어미는 자식을 버리고 남편은 아내와 결별하였으므로 길바닥에는 쓰러져 죽은 시체가 잇따르고, 떠도는 걸인들이 무리를 이루고 있으니, 진자를 더 내려주고 급재를 늘려주고 세금을 더 경감시켜 주라고 요청하였다.

1809년 전라도 기근은 매우 참혹했다. 그래서 이후 이때 기근은 사상초유의 대기근으로 기억되었다. 이듬해 1810년 봄에 전라감사는 작년 가을 '대기(大饑)' 끝에 금년 봄에 여역이 극성을 부려 걱정이라고 하였다.[15]

10 원재영, 「조선후기 진휼정책과 진자의 운영-1809~10년 전라도의 사례를 중심으로-」, 『조선시대사학보』 64, 조선시대사학회, 2013.

11 『비변사등록』 199, 순조 9년 6월 20일.

12 『순조실록』 12, 순조 9년 11월 21일(정축).

13 『순조실록』 12, 순조 9년 12월 4일(기축).

14 을병년 흉황이란 1695·1696년 때의 기근, 즉 '을병 대기근'을 말한다.

15 『승정원일기』 1989, 순조 10년 10월 15일(병신).

1811년에는 재작년 기사(己巳)년에 혹한 흉년을 만나 사람들이 사방으로 흩어져 열 집 가운데 아홉 집이 비었고 심지어 자신의 아들과 딸을 팔아 양역자(良役者)가 얼마 되지 않는다고 했다.[16] 그리고 1812년에는 '기사호남지참겸(己巳湖南之慘歉)'라고 하여 기사년에 전라도에 참혹한 기근이 들었고 말했다.[17] 1815년에는 지난번 기사년에 '호남대기(湖南大饑)'라고 하여 전라도에 대기근이 들었다고 했다.[18]

2) 갑술(甲戌, 1814년 순조 14) 기근

다산이 강진에서 유배 생활하고 있던 1814년 갑술년에도 기근이 들었다. 그런데 현재 그와 관련된 시는 보이지 않고, 그때의 상황을 말한 글도 보이지 않는다. 1809년 기근만 못해서였던 것 같다. 다만 기사년과 갑술년 기근을 통틀어 말한 기록만 여러 곳에서 보일 뿐이다.

이때의 기근도 가뭄 때문에 발생하였다. 석 달이나 몹시 가문 나머지 4월에는 보리와 밀이 흉작이었다.[19] 그래서 서울에서는 기우제를 지냈는데, 8차 기우제까지 지낸 것으로 보인다. 그래도 흡족하지 않아 모내기를 할 수 없게 되자 대파를 명하였다. 7월에 경기와 삼남의 가을 농사는 가뭄으로 흉년이 들 것으로 예상되었고, 반면에 서북 3도는 모두 수재를 입었다.[20] 경상도는 가뭄 끝에 대형 홍수가 나서 피해를 가중시켰고, 그래서 9월인데 굶주림이 이미 매우 참혹하다면서 내년 봄이면 아마도 반드시 다

---

16 『승정원일기』 1997, 순조 11년 윤3월 16일(갑오).
17 『승정원일기』 2021, 순조 12년 11월 8일(정축).
18 『승정원일기』 2057, 순조 15년 4월 20일(을해).
19 『순조실록』 17, 순조 14년 4월 10일(신미).
20 『순조실록』 17, 순조 14년 7월 15일(계묘).

죽고 말 것이라고 내다보았다.[21] 10월에는 전라도도 경상도와 다를 바 없다면서 진휼 방도를 강구하기 시작하였다.[22] 전국 급재결수가 19만 5천 결로 집계되었는데, 이는 순조대 최대 급재결수이다.[23] 그 가운데 경상도가 가장 많은 7만 1천 결이었는데, 이는 그해 출세실결 13만 4천 결의 52%에 해당된다. 그 다음이 전라도 6만 7천 결이었다. 진자로 경상도는 돈 6만 냥과 곡식 15만 4천 석, 전라도는 돈 7만 냥과 곡물 4만 석과 공명첩 1천 장이 내려졌다.[24] 내탕고에서도 추가 재물이 내려졌다.

1814년 기근은 경기와 삼남을 강타한 초대형이었다. 그래서 1814년 기근은 이후 오랫동안 초대형 기근으로 기억되었다. 5년 뒤 1819년에는 갑술년은 근고에 드문 큰 기근이 든 해였다고 하였다.[25] 1832년에는 10년마다 한 번씩 대기근이 드는데 근래 최대 기근은 '갑술대기(甲戌大饑)'라고 하였다.[26] 이는 급재결수만 보아도 쉽게 확인된다.

조선의 급박한 사정은 동래의 부산 왜관(倭館)에도 곧바로 전해졌다. 쌀이 없어 수만명의 아사자가 발생했고 쌀값이 급등했다는 것이다. 마침내 조선은 1815년 6월에 쓰시마(對馬島)에 쌀 5만 석 구매를 요청하였다. 이는 매우 이례적인 일이었다. 당시 상황이 아주 위중했음을 말해준다. 대마도는 요청서를 에도 막부에 보냈다. 대마도의 중재 노력에도 불구하고 막부는 거절하였다. 대마도는 그 내용을 조선에 보냈다. 이로써 조선의 일본쌀 수입 계획은 수포로 돌아가고 말았다.[27]

21 『순조실록』 17, 순조 14년 9월 6일(계사).
22 『순조실록』 17, 순조 14년 10월 23일(경진).
23 순조대 재결 순위(문용식, 『조선후기 진정과 환곡운영』, 295~296쪽).
24 『순조실록』 17, 순조 14년 10월 30일(정해).
25 『승정원일기』 2121, 순조 19년 10월 26일(을묘).
26 『승정원일기』 2284, 순조 32년 11월 7일(기묘).
27 정성일, 「조선의 기근과 일본쌀 수입 시도(1814~15년)」. 문제는 이런 기록이 조선측 자

절망적인 상황에서 사람들은 모두 요란을 떨며 놀라운 말들을 짓고 사방으로 전하였다. 무명자(無名子) 윤기(尹愭, 1741~1826)가 좌천되어 서울에 있으면서 들은 바에 의하면, ① 내 몸도 보살필 수 없으니 친형제라 해도 또한 돌볼 수 없다, ② 내년에는 파종하거나 밭가는 사람이 없을 것이니 풍년이 들어도 또한 틀림없이 적지가 될 것이다, ③ 금년에는 국곡을 한 톨도 징수할 가망이 전혀 없기 때문에 사람들이 모두 적세(糴稅)를 걱정하지 않는다, ④ 금년에는 과장에 들어갈 사람이 없을 것이니 과거를 실시하더라도 결코 이루어지지 않을 것이다, ⑤ 금년에는 도둑도 도둑질 할 힘이 없으니 도둑당할 염려가 없다, ⑥ 내년 봄에는 시장에서 쌀을 매매하는 사람이 없을 것이니 시가가 당연히 아주 쌀 것이다, ⑦ 행인들이 주막에서 음식을 사먹다가 모두 거지들에게 빼앗겨 결국 먹지 못할 것이고, 주막에서도 행인들에게 공급할 음식을 마련하지 못하여 틀림없이 모두 장사를 그만둘 것이고, 그래서 사람들은 아주 급한 일이 있어도 배가 고파 길을 가지 못할 것이며 행상들도 끊어질 것이다, ⑧ 수입이 없으니 대신과 호조판서도 모두 죽을 먹으며 방백과 수령들도 모두 굶어죽을 것이다, ⑨ 성균관 유생들에게 공급되는 음식은 모두 반인(泮人)에게 빼앗기게 될 것이다 등이었다. 그러면서 이 외에 기괴한 말들이 또한 얼마나 될지 알 수 없다고 윤기는 말하였다.[28] 희망을 찾기 어려운 절망적 상황에서 나온 말들이었다.

료에서는 좀체 발견하기 어렵다는 것이다. 자신의 치부나 민감한 사안을 가능하면 숨기려는 조선 위정자들의 속내 때문이었다. 반면에 상투적이거나 내세울 만한 기록은 넘치도록 많다. 궁벽한 강진 땅에 유배인으로 있어 은밀하게 추진된 이 사실을 비록 다산은 알지 못하였지만, 조선 위정자들의 이율배반적인 양면 세계를 다산은 비교적 정확하고 예리하게 관찰하고서 기록으로 남겼다.

28 윤기, 『무명자집』 12, 문, 정상한화, 「畿邑及三南大饑」.

3) 기갑(己甲) 대기근

다산은 기사년(1809) 기근과 갑술년(1814) 기근을 통합하여 '기사갑술대기(己巳甲戌大饑)' 또는 '기갑지기(己甲之饑)', 즉 '기갑 대기근'으로 명명하였다. 보통은 경술년(1670)과 신해년(1671), 을해년(1695)과 병자년(1696) 등 연이은 기근을 통합하여 '경신 대기근', '을병 대기근'으로 명명해왔다. 그런데 다산은 이와는 달리 떨어져 있는 간지를 조합하여 새 용어로 만들었다. 모르긴 몰라도 최초의 시도인 것 같다. 이는 그때의 기근을 보통 것과는 다른 것으로 인식한 결과로 보인다. 예리한 관찰력으로 포착한 위급 상황이라는 점을 반영한다. 그렇기 때문에 그는 그때의 갖가지 참상과 그에 대한 대안을 여러 곳에서 기술하였다. 우선 1817년에 저술한 『경세유표』에서 기사·갑술년 이래 빈민들이 대거 죽어 민호가 감축되었다고 하였고,[29] 또

> 기사년과 갑술년 이래 농부가 많이 죽어서 인력이 크게 줄었다. 기름지던 전지가 많이 진황(陳荒)되었고, 묵지 않은 것도 한 농부가 넓은 땅을 농사하므로 거름을 주고 가꾸는 것이 온전하지 못하다.[30]

라고 하여, 농부들이 많이 죽어 인력이 크게 줄어드니 비옥한 농토가 모두 황무지로 변하였다고 하였다. 또한 1818년에 저술한 『목민심서』에서 기사·갑술년 대기근 다음 해 봄에 온역이 크게 유행하여 자신이 개발한 처방전으로 많은 사람들이 소생되었다고 하였다.[31] 갑술년 기근을 맞은 지 불과 2~3년 만에 발 빠르게 '기갑 대기근'이란 새로운 용어를 만들어 사

---

29 『경세유표』 7, 지관수제, 전제 9, 정전의 1. 己甲以來 貧民死亡殆盡 民戶減縮.

30 『경세유표』 8, 지관수제, 전제 12, 정전의 4.

31 『목민심서』 4, 애민, 관질. 余在康津 値嘉慶己巳甲戌大饑 厥明年春 瘟疫大行 余以此方傳之 所全活亦不可勝數.

용하였던 것이다.

다른 사람들도 다산을 뒤이어 기사년 기근과 갑술년 기근을 합쳐 '기갑 대기근'으로 명명하였다. 우선 1816년에 지평 김계연이 상소에서 근래 흐리고 맑음이 때를 잃어 기근이 거듭 드는데, '기사지독겸(己巳之毒歉)'과 '갑술지대무(甲戌之大無)'는 옛 사서에서 볼 수 없는 것이라고 하였다.[32] 이미 기사년 기근과 갑술년 기근을 예사롭지 않은 기근으로 보았던 것이다. 그러다가 1818년에 이르면 두 기근을 통합하여 하나의 용어로 표현하기 시작하였다. 은율현감 이조현은 '기갑지대겸(己甲之大歉)' 이후 홍경래의 난을 겪었다고 하였다.[33] 다산 이후 최초의 표현으로 보인다. 이제 '기갑 대기근'은 역사 용어로 자리를 잡게 되었다. 그래서 이후 당시 기근을 설명하면서 '기갑 대기근'을 들먹이는 경우가 많았다. 가령, 1832년 가을에 송래희는 금년 흉년은 기갑 때와 다를 바 없다고 하였고,[34] 이듬해 1월에 영의정 남공철은 서울·경기의 민심 동향이 '기갑지흉(己甲之凶)'보다 더 심하다고 하였다. 두 사람의 말은 1833년 3월에 발발한 '서울 쌀 폭동' 직전 상황을 두고 한 것이다.[35] 1876년(고종 13)에 전라감사 이돈상은 현재의 기근을 설명하면서 '기갑지겸흉(己甲之歉凶)'은 근래에 없는 것이라고 말하였고,[36] 1877년(고종 14) 기근 때에는 도제조 이최응이 기백 년 이래 '기갑지참흉(己甲之慘凶)'만 한 것이 없다고 하였다.[37] 이 두 사람이 말한 기근은 뒤에서 나오는 병자·정축년 대기근이다.

---

32 『승정원일기』 2067, 순조 16년 2월 19일(기사).

33 『승정원일기』 2099, 순조 18년 7월 26일(임술).

34 송래희, 『금곡집』 7, 서, 「上秋陽三從叔(壬辰)」. 今年凶荒 無異己甲.

35 이욱, 「19세기 서울의 미곡유통구조와 쌀폭동」, 『동방학지』 136, 연세대학교 국학연구원, 2006, 94쪽.

36 『승정원일기』 2831, 고종 13년 10월 18일(을사).

37 『승정원일기』 2843, 고종 14년 10월 15일(병신).

'기갑 대기근' 때에 전라도가 가장 큰 타격을 받았다. 1819년 8월에 호군 이지연이 상소하여 온 나라의 전정에 대한 병은 호남보다 심한 곳이 없는데, '기갑지흉황(己甲之凶荒)'을 겪은 이후부터 근거 없이 조세를 징수하였기 때문이라고 하였다.[38] 10월에 영의정 서용보, 좌의정 김사목, 우의정 남공철 등 3정승의 소차에 호남은 '기갑지흉황(己甲之凶荒)' 이후 100호 마을에 1호만 겨우 남아 있을 정도라고 하였다.[39] 1820년에 전라감사에 다시 임명된 이서구는 양전에 관한 상소에서 기사년 이후 십 수 년 동안 흉년이 거듭 들었는데 갑술년의 흉년이 특히 참혹하여 죽거나 흩어진 백성을 이루 다 셀 수 없다고 하였다. 그래서 군정·환정이 문란해지고 인징·족징까지 자행되어 남은 사람마저 도망가 농토가 죄다 묵어버렸다. 따라서 세금을 독촉하지 말고 3~5년 기다려달라고 이서구는 요청하였다.[40] 이를 본 비변사는 전라도 사정은 다른 도와 다름이 있으니 그렇게 할 필요성이 있다고 하였다. 1822년에 전라우도 암행어사와 1830년에 전라좌도 암행어사는 본도 군정은 기갑 흉년 이후에 더 심하게 허부가 되었다고 하였다.[41] 서유구가 전라감사가 되어 1834년에 노령 남북을 왕래하였다. 멀쩡한 논밭이 황폐해져 있어 그 까닭을 주민들에게 물으니, 기사·갑술 기근 때에 전호(佃戶)들이 유망하여 돌아오지 않은지 오래되어서라고 답하였다. 이 말을 들은 서유구는 가슴이 아픈 나머지 흉년을 구제하는 데에 가장 적합한 작물이 고구마라고 하면서 『종저보』를 지었다.[42] 이처럼 전라도의 경

---

38 『순조실록』 22, 순조 19년 8월 17일(병오).

39 『승정원일기』 2121, 순조 19년 10월 1일(경인).
   남공철, 『금릉집』영옹속고 3, 소차, 「因冬雷政府聯名陳修省六條仍乞免箚」. 湖南己甲之凶荒 百家之村 一戶僅存.

40 『순조실록』 23, 순조 20년 8월 2일(을유).

41 고동환, 「19세기 부세운영의 변화와 그 성격」, 『1894년 농민전쟁연구』 1(한국역사연구회), 역사비평사, 1991, 75쪽.

42 서유구, 『풍석전집』, 금화지비집 3, 서, 「種藷譜序」.

우 '기갑 대기근'으로 많은 사람들이 죽고, 호수가 크게 줄고, 많은 농토가 황무지가 되었다. 그로 인해 전정, 군정, 환곡 등 3정마저 흔들리며 나약한 백성들을 절망으로 몰아가고 있었다.

2. 부실진휼과 자산증식

1) 관리들의 부실진휼

1809년 기근 때에 전라도는 25만여 석의 곡물을 투입하여 누적 4백만 명이 넘는 기민에게 4개월 동안 대대적인 진휼을 실시하였고, 이로 인해 농민들은 대기근의 생존위기에서 벗어날 수 있었고 한다. 이는 전라감영에서 작성한 『호남진기록(湖南賑飢錄)』을 토대로 내린 결론이다.[43] 1814년 기근 때의 진휼행정에 대한 연구에서도 자신들이 행한 일만 자화자찬 식으로 나열한 관변 자료를 토대로 하여 비슷한 결론을 내렸다.[44] 상당히 낙관적인 입장임에 분명하다.

하지만 다산은 이와는 완전히 다른 주장을 폈다. '기갑 대기근' 때의 진휼을 시스템의 부재와 부실행정의 전형으로 보았다. 그와 관련하여 우선 도처에 예비곡이 없었던 점을 들었다. 창고는 텅 비어 있어 고을 안에서 곡식을 얻을 수 없고, 여러 읍에서 동시에 소동이 일어나니 감사에게 곡식을 요청할 수도 없었다. 오직 손이 묶인 채 마음만 바빴지 사람들이 쓰러져 죽어가는 것을 서서보고 있을 따름이었다. 그래서 다산은 『목민심서』 11, 진황, 비자조에서 명색이 목민관으로서 낯부끄럽지 않느냐고 질타

---

43 원재영, 「조선 후기 진휼정책의 구조와 운영」.
44 원재영, 「조선 후기 진휼정책의 구조와 운영」.

했다.

또한 다산은 지방관의 진휼을 감독하는 감진어사를 보내지 않았던 점을 지적하였다. 이 점에 대해 다음과 같이 말하였다.

> 흉년에 진휼 감독하는 일은 마땅히 대신을 보내야 한다. 근세에는 감진어사(監賑御史)로 신진의 유신(儒臣)들을 많이 보내고 있으니 이미 옛날의 뜻이 아니다. 그런데 기사·갑술년 같은 흉년에는 한 사람의 사자(使者)도 보내지 않아서 남쪽 백성들로 하여금 호소할 곳이 없이 서로 쓰러져 죽게 하였으니, 이는 또 옛날에 없던 일이다. 이미 죽고 이미 백골이 된 뒤에야 어사를 보내어 이미 잘못된 일을 추궁해 다스리니 이것이 무슨 도움이 되겠는가?[45]

감진어사를 파견해야 하는데, 하지 않은 것은 정부의 대민 진휼 의지가 없는 것과 같다고 다산은 말하였다. 그러면 정부는 왜 그러하였는지가 궁금한데, 현재 특별한 증거는 발견되지 않는다. 아마 안이한 상황 판단 때문이었는지는 아닌지 추정된다. 선제적 문제 해결에 나서지 않고 안이한 자세와 자기 식구 감싸기식 태도로 일관하는 국정 스타일이 실상 세도정권의 가장 핵심적인 한계였다.

이런 상황에서 수령들이 정부의 명령을 두려워 할 리가 없었다. 수령들은 성심성의를 다해 진휼을 하려고 하지 않았다. 있는 진휼미마저 기아자 숫자를 속여 훔쳐 먹은 수령도 있었다. 수십만 명이나 수백만 명을 구휼했다고 하지만, 사실은 절반 가까이가 가짜였다. 그러니 받아야 할 사람 가운데 못 받은 자가 태반이었다. 그래도 그들은 하소연 할 곳이 없었다. 수령을 감찰할 사람이 없었기 때문이다. 이 점에 대해 다산은 다음과 같이

---

45 『목민심서』 12, 진황, 비자.

말하였다.

> 기사년과 갑술년에 흉년을 당한 남도 백성은 호소할 곳도 없었는데, 조정에서 한낱 진휼사조차 보내지 않았다. 그리하여 진휼하는 데에 감독하는 바가 없었고 탐장(貪贓)해도 적발됨이 없었다. 권분(勸分)한 재물은 다 사사 낭탁(囊橐)에게로 돌려지고 기민(饑民)을 초록(抄錄)한 것은 반 넘어 가짜를 벌여 적었다. 죽어서 구렁을 메우는 백성이 날마다 만을 헤아려도 관에서는 끝내 하는 일이 없었고, 아전들은 편히 쉬고만 있으므로 인심이 흩어져서 수습할 수가 없었으니 기강이 무너짐은 바로 이런 따위 때문이다. 그 후에 안렴(按廉)하는 신하가 약간 징계를 시행하니 기강이 조금 진작되어 비로소 조정이 있는 줄을 알았다.[46]

다산이 말한 것처럼, 권분한 것도 죄다 수령 주머니로 들어가고 말았다. 이것이 습속이 되어 이후에는 수령이 된 자가 흉년을 당하기만 하면 미리 고을 안에서 조금 부유한 사람을 찾아 위협하고 공갈하여 그들로 하여금 권분하게 하였다. 백성은 곡식을 바치지 않으려 하고 관가에서는 반드시 받아내고야 마니, 이는 백성의 재물을 억지로 빼앗는 것이나 다름이 없었다. 그래서 1829년에는 권분 금지령이 내려졌다.[47] 정부 스스로 서로 돕는 미풍양속마저 차단하고 말았는데, 그 빌미를 악덕 수령이 제공했던 것이다.

수령의 부정부패는 여기에 그치지 않았다. 수령은 지방재정을 충당한다는 미명하에 아전과 군교를 보내어 토색질을 일삼았다. 다음은 사찰에서 토색질을 한 모습을 다산이 고발한 사례이다.

---

46 『경세유표』 9, 지관수제, 전제별고 3, 어린도설.
47 『비변사등록』 217, 순조 29년 1월 3일.

기사·갑술년에 수령이 아전과 군교를 보내어 절의 재물을 수색하여 공용(公用)에 쓸 쌀을 빼앗고 불공(佛供)에 쓸 양식을 감손하였으며, 심지어 종과 징을 팔고, 솥과 가마를 팔아가니, 뭇 중들이 원통함을 호소하매 참혹하여 차마 들을 수 없었다.[48]

수령은 궁방전 도조의 방납을 통해서도 수탈을 하였다. 강진의 무토궁방전이 100결이었다. 강진현감은 본현에서 호조에 직납한답시고 결당 32냥을 책정하였으니, 모두 3천 200냥이나 되었다. 이를 부유한 집 기름진 땅에서 거두고서 그 돈으로 싼 곡물을 사서 비싸게 팔아 차액을 남긴 뒤에야 호조에 납부하였다. 이러하니 국가재정은 약화되고 힘없는 백성들만 나약해진다고 질타하였다.[49] 그래서 이때 기근은 수령에게 돈벌이 기회와 다름없었다.

수령이 기근을 이용하여 재물을 훔쳐 먹는 사이에 향리들도 부정부패의 먹이사슬에 뛰어 들었다. 간사함이 수령을 능가할 정도였다. 『목민심서』 13, 진황, 보력조를 보면, 1809년 기근 때에 보성군의 한 창리(倉吏)는 창고 곡식을 만여 석이나 도둑질한 바 있다. 들키자 창고에 불을 질러 전소시켜버렸다. 증거 인멸을 위해서였던 것 같다. 『목민심서』 6, 호전, 세법조를 보면, 기사·갑술년에 가뭄이 매우 심하여 미처 이앙하지 못한 것이 거의 1/3이나 되었다. 가을에 관에서 사람을 보내어 재결의 농간을 조사하였다. 처음에는 전리(田吏)와 전감(田監)이 일차 순행하고, 그 뒤에 또 수리(首吏)·수향(首鄕) 등 명망이 있는 자들 중에서 뽑은 이른바 별리(別吏)·별감(別監)을 파견하여 한 차례 더 순행하였다. 전리와 전감은 혹은 10결을 훔치고 혹은 20결을 훔치는데 많은 경우에는 5, 60결이 되기도 하였다.

---

48 『목민심서』 13, 진황, 권분.
49 『경세유표』 7, 지관수제, 전제 8.

이는 자신이 민간에 있으면서 직접 목도한 것이라고 다산은 힘주어 말하였다. 『목민심서』 13, 진황, 보력조를 보면, 기사년 기근에 나산촌(蘿山村)이라는 곳의 한 선비가 바칠 세미가 2석 있었는데 내지 못한 채 죽었다. 보통 교활한 아전과 군교가 맡는 검독(檢督)이 기어이 그것을 받아내어 관에다 바치지 않고 가지고 도망 가버렸다. 그 마을에서 다시 징수하게 되었는데, 농토를 모두 팔아서야 겨우 메꿀 수 있었다. 중간층의 수탈행위는 전방위적으로 자행되고 있었다. 향리들의 부정부패 사실을 안 정부가 뒤늦게 어사를 파견하여 향리 한 둘을 형장으로 다스렸지만, 이미 백성들은 죽고 흩어진 뒤였다.[50]

다산이 보고 말한 것처럼, 중앙의 견제가 멈춰진 사이에 수령과 중간층은 인정사정없이 먹어 치웠다. 그로 인해 전라도는 어느 것 하나 제대로 작동되지 않는 극한 상태에 빠져 있었다. 지방행정의 총체적 부실구조였다. 다시 다산의 말을 빌면, 나라에 내는 부세에 충당되는 것은 모두 온 집안이 몰사한 집, 유망하여 없어진 집, 의지할 곳 없는 홀아비·과부·고아·노인, 병들고 피폐한 집, 진전(陳田)과 못쓰게 된 논, 쑥대가 우거지고 자갈이 뒹구는 땅 등으로 살을 벗기고 뼈를 긁어내려도 어쩔 도리가 없는 무리일 뿐이었다. 아전은 횡령한 쌀을 배에 싣고 남으로는 탐라에 가서 장사하고 북으로는 함흥에 가서 거래하여 채색한 배에 북을 둥둥거리며 저 구름과 물이 맞닿는 바다 위에 떠 있다. 그런데도 수령은 홀아비·과부·병자들을 잡아다가 독촉하니, 매질이 뜰에 가득하고 칼을 씌워 가둔 자가 감옥을 가득 채웠다. 이에 사람을 뽑아 검독이라고 칭하고서 사방으로 풀어 보내면 그들은 친척이나 이웃사람들에게서 징수하니 송아지와 돼지를 빼앗아가고 솥과 가마솥을 빼어가니 백성은 울부짖고 길에 넘어지고 쓰러져

50 『경세유표』 8, 지관수제, 전제 11, 정전의 3.

곡성은 하늘에 사무쳤다. 모두 다산 자신이 기사·갑술년에 강진 땅에서 직접 두 눈으로 본 것이다.[51] 이런 상태에서 광주목사 등이 연명 상소에서 "모두 틀림없이 죽게 된다는 걱정만 품고 있고, 전혀 삶을 즐기려는 마음이 없어서 양심을 잃은 관계로 하지 않는 짓이 없습니다. 그리하여 보고 듣기에 경악스러운 일이 한두 가지가 아닙니다."라고 말한 것처럼, 전라도는 언제 어떤 일이 벌어질지 모르는 일촉즉발의 분위기에 빠져 있었다. 그런데 이는 전라도만의 상황은 아니었다. 서울에 있는 윤기가 기괴한 말들이 얼마나 될지 알 수 없다고 말한 것처럼, 전국 어디나 마찬가지였다.

2) 재력가의 자산증식

수령이 진휼행정을 부실하게 처리하고 있을 때에, 재력가들은 자산을 증식하는 데에 열을 올리고 있었다. 사람이 죽어가는 '기갑 대기근' 때에 땅을 사고 집을 증축하는 사람을 다산은 직접 보고서 『경세유표』의 지관수제, 교민지법에서 다음과 같이 말하였다.

> 내가 기사·갑술년에 직접 본 일로서, 농사가 대흉(大凶)이 되니 민간 풍속이 더욱 각박해져서 그 아우는 온 집이 굶어죽었으나 그 형은 전지를 사고 집을 증축한 자가 수효를 헤아릴 수 없을 정도였다. 그 형제간에 각박한 것이 이미 저와 같은데 나라에 변고라도 있게 되면 어찌 윗사람을 친애하고 어른을 위해서 죽음을 바치겠는가?

남도 아닌 동생 식구들이 굶어 죽어가는 데도, 도와주기는커녕 땅을 사고 집을 짓는 형이 있었다. 다산은 거의 똑 같은 말을 『목민심서』 7, 예

---

51 『목민심서』 3, 봉공, 공납.

전, 교민조에서도 하였다. 기사·갑술의 흉년에 민간에 있으면서 보았는데 불효한 자가 오히려 적었고, 우애하지 않아 죄주어야 할 자가 즐비하여 차마 들을 수조차 없었다. 그 형이 새로 전토를 샀는데 집을 잇대고 사는 그 동생은 원성을 지르며 먹을 것을 찾고, 그와 처자가 하루를 넘기지 못하고 죽어 가는데 한 톨의 쌀도 그 형으로부터 얻지 못하는 자가 많았다는 것이다. 집을 증축하는 거야 자기 돈 가지고 자기 집 고치는 것이니까 그럴 수 있는 일이라고 할 수 있다. 하지만 땅을 사는 것은 먹을 것이 없고 돈이 없는 남의 약점을 이용하여 헐값에 사들이기 때문에 결국 남의 재산을 약탈하는 행위와 같다. 본인이 직접 본 일이라고 하였으니, 위 기사 속 일은 아마 강진에서 일어난 것 같다. 좀 떨어진 영광에서도 유사한 일은 벌어지고 있었다. 영광 신(辛)씨가에서 소장하고 있는 토지 매매문서 가운데 1814년에 전답과 시장을 매입한 문서가 3건(9월, 11월, 12월) 남아 있다. 1815년 1월에 매입한 문서도 있다. 매도한 사람은 여러 해 흉년을 겪고 살아갈 방도가 없어서 부득이 판다고 하였다. 어떤 사람은 금년 대기근을 당하여 살아갈 길이 없어서라고 하였다.[52] 기근 때문에 내놓은 것인데 제 값을 받을 리가 만무하다. 이런 사례는 도내의 다른 지역 명문가 집안의 자료를 보아도, 그리고 다른 도의 자료를 보아도 어렵지 않게 찾아낼 수 있다.

다산은 풍속이 각박해져서 그런다고 그 원인을 진단하였다. 형제간의 우애가 실종되고 계층간의 공동체가 붕괴되었다고 판단하여 그렇게 말하였을 것이다. 하지만 이런 세태는 이미 시작된 지 오래되었다. 1778년(정조 2)에 사직 윤면동이

전에 권흉(權凶)이 이리 같은 탐욕을 부리자, 온 세상이 모두 이를 본받

52 한국학중앙연구원, 『고문서집성』 27, 2009, 454~455쪽.

게 되었습니다. 수십 백만의 돈을 팔로(八路)에 두루 흩어 한 구역이라
도 점유할 만한 토지나 세낼 만한 전장(田庄)은 문득 반드시 값을 올려
서 사들였기 때문에 값이 수배로 뛰어올라 가세가 미약하고 재산이 적
은 사람들은 애당초 감히 손을 댈 수가 없었습니다. 이렇게 다투어 온
나라의 전지를 사들였기 때문에 토지는 가세가 치성한 집에 거의 다
들어가게 되었습니다. 그리고 또 혹 흉년이 든 해를 만나게 되면 향곡
부호(鄉曲富豪)의 무리가 시기를 틈타 이익을 챙기기 위해 헐값으로 강
제로 사들였기 때문에 민간에 남아 있던 약간의 전지마저 또한 모두
이들이 소유하게 되었습니다. 이는 진실로 겸병(兼幷)하여 이익을 독점
하려는 폐해인데, 그해가 평민에게 미치게 된 것입니다.[53]

라고 하였다. 권세가에 의한 땅투기는 이미 시작된 지 오래되었고, 그것을
본받아 흉년이 들면 지방토호들까지 그 대열에 뛰어들고 있다는 말이다.
중앙과 지방 가릴 것 없이 돈 좀 있으면 약탈적 재테크에 혈안이 되어 있
었다. 이덕무는 「민한기실(閔旱記實)」이라는 시에서 "두 이랑 밭을 한 그릇
밥과 바꾸었다네, 부로들이 지금 임자년 일을 전한다."라고 읊었다.[54] 임
자년이란 대기근이 든 1732년(영조 8)을 말하는데, 이때 한 그릇 밥으로 밭
두 이랑을 산 사람이 있었다는 말이다.

　자산가들의 재테크 탐욕은 여기에 그치지 않았다. 보유하고 있는 곡식
을 기부하기는커녕 고가에 팔아 막대한 이익을 본 사람도 있었는데, 아래
기사는 다산이 직접 목격한 장면이다.

　내가 전일에 호남에 있으면서 기사·갑술년 흉년을 보았는데 삼복이 벌

53 『정조실록』 6, 정조 2년 7월 20일(정미).
54 이덕무, 『청장관전서』 2, 영처시고 2, 「閔旱記實」.

써 지났으나 모내기를 하지 못해서, 대파할 만한 것은 오직 교맥(메밀)과 점속(차조) 두 종류뿐이었다. 영암창에 메밀 200석이 있었는데, 만민이 앞을 다투어서 밟혀 죽기까지 했다. 장흥에 차조 서른 섬을 가진 백성은 시기를 타서 모리하여 갑자기 부자가 되었다. 그때 차조 한 되 값이 1냥 5전이었다.[55]

어떤 사람은 차조 1승을 무려 1냥 5전에 팔았다. 30석을 팔아 큰 부자가 되었다. 1석을 15두로 보면, 자그마치 6,750냥을 벌어들였다. 이런 상황에서 상부상조를 기대하기란 어려웠다. 1811년 11월에 비변사에서는 지난번 호남에서 천 석 이상을 진휼곡으로 낸 사람은 두 사람이고, 이 두 사람을 서북지방 만호(萬戶)로 보내려고 하는데 본인들이 늙은 데다 멀다면서 사양했다고 하였다.[56] 1809년 기근 때에 그러했다는 말인데, 예년에 비하면 매우 저조한 실적임에 분명하다.

1814년 기근 때에도 상황은 이전과 별반 차이가 없었다. 전라도 능주목 화남면 백암리(현재 화순군 도곡면 백암리) 사람 문영찬(文永贊, 1759~1815)은 지석강 상류에 개와보(蓋瓦洑)를 축조하여 주변 넓은 농지에 용수를 공급하는 선행을 한 바 있다. 그리고 '갑술대기(甲戌大饑)' 때에는 곡식 수십 석을 내놓아 동네 주민들을 구휼하였다. 송사 기우만이 쓴 묘지명에는 "荒年斗粟 濟活無算"으로 기록되어 있다.[57] 흉년 때 기민을 구휼하기 위해 낸 곡식을 이루 다 헤아릴 수 없다는 말이다. 이런 사실을 기억한 후대 사람들은 그의 행적을 『화순읍지』에 수록하여 전승하였다. 1794년(정조 18)에 전라도 유학 문영찬 등이 유형원 사당에 대한 사액을 요청하였는데,[58] 위 사

55 『경세유표』 12, 지관수제, 창름지저 2.
56 『비변사등록』 201, 순조 11년 11월 6일.
57 기우만, 『송사집』 39, 묘지명, 「敬默齋文公墓誌銘」.
58 『승정원일기』 1739, 정조 18년 12월 29일(임오).

람과 동일인으로 보인다. 수십 석 기부했는데 읍지에 기록했으니, 당시의 각박한 사정을 짐작하고도 남는다.

'기갑 대기근' 때에 구휼에 나선 재력가는 좀체 보이지 않는다. 워낙 대형 기근이어서 제 몸 하나 부지하기 어려웠고, 부자들도 제 목숨 연명하기가 쉽지 않았다는 말들이 허언이 아니다. 새로운 구휼은 고사하고 있는 구휼제도마저 와해되고 있었다. 광주 서쪽의 석정동(石亭洞)에 사는 고순후(고경명의 4자)가 왜란 직후에 남전여씨 향약과 백록동 동규를 참조하여 사위 오희일(吳喜馹)과 함께 동약(洞約)을 만들자, 마을에 효우를 중시하는 미풍양속이 일어나고 학문이 발달하게 되었다. 그런데 기사년과 갑술년 대기근을 만나 마을 사람들이 뿔뿔이 흩어지게 되어 동약이 실시되지 않게 되었고, 그로 인해 마을 사람들은 공론을 따르지 않고 마땅히 해야 할 일에도 등한시하며 서로 다투기까지 하였다. 이에 마을에 사는 몇몇 양반들이 나서서 1860년에 동안(洞案)을 만들고 다시 동약을 실시하였다.[59] 재력가와 명문가마저 이처럼 공동체적 연대의식을 발휘하지 못한 것은 가뭄으로 인하여 옥답이 황무지가 되고 그 토지에 대한 조세를 부담해야 하였기 때문이다. 그리고 영암 장암동 남평문씨 족계답의 두락당 지대량이 1809년 1.8두, 1814년 2.6두라는 순조대 사상 최악이었던 점에서 알 수 있듯이,[60] 근본적으로 수입을 올릴 수가 없어서였다.

이처럼, 재력가들의 나눔의 미덕이 '기갑 대기근' 때에는 실종되고 말았다. 워낙 대형 기근이어서 기부할 여력이 없어서 였다. 여기에 그런 돈 있으면 땅 사서 부자 되고, 그런 곡식 있으면 비싸게 팔아 부자가 되겠다는 탐욕도 크게 작용하였다. 이런 세태를 두고 다산은 나라에 변고라도 있

---

59 김봉곤, 「덕암 나도규의 향촌사회활동과 경세사상」, 『덕암 나도규의 학문과 사상』(덕암 사상연구회), 심미안, 2013, 118쪽.
60 김건태, 『조선시대 양반가의 농업경영』, 역사비평사, 2004, 373쪽.

게 되면 어찌 죽음을 바치겠느냐며 앞날을 걱정했다.

3. 기아자의 위장표류와 방화

1) 위장표류

서남해 항해 선박은 해난사고를 빈번하게 당하였다. 그러면 그 선박은 일본이나 동남아시아 및 중국으로 표류하였다. 조선 사람이 일본에 표착하면 한 사람당 아침과 저녁 두 끼 식사용으로 매일 쌀 6홉이나 1되 또는 1되 5홉이 지급되었고, 그 밖에 지급된 물품도 있었다.[61] 지역에 따라 조금씩 차이가 났지만, 어느 지역이나 인도적 차원에서 표류민에게 일정한 식료품을 제공하였다. 따라서 표류하면 적어도 먹는 것은 해결되었다. 조선 또한 일본 표류민에게 그렇게 하였다. 하지만 어느 나라나 고의로 표류하는 고표(故漂)는 엄격하게 금지되어 있었다.

그런데 다산은 '기갑 대기근' 때에 조선 사람들이 고의로 표류하여 일본으로 들어간 것을 목격하고서 기록으로 남겼다.

> 근래의 예에는 비록 큰 기근이라도 해도(海島)의 백성은 진휼하는 데에 넣지 않았는데, 그것은 평시의 생계가 생선이나 해초(海草)에서 힘을 많이 입으며 그해 곡식을 믿지 않는다는 것이었다. 기사년(1809)과 갑술년(1814)에 섬 백성이 거의 다 흩어졌는데, 그중 약삭빠른 자는 조각배에다 부모와 처자를 싣고서 가작표인(假作漂人, 표류당한 사람으로 거짓 꾸며서)하여 일본으로 들어가서 왜인들이 접대하는 양식을 받아 굶

---

61 정성일, 『전라도와 일본』, 경인문화사, 2013, 364쪽.

주림을 면했는데, 갔다가 돌아오는 동안에 벌써 보리가 익어 열 식구가 온전하게 된 자가 매우 많았다. 그런데 이런 길이 한 번 트이면 뜻밖의 걱정이 한이 없게 된다.[62]

　서남해 섬사람들이 그러했다. 이유는 관청에서 그들을 진휼에서 제외하여서였다. 그들은 앉아서 죽을 수는 없어 부모와 처자식을 배에 태워 표류당한 것처럼 꾸며서 일본으로 향했다. 일본은 그들을 표류민으로 여겨 양식을 주었다. 그것을 받아 연명을 하고 돌아오니 보리가 다 익어 식구가 온존할 수 있었다. 다급함 때문에 그랬다고 하지만, 이 길이 열리면 큰일이라고 다산은 걱정하였다. 그래서 다산은 강한 자는 많이 차지하고 약한 자는 적게 얻고, 고을에 예속되고, 궁방에 절수되고, 군문에 획급되고, 토호에 종속되고, 수영·수군진에 매여서 중층적 수탈 수렁에 빠져 있는 서남해 섬을 살려야 한다고 생각하였다. 사방에서 간사한 짓을 하고 토색질을 해서 풍파를 헤치고 열흘이나 걸려 육지 고을에 나와서 하소연하면 아전들이 가로 막아 그 억울함과 원통함을 풀 수 없는 섬사람들을 살려야 한다고 생각하였다. 그렇지 않았기 때문에 어장이나 염전이 한 번 세안(稅案)에 들어가면 비록 세월이 여러 차례 변하여도 면할 수 없고, 작은 배라도 한 번 세안에 들었다 하면 비록 주인이 여러 번 바뀌어도 빠지지 못하였다. 이런 상황에서 타국의 배도 태반이나 숨기고 있다가 흉년이 들면 처자를 이끌고 일본에 들어가, 표인(漂人)이라고 일컬어서 목숨을 부지하였다. 이런 사실을 오랫동안 바닷가에 있던 다산은 훤히 알고 있었다. 이를 막는 길은 별도로 한 관청을 세워서 나라의 온 섬을 관장하게 하는 길이라고 다산은 생각하였다.[63]

---

62 『경세유표』 8, 지관수제, 전제 12, 정전의 4.
63 『경제유표』 2, 추관형조, 형관지속, 유원사.

한 배에 성인 남녀는 물론이고 어린아이까지 동승한 채 표류한 사례는 이전에도 종종 있었다. 가령, 가리포선 1척과 강진선 4척 등 5척이 1659년(현종 즉위년) 9월 26일에 바람에 표류하고 말았다. 어디로 갔는지를 몰라 전라감사 김시진은 수소문 했지만, 그들은 이미 대마도에 표착해 있었다. 대마도에서 구조를 받고 출발한 강진선 3척이 이듬해 1월 13일에 부산에 도착했다. 거기에는 어부 김대행 등 남·녀·아동 모두 68명이 승선해 있었다.[64] 1659년은 윤3월에 동해안이 얼고, 7월에 평안도에 눈이 내리고, 9월에 서울에 눈이 내리는 등 이상저온 현상이 극성을 부렸던 때다. 그로 인해서 8도에 기근이 들었다. 이런 상황에서 위 표류는 위장표류일 가능성이 높다. 해남 사람 김여휘 등 32명이 흉년으로 인하여 1661년 6월에 제주에 들어가 밥을 빌어먹고 9월에 돌아오는 길에 풍랑을 만나 표류하여 유구(琉球)에 이르렀다. 1663년 3월에 유구에서 바람에 맞추어 배를 출발시켜 일본 사쓰마와 나가사끼를 거쳐 5월에 대마도에 닿았는데 지나는 곳마다 옷과 먹을 것을 대주었고 특히 대마도에서는 더 우대를 받다가 6월 15일 차왜(差倭)를 따라 부산에 정박하였다.[65] 이 사례 역시 위장표류 가능성이 높아 보인다.

보통 당사자는 위장표류 여부 질문에 대해 "海夫之俗例 以率妻子 偕往之規" 또는 "男女 水業資生"한다고 대답하며 자신을 변호하지만, 실제 위장표류는 전국 도처에서 공공연하게 일어나고 있었다. 1796년(정조 20)에 우의정 윤시동이 다음과 같이 말하였다.

영남 바닷가의 간사한 백성들 중에는, 흉년을 만나면 처자들이 살아갈

---

64 『표인영래등록』 현종 1년 1월 19일.

65 정성일, 「해남 선비 김여휘의 유구 표류와 송환 경로(1662~1663년)」, 『한일관계사연구』 43, 한일관계사학회, 2012.

수 있도록 방도를 마련해 놓고 패거리를 지어 일부러 왜국의 국경 안으로 표류해가는 방법을 써서 먹고 사는 문제를 해결하려는 자들이 간혹 있습니다. 배가 크건 작건 사람이 많건 적건 관계없이 배 한 척이 표류했다 하면 반드시 차왜 하나가 오곤 합니다. 그들이 가지고 오는 예단은 하나도 쓸모가 없는데, 우리나라에서는 돈 8백 냥과 쌀 2백 섬을 떼주도록 정해져 있습니다. 올해만 해도 표류의 문제로 왜인이 온 것이 모두 일곱 차례나 되었으니, 놀랍고 통탄스럽기가 이보다 더할 수가 있겠습니까. 표류했다가 돌아온 후에는 사공과 격군을 곤장을 쳐서 귀양 보낸다고 정해진 법이 있었는데, 선조(先朝) 갑자년에 특별히 명을 내려 지워버리게 했으므로 그 후로 간사한 백성의 무리들이 더욱 거리낌 없이 행동한다고 합니다. 그들의 이름을 낱낱이 조사해서 만약 일부러 표류했다는 사실이 드러나면 관찰사와 동래부에 분부하여 각별히 엄하게 징계하도록 하소서.[66]

흉년을 만나면 경상도 바닷가 사람들 가운데 먹을 것을 취하기 위해 고표왜경(故漂倭境)하는 이가 적지 않았다. 그러면 그들이 돌아올 때에 차왜가 나왔다. 당연히 그들에 대한 접대비가 지출될 수밖에 없었다. 1796년에만 무려 일곱 차례나 표류민 호송 때문에 차왜가 나왔다. 풍랑으로 겨우 목숨을 부지하여 돌아왔는데 형벌까지 가하면 되겠느냐며 표류자에 대한 처벌 조항을 갑자년(1744, 영조 20)에 왕명에 의해 폐지한 이후 이런 일이 잦다고 많은 사람들은 여기고 있었다. 그래서 이미 1784년(정조 8)에 영의정 정존겸은 중간에 바람을 만나면 배를 제어하여 회선할 길을 생각하지 않고 그냥 가는대로 맡겨 두어서 이역으로 표류해 가는 것을 보통 일로 여기어 표류인을 거느리고 들어오는 차사가 없는 달이 없어 호조 경

66 『정조실록』 45, 정조 20년 11월 1일(임인).

비가 바닥날 지경이니, 발선과 표류에 대한 엄한 대책이 있어야 한다고 한 바 있다.[67] 그러면 윤시동은 잦은 위장표류 사실을 어떻게 알고 있었을까? 그는 당시 이조판서에서 우의정으로 자리를 옮겼지만, 박준한 같은 역관과 함께 난국에 봉착한 통신사 파견문제의 물꼬를 뜬 대일 정책통이다. 그리고 당시 그의 조카뻘 되는 윤장렬이 동래부사로 재임 중이었다.[68] 따라서 경상도 사람들의 일본으로의 위장표류는 알만 한 사람들은 다 알고 있던 사실이다. 이듬해 1797년(정조 21)에도 비변사 제조 이익운은 영남 연해 간민배의 고표왜경을 지적하였는데, 지적한 이유가 그로 인해 나오는 차왜 때문에 폐단이 크니 고표를 못하도록 단속해야 한다고 하였다.[69] 이런 일이 발생한 근본 원인은 무엇이고, 재발하지 않도록 하기 위해서는 어떤 조치가 취해져야 하는 지에 대해서는 별 관심이 없었다.

그러는 사이에 실제 1814년 기근 때에 많은 경상·전라도 사람들이 일본으로 위장표류하였다. 그래서 동래부사는 사상 유례 없는 대기근을 당하여 연해민들이 많은 사람들을 거느리고 고의로 표류했다는 전제하에, 경상도 동래·창원과 전라도 강진의 돌아온 표류민들에 대한 고표 여부를 조사하였다. 그 가운데 일부는 고표를 자복하였고, 동래부사는 그 사실을 경상감사에게 보고하여 처벌하도록 하였다.[70] 이후 그들에게 어떤 조치가 내려졌는지에 대해서는 알려진 바 없다. 그렇기 때문에 그에 대한 대책도 세워진 바가 보이지 않는다. 복지 시스템의 정비 외에는 다른 답이 없다는 것을 알았지만, 해결할 의지를 발휘하지 못한 결과일 것이다. 그런 점에서

---

67 『추관지』 3, 고율부, 속조, 범월, 「倭境漂迫」.

68 김덕진, 「조선 역관의 '書契僞造' 사건과 1811년 通信使」, 『한국민족문화』 60, 부산대학교 한국민족화연구소, 2016, 153쪽.

69 『승정원일기』 1774, 정조 21년 3월 3일(계묘).

70 『변례집요』 3, 표인순부.

도서를 관리하는 기관을 두어 도서지역에도 왕정이 미치도록 해야 한다는 다산의 견해는 돋보일 수밖에 없다.

2) 방화

기근이 들면 기아자들이 도적이 되어 도둑질을 하는 일은 늘 있는 것이었다. '기갑 대기근' 때에도 그러하였다. 그 모습을 다산도 보고 듣고서 다음과 같이 말하였다.

> 기사·갑술년 기근에 양민들이 강도로 변하여 수십 명이 모여서 모두 종이 탈(紙䍡)을 쓰고 밤을 타서 살림이 있는 민가를 털었다. 병영(兵營)·진영(鎭營)과 열읍수령(列邑守令)들이 이 도둑들을 잡으면 곧 사형에 처하고 혹 옥에 가두어 여위어 죽게 하니, 백성들이 모두 편하다고 하였다.[71]

양민들이 강도로 변하였다. 수십 명씩 모여서 한 무리를 만들었다. 모두 얼굴에 종이로 만든 가면을 쓰고 있었다. 밤을 틈타 재물이 있는 민가를 털었다. 군영과 군현에서는 이들을 잡아 죽이거나 옥에 가두었다. 사람들은 치안이 유지되어 편하다고 하였다. 하지만 다산은 그렇게 처벌하는 것만이 능사가 아니라고 말하였다. 흉년에 이런 강도짓을 하는 자는 풍년에는 양민이 되기 때문에, 선처하고 선도할 필요가 있기 때문이었다.

군영과 군현에서 좀도둑을 강경 일변도로 처벌하는 사이에 그들은 전혀 예상치 못한 행동을 감행하고 말았다. 다산이 목격한 바를 옮기면 다음과 같다.

[71] 『목민심서』 14, 진황, 보력.

기사·갑술년의 흉년에 굶주리는 사람들이 그 타고난 양심을 잃고 한 그릇 밥, 한 그릇 국의 원한으로 섶을 안고 이웃으로 달려가 불 지르므로, 남당(南塘)의 4백여 호가 날마다 8~9호씩 불타서 열흘이 못 되어 터만 남았다. 연해의 여러 마을에 이 불 지르는 근심이 더욱 심하니, 마땅히 엄한 법으로 방을 붙여서 그 버릇을 금지하여 없애도록 해야 한다.[72]

기사년인지 아니면 갑술년인지 확언할 수는 없지만, 기사년 일로 보인다. 굶주린 사람들이 남당포에 이르렀다. 남당포는 서남해 해상교통의 요지이자 전라 병영창이 개설되어 있는 곳이다.[73] 그곳에 간 굶주린 사람들은 한 그릇 밥, 한 그릇 국을 달라고 하였다. 그런데 그 애원을 남당포 사람들은 일언지하에 거절하였던 것 같다. 이에 원한을 품은 굶주린 사람들은 섶에다 불을 붙여 매일 8~9호씩 태워버렸다. 400여 호 되는 거촌이 열흘이 못되어 터만 남고 사라져 버렸다. 그런데 이런 일이 이곳에서만 일어난 것은 아니었다. 연해 여러 마을에서도 일어났다. 이를 심상하게 여긴 다산은 어떻게 하던 이 일만은 막아야 한다고 생각하여 대자보를 붙이기로 마음먹었다. 대자보에는 "한 그릇 밥과 한 그릇 국으로 깊은 원수를 맺어서, 문득 불 지르는 자를 그 즉시 붙잡아서 증거가 명백한 경우에는 본리(本里)의 상호(上戶)에 보고하여 조사해 보아, 만일 진짜이면 즉시 관으로 잡아 보내어 군교(軍校)가 압령(押領)하여 경내 밖으로 내보낸다."라고 하였다. 태형이나 장형으로 다스리면 반드시 죽을 것이니, 고향에서 내쫓는 데에 그쳐야 한다고 하였다. 처벌을 최소화 해야 한다는 것이 다산의 지론이었다.

그런데 이런 방화 사건이 강진 땅에서만 일어난 것은 아니었다. 1812년

72 『목민심서』 14, 진황, 보력. 己巳甲戌之饑 蒙輯之人 喪其天良 簞豆之怨 抱薪走鄰 南塘 四百餘戶 日燒八九戶 未旬而墟 沿海諸村 此患尤甚 宜嚴法示榜 禁絶其習.
73 김덕진, 「강진 남당포와 제주」『포구와 지역경제사』, 선인, 2022.

에 황해도 황주의 애진포(艾陳浦)에 뱃사람 무리들이 들이닥쳐 그 인근 여러 마을에서 노략질을 행하고 있었다. 여러 마을 사람들은 이내 곧 뱃사람 무리들을 본받아 함께 무리를 이루어 12개 포구 마을에 난입하여 무려 300여 호를 불로 태워버렸고 사람들을 4명이나 태려 죽였다.[74] 이유는 알려지지 않았지만, 먹을 것을 달라고 하였거나 곡물을 사러 왔는데 받아들여지지 않자 방화로 보복했을 것 같다. 이와 유사한 화재 사건은 경상도 동래에서도 일어났다. 대마도가 막부에 보낸 1814년 8월부터 1815년 1월까지의 조선 정황 문서에 15건의 사례가 수록되어 있다. 그 가운데 4건이 불이 난 틈을 타서 도둑질하려고 한 방화 사례이고, 나머지는 굶어 죽은 사례이다.[75] 어느덧 방화 사건은 조선 8도 곳곳에서 자행되고 있었다. 1815년에 영의정 김재찬이 다음과 같이 말하였다.

> 옛부터 흉년을 구제할 때에는 반드시 도둑질을 멈추게 하는 정사를 먼저 했습니다. 들으니 지금 마을에서 약탈하고 이웃에 불을 지르는 변고가 없는 고을이 없어, 송도의 성중은 약탈로 인하여 부민들이 다 거덜났고, 양주에서는 독호가 불에 타서 다섯 사람이 모두 죽었다고 합니다. 이 밖에도 놀랄 만한 소문들이 얼마인지 모르겠습니다.[76]

인보(隣保)에 방화하는 변이 없는 고을이 없는데, 경기도 양주에서는 저항할 힘이 미약한 독호(獨戶)까지 방화 대상이었다. 이에 대해 김재찬은 불쌍하다고 관용을 베풀면 나중에 어떤 변고가 발생할 줄 모르니, 엄형으로 다스려야 하는데 주범자는 응당 효수에 처해야 한다고 하였다. 김재찬 발

74 『비변사등록』 202, 순조 12년 1월 29일.
75 정성일, 「조선의 기근과 일본쌀 수입 시도(1814~15년)」, 155~157쪽.
76 『순조실록』 18, 순조 15년 2월 20일(병자).

언 이틀 뒤 전라감사 김계온은 흉년이 거듭되고 기근·염병이 이어지는 가운데 백성들이 항성(恒性)을 잃고 백주 약탈을 일상의 일로 간주하고 일몰과 함께 일어나는 방화가 없는 곳이 없어 마치 전쟁터를 방불케 하는 곳이 적지 않다고 하였다.[77] '기갑 대기근' 동안 방화는 어느덧 일상사가 되어버렸다.

방화범은 대명율에 장 1백, 도 3년, 참형 등 중형에 처하게 되어 있다. 그럼에도 불구하고 당시 방화는 가장 두드러진 사회현상 가운데 하나였다. 실록과 승정원일기를 토대로 18~19세기의 화재 건수를 조사해보니, 순조대가 압도적으로 많았다. 그 가운데 1809년의 경우 무려 65건이나 되었다(표). 이 정도는 다른 해에 비하여 매우 높은 빈도로 보인다. 지역별로도 전국에 걸쳐 고루 분포하지만, 기근이 심했던 삼남 지역의 분포도가 높은 편이다. 원인은 대부분 실화로 나와 있지만, 진짜 원인은 알 수 없다. 누가 왜 했는지도 자세히 나와 있지 않다. 하지만 원인과 당사자를 몇 가지 경로로 추적할 수 있다. ① 진짜 실수로 인한 실화일 수 있고, ② 세금 감면·유예와 위로금 수불 혜택을 노린 자작 실화일 수 있고, ③ 이해관계에 의한 방화일 가능성도 높다. 이 가운데 방화일 가능성이 높다는 점에 주목하지 않을 수 없다. 그렇게 본 데에는 우선은 화재가 곡식을 보관하고 있는 창고에서 빈번하게 일어났다는 사실 때문이다. 그것도 비교적 규모가 큰 것으로 보이는 읍창(邑倉)이나 성창(城倉)에서 화재가 자주 일어나 8407석, 2914석, 932석 등 많은 곡물이 소실된 바 있다. 강원도 여러 곳 읍창이 연거푸 화마에 휩싸인 점은 그냥 보낼 수 없는 대목이다. 서울 서강에 정박중인 조운선에 화재가 발생한 전대미문의 사건도 같은 연장선

---

77 『승정원일기』 2055, 순조 15년 2월 22일(무인). 饑寒所迫 民失恒性 白晝搶掠 看作常事 暮夜放火 無處無之 擧一路如在兵燹火之中.

에 있다. 창곡을 도둑질을 하다가 들키면 불을 지르거나, 도둑질 후 증거 인멸을 위해 불을 질렀을 것이다. 또 하나는 읍내에서 자주 화재가 발생하여 1798호, 507호, 232호, 164호 등 많은 민가가 한꺼번에 소실되었고 그와 함께 곡물이나 읍성 및 관공서(109칸, 6채, 3채)까지 소실되었다. 왕릉이나 만동묘가 습격당한 사건이나 무기고에 화재가 발생한 사건도 같은 성격으로 보인다. 사태를 막지 못하고 해결하지 못하는 무능하고 부패한 공권력에 대한 분노를 방화로 표현했을 것이다.

이렇게 보면, 창고나 관아를 습격하여 방화하는 사건이 '기갑 대기근'에 잦았다고 볼 수 있다. 그러면 누가 그랬을까? 남당포를 습격한 사람처럼 굶주린 사람들이었을 것이다. 동래에서도 불을 지르고 근무자가 불을 끄는 사이에 물건을 훔쳐 달아났고, 불이 난 틈을 타서 도둑질하려고 불을 질렀고, 불이 나면 그와 동시에 강도가 자주 발생하였다. 진휼행정이 제 기능을 발휘하지 못하고 재력가들의 연대의식마저 저하된 상황에서 궁지에 몰린 빈곤층이 선택할 수 있는 길은 이제 그 동안의 관행을 뛰어넘는 수준이었다. 방화는 이후 여러 형태로 이어졌다. 1829년에 경기지역을 휩쓴 수적(水賊)들은 밤을 타고 성에 들어가 도시를 방화하여 만여금의 돈을 탈취하였다.[78] 1833년에는 서울 하층민들이 쌀값이 치솟은 것은 시전인(市廛人)의 농간 때문이라고 하면서 전옥(廛屋)을 부수고서는 바로 불을 질렀다.[79]

그래서 다산이 바로 이런 상황을 지적하였고, 그것을 고치지 못하면 더 큰 화가 도래할 것이라고 예견하였다. 다산의 예견은 "근래 부세가 무겁고 관리가 탐학하여 백성들이 편안히 살 수 없어서 모두가 난리나기를 바라고 있기 때문에 요망스러운 말들이 동쪽에서 부르짖고 서쪽에서 화

78 『순조실록』 30, 순조 29년 11월 9일(기해).
79 『순조실록』 33, 순조 33년 3월 8일(기묘).

답"한다로 이어졌다. 그러면서 1811년에 토적(土賊) 홍경래(洪景來) 등이 음모하여 반란을 일으키기에 앞서 1810·1811년 연간에 유언비어가 크게 일어났으니 이들은 모두 이미 겪어본 분명한 증거라고 확신하였다.[80] 다산의 예견과 확신처럼 무거운 세금과 탐학한 지도층이 청산되지 않는 한 조선사회는 농민반란이 끊이지 않는 위기의 시대로 접어들 수밖에 없었다.

다산 정약용이 전라도 강진현에 정배되어 있던 기사년(1809)과 갑술년(1814)에 각각 대형 기근이 발생하였다. 그는 그때 기근을 '기갑 대기근'으로 명명하고서 당시 벌어졌던 일을 매우 소상하게 기록으로 남겼다. 그에 의하면, 가뭄 때문에 1809·1814년에 전라도에서 발생한 기근은 초대형급이었다. 1809년의 경우 실결의 75%가 재결이었고, 1814년의 경우에는 54%나 되었다. 이로 인해 굶주림을 이기지 못한 많은 사람들이 유망(流亡)되었다. 그로 인해 호구와 토지가 크게 줄어들었다. 이는 전정, 군정, 환곡의 정상적 운영을 불가능하게 하며 조선사회를 근저에서 뒤흔들고 있었다.

정부는 진휼에 나섰지만, 관리 감독하는 감진어사가 파견되지 않은 틈을 타고 수령과 향리들이 갖가지 농간을 저질렀다. 그러한 나머지 진휼을 받아야 할 기아자들이 받지 못하고, 세금을 내지 않아야 할 극빈자들이 내는 상황이 벌어지고 말았다. 이와 짝하여 자산가들의 자선행위는 한산하였다. 이에 그치지 않고 그들 가운데는 전답을 사고 집을 증축하는 사람

<hr />

80 『목민심서』 8, 병전, 응변. 심노숭도 "홍경래의 변란은 농민들이 일으킨 난에 불과하다. 오랜 세월 수령들의 수탈과 곤궁에 지치고, 하늘이 내린 기근에 시달리며 정처 없이 떠돌아다니며 빌어먹던 자들이 호걸스런 역적이 한 번 외치자 사방에서 호응하였다."고 하여, 기근이 홍경래 난 발발의 근원이라고 말하였다(심노숭 지음, 안대회 외 옮김, 『자서실기』, 휴머니스트, 2014, 294쪽).

들까지 있었다. 관리와 자산가 모두 기근을 돈벌이로 악용하고 있었던 것이다. 이러한 때에 기아자들은 일본으로 위장표류를 감행하였다. 그러면 그쪽에서 주는 구호식품을 받아 기근을 면한 후 보리가 익은 후 돌아오기 위해서였다. 위장표류는 엄연히 국법으로 금지되어 있음에도 불구하고, 배에 처자식을 싣고 일본으로 향하였다. 그런가 하면 먹을 것을 얻으러 갔다가 주지 않으면 민간에 방화를 하기도 하였다. 곡물이 비축되어 있는 관창(官倉)을 털다가 들키면 역시 방화하였다. 사태를 막지 못한 공권력을 응징하기 위해 관아에도 불을 질렀다.

이러한 위장표류와 방화는 생계형 범죄를 초월한 수준으로 방치하면 국가를 뒤흔들 잠재력을 충분히 지니고 있다. 그럼에도 불구하고 이 문제를 정면으로 지적한 사람은 아무도 없었다. 하지만 다산은 『경세유표』와 『목민심서』 여러 곳에서 조목조목 지적하며 그 대안을 모색하였다. 문제는 위장표류와 방화가 당시에 전라도에서만 일어난 일은 아니었고, '기갑' 이전부터 전국에서 일어나고 있음에도 불구하고 아무도 체계적으로 거론하지 않았다는 점에서 다산의 문제제기는 높이 살만하다. 위장표류와 방화와 같은 문제를 해결하지 못한 조선은 3정의 문란을 껴안은 채 이제 더 깊은 수렁으로 빠져 들어갈 수밖에 없었다.

<1809년 화재 사건>

일시	장소	내용	기타
01.13	경기 지평	민가	
01.14	경상 고성	민가	
01.15	충청 공주	城餉米 932석	
02.06	전라 보성	읍창, 곡물 2914석	
02.06	황해 곡산	민가	
02.10	평안 순안	민가	
02.11	경기 양주	元陵 局內	
02.13	전라 익산	민가	
02.15	전라 영광	민호	
02.16	전라 부안	민가	
02.17	황해 안악	민가	
02.18	경상 함양	민가	
02.26	전라 순천	민가	
02.27	평안 안주	민가	
02.27	황해 평산	민가	
02.29	황해 신천	민가	
02.30	함경 감영	營下 7里 민가 1798호, 공해 3채	6, 7년에 계속 화재 발생
02.30	평안 평양	민가	
03.02	평안 숙천	민가	
03.02	황해 봉산	민가	
03.04	전라 동복	민가	
03.04	경상 울산	민가 507호, 읍성	
03.07	강원 고성·원주 등	민가	
03.08	충청 제천	읍내 민가 232호, 공해 6채, 곡물 8407석	
03.08	전라 능주	민가	
03.08	전라 옥과	민가	
03.09	전라 순천	민가	
03.09	경상 김산	민가	
03.09	충청 보은	민가	

일시	장소	내용	기타
03.11	경상 경주	민가	
03.14	충청 천안	민가	
03.15	강원 평강	민가	
03.19	평안 개천	민가	
03.23	강원 안협	읍창 31칸, 곡물 135석	去丁未·癸亥 平康·橫城等邑倉燒火
04.01	평안 삭녕	민가 187호	
04.11	충청 은진	민가	
04.19	경상 안동	민가	
04.29	서울 서강	전라도 성당창 조운선 1척	到迫京江 失火沈沒 前所未聞
05.12	충청 청주	만동묘 문	
05.15	경기 양지	민가	
05.15	경기 강화	軍鋪 弓箭	
05.16	경기 안성	민가	
05.20	전라 순창	민가	
05.30	강원 평해	민가	
06.04	충청 진천	민가	
06.07	경상 자인	민가	
06.13	강원 원주	민가	
06.14	충청 영춘	민가	
06.18	전라 용담	민가 164호, 공해 109칸	
06.20	경상 문경	민가	
06.24	충청 청주	민가	
09.22	함경 함흥	민가	
09.23	경기 개성	민가	
09.30	충청 은진	민가	
10.03	전라 여산	민가	
10.03	강원 강릉	민호 다수	
10.09	경상 밀양	민가 227호	
10.10	경기 개성	민가	
11.08	전라 남평 등	민가	

일시	장소	내용	기타
11.14	경상 창원	민가	
11.19	전라 동복	민가	
11.22	전라 순천	민가	
12.07	경상 안의	민가	
12.25	경기 양주	宣陵 수복방 2칸	
12.30	전라 동복	민가	

기후·날씨의 조선경제사

10장

병정 대기근과
지역사회

1. 1876·1877년 기근

1) 가뭄과 홍수

1876년은 병자(丙子)년이고, 1877년은 정축(丁丑)년이다. 그래서 이 두 해의 기근을 병자에서 '병'자와 정축에서 '정'자를 따서 '병정(丙丁) 대기근'이라 한다. 당시 사료에는 '병정겸황(丙丁歉荒)', '병정기려(丙丁飢癘)', '병정대겸(丙丁大歉)', '병정대기(丙丁大饑)', '병정대무(丙丁大無)', '병정대황(丙丁大荒)' 등으로 각각 기록되어 있다. 따라서 우리는 이때의 기근을 알아볼 필요가 있는데, 이는 이때가 강화도 조약이 체결되어 조선이 개항한 시기라는 점에서 의미가 있다. 그리고 이때 대원군이 물러나고 고종 친정이 단행되었다는 점에서도 '병정 대기근'은 흥미로운 주제가 아닐 수 없다.

우선, 기근의 원인부터 알아보겠다. 1876년 봄·여름의 가뭄이 기근의 시작이었다. 비가 오지 않자, 고종 임금은 6월 3일에 "지금 이 가뭄이 어찌하여 이렇게도 다시 혹심한가?"라고 말하며 친히 기우제를 올렸다. 강우량이 연평균의 절반 정도에 그쳤다. 강물도 끊어지고 말았다. 모판에 물을 댈 수 없었고, 모내기도 할 수 없는 상황이었다. 생전처음 두레박으로 손수 물을 퍼서 논에 부은 사람도 있었다. 물을 퍼서 1마지기 모내기 하는데 20여일 걸린 경우도 있었다. 들풀이 말라 죽고, 누런 먼지가 하늘을 덮었다. 7월 중순에야 비가 와 일부 논에서 겨우 모내기를 할 정도였으나, 그마저도 이른 서리로 여물지 못하였다. 그래서 1876년 9월에 "올해 농사가 처음에는 심한 가뭄 때문이었고 또 이른 서리를 만나는 바람에 경기와 삼남(三南)에서 제일 혹심하게 재해를 입었습니다."라는 말이 나왔다. 삼남이란 가장 많은 호구와 토지를 보유한 충청, 전라, 경상 3도를 말한다. 10월에는 그해 농사 작황이 나왔는데, 옥구 등 32개 읍진이 우심읍(尤甚邑)이었고, 정부로부터 응당 받아야 할 재결 2,500결 외에 8만 7,212결이 추가 재결로 농민들에 의해 요구되었다. 볏짚이 귀하여 가을에 이엉을 올리기도 힘든 상황이었다. 가뭄으로 논농사가 대흉작이었던 것이다. 메밀과 기장을 급히 사서 올벼를 대신하여 파종했는데도 별다른 소용은 없었다. 신좌모(申佐模, 1799~1877)가 읊은 「황년탄(荒年歎)」이란 시를 보면, 당시의 참상이 잘 표현되어 있다.

그런데 이듬해 1877년에는 반대로 큰 홍수가 나고 말았다. 그래서 6월 4일에 의정부에서는 "지난 가을 삼남의 농사가 모두 큰 흉년이 들었습니다. 백성들의 힘이 고갈된 것이 어느 때인들 그렇지 않은 것은 아니었지만, 대체로 지금 일은 홍수가 나거나 가뭄이 들기도 하고 천시(天時, 전염병)가 유행한 것입니다."라고, 푸념어린 목소리를 내뱉었다. 이번 홍수 피해는 전라도에 집중되었다. 8월 24일 전라감사 이돈상(李敦相)의 보고에 의하면, 전라도 전역에서 수해를 입은 곳 가운데 장성·함평에서는 무너진 민가가 164호나 되었다. 논농사가 흉작이었다. 목화 농사도 흉작이어서 군포(軍布)의 납부기일을 연기하거나, 포를 돈으로 대신 내는 방안이 거론되었다. 전라감사의 10월 보고에 의하면, 이 나주 등 14개 고을이나 되었다. '우심읍'이란 재해가 매우 심한 읍이란 말로, 재해 등급에서 가장 높은 것이다. 전 해만 못하지만, 재결로 추가 요청한 것이 4만 1,656결이나 되었다. 이 무렵 전라도에서 세금을 내야만 하는 출세 실결수가 21만 4천 결이었으므로, 1876년에는 출세결수의 약 40%가, 1877년에는 약 20%가 세금을 낼 수 없는 재결이 되었던 것이다.

2) 갖가지 대책

불순한 날씨로 번갈아 찾아온 한해와 수해가 '병정 대기근'의 원인이었다. 전형적인 기근 형태이다. 재해 가운데 수해는 단기간에 집중적인 피해를 주지만, 한해는 반복적으로 찾아와 장기간에 걸친 피해를 주었다. 이 때 전국에서 전라도가 가장 큰 피해를 입었다. 도내 56개 읍 중에서 초실읍(稍實邑)은 1876년에 6개 읍, 1877년에 18개 읍에 불과하였기 때문이다. '초실읍'이란 약간 풍년든 읍이라는 말로, 재해 등급에서 가장 낮은 것이다. 따라서 전라도 중심으로 이 글을 전개하고자 한다.

우선, 왕실과 중앙정부의 기근에 대한 대책부터 찾아보겠다. 임금은 왕실 보유 돈을 풀어 경기, 충청, 경상, 전라 4도에 각 1만 냥씩 내려 보내라고 하였다. 그리고 재해가 극심한 고을에 대해서는 "삭선(朔膳)과 명절에 바치는 방물물선(方物物膳)을 내년 가을까지는 바치지 말고, 각전(各殿)과 각궁(各宮)에 초하루와 명절에 올리는 물선은 이미 자전(慈殿, 임금의 어머니)의 하교를 받았으니 일절 바치는 것을 중지하며, 단오 부채를 진상(進上)하는 것도 면제하라."라는 조치를 내렸다. 각종 왕실 진상을 중단시킨 것이다. 전라도 특산인 부채의 진상도 면제시켰다. 또한 감진어사, 구황어사, 진휼어사 등을 파견하여 재해행정을 진두지휘 하도록 하였다. 1876년의 경우 암행어사를 파견하여 민정을 살피라고 하였는데, 전라도 우도에는 어윤중이, 좌도에는 심동신이 암행어사로 내려왔다.

이어 도차원의 대책을 찾아보면, 전라감사는 비를 내려 달라고 도내 각지를 다니며 기우제를 올렸다. 전라감사 정범조(鄭範朝)는 1876년 봄 가뭄 때 조그마한 나귀를 타고 다니면서 주전(廚傳)을 번거롭게 하지 않았다. 친히 도내의 각 산을 다니며 기도를 드렸는데 그가 무등산(無等山) 용연마을에 와서 기도를 드릴 때는 찌는 듯한 더위에 길바닥에 앉아서 머리가 땅에 닿도록 절을 하면서 하늘에 부르짖었다고 하는데, 그가 무릎을 꿇고 향해 있는 곳에 갑자기 구름과 안개가 끼더니 조금 빗방울이 떨어져서 백성들은 모두 이상하게 생각하였다고 한다. 황현이 지은 『매천야록』에 나온 이야기이다. 도내에 가뭄이 심하면 감사가 무등산에 와서 기우제를 지내왔기 때문에 정범조 역시 그러한 것이다. 그리고 전라감사는 도내 비축곡을 모두 풀어 기근 구제에 쓰라고 각 고을에 지시하였다. 또한 전라감사는 구휼 성금을 낸 사람을 포상하겠다고 선포하였다. 예를 들어 "무주의 선비 유학증(柳鶴增)이 작년 가을부터 굶주리는 백성에게는 식량을 주고 유랑 걸식하는 사람에게는 죽을 먹였으며 또 나락 1,000석을 내어 진자(賑資)에 보탰으니 상을 내리는 은전을 정부로 하여금 행하게 하소서."라고 중앙에 보고하였다.

지자체 차원의 대책도 다각도로 펼쳐졌다. 각 고을 수령들은 긴급 구휼에 나섰다. 남호원(南鎬元)이 1876년 1월에 광주목사에 임명되었다. 그해에 광주에 대기근이 들었다. 남호원은 돈 5,740냥을 자신의 봉급이나 주민들 성금으로 모아서 기아자 구제에 사용하였다. 정부는 전라감사의 필진장계(畢賑狀啓)를 근거로 하여 남호원을 포상하였고, 광주 사람들은 선정비를 세워 남호원의 선정을 선양하였다. 이때 건립된 수령 선정비는 이 외에도 매우 많다.

여기에서 1876년 가뭄을 극복하고자 한 장성 사람들의 노력을 알아보자. 풍수가의 말에 장성은 물이 곧장 달아나는 형국이었다. 특히 읍내의 곤방(坤方)이 허하여 고을 사람들이 가난하다고 하였다. 그러면서 산을 쌓고 탑을 세우면 부유한 고을이 된다고 풍수가가 말하였다. 장성 사람들은 1876년 봄에 고을 남쪽에 산[조산(造山)]을 만들고 탑을 세우기 시작하였다. 대흉년이 들자 사업은 중간에 그치고 말았다. 3년 뒤 1880년 가을에 다시 공사를 이어나가 마치니 산은 두어 질이 되었고 들은 층을 이루어 읍내에서 바라보면 고을을 넘어 날아오는 봉우리 같았다. 완공과 함께 「진곤비(鎭坤碑)」를 세웠다. 이 사실은 『장성군사』에도 수록되어 있다. 가뭄을 극복하고자 할 수 있는 온갖 방법을 동원하였음을 알 수 있다.

민간에서도 자체적으로 구휼에 나섰다. 그러한 일을 하였던 도내의 선비나 자산가가 다수 산견되고 있다. 담양의 석전 이최선(李最善, 1825~1883)이 1876년에 가산을 털어 빈궁한 백성들을 구제하였다. 1876년 대흉년에 굶어죽은 시체가 사방에 널려 있자, 보성의 소송 이지용(李志容, 1825~1891)은 사재를 털어 본인이 살고 있는 면의 24개 마을 사람 천여 명을 섣달부터 이듬해 보리가 익을 때까지 미역이나 해조류를 섞어 죽을 쒀서 구휼하였다. 이듬해 구제받은 생존자들이 모두 모여 보은회(報恩會)를 열어 그 공덕을 칭송하였다. 1877년(고종 14) 4월에 화순 사람들이 화순읍 계소리 도로변에 '오위장 김규문 영세불망비'를 세웠다. 비문 내용은 "흉년에 고을 사람들의 세금(稅金)을 부담하기 위하여 많은 돈을 내어 스스로 부담하니, 고을 사람들이 그 은덕(恩德)을 칭송함이 높은 산과 길이 흐르는 강물처럼 한없이 영원하리라."라고 적혀 있다. 5월 29일자 실록에 화순현에 사는 전 오위장(五衛將) 김규문(金奎文)이 자원하여 자기 현의 전세, 포량, 잡비 등

쌀 471석, 콩 229석을 대신 바쳤다고 기록되어 있다. 그는 이듬해에 사천 현감에 임명되었다. 이 외에 김제 사람 유학 유동원(劉東源)은 1만 냥을 자 원 납부하여 관직에 나갔는데, 이 사실은 『비변사등록』이나 『일성록』 등 의 관찬서에 수록되어 있다.

2. 기근의 여파

1) 공동체 붕괴

이러한 각계각층의 다양한 노력은 매우 강력한 재해로 인한 대기근을 극복하는 데에 턱없이 부족하였다. 그리하여 많은 사람들이 죽거나 유랑 하게 되었다. 이는 관의 대책이나 민간의 상부상조가 즉각적인 대응력을 갖추지 못하여 별다른 효과를 보지 못하였던 데에서 비롯되었다. 특히 전 통적인 환곡(還穀) 제도가 구휼 기능을 상실하고 있었던 점이 가장 큰 요 인으로 지목될 수 있다. 환곡의 규모가 1776년에는 1,050만 석이었지만, 1862년 경에는 500만 석으로 급감하고 말았다. 원곡의 축소는 환곡 기능 의 변질을 의미한다. 환곡이 구휼에서 국가 재원을 조달하는 수단으로 변 질되었다는 말이다.

이러한 상황에서 경제기반이 흔들릴 수밖에 없었다. 우선, 1876년(고종 13)이나 1877년(고종 14)에 쌀값이 사상 유례 없이 폭등하였다. 가령, 전라도 해남에서 살던 윤씨들이 남긴 족계(族契) 문서 속의 1823~1882년 쌀값을 보면, 1877년 쌀 1석 값이 평년보다 4배 가량 오른 10냥에 이르러 사상 최 대였다. 장성군에서도 1876~1877년에 쌀값이 평상시보다 2~3배 폭등하 는 양상을 보였다. 평시에는 1말에 1~2냥에서 5냥 정도 하던 것이, 이때에는 5~6냥에서 15냥까지 폭등하였다는 것이다. 쌀값의 급등은 흉작에 따른 쌀의 품귀에서 비롯되었다.

이와는 반대로 농지 값은 하락하였다. 나주에서 행정실무를 맡았던 박씨가에서는 19~20세기에 많은 논을 사고팔았다. 꾸준히 상승하던 논 값이 1870년대 후반부터 1880년대까지 약 15년 동안에는 급락하여 50년 전 수준으로 후퇴하고 말았다. 자연재해에 의한 수확량의 감소로, 부채를 못 이기거나 생계가 곤란한 사람들이 헐값에 토지를 내놓았던 것이다. 이런 현상은 전국 도처에서 유사하게 나타났다. 가령, 경상도 대구 지역의 토지 거래와 지가변동을 분석한 연구에 의하면, 1870년대 후반은 논 가격의 하락기 또는 침체기였음을 분명하게 확인하였다.

똑같은 현상이 노비매매(奴婢賣買)에서도 나타났다. 고흥의 한량인 강시영이란 사람에게 15살 먹은 인순이란 여종이 있었다. 강시영은 같은 고향의 신학모에게 인순을 1877년 정월에 57냥에 팔았다. 판 이유는 "當此大無之年 救活之意"였다. 올 해 같은 전례 없는 흉년을 만나 살 길을 찾기 위해서 팔았던 것이다. 자기 자식마저 버리거나 팔았던 상황에서 당연히 노비 매매 값이 높을 리가 없었다. 당백전·당오전 같은 고액권의 남발로 야기된 통화팽창·물가상승으로 농지·노비 값이 하락할 수도 있지만, 적어도 이때의 현상만큼은 자연재해가 절대적인 원인이었다.

또한 이 시기에 지주들이 거두어들인 지대(地代, 소작료)가 전례 없이 하락하거나 아예 없는 경우도 있었다. 가령, 영광군의 신씨가에서 거두어들인 1830~1929년 두락당 도조(賭租, 경작료)를 보면, 1876년에 1.83석으로 평년의 4분의 1 수준에 불과하였다. 지대의 저하는 재해의 결과 때문이었다.

재해·기근으로 인한 경제위기는 위기극복의 원천력을 지니고 있는 공동체를 붕괴시키고 말았다. 당시 민간에서 자율적으로 결성한 공동체 조직의 대표적인 것으로 족계와 동계가 있었는데, 이의 붕괴가 곳곳에서 나타났다. 자산가의 몰락이나 빈곤화도 공동체 붕괴를 부채질 하였다.

장흥군 용산면 상금리 수원백씨 족계를 보면, 그 동안 매입해 오던 계답(契畓)을 1876년 흉년을 당하여 상당수 되팔았다. 그해에 심한 봄 가뭄이 찾아와 대부분의 논에서 모내기를 하지 못하였다. 전체 계답 31마지기 가운데 23마지기의 모내기를 하지 못하였으니, 모내기 못한 논이 전체의 74%나 되었다. 그 결과 그곳에서는 지대를 한 톨도 받지 못하여 그 동안 추진해 오던 비석 건립 사업을 뒤로 미룰 수밖에 없었다. 지대의 하락이나 미수는 흉작에서 비롯된 것이다.

그리고 장흥군 용산면 어서리 동계(洞契)를 보면, 그 동안 왕성하던 계전(契錢)의 식리 활동이 이 시기에 거의 중단되었다. 구체적으로 말하자면, 돈 굴리는 책임을 맡은 전유사(錢有司)가 35명 가운데 9명이 사망하고 말았다. 기근이나 전염병으로 아사나 병사하였을 것이다. 그 결과 책임지고 돈을 굴릴 사람이 부족하였다. 그리고 채무자에게 일괄적으로 이자를 탕감해주었다. 채무자 대부분이 지연이나 혈연으로 연결되어 있을 텐데 대기근으로 죽을 지경에 있는 그들에게 이자를 달라고 할 수 없는 상황이었기에 내린 조치였을 것이다. 당연히 이자 수입이 하나도 없었다. 수입이 없기 때문에, 연말 총회에 해당되는 강신(講信)도 열리지 않았다.

이상의 공동체 붕괴 사례는 전라도 지역의 고문서를 분석한 결과이다. 이런 사례는 전국 곳곳에서 다수 확인되고 있다. 그러면 쌀값의 급등, 노비 매매가의 하락, 논 값의 급락, 그리고 자산가의 빈곤화, 족계·동계의 지대 하락이나 식리의 중단 등은 왜 발생하였을까? 다시 말하면 경제 활동이 왜 침체되거나 중단 상태에 이르렀을까? 그것은 다름 아닌 1876~1877년에 연이어 찾아온 대기근 때문이었다.

2) 유망과 진전

공동체 붕괴의 결과는 참혹하게 나타나 농민의 삶을 파괴하고 국가재정을 파탄에 빠뜨리고 말았다. 우선 전자부터 알아보자.

관아이건 민간이건 간에 긴급처방 없이 우왕좌왕하는 사이에 기아자가 속출하였다. 구례 운조루 사람 유제양(柳濟陽, 1846~1922)이 남긴 일기 『시언(是言)』을 보면, 쌀죽에다 미역이나 소나무 껍질을 섞어 삶아서 굶주린 입들을 구휼하였다. 집 뒷산의 큰 소나무를 베도록 해 마을 사람이나 이웃 동네의 가난한 사람들에게 송피를 벗겨다가 죽 끓여 먹는 데에 보태도록 하였다. 집이나 고향을 떠나는 사람들도 줄을 이었다. 함경도 사람들 가운데 먹을 것을 찾아 몰래 국경을 넘어 중국으로 들어가기도 하였다. 전염병도 창궐하였다. 전라도 사람들도 굶주림이나 전염병으로 대거 죽고, 산 사람은 고향을 떠나 어디론가로 가버렸다. 1876년에 이러하였다. 1877년이 되니 가뭄과 홍수로 또 농사를 지을 수 없었다. 농사가 가능한 지역마저 워낙 많은 사람들이 죽고 떠나서 모내기를 하고 김매기를 할 사람이 없었다. 그래서 멀쩡한 논마저 진전(陳田, 묵은 논)으로 바뀌고 말았다.

1876년 9월 10일에 우의정 김병국이 "올해는 농사가 흉년이 들어 대중의 인정이 황급한데 무릇 백성을 접제(接濟)하는 방도에 있어서 전혀 손을 댈 곳이 없습니다."라고 당시 사정을 보고하였다. 당연히 그해 세금을 낸 사람이 적었고, 그 다음해에는 농사를 짓지 않아 많은 농지가 황무지가 되고 말았다. 황무지가 되었으니 그 다다음해 세금이 들어올 리가 없었다. 세금의 체납·미납으로 이어지는 악순환의 연속이었다. 그 결과 정부는 심각한 재정난을 겪게 되었다. 그 실태를 1877년(고종 14)에 영의정 이최응(李最應)은 "지금 돈과 곡식을 다루는 기관에서 재정이 완전히 고갈되니 지탱하기 어렵습니다."라고 표현하였다. 세금 납부 지연은 이듬해 1878년(고종

15)에도 계속 되었다. 여기에는 세정을 맡고 있는 수령·향리나 운송을 맡고 있는 선원의 농간이나 태만도 작용하였다.

전라도의 경우 '연읍(沿邑)', 즉 바닷가와 접한 고을의 흉작이 유독 심하였다. 수리시설이 구비되지 않은 상황에서 큰 가뭄이 들자 갯벌 간척지를 늘려 놓은 것이 화근이었던 것이다. 야산을 개간한 지대 역시 직격탄을 맞았다. 몇 고을의 사례를 열거하면 다음과 같다.

영광(靈光)의 경우, '병정 대기근' 때 주민들이 죽거나 떠나 고을이 텅 빌 지경이었다. 영광군수 박제교(朴齊敎)는 병자년(1876) 대흉작을 평하기를, "읍을 설치한 뒤 처음 당한 일로 도내에서 가장 심하였으며 게다가 전염병까지 겹쳐서 대부분 유망하였습니다."고 하였다. 그 결과 각종 상납이 지체되어서 독촉이 빗발쳤다. 상황의 엄중함을 안 박제교는 1876년조의 전세미(田稅米) 가운데 유망한 사람의 몫 900석을 탕감해주고, 아직 거두지 못한 1,000석은 '상정대봉(詳定代捧)', 즉 다른 것으로 대신 거두어 납부할 수 있도록 조치해주라고 뒤늦게 1878년에야 전라감사에게 요청하였다. 전라감사는 곤혹스러운 입장에서 "경작하지 않은 땅에서 어떻게 세금을 강제로 거두어들인단 말입니까?"란 논리로 전후 사정을 중앙에 보고하면서 선처해주기를 청하였다. 임금은 들어주었다. 그런데 후임 영광군수 홍대중(洪大重)은 이듬해 1879년(고종 16)에도 병자년과 정축년 이래로 민읍(民邑)의 사세가 극한 상황에 이르렀다면서, 대동(大同)과 궁결(宮結) 및 어세전(漁稅錢)을 막론하고 지금 만일 규례대로 모두 독촉을 하게 되면 얼마되지 않은 백성들마저 차례로 흩어져 장차 백성도 없고 고을도 없는 지경이 되고 말 것이라고 하였다. 계속하여 세금 삭감이나 유예 등을 요구한 것이다. 전체 28개 면 가운데 서쪽 아홉 개 면에서 병자·정축 양년에 내야 할 대동미 5,000석을 탕감해주고, 그곳의 농지 가운데 황무지가 된 1,400결을 면세해주라고 요청하였다. 대동미 납부가 2~3년 체납되고, 세금을 낼 수 없을 정도로 황무지가 된 곳이 적지 않았다. 이에 대해 의정부는 대동미는 3년 동안 돈으로 바꿔서 분할 납부하도록 하고, 황무지는 절반만 그것도 명년에 한하여 면세해준다고 통보하였다. 그런데 정부는 700결(1,400결의 절반)을 무한정 면세해줄 수는 없어 1891년(고종 28)부터 세금을 내라고 하였다. 이에 대해 영광에서는 "갑자기 불모지에 대해 조세를 내라고 요구하는 것은 실로 거북의 등에서 털을 깎는 격입니다."라며 계속적인 면세 조치를 요구하였다. 그들의 요구는 백성을 돌보아주는 정사에 있어서 처음부터 끝까지 변함없는 혜택이 있어야 한다는 것이었다. '병정 대기근'의 여파는 강하면서도 오래 갔다.

전주의 경우, '병정 대기근' 이후 만경강 아래 8개 면의 농지가 황무지가 되어 버렸다. 세월이 흐르면서 점차 개간지가 늘어나고 있지만, 바닷가 쪽은 여전히 개간지가 적고 사람도 들어오지 않았다. 여전히 수년간 황무지임에도 불구하고 세금은 계속 부과되고 있었다. 이에 전라감사는 1880년(고종 17)에 그곳 농지 230결에 대해서는 특별히 5년간 면세해주라고 중앙에 요청하였다. 면세가 되어야 '풍패지향(豐沛之鄕)', 즉 어향 전주에 대한 정부의 관심이 부합된다고 말하였다.

이런 실정은 인근의 고부·김제도 마찬가지였다. 전라감사는 고부·김제 양읍의 체납된 1878년 세금 1,110석과 1,536석을 '병정 대기근' 때의 예대로 탕감해주라고 영의정에게 요청하였다. 그러자 영의정은 필히 기한 안에 납부해야 하고, 체납한 점에 대해서는 감사와 수령을 처벌해야 한다고 하였다. 당연히 임금은 그렇게 하라고 하였다.

당시 임시 면세 조치는 보통 5년을 기한으로 하였다. 전라좌도를 순찰한 암행어사는 병자년과 정축년의 흉년을 겪은 뒤로 묵힌 흥양현의 토지 864결에 대해 5년을 한정해서 임시로 조세를 감면시켜주자고 하여 실행되도록 하였다. 그런데 심한 곳을 10년을 기한으로 삼자는 의견이 이때 나왔다. 이 점과 관련하여 전라감사는 "해남현은 바닷가의 영락된 곳으로 병자년과 정축년 이후로 전야가 황폐화되어 조세를 징수할 곳이 없습니다. 그래서 결국 가까운 이웃과 친족에게 배분하여 받게 되었습니다. 이것만도 이미 불쌍한 노릇인데 더구나 작년에 괴이한 전염병까지 겪었으니 더 말할 것이 있겠습니까. 징수할 조세를 거두지 못한 것이 모두 계산하면 1만 냥이 되는데 장차 고을이 없어질 지경에 이르게 되었으니 고장을 떠난 사람의 진결(陳結) 323결을 10년을 한정해서 조세를 감면시켜 주어야 합니다."고 건의하였다. 하지만 의정부는 5년을 한정해서 특별히 조세를 감면시켜주자고 하여 국왕의 허락을 받았다. 그런데 전주의 진결(陳結, 묵은 농지) 230결에 대한 5년 만기 면세 기한이 도래하였다. 전라감사는 아직 완전히 일구지 못하였고 한재가 심하다는 이유로, 1888년부터 다시 5년 면세를 해주라고 요청하였다. 이에 대해 의정부는 진폐(陳廢)한 땅에 경작을 권할 수도 없는데다가, 더구나 작년에는 가뭄이 혹심하여 가난한 백성들이 굶주리고 있다면서 기한 연장에 동의하는 결정을 내려주었다.

전라도를 강타한 1876~1877년 대흉작의 상처는 좀처럼 회복되지 않았다. 백성 모집과 함께 진전 개간에 힘썼지만, 5년이 지나도 병정 이래의 진전이 미개간인 채로 남아 있는 곳이 허다하였다. 이런 상황에서 전라도는 1886년(고종 23), 1888년(고종 25)에 또 흉작을 당하였다. 전라감사 이헌직(李憲稙)이

오랜 가뭄으로 재해를 입은 것이 병자년만 한 적이 없는데, 금년은 병자년보다도 더욱 심한 점이 있습니다. 기우제를 지내도 보응은 아득하기만 하고, 두레박을 써도 헛수고로 돌아가 농사는 제대로 되지 않고 백성들은 고통을 겪고 있는데, 특지를 내려 은혜롭게 보살펴 주심이 일반적인 격식을 뛰어넘었으니, 덕의(德意)가 미치는 곳에서는 재해를 입

었던 사실조차 모르게 될 것입니다.

라고 말한 것처럼, 큰 가뭄으로 야기된 1888년 흉작은 혹심한 것이었다. 이러한 꼬리에 꼬리를 무는 흉작은 장기간에 걸친 세금 체납으로 이어져 민생은 물론이고, 개항 이후 쓰임새가 많은 국가의 운명마저 뒤흔들었다.

3) 세금 미납

마지막으로 대기근이 국가재정을 파탄에 빠뜨린 점에 대해 알아보겠다. 앞에서 말한 것처럼, 1876년 흉작으로 그해 세금 납부가 지연되고 있었다. 실상을 제시하면 다음과 같다. 추수 후 세곡을 수합하여 이듬해 3월 15일 이전에 조창에서 선박을 출발시켜 4월 10일 이내에 경창에 상납해야 하였다. 그런데 5월 말이 되어서야 전라도의 3조창 가운데 함열(현재 익산)의 성당창(聖堂倉) 세곡선만이 서울로 떠났다. 나머지 군산창(群山倉)과 법성창(法聖倉)은 일부만 받아서 창고 마당에 쌓아놓고 올려 보낼 기미가 보이지 않았다. 전국 최대 규모의 조창인 법성창에서 조운선 출발을 지연시키고 있는 점은 국가재정 측면에서 큰 타격이었다. 이러한 전라감사의 보고를 받은 의정부에서는, "세곡의 상납을 지연시킨 전주, 옥구, 영광, 고창 등 네 고을의 수령을 모두 우선 파출하고 그 죄상은 관련 기관으로 하여금 조사하게 하소서."라고 임금에게 보고하였다. 미납 고을은 이 외에도 더 있었지만, 이 네 고을의 상태가 심각한 수준이었던 것 같다. 기한 안에 납부해야 하는 규정과 지출해야 할 정부 재정, 그리고 작년 농사의 흉작 사이의 간극을 엿볼 수 있는 대목이다.

이 해 흉작은 이듬해 1877년으로 이어졌다. 두 해 흉년을 연이어 겪은 뒤에 조정에서 백성들을 보호하는 방도를 취하지 않은 것은 아니었다. 하지만 조세를 바칠 백성들 가운데 유망한 사람이 많고 약간 남아 있는 가호들은 집안이 몰락하고 거덜이 나버렸다. 그런데 중간에 선주(船主)가 포흠하고 이속(吏屬)이 포흠까지 하였다. 포흠(逋欠)이란 재물을 사사로이 빼돌리고 사용하는 부정행위이다.

기근과 부정부패로 야기된 세금의 미납은 그칠 날이 없었다. 그 결과 미납이 수년째 누적되었다. 상황은 악화 일로였고, 국가적 위기였다. 8~9년 지난 1885년(고종 22) 전라감사 윤영신(尹榮信)의 장계(狀啓)를 보면, 도내 일부 고을의 세금 미납 현황이 나와 있다.

<1885년 전라도 일부 고을의 세금 미납(『고종실록』)>

고을	미납 시기	미납 액수
보성군(寶城郡)	1877, 1879, 1881	쌀과 콩 1,091석
순천부(順天府)	1879, 1880	쌀 254석
낙안군(樂安郡)	1882	쌀 105석
능주목(綾州牧)	1879	쌀 72석
여산부(礪山府)	1883	쌀과 콩 721석
옥구현(沃溝縣)	1881, 1882, 1883, 1884	쌀 61석

조창의 미납액도 적지 않았다. 1882년(고종 19) 보고에 의하면, 영광 법성창의 1879년과 1880년의 세곡에서 아직 추쇄(推刷)하지 못한 몫이 8,000석이었다. 추쇄란 선주·사공 등이 유용한 것을 추징하는 것을 말한다. 1885년(고종 22) 보고에 의하면, 법성창에서 호조와 선혜청에 납부할 곡식 가운데 1879년, 1880년, 1883년 등 3년 동안 거두지 못한 미태가 도합 3,263석 가량이나 되었다. 형편이 점점 극한 지경에 다다라서 세금을 완납할 기약이 없었다. 하는 수 없이 아직까지 거두지 못한 미태를 특별히 허락하여 5년에 한하여 나누어 내도록 하였다. 이 근원을 따진다면 병자·정축년 큰 흉년을 겪은 뒤로 혹은 백성들의 힘으로 마련하기 어려운 것으

로 인해서, 혹은 선원들의 포흠을 당해 유망(流亡)하게 된 것으로 인해서였다. 병자·정축년 후유증은 1890년(고종 27)까지 이어졌다. 내무부(內務府)에서 아뢰기를,

> 여러 도의 결총(結總)이 점점 줄어들어 매우 염려스러운데, 호남으로 말하면 김제 등 11개 읍이 병자년과 정축년의 흉년을 겪은 뒤로는 대부분의 땅이 묵혀져 가난한 백성들이 살던 곳을 떠나 흩어지고 있습니다. 이것을 만일 오랫동안 내버려둔다면 반드시 고을이 고을 구실을 못하고 백성이 백성 구실을 못하게 되는 탄식이 있을 것입니다.

라고 하였다. 그러면서 이 문제를 해결하기 위해 김창석(金昌錫)을 균전관(均田官)으로 내려 보내어 개간하는 일을 감독하게 하여 기필코 원래의 총수를 회복하도록 하자고 하였다. 고종이 윤허하여 김창석을 전라도로 내려 보냈다. 황현의 『매천야록』에 의하면, 김창석은 전주 아전 집안의 출신으로, 대대로 부유하여 그의 전답에서 수확한 볏섬은 1만 석이나 되었다. 그는 과거에 급제한 다음날 돈 10만 냥을 상납하여 임금의 은혜에 감사의 뜻을 표하자 고종은 매우 기뻐하였다. 그는 균전사 활동을 하는 동안 민폐를 유발하여 나중에 동학 농민군으로부터 원성을 사고 말았다. 그런 점 때문에 부사과 이설(李偰)이 상소에서 "겉으로는 균전사의 이름을 빙자하여 남모르게 치부를 하고, 국결(國結)을 속여 세금을 징수하므로 백성들은 그 피해를 입은 지 이미 오래되었습니다. 그러므로 김창석도 난을 일으킨 사람 중 한 사람입니다."라고 말하였다. 김창석 같은 사람 때문에 민란이 일어났다는 의미로 한 말임에 분명하다.

나주의 경우, 세금 미납이 심각한 수준이었다. 나주 사례는 기근과 세금 미납의 관계를 잘 보여주고 있기 때문에 자세히 살펴볼 필요가 있다.

나주는 '병정 대기근' 이전의 세금도 체납하고 있었다. 1875년에 좌의정 이최응은 "나주에서는 1873년 몫만 거두지 못한 것이 아니라 1874년 몫까지 바치지 않아서 미납이 만여 석이나 됩니다."라고 말하였다. 관리·군인 월급을 줄 수 없을 정도로 정부 재정이 고갈된 때에 국세를 미납하고 있는 나주목사를 처벌해야 한다고 하였다. 앞에서 말한 것처럼, 체납은 목사 한 사람을 처벌한다고 해결될 일은 아니었다. 납세자, 목사, 향리, 조창, 중앙의 합작품이어서 복합적이고 구조적인 문제였다.

이런 상황에서 나주는 '병정 대기근'을 맞이하였다. 이때 우선, 여러 종류의 세금이 거액으로 미납되었다. 환곡 모곡이 미납되었고, 세미와 대동미도 미납되었다. 군포도 예외가 아니었다. 세미의 경우 당해 연도 미납액이 6,182석이나 되었다. 또한 여러 해 동안 세금이 미납되고 있었다. 1884년(고종 21)에 암행어사가 나주의 미납 상황을 보고하면서, 1879~1881년에 나주에서는 실어 보냈다고 하나 중앙기관에서 납부를 확인하지 못한 세곡이 2만 2,814석이며, 아직 거두어 실어 보내지 못한 세곡이 8,273석이나 된다고 하였다. 이듬해 1885년(고종 22) 전라감사 윤영신의 장계를 보면, 나주목은 1882년, 1883년 등 2년 몫으로 백성들에게서 거두지 못한 것과 업무를 보는 향리와 빌린 배의 선주(船主)가 유용한 미태가 도합 1만 6,373석 가량되었다. 이것은 해당 연도에 바치지 못한 것이 아니고 병자년(1876)·정축년(1877)의 대흉년이 있은 뒤에 새로 바칠 분량으로 이전에 납부할 분량을 미봉하다 보니 자연히 오늘날까지 지체하게 된 것이었다. 이 모든 것들은 기아와 병으로 죽거나 다른 곳으로 떠나 세금을 낼 사람이 줄어들고, 경작하지 아니하고 내버려 두어 세금을 부과할 농지가 줄어든 결과였다. 중간에서 향리들과 선주들이 빼돌린 것도 적지 않았다.

나주에서는 미납 내역을 '민미수(民未收)'와 '포흠(逋欠)'으로 나누었다. '포흠'은 다시 못하게 단속하거나 유용한 사람의 친족에게 분배하면 해결될 수 있는 일이지만, '민미수'는 복잡한 구조를 가지고 있다. '민미수'는 다시 '유망', '허결(虛結)', '지징무처(指徵無處)'로 나누어 미납 세액을 파악하였다. '유망'이란 어딘가로 가버려 현재 있지 않은 사람을 말한다. '허결'이란 실존하지 않은 땅이 장부에 있다고 기재되어 있는 것을 말한다. '지징무처'란 땅은 있는데 가뭄이나 홍수로 황무지가 되어 농사를 짓지 않는 곳을 말한다. 따라서 이들 사람과 농지를 과세 대상에서 제외하지 않은 상태에서는 미납이 계속 발생될 수밖에 없었다. 그래서 나주에서는 부득이하게 돌려막기, 즉 그해 징수한 세곡을 전 해 미납 세곡분으로 납부하는 일을 반복하게 되었다. 이 과정에서 상부질타나 내부원성이 행정실무를 맡고 있는 향리층에게 집중되고 있었다.

유망인(流亡人)이 얼마나 되었을까에 대한 통계 자료는 보이지 않는다. 전라감사가 "병자·정축년의 흉년을 겪은 뒤에 조정에서 보호하는 방도를 취하지 않은 것은 아니지만 조세를 바칠 백성들 가운데 유망한 사람이 많고 약간 남아 있는 가호들은 집안이 몰락하고 거덜이 났습니다."고 한 것으로 보아, 많은 사람들이 유망하였음을 알 수 있다. 1879년(고종 16)에 전라감사 심이택(沈履澤)은 함평과 나주 두 고을은 병자·정축년의 기근과 염병을 만나 인구가 감소되고 땅이 묵었다면서, 나주목의 떠도는 백성들이 물어야 할 조세가 쌀 6,182석이나 된다고 하였다.

진결(陳結)의 규모에 대해서는 1883년(고종 20)에 전라도 암행어사 박영교(朴泳教)는 다음과 같이 보고하였다.

> 병자년(1876)과 정축년(1877)의 기아와 전염병으로 인구가 줄고 토지가 묵게 된 현상은 그렇지 않은 고을이 없습니다. 그중에서 진결 중 아직 개간하지 않은 것은 나주가 2,690결, 광주가 1,210결, 순천이 660결, 영암이 714결, 만경이 183결, 옥구가 515결, 부안이 250결, 함평이 423

결입니다.

　1876~1877년에 황무지가 되어 6~7년 뒤까지 개간되지 않은 농지가 나주에만 2,690결이 있었다. 당시 나주 결수가 28,000결 정도였으니, 10% 가까운 농지가 수년째 묵혀 있었던 것이다. 이런 상태에서 납세를 요구하면 족징(族徵, 친족에게 세금 부과)이나 인징(隣徵, 이웃에게 세금 부과)을 면할 수 없다고 하면서, 5년 동안 조세를 면제해주자고 암행어사는 건의하였다. 암행어사는 민의를 수렴하여 쌀로 내던 것을 돈으로 내면 어떠하냐는 점도 건의하였다. 숨기고 누락하여 세금을 내지 않은 경우도 있지만, 묵은 것만 있고 개간한 것이 없는 상황에서 나라의 재정만 생각하고 백성들의 고통을 돌보지 않는다면 이미 모여든 백성들이 반드시 다시 흩어질 것이고, 이미 개간한 땅도 다시 묵게 될 것이라는 생각이 그의 건의의 밑바탕에 깔려 있었다. 이런 문제가 해결되지 않은 상태에서 1886년(고종 23)에 또 흉년을 만났다. 이 해의 재해 피해도 "거듭 흉년을 만난데다가 또 전염병까지 겪다보니 형편이 병자년(1876)·정축년(1877)과 다름이 없습니다."고 한 것으로, 상당히 컸다. 나주를 포함한 서남부 10개 고을의 진결이 3천 결이나 되었다. 그 땅에 대한 3년 면세 기한이 만료되었다. 그런데 고장을 떠나간 백성들이 돌아오지 않아서 개간할 희망이 없는 묵은 땅이 나주에 1,010결 남짓 되었다. 그러면서 전라감사는 이 땅도 다시 3년 동안 세금을 면제해주자고 1889년(고종 26) 건의하여 정부의 승낙을 얻어냈다. 끝없는 면제와 전납(錢納)의 요구였다. 문제는 돈으로 대신 납부할 때 쌀값을 얼마로 책정할 것인가가 관건이었다. 따라서 이 과정에서도 농간이 개입되었고 민심에 반하는 결정이 내려지기도 하였다.

　나주 사례에서 알 수 있듯이, 1876년 세금이 대기근 때문에 미납된 채 그 다음 해로 넘어 가고, 전년 것이 해결되지 않은 상태에서 1877년 것이

다시 그 다음 해로 넘어 가는 식이었다. 이리하여 1876·1877년 것이 전라 감사 김성근(金聲根)이

> 병자년(1876)과 정축년(1877)의 큰 흉년을 겪은 뒤에 백성들이 흩어져가
> 고 토지가 황폐화되어 열 고을의 진결(陳結)에서 백징(白徵, 의무가 없는
> 사람에게 억지로 세금을 거두는 일)하는 실상이니 실로 남도(南道) 백성들
> 의 뼈에 사무치는 고통이 되고 있습니다.

라고 말한 것처럼, 10여 년 지난 1884년(고종 21)까지 영향을 미치고 있었다. 그때 미수금을 그때 해결하지 못하는 세금운영의 경직성 때문에 악순환의 연속만 계속되고 있었다. 그러한 속에서 조선 정부는 해외 차관을 들여와서 개화정책을 추진하고 갑오개혁을 단행하였던 것이다.

11장

대한제국기
기근과 쌀 수입

1. 기근과 방곡령

우리나라 기근 극복의 역사에서 대한제국(大韓帝國, 1897~1910) 시기는 이전에 보지 못한 대책을 펼쳤다. 개항 이후와 서양과의 수교라는 새로운 환경 속에서 펼친 정책이었다. 이전과 어떤 차이가 있고, 이후와는 어떤 상관이 있는지 알아볼 필요가 있다.

1897년(고종 34) 가을농사는 흉작이었다. 황해도, 경기도, 충청도 지역은 가뭄과 충해가 겹쳐 작황이 아주 안좋았다. 다행스럽게 전국 최대의 곡창지대인 전라도 지역은 대풍작이었다. 경상도는 평년작이었다. 이전의 재결(災結)도 해결되지 않은 상태에서의 흉작이었다. 그 와중에 고종은 10월에 대한제국을 선포하였다. 황제 즉위식에서 "묵은 땅은 세금을 면제해 주고 장마와 가뭄의 피해를 입은 곳은 세금을 면제해주고 백성에게 부과된 일정 세금을 면제해 준다."라고 선언하였다.

그 다음해 1898년(고종 35, 광무 2)이 되자 기근이 들어 쌀은 가격에 따라 매우 민감하게 움직이기 시작하였다. 겨울 이상한파로 얼어붙은 도로와 한강이 새봄이 되어도 결빙되지 않아 쌀 실은 배가 서울로 들어오지 못하였다. 인천의 쌀값이 급등하였고, 그 결과 서울을 포함한 인근 지역의 쌀값도 동시에 상승하였다. 쌀 1석 값이 1월 상순 11냥 80전 하던 것이 3월 하순에는 13냥 80전으로 2냥이 뛰어 올랐다. 쌀값이 오르자 수요가 있는 수도권으로 쌀이 다량 유입되었다. 재해를 입어 기아자가 된 사람을 구제하기 위해, 고종이 칙령을 내려 "경기, 호서, 관동, 관북의 기민(飢民)들을 구제할 진휼을 의정부에서 충분히 상의하여 속히 보고하게 하라."라고 하였다. 그런데 의정부의 답은 곡식을 옮겨다가 진정을 설행해야 하는데, 현재 나라에 옮길 수 있는 곡물이 비축되어 있지 않다는 것이었다. 이에 정부는 차선책으로 진휼 자금으로 현금 1만 5,000냥을 내놓았다.

이렇게 어려운 상황인데도 갓 개항(1897년 10월)한 목포(木浦) 항구에서는 다량의 쌀이 일본으로 유출되고 있었다. 개항 직후 우리 쌀의 일본 유출은 그 양이 많지는 않았으나, 갈수록 급증하는 추세였다. 그 결과 1897년에는 173만 8,331담(擔, 1담=100근=6두)이었고, 기근이 한창인 1898년에도 65만 2,402담이 각각 유출되었다. 조선시대에 우리의 쌀이 전기에는 세사미(歲賜米)란 이름으로 매년 200석이, 후기에는 공작미(公作米)란 이름으로 매년 1만 석 이상이 각각 쓰시마(對馬島)로 지급되었다. 이는 교린정책에 따라 외교와 무역을 유지하기 위한 차원에서 지급된 것이지만, 개항 이후 우리 쌀의 일본으로의 유출은 순전히 일본의 내부 산업을 위한 것이었다. 일본은 메이지 유신 이후 산업화 과정에서 도시 인구가 증가하여 식량 수요가 급격히 증가하였다. 그러나 국내의 쌀 생산이 수요를 따르지 못하여 어려운 식량난에 이르게 되었다. 그 결과 일본의 쌀값이 올라가게 되었다. 쌀은 일본 사람들의 주식(主食)이자 주류 등 각종 산업의 원자재로 사용되고 있었다. 이에 일본의 쌀 상인들은 우리 쌀을 수입하여 일본 국내의 부족한 쌀 수요를 해결하려 하였다. 일본 정부는 일본 농민을 우리나라에 보내어 농사를 짓게 하였고, 그들 중에서는 나중에 대지주가 되어 수확한 쌀을 일본으로 유출시켰다. 이때부터 일제 강점기 동안 우리나라에서 일본으로 쌀이 들어가는 것을 대부분의 학자들은 '유출'이라고 하는데, 일부 학자(식민지 근대화론자)들은 '수출'이라고 한다. '유출'은 억압에 의해 헐값으로 사서 가져간다는 의미가 담겨 있고, '수출'은 제대로의 값을 주고 가져간다는 의미가 담겨 있다. 판단은 독자들의 몫이다.

흉작에 의한 기근인데도 다량의 쌀이 일본으로 유출되자, 쌀 공급에 대한 우려가 확산되었다. 정부는 쌀값 폭등의 원인을 각 도의 관찰사와 군수들이 흉년을 핑계 삼아 마음대로 방곡령(防穀令)을 내려 쌀이 타지방으로 팔려나가지 못하도록 막은 다음 쌀값이 떨어지면 국고에 상납할 세금으로 쌀을 구입하여 비싼 값으로 일본 상인들에게 팔기 때문이라고 보았다. 급기야 대한제국 정부에서는 1898년 2월부터 가을 추수철까지 방곡령을 실시하려고 하였다. 방곡령이란 곡물 반출 금지령으로, 조선 왕조에서 이미 흉년 때 행해왔고 개항 이후 세 차례나 시도되었던 기근 구제책 가운데 하나였다. 그러나 주한 일본공사의 강력한 항의로 방곡령은 시행되지 못하고 쌀 수입세를 면제하는 조치에 그치고 말았다. 하는 수 없이 정부는 방곡을 시행하지 못하도록 각 군에 훈령을 내렸다. 지방에서 자체적으로 방곡을 시행하겠다고 요청하여도 정부는 들어주지 않았다.

기근을 극복하기 위해 쌀 유출을 차단하는 것과 함께 쌀의 수입을 대한제국 정부는 추진하였다. 이 점과 관련하여 고종은 1898년 5월 26일에 조령(詔令)을 내렸다.

이 해에 흉년이 들어 백성들이 먹고 살기 어려워 뿔뿔이 흩어져 전전하는 사태가 생기기 전에 대책을 강구해야 한다. 비록 지난번에 진휼금을 지출하기는 하였지만 매우 적은 양에 불과하였다. 어찌 죽어가는 백성들의 목숨을 구할 수 있겠는가? 목전의 급한 상황을 구제할 방도로는 무역해서 들여오는 길을 활짝 열어 놓는 것만 한 것이 없다. 지금부터 5개월 동안만 각 항구들에 들어오는 곡식에 대하여 특별히 세금을 면제해 줌으로써 백성들의 식량을 넉넉하게 하고 상업을 흥성하게 하라.

흉년에 식량을 수입하는 방법만이 굶주린 백성을 살릴 수 있는 길이라고 천명하였다. 그러면서 당분간 5개월간은 수입쌀에 대한 관세를 부과하지 않겠다고 선언하였다. 그 결과 이 해에는 청과 일본에서 수입한 쌀의 양이 대폭 증가하였다. 청나라에서 10만 8,852담, 일본에서 2,254담이 각각 인천항으로 들어왔다. 인천항 개항 이래 가장 많은 쌀이 외국에서 들어왔다.

특히 청나라에서의 쌀 수입이 압도적으로 많았다. 본래 청은 1894년에 처음으로 조선에 대한 쌀 수출을 한시적으로 허용하였다. 그러다가 우리나라에 흉년이 들어 곡물이 부족하자, 청상(淸商)이 1898년에 쌀을 자국에서 수입해왔다. 청 상인들이 산동 지방에서 범선을 이용하여 청나라 쌀을 밀수입한다는 소문이 돌았다. 그들은 찹쌀과 옥수수 등의 잡곡도 들여왔다. 이 결과 오르던 서울 쌀값이 내려갔다고 보고되었다. 청나라에서의 쌀 수입이 고종 황제의 명을 따른 민영선(閔泳璇)에 의해 이루어졌다는 보도가 『매일신문』 5월 27일자에 보도되었다.

대황제폐하께서 특별히 민정을 생각하옵시고 은화 몇 만 냥을 구획하여 민영선에게 주시고 청국으로 들어가 그 나라 남방 등지와 홍콩, 싱가포르까지 가서 쌀을 무역하여 오라 하시었는데 민씨가 행장을 차려 종인을 데리고 떠나갔다 하더라.

기후·날씨의 조선경제사

그가 이때 청나라에 가서 들여온 쌀 수천이 썩어 그것을 먹은 친위·시위대의 군인들이 병이 난 일이 있었다 한다.

2. 안남미 수입

1901년(고종 38)에 다시 큰 흉년이 발생하였다. 10월 10일에 의정부 의정 윤용선(尹容善)이 상소를 올리어 흉년 상황을 말하였다.

> 가만히 올해 여러 도들의 흉년 상황을 듣건대, 강원도와 함경도 두 도 외에는 오직 경상도와 평안도가 그리 심하지 않고 전라도, 충청도, 경기도, 황해도는 모두 적지(赤地, 흉년으로 농작물을 거둘 수 없게 된 땅)가 되었는데, 경상도와 평안도에서도 심한 곳이 그리 심하지 않은 곳보다 더 많다고 합니다. 이것을 놓고 말한다면 전국적으로 흉년이 든 곳이 5분의 3이나 됩니다.

전라·충청·경기·황해 4도는 완전 흉작이었다. 그 결과 전국 농지의 3/5이 흉작이었다. 대기근이 찾아왔다. 원인은 가뭄에 있었다. 봄부터 가뭄이 들어 모내기를 못한 논이 많았다. 1876년 개항 이래의 가장 큰 가뭄이었다는 평도 있는 편이다.

1901년 강우량은 7.09인치로써 1887~1900년까지 강우량(최고 50.64인치, 최저 20.91인치)의 1/3도 못되었다. 특히 모내기철 6·7·8월 석 달간의 강우량은 4.1인치로 다른 해에 비해 터무니없이 적었다. 앵거스 해밀튼이 쓴 『러일 전쟁 당시 조선에 대한 보고서』에 나온 내용이다. 그런데 이때는 1898년과 같은 쌀값 폭등이 일어나지 않았다. 일본의 풍년으로 일본의 쌀값이 낮은 수준에 머무르면서 유출이 상대적으로 적었기 때문이다. 반대로 대량으로 수입된 안남미가 쌀값 안정에 도움을 주었다. 그렇지만 남부 지역의 쌀이 경인 지역으로 집중적으로 이송되었다. 그 결과 군산 주변 지역에는 쌀 부족 현상이 발생하여 쌀값이 폭등하였다. 전북 지역이 쌀값 폭등에 노출된 것은 경인 지역을 중심으로 이루어진 정부정책과 무역구조에서 야기되었다.

당시의 민생 상황은 어떠하였을까? 앞에서 거론한 윤용선의 상소에 의하면, 마땅히 진휼의 방도를 시급하게 취해야 하지만, 국고가 텅 비었으므로 믿을 것이란 민간의 곡식뿐이었다. 그런데 외국 사람들이 무역해가는 것이 나라 사람들이 먹는 것보다 더 많고, 수령과 재신들이 약탈하는 것이 도적의 우환보다 더 심하였다. 지방 시골에서 부자라고 칭하는 사람들도 100석 이상 비축한 자는 많지 않으니, 백성들의 생업이 요즘처럼 어려운 적은 없었다. 그러니 비록 진휼하려고 하더라도 나라 안에 곡식이 없으니 가루 없이 떡을 만들려는 것과 흡사한 형국이었다. 그리고 국가의 재용은 전적으로 세금에 의거하고 있는 만큼 지금처럼 허다한 재결(災結)에 고스란히 면제해주도록 할 수 없는 형편이었다. 따라서 거의 죽어가는 백성들을 다그쳐 아무런 근거 없는 조세를 징수할 수도 없는 일이었다. 윤용선의 주장처럼, 당시 『황성신문』도 권분(勸分, 흉년이 들면 관청에서 민간의 부자들에게 권하여 곡식을 내어 구휼비에 보충하게 하던 일)을 전국적으로 실시하여 기민을 구제해야 한다는 사설을 게재하였다.

당시의 기근 실태와 민중 동향에 대해 영국 출신의 기자인 앵거스 해밀튼이 남긴 기록을 살펴보자. 쌀농사에 의존해서 살아가는 곳에서 가뭄의 여파를 훨씬 더 심각하게 보여준 것은 가뭄의 결과로 조선에서 일어났던 끔찍한 생명 손실과 무질서의 무서운 폭발이었다. 광범위한 황폐함이 전국을 뒤덮었다. 평소에는 평화를 사랑하고 법을 지키는 사람들이 가족과 자신을 기아에서 구할 수 있는 식량을 빼앗기 위해서 무리를 지어 다니며 시골 사람들을 괴롭혔다. 굶주림 때문에 마을 사람 전체가 읍내로 나섰고, 거기서도 그들의 복지에 대한 마련은 전혀 없었다. 전국적으로 무정부 상태가 지속되었고, 사람들의 절실한 필요는 그들을 필사적으로 내몰았다. 거지들의 무리가 수도에 출몰했다. 폭력 사태 때문에 해가 진 후에는 경성의 거리는 안전하지 않았으며, 도적들은 도시 지역에서는 공공연히 약탈을 자행했다. 조선은 몇 달 만에 햇빛과 안식의 평화롭고 행복한 땅에서 불행, 가난, 불안의 황무지로 돌변하고 말았다. 구호 수단은 빈약했고 쌀을 수입하긴 했지만 쌀을 살 돈이 없는 많은 사람들은 굶어죽었다. 이러한 재난에 대비할 효율적인 기관이 없다는 것이 혼란을 더욱더 가중시켰다. 구호 대책이 마련되기도 전에 수천 명이 죽었다. 경성의 20만도 못되는 인구 중에서 2만 명 이상의 빈곤한 사람들이 발견되었다. 지방 도시로부터 올라온 보고서는 많은 시골 지역의 사람들이 완전히 야만의 상태로 돌아갔음을 보여준다. 가뭄, 전염병, 죽음이 몇 달 동안 조선에 창궐했고, 굶주림을 간신히 면한 많은 사람들은 그 후 이 땅을 휩쓴 전염병의 큰 유행에 목숨을 잃었다. 조선 정부가 조선에서 곡물이 유출되는 것을 금지했더라면 기근이 이 정도로 심하지는 않았을 것이다. 곡물 유출 금지 조치의 해제가 백성들이 가장 궁핍을 겪고 있을 때 그들이 구할 수 있는 식량의 품귀 현상을 가중시키는 역할을 했음은 의심할 여지가 없다. 가뭄으로 황폐화된 지역의 사망자 통계는 1백만 명 이상의 복지가 영향을 받았음을 입증한다. 그러므로 대여섯 명의 일본인 쌀 상인의 이해관계가 곤란을 겪지 않도록 금지 조치를 해제해 달라고 끈질기게 요구한 일본의 행동은 비난을 받아 마땅하다. 이처럼 많은 인명 손실의 일차적 책임은 전적으로 일본 정부에 있다. 조선 정부에 압력을 넣어 1백만 명이 죽도록 한 결과를 초래한 일본 정부는 이성과 상식에 모두 어긋나며, 인륜을 거스르는 정책을 저지른 것이다. 그들이 조선 정부의 강한 반대를 존중하지 않은 것은 정말 통탄할 일이다. 그럼에도 불구하고 이 사건은 조선과의 관계에서 일본 정부의 가증스러운 태도를 똑똑히 보여준 좋은 예로서 가치가 있다. 가뭄이 시작될 때 경성의 주민들은 비의 신이 노했다고 믿었다. 고종 황제와 조정은 세 번에 걸쳐 기우제를 지냈다. 여전히 비가 오지 않자 참회의 기간이 선포되었고, 이 기간 동안은 기도와 금식을 하면서 국민들의 모든 노동을 그치고 아무런 일도 하지 않는 숭고한 게으름의 상태에 들어갔다. 불행하게도 대다수 국민들이 일을 삼가는 동안 황제는 새로운 왕궁을 짓는 데 수백 명의 인부를 계속 고용했다. 미신을 섬기는 황제의 백성들은 이 일 때문에 비의 악마가 특히 노했다고 생각하였고, 경성에서는 폭동으로 도시의 고요가 깨질지도 모른다는 불안이 감지되었다. 그러나 뜻밖에 지나가는 소나기가 내림으로써 이런 공포는 경성에서 없어졌다. 사람들은 악한 기운을 이겨냈다는 생각에 기뻐하며 일상에 복귀했다. 그러나 그것은 잠깐 동안의 유예에 불과하였다. 곧 전국적으로 가뭄이 계속되어 논이 말라붙고, 목초지가 타버리고, 농작물이 시들었다. 이런 악재 가운데 백성들의 상황은 아주 궁핍해졌다. 수백, 수천 명이 길가의 풀과 나무뿌리를 캐먹는 신세가 되었으며, 간간이 사람을 잡아먹는다는 소문도 들렸다.

이러한 상황에서 정부는 어떤 대책을 펼쳤을까? 대한제국은 국가 주도로 진휼 정책을 시행하였다. 갑오개혁 시기에 설치된 사환미(社還米, 민간에서 운영하도록 한 환곡)는 면리의 '공의(公議)'를 통한 민간 운영을 원칙으로 하였다. 그러나 대한제국은 혜민원(惠民院)을 윤용선 상소 6일 뒤인 10월 16일에 설치하여 사환미를 국가가 흡수해 관리하도록 하였다. 혜민원의 직무와 조직은 "흉년에 굶주리는 인민을 진휼하며 풍년이 든 때에 지극히 곤궁하고 의지할 데 없는 홀아비, 홀어미, 부모 없는 어린이, 자식 없는 늙은이를 구호하는 일을 관장한다. 총재(總裁) 3인, 의정관(議定官) 5인은 칙임관(勅任官), 총무(總務) 1인은 칙임관 또는 주임관(奏任官), 참서관(參書官) 3인은 주임관, 주사(主事) 5인은 판임관이다."는 것이었다. 진휼 전담 기관인 것이다. 혜민원은 사환미 외에 특하전(特下錢, 왕실에서 특별히 내려준 돈)이나 연봉전(捐捧錢, 성금으로 모은 돈)으로 구휼비를 마련하였다.

대한제국 정부가 취한 진휼 대책 가운데 이전에 없는 특징으로는 쌀 수입량을 증가시키기 위해 관세를 면제하면서 내장원을 통해 안남미를 수입하고 역둔토의 도조(賭租)를 진휼비로 삼는 것이었다. 대한제국은 예전의 진휼 방식과 아울러 서구식 새로운 방식을 병용하였다. 안남미(安南米)란 안남, 즉 베트남 산출 쌀을 말한다. 진휼 방책의 하나로 안남미를 수입할 것에 대해 제안한 사람은 심일택으로 알려져 있다. 정부는 1901년 7월 25일 관세를 면제하면서 프랑스 상인과 안남미 수입을 위한 계약을 체결하였다. 수입과 공급 업무는 내장원(內藏院)에서 담당하였다. 내장원의 책임자는 이용익(李容翊)이었기에, 안남미 수입건은 그의 주도하에 진행되었다. 그는 30만 석의 안남미를 수입하려고 계획 잡았다. 일본은 자국 상인의 이익이 줄어들 것을 우려하여 우리의 안남미 수입을 반대하였다. 일본의 반대에도 불구하고 1차분 1만 2,940포대(1포대=17두)가 9월에 인천항으로 들어왔다. 그때 이용익이 안남미를 중국에서 구입해 올 때 그 배편에 코끼리 두 마리를 싣고 왔으나 한 마리는 도중에 죽고 말았다. 11월에 2차 선적분이 들어왔다. 이도 이용익이 직접 수행하였다. 그의 인간됨과 안남미와의 관계에 대해 매천 황현은 『매천야록』에 다음과 같이 적어 놓았다.

그는 내장원경(內藏院卿)으로 있으면서 고종의 사탕(私帑)을 관리할 때 모든 이익을 착취하여 사람들의 원망도 불고하였다. 그리고 그는 이해 가을에 탁지부서리로 있으면서 부군(府郡)의 포세(逋稅, 유용한 세금)를 독촉하여 백성의 처자들을 수감하고 진신(搢神, 선비)들을 욕보이기도 하였다. 이에 온 조정에서는 이를 갈면서 그를 원수처럼 여기고 있었다. 이용익은 마음은 불량하고 겉으로는 어리석게 보였다. 그가 하루는 고종을 대하여 과실을 지적하기를, "폐하께서 엄비(嚴妃)를 총애하는 것은 당명황(唐明皇)이 양귀비(楊貴妃)를 총애한 것과 다름이 없습니다."라고 하자 고종은 그의 어리석음을 비웃고 치죄하지 않았다. 그리고 그는 엄비에게 신(臣)을 칭하면서 대하므로 엄비도 그를 당해 내지 못하였다. 이에 많은 사람들은 이런 일을 빙자하여 그를 치죄하자고 하면서 심순택(沈舜澤), 윤용선(尹容善), 조병세(趙秉世) 등은 혹 연명차자(聯名箚子)를 올리기도 하고 혹은 자기 혼자 상소도 하였으며, 10부(部)에서도 그 뒤를 이어 이용익을 대역적으로 지탄하였다. 이때 그들은 대궐문 앞에 부복하고 있다가 이용익이 나오면 그를 박살하려고 하였으므로 고종은 대궐문을 살피고 있다가 이용익으로 하여금 약 10일간 금중(禁中)에 숨어 있게 한 후 교지(敎旨)를 내려 그를 대궐문 밖으로 내보냈다. 그러나 유언비어로 인한 무슨 화가 발생할까 싶어 남몰래 그를 상하이(上海)로 보내어 안남미(安南米) 10여만 석을 수입하게 하였다. 그 안남미가 인천항에 들어온 후 기호(畿湖) 지방민들은 그의 덕을 입었다. 이용익은 청렴하고 무슨 일에든 능력이 있었다. 그는 식사를 할 때도 고기를 먹지 않았으며, 헐은도포와 모자를 쓰고 다녔고 노래와 여색을 좋아하지 않으므로 고종은 그의 청백함과 검소함을 믿었다. 그리고 고종이, 언제나 자금을 요청하면 그는 1만 원이라도 갖다 바치어 좌우의 수족 노릇만 하는 것이 아니었다. 세상 사람들은 그의 살을 오려 먹으려고 하였으나 고종은 시종 그를 비호하였다.

12월에는 내장원 책임자 이용익이 안남미 100만 포를 수입하기 위해 중국 요동의 여순(旅順)으로 향하였다. 1901년 한 해 동안 수입된 안남미가 총 5만 석 이상 되었다. 1902년에는 6만 5,140포대, 1903년에는 10만 7,190포대, 1904년에는 2만 782포대가 더 들어왔다. 인천항에 도착한 안남미는 기차 편을 통해 서울의 남대문 시장 안 창고로 운송되었다. 내장원은 도처에 방을 부쳐 판매에 나섰다. 수입 값보다 1.44배 비싼 1포대에 54냥 2전 8푼(1되에 1냥 1전 8푼) 가격으로 공급되었다. 안남미의 상품 가격이 우리 쌀의 하품과 같았다. 수입된 안남미는 서울 시내 미전(米廛) 상인에게 공급되었다. 내장원은 비싸게 팔거나 우리나라 쌀로 속여 팔지 못하도록 쌀 상인에게 당부하였다. 그리고 안남미는 경기도, 황해도, 충청남도, 함경북도, 강화도 등지에 공급되었다. 그곳 군수들은 수백에서 수천 석의 안남미를 외상으로 구입하여 관내의 빈민을 구제하였다. 대금은 대부분 다음 가을 추수 때 갚기로 약정하였다. 강화도에서는 대기근을 만나 안남미 3천 석을 얻어 급하게 진휼을 펼치니 섬 안의 수만은 죽음에 이른 사람들이 회생되었다고 평하였다. 또한 안남미의 일부는 개성, 군산, 목포, 부산으로도 이송되어 판매되었다. 이러한 보급에도 불구하고 안남미는 맛이 없어 인기가 없었다. 값은 싸나 질이 안 좋아서 사람들이 구매하기를 원하지 않았다는 극단적 평가도 있다. 안남미의 수입과 공급은 대한제국이 전근대적 동아시아 세계질서에서 이탈하고 서구식 국제질서에 참여한 상황을 활용한 것으로, 국내에 곡물이 부족한 상황을 국제 무역을 통해 해결하고자 했던 것이다. 대한제국은 이러한 안남미 수입을 덕정(德政)이라고 하였다. 대한제국은 지배 정책을 구본신참(舊本新參)이라고 표명하였듯이, 덕정은 대한제국이 참여한 서구식 국제질서를 활용해 국제무역으로 안남미를 수입하여 공급하는 모습으로 발현되었다.

참고
문헌

1. 자료

1) 관찬자료

『공거문총서』
『만기요람』
『변례집요』
『비변사등록』
『승정원일기』
『신증동국여지승람』
『여지도서』
『저죽전사실』
『조선왕조법전집』
『조선왕조실록』
『증보문헌비고』
『표인영래등록』
『호남공선정례』
『공거문총서』

2) 지역자료

『금성읍지』
『나주향교지』
『호남병자창의록』
『호남절의록』

3) 개인자료

『간암집』
『경세유표』
『계곡집』
『계서일고』
『계암일록』
『계암집』
『고산유고』
『곤륜집』
『관양집』
『금곡집』
『금화유고』
『나주나씨세고』
『낙하생집』
『남간집』
『노봉집』
『담인집』
『동국여지지』
『동악집』
『동주집』
『만사고』
『만정당집』
『매천야록』
『목민심서』
『무명자집』

『문곡집』
『방호집』
『백석유고』
『병산집』
『상촌집』
『서계집』
『서하집』
『석루유고』
『석문집』
『석호유고』
『선원유고』
『성소부부고』
『성호사설』
『소재집』
『속잡록』
『송사집』
『연경재전집』
『연암집』
『염헌집』
『영이재유고』
『오주연문장전산고』
『옥담사집』
『월사집』
『유원총보』
『유하집』
『일봉집』
『임원경제지』
『자산어보』
『자저실기』
『잠곡유고』

『장암집』
『존재집』
『지봉유설』
『창계집』
『천일록』
『청음집』
『청장관전서』
『청천집』
『초암집』
『추재집』
『태촌집』
『퇴당집』
『포저집』
『풍고집』
『풍석전집』
『하음집』
『학사집』
『홍도유고』
『회은집』

4) 신문자료

『동아일보』
『매일신문』
『조선일보』
『중앙일보』

2. 단행본

고동환, 『조선시대 서울도시사』, 태학사, 2007.
공우석, 『키워드로 보는 기후변화와 생태계』, 지오북, 2012.
권석영, 『온돌의 근대사』, 일조각, 2010.
김건태, 『조선시대 양반가의 농업경영』, 역사비평사, 2004.
김경옥, 『조선후기 도서연구』, 서울, 혜안, 2004.
김덕진, 『조선후기 지방재정과 잡역세』, 국학자료원, 1999.
_____, 『조선후기 경제사연구』, 선인, 2002.
_____, 『대기근, 조선을 뒤덮다』, 푸른역사, 2008.
_____, 『소쇄원 사람들』 2, 서울, 선인, 2011.
_____, 『포구와 지역경제사』, 선인, 2022.
_____, 『영광 법성창 연구』, 경성문화사, 2024.
김옥근, 『조선왕조재정사연구』 3, 일조각, 1988.
김정규, 『역사로 보는 환경』, 고려대 출판부, 2009.
김태웅, 『한국근대지방재정연구』, 아카넷, 2012.
나카이 히사오 지음, 한승동 옮김, 『분열병과 인류』, 마음산책, 2015.
덕암사상연구회, 『덕암 나도규의 학문과 사상』, 심미안, 2013.
랜디 체르베니 지음, 김정은 옮김, 『날씨와 역사』, 반디, 2011.
문용식, 『조선후기 진정과 환곡운영』, 경인문화사, 2000.
박훈평, 『조선, 홍역을 앓다-조선후기 홍역치료의 역사』, 민속원, 2018.
볼프강 베링어 지음, 안병옥·이은선 옮김, 『기후의 문화사』, 공감, 2010.
부경대 해양문화연구소, 『조선시대 해양환경과 명태』, 국학자료원, 2009.
브라이언 M. 페이건 지음, 윤성옥 옮김, 『기후는 역사를 어떻게 만들었는가』, 중
　　심, 2002.
샤를 달레 지음, 정기수 옮김, 『벽안에 비친 조선국의 모든 것』, 탐구당, 2015.
설동일, 『해양기상학』, 다솜출판사, 2006.
송찬식, 『이조후기 수공업에 관한 연구』, 서울대학교 출판부, 1973.
스도우 히데오 지음, 고유봉 옮김, 『해양과 지구환경』, 전파과학사, 2003.
알랭 코르뱅 외 지음, 길혜연 옮김, 『날씨의 맛』, 책세상, 2016.

얼레인 아일런드 지음, 김윤정 옮김, 『일본의 한국통치에 관한 세밀한 보고서』, 살림, 2008.

오성, 『조선후기 상인연구』, 일조각, 1989.

오호성, 『조선시대의 미곡유통시스템』, 국학자료원, 2007.

유소민 지음, 박기수·차경애 옮김, 『기후의 반역』, 성균관대학교 출판부, 2005.

유승훈, 『조선 궁궐 저주 사건』, 글항아리, 2016.

이광호, 『인간과 기후환경』, 시그마프레스, 2004.

이욱, 『조선시대 재난과 국가의례』, 창비, 2009.

이정철, 『대동법』 역사비평사, 2010.

임형택, 『옛노래, 옛사람들의 내면풍경』, 소명출판, 2005.

장흥문화원, 『장흥 향약 모음』, 1994.

전성호, 『조선후기 미가사 연구』, 한국학술정보, 2007.

정구복 외, 『호남지방 고문서 기초연구』, 한국정신문화연구원, 1999.

정문기, 『어류박물지』, 일지사, 1974.

정성일, 『전라도와 일본』, 경인문화사, 2013.

존 C. 머터 지음, 장상미 옮김, 『재난 불평등』, 동녘, 2016.

주경철, 『마녀』, 생각의 힘, 2016.

크리스티안-디트리히 쇤비제 지음, 김종규 옮김, 『기후학』, 시그마프레스, 2006.

하원호 외, 『한말 일제하 나주지역의 사회변동연구』, 성균관대학교 대동문화연구원, 2008.

한국역사연구회 토지대장연구반, 『조선후기 경자양전 연구』, 혜안, 2008.

한국역사연구회, 『1894년 농민전쟁연구』 1, 역사비평사, 1991.

한국학중앙연구원, 『고문서집성』 27, 2009.

한우근, 『동학란 기인에 관한 연구』, 서울대학교 출판부, 1971.

핸리 지거리스트 지음, 황상익 옮김, 『문명과 질병』, 한길사, 2008.

헤르만 라우텐자흐 지음, 김종규 옮김, 『코레아: 답사와 문헌에 기초한 1930년대의 한국지리지형 I 』, 1998.

헤르만 플론 지음, 김종규 옮김, 『과거와 미래의 기후변화문제』, 한울, 2000.

호남권 한국학자료센터, 『조선후기 호남의 경제와 사회』, 디자인흐름, 2011.

H. H. 램 지음, 김종규 옮김, 『기후와 역사』, 한울, 2004.

3. 논문

고성훈, 「1869年 광양란 연구」, 『사학연구』 85, 한국사학회, 2007.

공우석, 「한반도의 대나무류 분포와 그 환경요인에 대한 식물지리학적 연구」, 『Journal of Ecology and Environment』 8-2, 한국생태학회, 1985.

_____, 「대나무의 시·공간적 분포역의 변화」, 『대한지리학회지』 36-4, 대한지리 학회, 2001.

김건태, 「19세기 회계자료에 담긴 실상과 허상」, 『고문서연구』 43, 한국고문서학 회, 2013.

김경란, 「단성호적대장의 여호 편제방식과 그 의미」, 『한국사연구』 126, 한국사연 구회, 2004.

김경숙, 「을병 대기근기 향촌사회의 경험적 실상과 대응」, 『역사와 실학』 61, 역사 실학회, 2016.

김기성, 「대한제국기 흉년과 미곡 수급」, 『사학연구』 128. 한국사학회, 2017.

김덕진, 「존재 위백규의 현실인식과 경제 개혁론」, 『한국실학연구』 27, 한국실학 학회, 2014.

김문기, 「기후, 바다, 어업분쟁」, 『중국사연구』 63호, 중국사학회, 2009.

_____, 「17세기 중국과 조선의 소빙기 기후변동」, 『역사와 경계』 77, 부산경남사 학회, 2010.

김미성, 「조선 현종~숙종 연간 기후 재난의 여파와 유민 대책의 변화」, 『역사와 현실』 118, 한국역사연구회, 2020.

김민수, 「19세기 후반 기후 변동과 농업생산력」, 『한국사론』 53, 서울대학교 국사 학과 , 2007.

김상우·임진욱·윤병선·정희동·장성호, 「동해 연안해역 표면수온의 장기 시계열 변화」, 『해양환경안전학회지』 20-6, 해양환경안전학회, 2014.

김성우, 「17세기의 위기와 숙종대 사회상」, 『역사와 현실』 25, 한국역사연구회, 1997.

김신중, 「장흥가사의 특성과 의의-작품 현황과 연구 동향을 중심으로-」, 『한국시 가문화연구』 27, 한국고시가문학회, 2011.

김영호·민홍식, 「동해 재분석 자료에 나타난 북한한류의 계절 및 경년변동성」, 『Ocean and polar research』 30-1, KIOST, 2008.

김용섭, 「고종조의 균전수도문제」, 『동아문화』 8, 서울대학교 동아문화연구소, 1968.

김일권, 「『승정원일기』(1623-1910)의 조선후기 서리(霜) 기상기록 연구」, 『조선시대사학보』 87, 조선시대사학회, 2018.

김재호, 「한국 전통사회의 기근과 그 대응」, 『경제사학』 30, 경제사학회, 2001.

김준, 「칠산어장과 조기파시에 대한 연구」, 『도서문화』 34, 도서문화연구원, 2009.

김희태, 「조선후기 호남의 향촌면약에 대하여 - 장흥 지방을 중심으로」, 『전통문화연구』 3, 전통문화연구소, 1994.

남동신, 「조선후기 불교계 동향과 《상법멸의경》의 성립」, 『한국사연구』 113, 한국사연구회, 2001.

민홍식·김철호, 「한국 연안 표층수온의 경년변동과 장기변화」, 『Ocean and polar research』 28-4, KIOST, 2006.

박광성, 「고종조의 민란연구」, 『인천교육대학교 논문집』 14, 인천교육대학교, 1979.

박구병, 「한국청어어업사」, 『부산수산대학교논문집』 17, 부산수산대학교, 1976.

_____, 「어·염업의 발달」, 『한국사』 33, 국사편찬위원회, 1997.

박권수, 「승정원일기 속의 천변재이 기록」, 『사학연구』 100, 한국사학회, 2010.

박명희, 「존재 위백규의 현실인식과 시적 형상화」, 『한국시가문화연구』 18, 한국시가문화학회, 2006.

박성준, 「대한제국기 진휼정책과 내장원의 곡물 공급」, 『역사학보』 218, 역사학회, 2013.

배혜숙, 『조선후기 사회저항집단과 사회변동 연구』, 동국대학교 박사학위논문, 1994.

송양섭, 「조선후기 나주제도의 절수와 설읍논의의 전개」, 『대동문화연구』 50, 대동문화연구원, 2005.

_____, 「다산 정약용의 수령 진휼론에 나타난 주자진법의 적용과 그 당대적 변용」, 『민족문화연구』 68, 고려대학교 민족문화연구원, 2015.

안대회, 「전근대 한국 문학 속의 자연재해 - 18세기와 19세기의 자연재해를 중심으로 - 」, 『일본학연구』 53, 단국대학교 일본연구소, 2018.

오미일, 「18·19세기 새로운 공인권·전계 창설운동과 난전활동」, 『규장각』 10, 서울대학교 규장각한국학연구원, 1987.

오수빈·변희룡, 「서울 관측소와 한강 결빙 기후의 장기 변동」, 『한국지구과학학회지』 32-7, 한국지구과학회, 2011.

원재영, 「조선 후기 진휼정책의 구조와 운영-1814~1815년 전라도 임실현의 사례를 중심으로-」, 『한국사연구』 143, 한국사연구회, 2008.

_____, 「조선후기 진휼정책과 진자의 운영-1809~10년 전라도의 사례를 중심으로-」, 『조선시대사학보』 64, 조선시대사학회, 2013.

_____, 「17~18세기 재해행정과 어사의 역할」, 『한국문화』 75, 서울대학교 규장각한국학연구원, 2016.

윤재환, 「옥동 이서의 사회시를 통해 본 조선조 도학자 사회시의 일양상」, 『한국실학연구』 26, 한국실학학회, 2013.

이영석, 「17세기 템즈 강 결빙과 상업세계의 변화」, 『이화사학연구』 43, 이화사학연구소, 2011.

이영학, 「조선후기 어세 정책의 추이」, 『외대사학』 12, 2000.

_____, 「조선후기 어업에 대한 연구」, 『역사와 현실』 35, 한국역사연구회, 2000.

_____, 「조선후기 어물의 유통」, 『한국문화』 27, 서울대학교 규장각한국학연구원, 2001.

이용기, 「19세기 후반 반촌 동계의 기능과 성격 변화」, 『사학연구』 91, 한국사학회, 2008.

이용훈, 「18~19세기 조선 토지가격의 변화와 그 의미」, 『한국사론』 62, 서울대학교 국사학과, 2016.

이욱, 「19세기 서울의 미곡유통구조와 쌀폭동」, 『동방학지』 136, 연세대학교 국학연구원, 2006.

이재준, 「가사문학에 나타난 현실비판의식의 전개와 의미」, 서울시립대학교 박사학위논문, 2017.

이태진, 「소빙기(1500~1750) 천변재이 연구와 조선왕조실록」, 『역사학보』 149, 역사학회, 1996.

_____, 「소빙기(1500~1750년)의 천체 현상적 원인-『조선왕조실록』의 관련 기록 분석-」, 『국사관론총』 72, 국사편찬위원회, 1996.

이행묵, 「1876~1877년 순천부의 진자확보와 진휼운영」, 『조선시대사학보』 97, 조선시대사학회, 2021.

이형대, 「18세기 전반의 농민현실과 임계탄」, 『민족문학사연구』 22, 민족문학사학회·민족문학사연구소 , 2003.

임성수, 「조선후기 호조의 전세 부과와 급재 운영 변화」, 『한국문화』 78, 서울대학교 규장각한국학연구원, 2017.

전종갑·이동규·이현아, 「우리 나라에서 발생한 대설에 관한 연구」, 『Asia-Pacific Journal of Atmospheric Sciences』 30-1, 한국기상학회, 1994.

정동오, 「대나무의 동해에 관한 연구(I)」, 『농업과학기술연구』 1, 전남대학교 농어촌개발연구소, 1963.

정성일, 「조선의 기근과 일본쌀 수입 시도(1814~15년)」, 『한국민족문화』 31, 부산대학교 한국민족문화연구소, 2008.

_____, 「해남 선비 김여휘의 유구 표류와 송환 경로(1662~1663년)」, 『한일관계사연구』 43, 한일관계사학회, 2012.

최종남·유근배·박원규, 「아한대 침엽수류 연륜연대기를 이용한 중부산간지역의 고기후복원」, 『제사기학회지』, 한국제4기학회, 1992.

최주희, 「18세기 중반 『탁지정례』류 간행의 재정적 특성과 정치적 의도」, 『역사와 현실』 81, 한국역사연구회, 2011.

_____, 「17세기 전반 호서대동법의 성립배경 - 권반(1564~1631)의 활동을 중심으로 -」, 『한국실학연구』 37, 한국실학학회, 2019.

하명준, 「영조대 재지사족의 재난 경험과 기록의 정보화 - 구상덕의 『승총명록』을 중심으로 -」, 『한국문화』 94, 서울대학교 규장각한국학연구원, 2021.

색인

ㅂ

ㅇ

최립(崔岦) 239
최창대 62, 76, 88, 116, 181, 211
『최척전(崔陟傳)』 251
출세실결 325, 327
충해(蟲害) 211

표인(漂人) 343
『표인영래등록』 230
풍재(風災) 83, 209
풍해(風害) 27, 36, 206, 209, 303
필진장계(畢賑狀啓) 360

ㅌ

태풍 209, 210, 298, 303
털갖옷(毛裘) 62
토끼 155
토우(土雨) 35
토지거래 363
통초(通草) 82
퇴봉(退封) 84
퇴송(退送) 82, 83, 84, 130

ㅍ

파리 15, 17, 23, 51
파시(波市) 118
포항창 222
포흠(逋欠) 370, 371, 372
폭설 23, 25, 37, 38, 39, 41, 43, 44,
    47, 53, 77, 79, 87, 98, 139, 144,
    166, 178, 200, 258, 259
표류 208, 210, 230, 253, 254
표류민 253, 342, 343, 345, 346
표면수온 185

ㅎ

하멜 238
『하멜 표류기』 238
하설(下雪) 25, 26, 27, 34, 39, 41, 42,
    46, 48, 50, 189, 195
하설(夏雪) 32
한강 136, 137, 138, 139, 140, 141,
    142, 143, 144, 145, 146, 148,
    150, 151, 153, 155, 156, 157,
    158, 159, 160, 161, 163, 164,
    165, 166, 167, 168
한강 결빙 138, 140, 145, 157, 159,
    160, 162, 164, 166, 168, 170
한기(寒氣) 154, 194, 199
한류 107, 110, 114, 115, 117, 133,
    171, 172, 176, 200
한박(旱雹) 22
한배의 159
한풍(寒風) 24, 54, 152
한해(旱害) 108, 206, 359
합빙(合氷) 138, 177, 181
해도(海島) 267
해도(海島) 설읍론(設邑論) 254